Nachtrag

zu

Sandré, Fürsorgegesetze

(Guttentagsche Sammlung
Deutscher Reichsgesetze Nr. 160).

Änderung, betr. die Seiten 164 ff.

Gesetz zur Änderung der Ausführungsverordnung zur Verordnung über die Fürsorgepflicht.

Vom 17. Februar 1926 (GS. S. 79).

Der Landtag hat folgendes Gesetz beschlossen:

Artikel I.

Die Ausführungsverordnung zur Verordnung über die Fürsorgepflicht vom 13. Februar 1924 (Reichsgesetzblatt I S. 100) vom 17. April 1924 (Gesetzsamml. S. 210) wird wie folgt geändert:

1. Im § 1 Abs. 1 Halbsatz 1 treten an die Stelle der Worte „und die Stadtgemeinde Berlin," die Worte „die Stadtgemeinde Berlin und die Landgemeinde Helgoland;".

   Im § 1 Abs. 1 Halbsatz 2 treten an die Stelle der Worte „Insel Helgoland" die Worte „Landgemeinde Helgoland".

2. § 4 erhält folgende Fassung:

   (1) Sind Preußen oder staatlose ehemalige Preußen bei freiwilligem oder erzwungenem Übertritt aus dem Auslande hilfsbedürftig oder werden sie es binnen einem Monate nachher und ist ein Bezirksfürsorgeverband, in dem der Hilfsbedürftige innerhalb des letzten Jahres vor dem Übertritt aus dem Reichsgebiet zuletzt seinen gewöhnlichen Aufenthalt gehabt hat, nicht zu ermitteln oder hat die Abwesenheit

aus dem Reichsgebiete länger als ein Jahr gedauert, so ist der Landesfürsorgeverband endgültig verpflichtet, innerhalb dessen der Hilfsbedürftige oder, wenn er außerhalb Preußens geboren ist, der zuletzt in Preußen geborene Vorfahre ersten Grades geboren ist. Soweit die preußische Staatsangehörigkeit einer Hilfsbedürftigen durch Eheschließung erworben ist, bestimmt sich der endgültig verpflichtete Landesfürsorgeverband nach den für den letzten Ehemann preußischer Staatsangehörigkeit maßgebenden Verhältnissen, auch wenn die Ehe nicht mehr besteht. Ist ein solcher Landesfürsorgeverband nicht vorhanden oder nicht zu ermitteln, so ist der Landesfürsorgeverband endgültig verpflichtet, in dessen Bezirk nach Betreten preußischen Gebiets die Hilfsbedürftigkeit hervorgetreten ist.

(2) Für zusammen aus dem Ausland in das Reichsgebiet übertretende Familienglieder ist der Verband endgültig fürsorgepflichtig, der es für das älteste preußische oder staatlose, ehemals preußische Familienglied ist. Familienglieder im Sinne dieser Bestimmung sind Ehegatten, Verwandte auf- und absteigender Linie, Geschwister und Halbgeschwister.

(3) Ist ein hiernach endgültig verpflichteter Landesfürsorgeverband nicht vorhanden oder nicht zu ermitteln, so bestimmt diesen der Minister für Volkswohlfahrt. Das gleiche gilt, soweit das Land Preußen von der Reichsregie-

rung oder der von ihr bestimmten Stelle gemäß § 12 Abs. 2 der Verordnung über die Fürsorgepflicht für endgültig verpflichtet erklärt worden ist. Der Minister für Volkswohlfahrt trifft die Bestimmungen über die Anforderung vom Reiche zu erstattender Kosten.

(4) Eine vorschußweise Zahlung der aufzuwendenden Kosten findet durch den Landesfürsorgeverband, dem der vorläufig fürsorgepflichtige Bezirksfürsorgeverband angehört, nicht statt.

3. § 6 Abs. 1 Satz 2 erhält folgende Fassung:

Diese Fürsorge umfaßt bei Blinden, Taubstummen, Krüppeln und Minderjährigen auch die Erwerbsbefähigung, bei Minderjährigen außerdem die Erziehung.

4. An die Stelle des § 20 Abs. 2 bis 7 treten folgende Bestimmungen:

(2) Gegen Verfügungen der Landesfürsorgeverbände Stadtgemeinde Berlin und Landeskommunalverband Lauenburg, der Bezirksfürsorgeverbände und der kreisangehörigen Gemeinden oder engeren Gemeindeverbände darüber, ob, in welcher Höhe und in welcher Weise Fürsorge zu gewähren ist, steht dem Fürsorgesuchenden der Einspruch zu. Der Einspruch ist bei derjenigen Stelle anzubringen, die die Verfügung erlassen hat. Der zurückweisende Bescheid ist mit Gründen und einer Belehrung über das zulässige Rechtsmittel zu versehen. Wollen kreisangehörige Gemeinden oder engere Gemeindeverbände dem Einspruche nicht statt-

geben, so haben sie ihn, sofern es sich nicht um eine Stadt von mehr als 10 000 Einwohnern oder in der Provinz Hannover um eine der selbständigen Städte (§ 27 Abs. 1 der Kreisordnung für die Provinz Hannover) handelt, dem zuständigen Organ des Bezirksfürsorgeverbandes zur Entscheidung vorzulegen.

(3) Bei der Entscheidung über den Einspruch haben mindestens zwei Vertreter der Kriegsbeschädigten und Kriegshinterbliebenen mit vollem Stimmrechte mitzuwirken, sofern es sich um eine Maßnahme der sozialen Fürsorge für Kriegsbeschädigte oder Kriegshinterbliebene oder ihnen auf Grund der Versorgungsgesetze Gleichstehende handelt, im Falle des Abs. 2 Satz 4 jedoch nur bei der Entscheidung durch das zuständige Organ des Bezirksfürsorgeverbandes.

(4) Gegen die Zurückweisung des Einspruchs steht dem Fürsorgesuchenden binnen zwei Wochen die Beschwerde an den Bezirksausschuß zu, welcher endgültig beschließt.

(5) Sofern es sich um eine Maßnahme der sozialen Fürsorge für Kriegsbeschädigte und Kriegshinterbliebene oder ihnen auf Grund der Versorgungsgesetze Gleichstehende handelt, steht auch gegen Verfügungen der sonstigen Landesfürsorgeverbände darüber, ob, in welcher Höhe und in welcher Weise Fürsorge zu gewähren ist, dem Fürsorgesuchenden der Einspruch zu, über den der Landesdirektor (Landeshauptmann), in den Hohenzollernschen Landen der Vorsitzende

des Landesausschusses unter Zuziehung mindestens zweier Vertreter der Kriegsbeschädigten und Kriegshinterbliebenen und der gleichen Anzahl Mitglieder des Provinzial-(Landes-) Ausschusses endgültig beschließt. Sämtliche an der Entscheidung Mitwirkende haben volles Stimmrecht.

5. Im § 30 erhält der Abs. 2 Satz 1 folgende Fassung:

Die Beschlußfassung steht dem Kreis-(Stadt-) Ausschuß des Stadt- oder Landkreises zu, in dem der in Anspruch genommene Unterhaltspflichtige oder Ersatzpflichtige seinen Wohnsitz hat.

Im § 30 wird ein neuer Abs. 5 eingefügt:

Sowohl bei der Ersatzleistung durch Drittverpflichtete wie auch durch nachträglich zu Vermögen und Einkommen gelangte Hilfsbedürftige ist weitestgehende Rücksicht darauf zu nehmen, daß nicht durch die Art der Kosteneinziehung die wirtschaftliche Existenz der Selbst- oder Drittverpflichteten gefährdet wird.

6. § 36 Abs. 1 erhält folgende Fassung:

Nach Erlaß der Grundsätze gemäß § 6 der Verordnung über die Fürsorgepflicht vom 13. Februar 1924 (Reichsgesetzbl. I S. 100) ist der Minister für Volkswohlfahrt berechtigt, Bestimmungen über Voraussetzung, Art und Maß der zu gewährenden Fürsorge zu erlassen und hat diese dem Landtage zur Kenntnisnahme vorzulegen.

§ 36 Abs. 3 fällt weg.

Artikel II.

Ein Landesfürsorgeverband, dessen endgültige Verpflichtung zur Fürsorge für Hilfsbedürftige, auf die Artikel I zu 2 Anwendung findet, vor Inkrafttreten dieses Gesetzes durch Anerkennung oder rechtskräftige Entscheidung festgestellt ist, bleibt bis zur Beendigung der Hilfsbedürftigkeit endgültig verpflichtet.

Artikel III.

Dieses Gesetz tritt hinsichtlich des Artikels I zu 1 und 2 mit Wirkung vom 1. April 1924, hinsichtlich des Artikels II mit dem Tage der Verkündung in Kraft.

Das vorstehende, vom Landtage beschlossene Gesetz wird hiermit verkündet. Die verfassungsmäßigen Rechte des Staatsrats sind gewahrt.

Berlin, den 17. Februar 1926.

Das Preußische Staatsministerium.

Braun. Hirtsiefer.

Gedruckt bei A. W. Hayn's Erben, Potsdam.

Guttentagsche Sammlung
Nr. 160. Deutscher Reichsgesetze. Nr. 160.
Textausgaben mit Anmerkungen und Sachregister.

Verordnung
über die

Fürsorgepflicht.

Vom 14. Februar 1924.

Mit Einschluß der für die
Durchführung dieser Verordnung in Frage kommenden
reichs- und landesgesetzlichen Bestimmungen.

Bearbeitet und herausgegeben
von
Emil Sandré,
Kreissyndikus.

Berlin und Leipzig 1925.
Walter de Gruyter & Co.
vormals G. J. Göschen'sche Verlagshandlung — J. Guttentag,
Verlagsbuchhandlung — Georg Reimer — Karl J. Trübner —
Veit & Comp.

Druck von C. Schulze & Co. G. m. b. H., Gräfenhainichen.

Inhalt.

Seite

Abkürzungen 10

Zur Geschichte der Verordnung über die Fürsorgepflicht vom 13. Februar 1924 11

Verordnung über die Fürsorgepflicht vom 13. Februar 1924 18

A. Träger der Fürsorge 21

B. Umfang der Fürsorge 32

C. Zuständigkeit 33

D. Kostenersatz 52

E. Arbeitspflicht und Unterhaltspflicht 58

F. Schluß- und Übergangsvorschriften 70

Anhang.

I. Reichgesetzliche Bestimmungen:

1. a) Grundsätze über Voraussetzung, Art und Maß öffentl. Fürsorgeleistungen vom 27. März 1924 79

b) Grundsätze über Voraussetzung, Art und Maß öffentlicher Fürsorgeleistungen vom 26. Juni 1924 81

2. Verordnung über die soziale Kriegsbeschädigten- und Kriegshinterbliebenenfürsorge vom 8. Februar 1919 81

3. Die einschlägigen Bestimmungen in

a) dem Reichsversorgungsgesetz in der Fassung vom 30. Juni 1923 85

b) dem Gesetz über die Versorgung der vor dem 1. August 1914 aus der Wehrmacht

Seite

b) Ausführungsverordnung dazu vom 31. März 1924 215

c) Zweite Verordnung zur Ausführung der Reichsverordnung über die Fürsorgepflicht. Vom 5. Mai 1924 217

4. Württemberg:
Verordnung zur Ausführung der Reichsverordnung über die Fürsorgepflicht (Landesfürsorgeverordnung = LFV.). Vom 31. März 1924 219

5. Baden:
Ausführungsverordnung zur Reichsverordnung über die Fürsorgepflicht. Vom 29. März 1924 237

6. Thüringen:
Ausführungsverordnung zur Reichsverordnung über die Fürsorgepflicht. Vom 1. April 1924 246

7. Hessen:
Ausführungsverordnung zur Reichsverordnung über die Fürsorgepflicht. Vom 29. März 1924 255

8. Hamburg:
Verordnung zur Ausführung der Verordnung über die Fürsorgepflicht. Vom 28. März 1924 267

9. Mecklenburg-Schwerin:
Ausführungsverordnung zur Reichsverordnung über die Fürsorgepflicht. Vom 3. April 1924 272

10. Braunschweig:
Erste Ausführungsverordnung zur Verordnung über die Fürsorgepflicht vom 13. Februar 1924. Vom 29. März 1924 . 276

Seite

11. Oldenburg:
Verordnung vom 22. März 1924 zur Ausführung der Verordnung über die Fürsorgepflicht vom 13. Februar 1924 283

12. Anhalt:
a) Vorläufige Ausführungsverordnung zur Reichsverordnung über die Fürsorgepflicht. Vom 31. März 1924 291
b) Ausführungsverordnung zur Reichsverordnung über die Fürsorgepflicht. Vom 20. August 1924 292

13. Bremen:
Verordnung zur Ausführung der Reichsverordnung über die Fürsorgepflicht. Vom 20. Juli 1924 307

14. Lippe-Detmold:
Ausführungsverordnung vom 28. März 1924 zu der Verordnung über die Fürsorgepflicht vom 13. Februar 1924 311

15. Lübeck:
Verordnung zur Ausführung der Verordnung über die Fürsorgepflicht vom 13. Februar 1924. Vom 26. März 1924 . 312

16. Waldeck:
Ausführungsverordnung zur Reichsverordnung über die Fürsorgepflicht vom 13. Februar 1924. Vom 7. Juni 1924 . 314

Nachtrag:
c) Reichsgrundsätze über Voraussetzung, Art und Maß der öffentlichen Fürsorge. Vom 4. Dezember 1924 (RGBl. I S. 765) . . 324

III. Schlagwortverzeichnis 336

Abkürzungen.

BAH. = Entscheidungen des Bundesamtes für das Heimatwesen, bearbeitet und herausgegeben: Bd. 1—23 von Wohlert, Bd. 24—40 und 43 von Krech, Bd. 41/42 von Bünger, Bd. 44—59 von Baath Verlag Franz Vahlen, Berlin W 9.

BGB. = Bürgerliches Gesetzbuch.

FV. = Verordnung über die Fürsorgepflicht vom 13. Februar 1924.

Grundsätze = Grundsätze über Voraussetzung, Art und Maß öffentlicher Fürsorgeleistungen. Vom 27. März 1924 (RGBl. I S. 375).

NDV. = Nachrichtendienst des Deutschen Vereins für öffentliche und private Fürsorge. Herausgeber Dr. Polligkeit, Frankfurt a. M.

RGBl. = Reichsgesetzblatt.

RJWG. = Reichsgesetz für Jugendwohlfahrt vom 9. Juli 1922.

Soz. Pr. = Soziale Praxis und Archiv für Volkswohlfahrt. Herausgeber Dr. Heyde. Verlag Fischer, Jena.

UW. = Unterstützungswohnsitz.

UWG. = Gesetz über den Unterstützungswohnsitz in der Fassung vom 30. Mai 1908.

Wölz-Ruppert-Richter = Die Fürsorgepflicht 1924. Verlag Carl Heymann, Berlin.

Zur Geschichte
der Verordnung über die Fürsorgepflicht
vom 13. Februar 1924.

Die Vorkriegszeit kannte als gesetzlich geregelte öffentliche Fürsorge nur die Armenfürsorge, wie sie im Gesetz über den Unterstützungswohnsitz vom 6. Juni 1870 in der Fassung vom 30. Mai 1908 und in den dazu erlassenen landesgesetzlichen Ausführungsbestimmungen enthalten ist. Sie war gekennzeichnet durch den Grundsatz des Unterstützungswohnsitzes als Voraussetzung für die Zuständigkeit des Armenverbandes und durch die Einrichtung der Ortsarmenverbände und der Landarmenverbände als Träger der Fürsorge. Bereits seit Jahren aber bestand in den Kreisen der öffentlichen wie privaten Fürsorge der Wunsch nach einer Neuregelung des bestehenden Armenrechts. Die Vorarbeiten für eine solche Neuregelung wurden von dem Deutschen Verein für öffentliche und private Fürsorge geleistet, der sich bereits auf seiner Hauptversammlung vom Jahre 1905 mit der Reform des geltenden Armenrechts beschäftigte Auch die Jahresversammlungen 1913 und 1920 erörterten eingehend diese Frage. Das Ziel, das sich aus diesen Erörterungen herausschälte, war einerseits eine einheitliche deutsche Armengesetzgebung, anderseits eine Reform der Armenfürsorge in der Richtung einer sozialen Ausgestaltung[1]).

Die Nachkriegszeit brachte einen neuen Gedanken in diese Bestrebungen hinein. Neben der Armenfürsorge im alten Sinne entwickelte sich im Anschluß an die Kriegswohlfahrtspflege eine besondere, über die bestehende Armenpflege hinausgehende Fürsorge für die verschiedenen Arten der Kriegsopfer (Kriegsbeschädigte und Kriegshinterbliebene, Flüchtlinge, Klein- und Sozialrentner). Diese Sonderzweige der öffentlichen Fürsorge hatten nicht nur besondere Grundsätze, nach denen die Fürsorge ausgeübt wurde, sondern teilweise auch noch eigene Behörden für die Durchführung. Eine derartige Vielfältigkeit der öffentlichen Fürsorge barg die Gefahr einer „Klassenfürsorge" in sich und drückte der Armenpflege noch stärker den Stempel einer Fürsorge für Deklassierte auf, was um so unberechtigter war, als durch die wirtschaftlichen Verhältnisse nach dem Kriege auch Kreise der öffentlichen Armenpflege anheim fielen, die mit Recht sich gegen eine derartige Beurteilung wehren konnten. Diese Bedenken führten zu der Frage, ob es ratsam sei, diese Sonderzweige der öffentlichen Fürsorge neben der Armenfürsorge weiter

---

[1]) Vgl. das im Auftrage des Deutschen Vereins für öffentliche und private Fürsorge von Dieffenbach-Erbach verfaßte grundlegende Werk „Ein Reichsarmengesetz" (Karlsruhe 1920) mit dem Untertitel „Vorschläge zur Reform der deutschen Reichsarmengesetzgebung", die darauf hinausliefen, nicht bei der Sicherung der Einheitlichkeit des formellen Armenrechts, wie sie seit 1914 nach der Annahme des UWG. auch für Bayern tatsächlich vorhanden war, stehen zu bleiben, sondern weiterzugehen zur Vereinheitlichung auch des materiellen Rechts.

bestehen zu lassen, oder ob es nicht vielmehr vorzuziehen sei, diese Sonderzweige mit der allgemeinen Armenfürsorge unter Wahrung berechtigter Eigenheiten in einem Reichswohlfahrtsgesetz zusammenzufassen. Daß der Plan einer derartigen Vereinheitlichung der öffentlichen Fürsorge bei den bisher auf Grund der Sondergesetze betreuten Kreisen der Hilfsbedürftigen starken Widerstand auslöste, ist natürlich und verständlich. Erfreulicherweise aber hat der Reichsbund der Kriegsbeschädigten, eine der größten Interessentenorganisationen, seinen Widerstand aufgegeben unter der Voraussetzung, daß die geplante Vereinheitlichung nicht zu einer Verschlechterung der Sonderfürsorge in der Richtung der alten Armenpflege führe, sondern umgekehrt zu ihrer Hebung, und daß ihm die Mitwirkung in der Fürsorge auch weiterhin zugestanden würde, beides durchaus verständliche und anzuerkennende Forderungen. Diese einsichtsvolle Stellungnahme des Reichsbundes der Kriegsbeschädigten hat der Weiterentwicklung außerordentlich geholfen.

Die Verhandlungen auf dem deutschen Fürsorgetag 1920 und auf der Tagung des Hauptausschusses des Deutschen Vereins für öffentliche und private Fürsorge 1922 zeigten deutlich, daß einerseits die Meinungen dahin gingen, grundsätzlich eine reichsgesetzliche Regelung der gesamten Fürsorge in einem Reichswohlfahrtsgesetz anzustreben, daß aber anderseits, ohne Rücksicht auf diese Entwicklung baldmöglichst eine Neuregelung des bestehenden Armenrechts wenigstens in seinen schlimmsten Erscheinungen erfolgen müsse. Daher wurden auf der zuletzt erwähnten Tagung zwar die von Dr. Polligkeit und Dr. Helene Simon vorgelegten Richtlinien für eine Neuregelung der öffentlichen Fürsorge mit dem Ziele eines Reichswohlfahrtsgesetzes gebilligt, daneben aber eine Kommission unter dem Vorsitz von Landeshauptmann Dr. Horion gebildet mit dem Auftrage, Vorschläge für ein Notgesetz zum UWG. auszuarbeiten.

Diese Kommission reichte im Oktober 1922 der Reichsregierung ihre Vorschläge ein, die dahin gingen, das Prinzip des Unterstützungswohnsitzes aufzugeben und an seine Stelle das des „gewöhnlichen Aufenthalts" zu setzen, nicht des Aufenthalts schlechthin, um eine ungerechtfertigte Belastung der Fürsorgeträger durch Kosten für Personen, die sich zufällig beim Eintritt der Hilfsbedürftigkeit in ihrem Bezirk aufhalten, zu vermeiden. Zur Entlastung derjenigen Fürsorgeträger, die in ihrem Bezirk öffentliche Fürsorgeanstalten haben sowie für die Unterstützung unehelicher Kinder wurden besondere Bestimmungen vorgeschlagen. Damit waren die Beschwerden berücksichtigt, die sich allenthalben gegen die Einrichtung des Unterstützungswohnsitzes geltend machten. Dagegen brachte die Kommission keine Vorschläge für die Bildung von leistungsfähigen Trägern der öffentlichen Fürsorge — die andere Forderung, die allgemein erhoben wurde —, weil diese Frage nach ihrer Ansicht nicht außerhalb der zu erwartenden Verwaltungsreform geregelt werden könne (Horion, Soz. Pr. XXXII, S. 25ff.).

Die Tagung des Hauptausschusses des Deutschen Vereins für öffentliche und private Fürsorge 1923 in Berlin beschäftigte sich erneut mit der Frage der Vereinheitlichung der öffentlichen Fürsorge, vor allen Dingen unter dem Gesichtspunkt der Reichs- und Gemeindefinanzen. Da die Steuergesetzgebung der Nachkriegszeit den Gemeinden die Steuerautonomie genommen hatte, so konnten die Gemeinden die ihnen vom Reich über die bestehende Armenpflege hinausgehenden Fürsorgeaufgaben nur mit Hilfe von Reichszuschüssen durchführen. Die Überweisung dieser Zuschüsse machte ein kostspieliges Verrechnungssystem notwendig, ohne die wirtschaftliche Verwendung der Mittel sicherzustellen. Die für verschiedene Sonderzweige der öffentlichen Fürsorge durch Gesetz geschaffenen besonderen Amtsstellen vermehrten selbstverständlich ebenfalls die Kosten. Um diesen auf die Dauer unhaltbaren Zuständen zu entgehen, einigte man sich auf dieser Tagung dahin, die Vereinheitlichung der öffentlichen Fürsorge in einem Reichsgesetz zu fordern und der Übernahme dieser vereinheitlichten Fürsorge durch die bereits bestehenden kommunalen Wohlfahrtsämter zuzustimmen, unter der Voraussetzung, daß den Gemeinden die für die Übernahme notwendigen Mittel zur Verfügung gestellt würden (§ 59 des Finanzausgleichsgesetzes vom 23. Juni 1923).

Inzwischen setzte die Inflationszeit mit ihrer geradezu katastrophalen Wirkung auf die gesamte Wohlfahrtspflege ein, die den Vorstand des Deutschen Vereins für öffentliche und private Fürsorge dazu veranlaßte, im September 1923 bei der Reichsregierung einen Dringlichkeitsantrag einzureichen, „im Rahmen eines Ermächtigungsgesetzes durch Notverordnung einen bestimmten Kreis von Gesetzen der öffentlichen Wohlfahrtspflege für eine Übergangszeit außer Kraft zu setzen und durch Notstandsmaßnahmen zu ersetzen, welche eine allgemeine Fürsorge für die bisher auf Grund von Sondergesetzen versorgten Gruppen von Hilfsbedürftigen nach einheitlichen Grundsätzen vorsehen.“ Als solche für eine vorübergehende Aufhebung in Frage kommende Gesetze werden angeführt: das Reichsgesetz über den Unterstützungswohnsitz nebst den dazu ergangenen Landesgesetzen, das Reichsgesetz über Notstandsmaßnahmen für Rentenempfänger aus der Invaliden- und Angestelltenversicherung, die Reichsversicherungsordnung und das Reichsgesetz über die Angestelltenversicherung, soweit sie Bestimmungen enthalten, die zum Bezuge von Rente oder Ruhegeld wegen Alters, Invalidität oder Todesfalls eines Versicherten berechtigen, das Reichsgesetz über Kleinrentnerfürsorge, die reichsrechtlichen Bestimmungen über die soziale Fürsorge zugunsten der Kriegsbeschädigten und Kriegshinterbliebenen, das Reichsgesetz für Jugendwohlfahrt, soweit es Bestimmungen über die Unterstützung hilfsbedürftiger Minderjähriger enthält (Abschnitt V). „Fortschritte in fürsorgerischer Hinsicht, welche einige der vorstehend bezeichneten Gesetze gebracht haben, seien grundsätzlich auf die vorgeschlagenen Notstandsmaßnahmen zu übernehmen, soweit nicht die finanzielle Notlage unüberwindliche Hindernisse bereitet“ (NDV. 1923 Nr. 42, S. 417ff.).

Neben diesen vom Deutschen Verein für öffentliche und private Fürsorge gemachten Vorschlägen für eine Neuordnung der öffentlichen Fürsorge hat das Reichsarbeitsministerium Anfang 1923 eine Denkschrift über den Erlaß eines umfassenden Reichswohlfahrtsgesetzes vorgelegt und zusammen mit dem Reichsministerium des Innern bereits einen Referentenentwurf für ein solches Gesetz, der auch mit den maßgebenden Spitzenverbänden beraten wurde. Allen diesen Bestrebungen, eine Vereinheitlichung der öffentlichen Fürsorge unter Übertragung auf die allein dafür berufenen Gemeinden herbeizuführen, stand immer wieder die Steuerpraxis der Nachkriegszeit entgegen (s. o.).

Dieses Hindernis wurde durch die dritte Steuernotverordnung vom 14. Februar 1924, soweit es für diese

Zwecke nötig war, beseitigt. Auf Grund dieser Verordnung wurde nunmehr die erstrebte Vereinheitlichung der öffentlichen Fürsorge in der Verordnung über die Fürsorgepflicht vom 13. Februar 1924 durchgeführt. Sie stellt allerdings zunächst ebensals nur ein Notgesetz dar und keine endgültige Regelung der Materie. Die Erfahrung muß nun lehren, ob ihre Bestimmungen endgültig beibehalten werden können, oder ob und in welcher Richtung sie eine Änderung erfahren müssen.

Verordnung über die Fürsorgepflicht.

Vom 13. Februar 1924 (RGBl. I S. 100).

Auf Grund des Ermächtigungsgesetzes vom 8. Dezember 1923 (RGBl. I S. 1179)[1]) verordnet die Reichsregierung[2]) zum Vollzuge der dritten Steuernotverordnung[3]) nach Anhörung eines Ausschusses des Reichsrats und eines aus 15 Mitgliedern bestehenden Ausschusses des Reichstags:

[1]) Das Ermächtigungsgesetz vom 8. 12. 1923 lautet:

„Der Reichstag hat das folgende Gesetz beschlossen, das mit Zustimmung des Reichsrats hiermit verkündet wird:

§ 1. Die Reichsregierung wird ermächtigt, die Maßnahmen zu treffen, die sie im Hinblick auf die Not von Volk und Reich für erforderlich und dringend erachtet. Eine Abweichung von den Vorschriften der Reichsverfassung ist nicht zulässig. Vor Erlaß der Verordnungen ist ein Ausschuß des Reichsrats und ein Ausschuß des Reichstags von 15 Mitgliedern in vertraulicher Beratung zu hören.

Die erlassenen Verordnungen sind dem Reichstag und dem Reichsrat unverzüglich zur Kenntnis zu bringen. Sie sind aufzuheben, wenn der Reichstag oder der Reichsrat dies verlangt. Im Reichstage sind für das Aufhebungsverlangen zwei Lesungen erforderlich, zwischen denen ein Zeitraum von mindestens drei Tagen liegen muß.

Der im Abs. 1 genannte Ausschuß des Reichstags ist ebenso über Anträge zu Verordnungen auf Grund des Gesetzes vom 13. Oktober 1923 (RGBl. I S. 943) zu hören, soweit der Reichstag dies beschließt.

§ 2. Dies Gesetz tritt mit dem Tage der Verkündung in Kraft. Es tritt am 15. Februar 1924 außer Kraft."

[2]) Die Zuständigkeit des Reichs zum Erlaß der FV. ergibt sich aus der Reichsverfassung vom 11. August 1919 Art. 7, der dem Reich die Gesetzgebung über das Armenwesen und die Wanderergesetzgebung, die Mutterschafts-, Säuglings-, Kinder- und Jugendfürsorge, die Fürsorge für die Kriegsteilnehmer und ihre Hinterbliebenen zuweist, und Art. 9 Abs. 1, wonach dem Reich, soweit ein Bedürfnis für den Erlaß einheitlicher Vorschriften vorhanden ist, auch die Gesetzgebung über die Wohlfahrtspflege zusteht.

[3]) § 42 der dritten Steuernotverordnung vom 14. Februar 1924 (RGBl. I S. 74) lautet:

(1) „Die Aufgaben der Wohlfahrtspflege, des Schul- und Bildungswesens und der Polizei werden den Ländern nach Maßgabe näherer reichsrechtlicher Vorschriften zu selbständiger Regelung und Erfüllung überlassen. Die Länder bestimmen, inwieweit die Gemeinden (Gemeindeverbände) an der Erfüllung der einzelnen Aufgaben zu beteiligen sind. Vor der Überlassung an die Länder werden die reichsrechtlichen Vorschriften, die dem Grundsatz des Satz 1 entgegenstehen, aufgehoben werden.

(2) Zu den Aufgaben der Wohlfahrtspflege im Sinne des Abs. 1 gehören

1. die Fürsorge für die Rentenempfänger der Invaliden- und Angestelltenversicherung, soweit sie nicht den Versicherungsträgern obliegt,
2. die Fürsorge für die Kleinrentner und die ihnen gleichgestellten Personen,
3. die soziale Fürsorge für Kriegsbeschädigte und Kriegshinterbliebene und die ihnen auf Grund der Versorgungsgesetze gleichgestellten Personen,
4. die Fürsorge für hilfsbedürftige Minderjährige,

5. die Wochenfürsorge,
6. die Flüchtlingsfürsorge,
7. die Leistungen nach dem Gesetz über die durch innere Unruhen verursachten Schäden vom 12. Mai 1920 (RGBl. S. 941) in der Fassung der Verordnung vom 8. Januar 1924 (RGBl. I S. 23).

(3) Mit der Übernahme der Aufgaben der Wohlfahrtspflege gehen ihre Lasten auf die nach Maßgabe einer besonderen Verordnung zu bildenden Fürsorgeverbände über. Die Kosten der Erfüllung der sonstigen im Abs. 1 bezeichneten Aufgaben fallen mit ihrer Übernahme den Ländern und nach näherer Bestimmung des Landesrechts den Gemeinden (Gemeindeverbänden) zur Last. Die Vorschriften des § 59 des Finanzausgleichsgesetzes bleiben unberührt."

Von den hier genannten Aufgaben sind alle in dem § 1 der FV. enthalten, mit Ausnahme der Leistungen auf Grund des Gesetzes über die durch innere Unruhen verursachten Schäden, die ja auch tatsächlich nur einen sehr losen Zusammenhang mit der Wohlfahrtspflege haben. Sie sind geregelt durch das Reichsgesetz über die durch innere Unruhen verursachten Schäden vom 12. Mai 1920, abgeändert durch die Verordnung vom 8. Januar 1924 und die Verordnung zur Überleitung der Tumultschädenregelung auf die Länder vom 29. März 1924 (RGBl. I S. 381).

§ 59 des Finanzausgleichsgesetzes in der Fassung vom 23. Juni 1923 besagt, daß das Reich den Ländern oder Gemeinden (Gemeindeverbänden) neue Aufgaben, gerechnet nach dem Stande vom 1. April 1920, nur zuweisen oder bestehende Aufgaben nur wesentlich erweitern darf, wenn es gleichzeitig für die Bereitstellung der erforderlichen Mittel Sorge trägt. Nachdem durch § 42 der dritten Steuernotverordnung den Ländern und Gemeinden neue Aufgaben durch das Reich zugewiesen wurden, war dieses verpflichtet, auch für die Bereitstellung der erforderlichen Mittel Sorge zu tragen. Das ist durch verschiedene Bestimmungen der dritten Steuer=

notverordnung auch geschehen. Nach § 26 können die Länder und nach näherer Bestimmung des Landesrechts die Gemeinden (Gemeindeverbände) im Zusammenhange mit der Regelung des Mietwesens von dem bebauten Grundbesitz eine Steuer erheben. Das Aufkommen dieser Steuer soll zur Deckung des allgemeinen Finanzbedarfs der Länder und Gemeinden (Gemeindeverbände) sowie des Aufwandes dienen, der ihnen durch die Erfüllung der gem. § 42 Abs. 1 (s. o.) zu selbständiger Regelung überlassenen Aufgaben erwächst. Nach den abändernden Bestimmungen des Art. V der dritten Steuernotverordnung erhalten die Länder mit Wirkung vom 1. April 1924 statt 75 % nunmehr 90 % der Einkommen- und Körperschaftssteuer, 20 % der Umsatzsteuer — die Unterverteilung auf die Gemeinden regeln die Länder —, statt 50 % der Kraftfahrzeugsteuer nunmehr den vollen Betrag, abzüglich 4 % für die Verwaltung der Steuer durch das Reich, und endlich das volle Aufkommen der Börsensteuer (vgl. Die Bedeutung der dritten Steuernotverordnung für die öffentliche Fürsorge NDV. 1924, Nr. 42, S. 19).

A. Träger der Fürsorge.

§ 1. Die nachstehenden öffentlich-rechtlichen Fürsorgeaufgaben sind[1]), soweit Reichsgesetze nichts anderes bestimmen, von den Landesfürsorgeverbänden[2]) und den Bezirksfürsorgeverbänden[2]) zu erfüllen:

a) die soziale Fürsorge für Kriegsbeschädigte und Kriegshinterbliebene[3]) und die ihnen auf Grund der Versorgungsgesetze Gleichstehenden[4]),

b) die Fürsorge für Rentenempfänger der Invaliden- und Angestelltenversicherung[5]), soweit sie nicht den Versicherungsträgern obliegt,

c) die Fürsorge für die Kleinrentner und die ihnen Gleichstehenden[6]),

d) die Fürsorge für Schwerbeschädigte und Schwererwerbsbeschränkte durch Arbeitsbeschaffung[7]),
e) die Fürsorge für hilfsbedürftige Minderjährige[8]),
f) die Wochenfürsorge[9]).

Den Fürsorgeverbänden liegt auch weiterhin die Armenfürsorge ob; das Land kann ihnen weitere Fürsorgeaufgaben übertragen.

[1]) Die Fürsorgeverbände aller Art sind verpflichtet, die ihnen hier übertragenen Aufgaben der öffentlichen Fürsorge durchzuführen, ohne Rücksicht auf dadurch etwa entstehende Kosten, Mehrarbeit usw. (zwingende Vorschrift).

[2]) Vgl. § 2 und die landesrechtlichen Bestimmungen.

[3]) Die soziale Fürsorge für Kriegsbeschädigte und Kriegshinterbliebene war bisher geregelt in der Verordnung über die soziale Kriegsbeschädigten- und Kriegshinterbliebenenfürsorge vom 8. Februar 1919 und den Zuständigkeitsgrundsätzen vom 6./10. Dezember 1919. Die Verordnung über die soziale Kriegsbeschädigten- und Kriegshinterbliebenenfürsorge bleibt mit den Änderungen nach § 34 FV. bestehen.

[4]) Wer als den Kriegsbeschädigten und Kriegshinterbliebenen gleichgestellt zu gelten hat, geht aus den folgenden Gesetzen hervor:

a) Gesetz über die Versorgung der vor dem 1. August 1914 aus der Wehrmacht ausgeschiedenen Militärpersonen und ihrer Hinterbliebenen (Altrentnergeſ.) in der Fassung vom 30. Juni 1923 (RGBl. I S. 542);
b) Gesetz über die Versorgung der Angehörigen des Reichsheeres und der Reichsmarine sowie ihrer Hinterbliebenen (Wehrmachtsversorgungsges.) vom 4. August 1921 (RGBl. S. 993);
c) Gesetz über die durch den Krieg verursachten Personenschäden (Kriegspersonenschädenges.) in der Fassung vom 30. Juni 1923 (RGBl. I S. 545);

d) die auf Grund des Reichsgesetzes vom 17. Juli 1922 (RGBl. I S. 597) erlassenen Schutzpolizeigesetze der einzelnen Länder.

[5]) Die Fürsorge für Rentenempfänger der Invaliden- und Angestelltenversicherung wurde bisher geregelt durch das Gesetz über Notstandsmaßnahmen zur Unterstützung von Rentenempfängern der Invaliden- und Angestelltenversicherung in der Fassung vom 29. Juli 1922 (RGBl. I S. 675). Dieses Gesetz ist durch § 32 FV. aufgehoben, jedoch gelten die bisherigen Bestimmungen soweit sie Voraussetzung und Art der Fürsorge betreffen als Vorschriften im Sinne des § 6 FV. (vgl. Grundsätze Z. 3).

[6]) Die Fürsorge für Kleinrentner erfolgte bisher nach dem Gesetz über Kleinrentnerfürsorge vom 4. Februar 1923 (RGBl. I S. 104) und den Richtlinien für die Kleinrentnerfürsorge vom 9. Mai 1923 (RGBl. I S. 289). Dieses Gesetz ist aufgehoben durch § 32 FV ; die bisherigen Bestimmungen, soweit sie Voraussetzung und Art der Fürsorge betreffen, gelten als Vorschriften im Sinne des § 6 FV. (vgl. Grundsätze Z. 3).

[7]) Die Arbeitsbeschaffung für Schwerbeschädigte und Schwererwerbsbeschränkte erfolgte und erfolgt auch weiterhin nach dem Gesetz über die Beschäftigung Schwerbeschädigter in der Fassung vom 12. Januar 1923 (RGBl. I S. 57) mit der Ergänzung nach § 33 FV.

[8]) Für die Fürsorge für hilfsbedürftige Minderjährige gab es bisher keine Sonderbestimmungen. Nunmehr hat sie zu erfolgen nach den Bestimmungen der FV. mit der Maßgabe, daß soweit es sich um Art und Maß der Unterstützung handelt, RJWG. § 49 Abs. 1 und 2 gilt (vgl. Grundsätze Z. 2), d. h. die Fürsorge für hilfsbedürftige Minderjährige umfaßt nicht nur den notwendigen Lebensunterhalt, sondern darüber hinaus noch Erziehung und Erwerbsbefähigung; dabei ist bei Beurteilung der Notwendigkeit der Leistungen das Bedürfnis nach rechtzeitiger, dauernder und gründlicher Abhilfe

gegen Störungen der körperlichen, geistigen und sittlichen Entwicklung der Minderjährigen zu berücksichtigen.

[9]) Die Bestimmungen über die Wochenfürsorge waren bisher enthalten in dem Gesetz über die Wochenfürsorge vom 9. Juni 1922 (RGBl. I S. 502) und in der Verordnung über Wochenfürsorge vom 18. August 1923 (RGBl. I S. 816), beide aufgehoben durch § 32 FV. (vgl. Grundsätze Z. 1).

§ 2. Das Land bestimmt[1]), wer Landesfürsorgeverband und wer Bezirksfürsorgeverband ist, sowie welche der Aufgaben die Landesfürsorgeverbände und welche davon die Bezirksfürsorgeverbände zu erfüllen haben.

Ein Land kann mehrere Landesfürsorgeverbände oder Zweigverbände solcher bilden[2]); mehrere Länder können sich oder Teile ihres Gebiets zu gemeinsamen Landesfürsorgeverbänden zusammenschließen.

Das Land kann zu Bezirksfürsorgeverbänden Gemeinden oder Gemeindeverbände erklären oder besondere Fürsorgeverbände bilden und ihre Einrichtung bestimmen. Die Bezirksfürsorgeverbände sind so zu bestimmen, daß sie ihren Aufgaben gewachsen sind[3]).

Das Land bestimmt, wie der Aufwand seiner Fürsorgeverbände zu decken ist, insbesondere inwieweit diese andere Fürsorgeverbände, Gemeinden oder Gemeindeverbände an ihren Lasten beteiligen können und inwieweit die Landesfürsorgeverbände die Kosten gemeinsamer Einrichtungen aller oder einzelner Bezirksfürsorgeverbände zu tragen, die Lasten auszugleichen oder Zuschüsse an nicht leistungsfähige Fürsorgeverbände[4]) zu leisten haben.

Das Land kann[5]) die Ersatz- und Übernahmepflicht seiner Fürsorgeverbände im Verhältnis zueinander abweichend von dieser Verordnung[5]) regeln.

[1]) Eine reichsgesetzliche Verteilung der in § 1 FV. genannten Aufgaben im einzelnen auf die Landes- und die Bezirksfürsorgeverbände ist mit Recht vermieden worden. Diese Verteilung muß dem Land überlassen bleiben, um bereits bestehende und im Volksbewußtsein verwurzelte Einrichtungen und Sitten zu wahren und eine organische Fortentwicklung der vorhandenen Wohlfahrtspflege zu erreichen (vgl. Maier, Landesrechtliche Ausführungsbestimmungen zur FV. NDV. 1924 Nr. 47).

[2]) Diese Bestimmung war mit Rücksicht auf die großen Länder, wie Preußen oder Bayern notwendig (vgl. auch die Bestimmungen über die Einrichtung von Landesjugendämtern RJWG. § 12).

[3]) Die bisherigen Ortsarmenverbände waren schon vielfach zu klein, um die Lasten der Armenpflege allein zu tragen, die nunmehr bedeutend vermehrten Fürsorgelasten wären von ihnen überhaupt nicht zu tragen gewesen. Dazu kommt noch, daß die durch die FV. erfolgte Vereinheitlichung der öffentlichen Fürsorge auch den Zweck hat, sie auf eine höhere Stufe zu stellen, sie planmäßig vorbeugend und erziehend zu gestalten. Diese Aufgabe läßt sich nur erfüllen, wenn geschultes Fürsorgepersonal zur Verfügung steht; dieses würde sich aber in den kleinen Verhältnissen der bisherigen Ortsarmenverbände vielfach nicht rentieren. Alle diese Gründe haben schon in den Vorverhandlungen eine bedeutende Rolle gespielt. Der Umfang eines Bezirksfürsorgeverbandes, der seinen Aufgaben gewachsen ist, wird also einerseits danach zu bestimmen sein, daß er zur Tragung der neuen großen Fürsorgelasten im Stande ist, anderseits daß er darüber hinaus in der Lage ist, sich geschultes Fürsorgepersonal zu halten, und drittens, daß er die Arbeit noch von der Zentrale übersehen kann und sie, wenn auch mit Hilfe ehrenamtlicher Kräfte, durch sein Fürsorgepersonal mit der nötigen individuellen Behandlung des Einzelfalls durchführen kann. Daher werden im allgemeinen die Stadt- und Landkreise,

die bisher bereits in weitem Umfange die in § 1 FV. genannten Fürsorgeaufgaben durchgeführt haben, die gegebenen Bezirksfürsorgeverbände sein (vgl. Maier, Die Trägerschaft der künftigen Fürsorge, Soz. Pr. XXXIII, S. 282ff.).

[4]) Der Grundsatz, daß die nunmehr zu bildenden Bezirksfürsorgeverbände ihren Aufgaben gewachsen sein sollen, wird wahrscheinlich nicht unbedingt überall durchgeführt werden können, darum wird hier auch auf solche Bezirksfürsorgeverbände Rücksicht genommen, die nicht leistungsfähig sind. Unter Fürsorgeverbänden können nur Bezirksfürsorgeverbände gemeint sein, da ja die Landesfürsorgeverbände die Zuschüsse zu leisten haben.

[5]) Eine solche Regelung hat nur Gültigkeit innerhalb des Landes, das sie getroffen hat, für außerhalb liegende Fürsorgeverbände gelten die Bestimmungen der FV.

§ 3. Welche Behörden[1]) oder sonstige Stellen die Aufgaben der Landes- und Bezirksfürsorgeverbände durchzuführen haben, bestimmt das Land; die Fürsorgeaufgaben desselben örtlichen Bereichs sollen tunlichst von der gleichen Stelle durchgeführt werden[2]).

Das Land regelt im Rahmen der reichsrechtlichen Vorschriften Verfahren, Beschwerde und Aufsicht. Es bestimmt, in welcher Weise Personen aus dem Kreise der Hilfsbedürftigen bei der Durchführung der Fürsorge zu beteiligen sind[3]); es bestimmt ferner, inwieweit die Gemeinden von den Fürsorgeverbänden und die Bezirksfürsorgeverbände von den Landesfürsorgeverbänden zur Durchführung ihrer Aufgaben herangezogen werden können.

Das Land kann Aufgaben, die diese Verordnung den Fürsorgeverbänden überträgt, auch Versicherungsträgern unter deren Verantwortung[4]) widerruflich[5]) übertragen, sofern sie damit einverstanden sind.

[1]) Im allgemeinen wird es sich empfehlen, die Bestimmung der Stelle, die mit der Durchführung der Aufgaben des § 1 der FV. betraut wird, den örtlichen Stellen zu überlassen, damit die organische Fortentwicklung bereits bestehender Einrichtungen der öffentlichen Wohlfahrtspflege nicht unterbrochen wird. Die bereits fast überall bestehenden kommunalen Wohlfahrtsämter werden in der Regel die geeigneten Stellen für die Durchführung der Aufgaben der FV. sein, soweit nicht von der Bestimmung des Abs. 3 Gebrauch gemacht wird.

[2]) Eine allgemein bindende Regelung verbieten die verschiedenen örtlichen Verhältnisse. Wenn also auch die Einschränkung des „tunlichst" mit Recht besteht, so wird doch nach Möglichkeit danach zu streben sein, die Durchführung der Fürsorge einer und derselben Stelle zu übertragen. Das liegt einmal im Interesse des Hilfsbedürftigen, der nicht von einer Stelle zur andern geschickt wird, dann aber ist das auch notwendig, um die Forderung des § 5 Abs. 4 FV. zu verwirklichen, wonach die Fürsorgestellen Mittelpunkte der öffentlichen und privaten Fürsorge sein sollen. Eine Vereinfachung des behördlichen Apparats wird in erster Linie ein reibungsloses Zusammenarbeiten gewährleisten.

[3]) Eine Beteiligung von Vertretern der Hilfsbedürftigen wird vor allem dann von Vorteil sein, wenn es sich um die Ablehnung von Anträgen handelt (vgl. § 8 der Ausführungsverordnung zum Gesetz über Notstandsmaßnahmen für Empfänger von Renten der Invaliden- und Angestelltenversicherung vom 24. 12. 1921: „es sollen Personen aus dem Kreise der Versicherten und Rentenempfänger jedenfalls dann zugezogen werden, wenn ein Antrag abgelehnt werden soll"). Durch die Heranziehung ihrer Vertreter zur Durchführung der FV. wird den Hilfsbedürftigen das Gefühl der Beruhigung gegeben, daß ihre Angelegenheiten von Leidensgenossen mitbearbeitet werden.

[4]) Im Gegensatz zu den Delegationen in § 5 kann hier die Übertragung von Aufgaben der FV. an Versicherungs-

träger „unter deren Verantwortung" geschehen. Damit entsteht aber im Falle einer Streitigkeit zwischen einem solchen mit der Durchführung betrauten Versicherungsträger und einem Fürsorgeverband eine Schwierigkeit. Nach § 29 FV. werden Streitigkeiten zwischen Fürsorgeverbänden noch bis auf weiteres nach den Bestimmungen der §§ 37 bis 57 und 58 Abs. 2 des Reichsgesetzes über den Unterstützungswohnsitz entschieden. Diese Bestimmungen kennen aber nur Streitigkeiten zwischen Fürsorgeverbänden nicht auch zwischen Organen derselben. Die Verantwortung gegenüber Fürsorgeverbänden anderer Länder trägt also nach wie vor nur der Fürsorgeverband, der sonst d. h. bei nicht erfolgter Übertragung an einen Versicherungsträger zuständig gewesen wäre.

[5]) Die Übertragung von Aufgaben aus § 1 der FV. kann an Versicherungsträger zwar unter deren Verantwortung erfolgen, aber nur widerruflich, nicht endgültig. Daraus ergibt sich, daß das übertragende Land unter bestimmten Voraussetzungen die Übertragung rückgängig machen kann. Eine solche Voraussetzung wird dann gegeben sein, wenn der betraute Versicherungsträger seinen Verpflichtungen nicht ausreichend nachkommt, oder wenn es sich herausstellt, daß die Durchführung durch ein anderes Organ des Landes zweckentsprechender erfolgen kann. Beide Möglichkeiten setzen ein Aufsichtsrecht des übertragenden Landes voraus, durch das die Verantwortlichkeit des Versicherungsträgers aber nicht berührt wird.

§ 4. Die Fürsorgeverbände sind Körperschaften des öffentlichen Rechtes. Das Land kann bestimmten Zwecken dienenden Teilen ihres Vermögens gesonderte Rechtsfähigkeit verleihen.

§ 5[1]). Das Land kann einzelne der Aufgaben[2]), die diese Verordnung den Fürsorgeverbänden überträgt, unter seiner Verantwortung[3]) auch Verbänden oder Einrichtungen der freien Wohlfahrtspflege übertragen, sofern sie damit einverstanden sind.

Der Fürsorgeverband[4]) kann einzelne seiner Aufgaben[5]) unter seiner Verantwortung[6]) derartigen Verbänden oder Einrichtungen[7]) übertragen, sofern sie damit einverstanden sind. Das Land kann sich die Zustimmung dazu vorbehalten[8]); es kann die Übertragung nach Anhörung des Fürsorgeverbandes und der Vertretung der beteiligten freien Wohlfahrtspflege zurücknehmen, wenn ein wichtiger Grund[9]) dazu vorliegt.

Die Fürsorgeverbände sollen eigene Einrichtungen nicht neu schaffen, soweit geeignete Einrichtungen der freien Wohlfahrtspflege ausreichend vorhanden sind[10]).

Die Fürsorgestellen (§ 3) sollen für ihren Bereich Mittelpunkt der öffentlichen Wohlfahrtspflege und zugleich Bindeglied zwischen öffentlicher und freier Wohlfahrtspflege sein; sie sollen darauf hinwirken, daß öffentliche und freie Wohlfahrtspflege sich zweckmäßig ergänzen[11]) und in Formen zusammenarbeiten, die der Selbständigkeit beider gerecht werden[12]). Die Reichsregierung kann mit Zustimmung des Reichsrats und eines Ausschusses des Reichstags Grundsätze für diese Zusammenarbeit aufstellen; solange und soweit dies nicht geschieht, können es die Länder.

[1]) Im Gegensatze zum UWG., das die Armenpflege allein den Ortsarmenverbänden und den Landarmenverbänden übertrug, gibt die FV. die Möglichkeit, sowohl Einzelaufgaben als auch Aufgabengruppen den Organen der freien Wohlfahrtspflege zu übertragen. Diese Einschaltung der freien Wohlfahrtspflege bedeutet ebensosehr eine Anerkennung ihrer Verdienste und ihrer Bedeutung für die öffentliche Wohlfahrtspflege, als einen Schritt weiter in der Erziehung unseres

Volkes zur Gemeinschaft, die heute in erster Linie Leidensgemeinschaft ist.

Das Reichsgesetz für Jugendwohlfahrt vom 9. Juli 1922 schreibt die Beteiligung der freien Wohlfahrtspflege in bestimmtem Umfange und in bestimmten Formen vor. Das tut die FV. nicht, wohl aus der Erwägung heraus, daß eine solche Regelung bei der außerordentlich großen Zahl der Vereinigungen und Einrichtungen der freien Wohlfahrtspflege gerade auf dem Gebiete der Armenpflege nicht befriedigend ausfallen könne.

[2]) Gemeint sind in diesem Zusammenhang Aufgabengruppen. Erfolgt eine Übertragung solcher Aufgabengruppen an Vereinigungen oder Einrichtungen der freien Wohlfahrtspflege, so hat das Land auch zu bestimmen, wie die Deckung der Kosten der Durchführung erfolgen soll. Voraussetzung für die Übertragung ist stets das Einverständnis der freien Wohlfahrtspflege.

[3]) Da durch die Übertragung die Verantwortung des Landes nicht aufgehoben wird, so steht ihm selbstverständlich das Recht der Aufsicht und der Zurücknahme der Übertragung zu.

[4]) Gemeint sind sowohl Landesfürsorgeverband als auch Bezirksfürsorgeverband.

[5]) Die Übertragung kann sowohl Einzelaufgaben als auch Aufgabengruppen betreffen.

[6]) Anm. 3 gilt sinngemäß auch für die unteren Fürsorgeverbände.

[7]) Als Vereinigungen und Einrichtungen der freien Wohlfahrtspflege können nicht immer nur solche gelten, die sich ausschließlich mit Wohlfahrtspflege beschäftigen, sondern sehr oft auch solche, die an sich ganz andere Ziele haben, daneben aber auch Zwecke der Wohlfahrtspflege erfüllen. Das wird besonders häufig der Fall in ländlichen Gegenden sein. Hier wird es sich sogar empfehlen, die mannigfachen Genossenschaften, Heimatvereine usw., die vielfach bereits eine gewisse

Wohlfahrtspflege treiben, in diesen Bestrebungen zu unterstützen und sie zur Mitarbeit im Sinne der FV. heranzuziehen.

[8]) Dieser Vorbehalt ist nur da möglich, wo es sich um die Übertragung ganzer Aufgabengruppen zur selbständigen Erledigung handelt.

[9]) Ein solcher wichtiger Grund kann nur die nicht sachgemäße Durchführung der übertragenen Aufgaben sein. Parteipolitische oder persönliche, nicht mit der Sache zusammenhängende Gründe sind ausgeschlossen.

[10]) Obwohl es sich nur um eine Sollvorschrift handelt, liegt es doch durchaus im eigensten Interesse der Fürsorgeverbände ihr Folge zu leisten. Wo die vorhandenen Einrichtungen der freien Wohlfahrtspflege nicht ganz ausreichen, ist erst zu prüfen, ob sie nicht ausbaufähig sind, und erst wenn das verneint werden muß, soll der Fürsorgeverband an die Schaffung eigener Einrichtungen gehen. „Galt vor dem Kriege bei günstigeren wirtschaftlichen Verhältnissen der Gesichtspunkt der Konkurrenzfreiheit als ausschlaggebend, um durch den Wettbewerb der öffentlichen und privaten Einrichtungen eine möglichste Vervollkommnung der Wohlfahrtspflege zu erzielen, so muß unter den heutigen wirtschaftlichen Verhältnissen jedenfalls jeder überflüssige Wettbewerb, der die Existenz derartiger einmal bestehender Einrichtungen gefährdet und außerdem Doppelausgaben für denselben Zweck verursacht, vermieden werden" (Wölz-Ruppert-Richter, S. 24).

[11]) Ein verständnisvolles Zusammenarbeiten von öffentlicher und privater Wohlfahrtspflege ist schon nötig, um Doppelunterstützungen zu vermeiden.

[12]) Soweit es sich um die sachliche Zusammenarbeit handelt, ist der Fürsorgeverband berechtigt, die Einordnung der freien Wohlfahrtspflege entsprechend den allgemeinen Richtlinien, die möglichst im Einvernehmen mit den Vertretern der freien Wohlfahrtspflege aufzustellen sind, zu verlangen. Ein Anspruch, einen Einfluß auf die innere Gestaltung der freien Wohl-

fahrtspflege auszuüben, steht ihm selbstverständlich nicht zu (vgl. auch RJWG. § 6; Wronsky, Die freie Wohlfahrtspflege nach der FV. „Die Fürsorge" 1924 Nr. 2).

B. Umfang der Fürsorge.

§ 6. Voraussetzung[1]), Art und Maß[2]) der zu gewährenden Fürsorge bestimmt im Rahmen der reichsrechtlichen Vorschriften[3]) das Land.

Mit Zustimmung des Reichsrats kann die Reichsregierung Grundsätze[4]) hierüber aufstellen.

[1]) § 8 UWG. überließ den Ländern nur die Bestimmung über die Art und das Maß der zu gewährenden öffentlichen Unterstützung. Darüber hinausgehend überweist die FV. auch die Bestimmung über die Voraussetzung den Ländern. Grundsätzlich wird Hilfsbedürftigkeit die Voraussetzung für den Eintritt der öffentlichen Fürsorge bilden müssen, wobei auf die bisher eine Sonderfürsorge genießenden Kreise der Fürsorgebedürftigen Rücksicht zu nehmen ist (vgl. dazu § 7 und Anmerkungen; Cuno, Voraussetzung und Maß der Fürsorge, Soz. Pr. XXXIII, S. 207 ff.).

[2]) Art und Maß der Fürsorge haben sich nach den Verhältnissen des Einzelfalls zu richten (Grundsätze Z. 4). Grundsatz ist dabei, daß die Fürsorge den der Fürsorge Anheimgefallenen möglichst schnell und nachhaltig von der Fürsorge unabhängig macht. Das Existenzminimum der alten Armenpflege ist nur dort am Platze, wo es sich um asoziale, arbeitsscheue oder unwirtschaftliche Personen handelt. Bei aller Sparsamkeit, die die Zeit erfordert, wird sich der Gedanke durchsetzen müssen, daß die beste Fürsorge immer noch die sparsamste ist. Die beste Fürsorge ist aber diejenige, die auf Grund individueller Beurteilung des Einzelfalls durch geschulte Kräfte ausreichende Mittel zubilligt, damit dem Fürsorgebedürftigen nachhaltig geholfen wird.

[3]) Als solche reichsrechtlichen Vorschriften kommen in Betracht:

a) die Verordnung über die soziale Kriegsbeschädigten- und Kriegshinterbliebenenfürsorge vom 8 Februar 1919 (RGBl. S. 187),
b) die Vorschriften über die soziale Fürsorge in den verschiedenen Versorgungsgesetzen,
c) das Gesetz über die Beschäftigung Schwerbeschädigter in der Fassung vom 12 Januar 1923 (RGBl. I S 57),
d) die Verordnung über das Inkrafttreten des Reichsgesetzes für Jugendwohlfahrt vom 14. Februar 1924 (RGBl. I S. 110),
e) die Grundsätze über Voraussetzung, Art und Maß öffentlicher Fürsorgeleistungen vom 27. März 1924 (RGBl I S. 375).

Durch die Bestimmungen des Landes darf keine Verschlechterung gegenüber den Bestimmungen des Reiches eintreten.

[4]) Vgl. Grundsätze über Voraussetzung, Art und Maß öffentlicher Fürsorgeleistungen vom 27. März 1924 (RGBl. I S. 375).

C. Zuständigkeit.

§ 7. Jeder hilfsbedürftige[1])[2]) Deutsche[3]) muß[4]) vorläufig[5]) von demjenigen Bezirksfürsorgeverband unterstützt werden, in dessen Bezirk er sich bei Eintritt der Hilfsbedürftigkeit befindet.

Zur Fürsorge endgültig[6]) verpflichtet ist derjenige Bezirksfürsorgeverband, in dessen Bezirk der Hilfsbedürftige bei Eintritt der Hilfsbedürftigkeit den gewöhnlichen Aufenthalt[7]) hat; ist ein solcher nicht vorhanden oder zu ermitteln[8]), so ist derjenige Landesfürsorgeverband endgültig verpflichtet, dem der vorläufig verpflichtete Bezirksfürsorgeverband angehört.

Der Bezirksfürsorgeverband des Ortes, an dem die Familie Wohnung und Haushalt hat, ist zur Fürsorge für die Mitglieder[9]) der Familie endgültig verpflichtet, auch wenn sie bei Eintritt der Hilfsbedürftigkeit ihren Aufenthalt[10]) an einem anderen Orte hatten.

Zur Familie im Sinne dieser Vorschrift gehören Ehegatten und Verwandte auf- und absteigender Linie.

[1]) Voraussetzung für den Eintritt der öffentlichen Fürsorge ist Hilfsbedürftigkeit, ohne Rücksicht darauf, ob ein Antrag des Hilfsbedürftigen vorliegt (vgl. Grundsätze Z. 1).

[2]) Weder das UWG. noch die FV. geben eine Begriffsbestimmung der Hilfsbedürftigkeit. Einige AG. zum UWG. haben eine solche, so Bayern in Art. 2, Baden in §§ 2 und 3, Oldenburg in Art. 71, Sachsen in §§ 4 und 23, Württemberg in Art. 2. Sie stimmen überein im Anschluß an § 4 des Gesetzes über die Freizügigkeit vom 1. November 1867, daß bestimmend für die Entscheidung das Fehlen des unentbehrlichen Lebensunterhaltes und die Unmöglichkeit seiner Beschaffung ist. Im gleichen Sinne hat das Bundesamt für Heimatwesen entschieden (BAH. 35/48): Hilfsbedürftig ist eine Person, die des Obdachs, des unentbehrlichen Lebensunterhalts und der erforderlichen Krankenpflege entbehrt, weil sie den entsprechenden Bedürfnissen weder aus eigenem Vermögen noch durch eigene Arbeitskraft abhelfen kann; zum eigenen Vermögen gehört auch der Anspruch auf Gewährung des Unterhalts gegen unterhaltspflichtige Personen.

Diese Begriffsbestimmung wird nicht durchweg für die durch die FV. der Fürsorge der Bezirksfürsorgeverbände überwiesenen Kreise von Hilfsbedürftigen genügen. Es wird unbedingt bei Kriegsbeschädigten und Kriegshinterbliebenen sowie bei Sozial- und Kleinrentnern auch auf die früheren Verhältnisse der Fürsorgebedürftigen weitgehend Rücksicht zu nehmen sein, d. h. eine weitherzigere Auslegung des Begriffs Hilfsbedürftigkeit wird anzuwenden sein.

[3]) Maßgebend für die Entscheidung ist das Gesetz über die Reichs- und Staatsangehörigkeit vom 22. Juli 1913 (RGBl. S. 583). Danach hat als Deutscher zu gelten, wer die Staatsangehörigkeit in einem Bundesstaat oder die unmittelbare Reichsangehörigkeit besitzt; dabei gilt Elsaß-Lothringen als Bundesstaat und die Schutzgebiete als Inland. Nach dem Vertrage von Versailles sind durch Abtretung Ausland geworden Danzig, Elsaß-Lothringen, das Memelland, Oberschlesien und die an Polen und Dänemark gefallenen Gebiete. Die dort wohnhaften Deutschen fallen gegebenfalls unter die Bestimmungen des § 12 FV. Das Saarland ist deutsches Reichsgebiet geblieben und fällt daher ohne Ausnahme unter die allgemeinen Bestimmungen der FV.

[4]) Durch diese bindende Vorschrift ist jedem Deutschen an jedem Orte des Deutschen Reiches im Falle der Hilfsbedürftigkeit die öffentliche Fürsorge gesichert.

[5]) Der Bezirksfürsorgeverband, in dessen Bezirk die Hilfsbedürftigkeit den Behörden kund geworden ist, ist vorläufig verpflichtet, d. h. bis der endgültig verpflichtete Bezirksfürsorgeverband eintritt. Die zu gewährende Fürsorge muß ebenso ausreichend sein als ob der vorläufig verflichtete Bezirksfürsorgeverband endgültig verpflichtet wäre. Er hat auch alle Maßnahmen zu ergreifen, die zur Heranziehung ev. verpflichteter Dritter dienen können.

[6]) Endgültig verpflichtet ist ein Bezirksfürsorgeverband insofern als er keine Ansprüche an einen anderen Fürsorgeverband hat; etwaige Ansprüche gegen verpflichtete Dritte bleiben bestehen.

[7]) Verschiedene der in der Kriegszeit und Nachkriegszeit notwendig gewordenen Sonderzweige der öffentlichen Fürsorge, wie z. B. die Sozial- und Kleinrentnerfürsorge hatten das Prinzip des Unterstützungswohnsitzes verlassen und an seine Stelle das des Wohnortes gestellt. Als solcher galt der Ort, an dem sich der Rentenempfänger mit der Absicht längeren oder dauernden Verbleibens und nicht nur vorübergehend

aufhält. Das Wichtige an dieser Regelung ist die Aufgabe der Frist, binnen deren der Fürsorgebedürftige die Anwartschaft auf die Fürsorge erwirbt oder verliert, wie es bei dem UW. der Fall gewesen ist. Die Berechtigung für diese Neuordnung ergibt sich aus der Tatsache, daß die starke Binnenwanderung, die unsere Zeit kennzeichnet, den Erwerb des UW. vielfach sehr erschwert, und daß die aus den anzustellenden Ermittlungen sich ergebende Mehrarbeit der Verwaltungen in gar keinem Verhältnis zu dem Erfolg steht. Die FV. ist deshalb ebenfalls von dem UW. abgegangen zu Gunsten des „gewöhnlichen Aufenthalts“. Leider enthält sie keine Begriffsbestimmung dieses neuen Begriffs, sondern überläßt sie der Praxis.

Das UWG. kannte den gewöhnlichen Aufenthalt als Voraussetzung für den Erwerb des UW. Das Bundesamt für Heimatwesen sah als gewöhnlichen Aufenthalt den nicht nur vorübergehend gewollten Mittelpunkt des Lebens an (vgl. auch § 7 BGB. und Warneyer, Jahrbuch d. Entscheidungen IX, S. 448). Im Anschluß an diese Rechtspraxis wird als gewöhnlicher Aufenthalt der Ort anzusehen sein, an dem der Hilfsbedürftige beim Eintritt der Hilfsbedürftigkeit den Mittelpunkt seines Lebens gehabt hat, diesen Mittelpunkt wird er dort haben, wo er Wohnung und Haushalt hat (vgl. Abs. 3 dieses Paragraphen). Dabei ist aber zu beachten, daß im Gegensatz zum gewöhnlichen Aufenthalt des UWG. das Moment der Willensbildung nicht unbedingt maßgebend ist, da nach § 10 FV. der Einwand, daß ein Aufenthalt wegen Mangels der Geschäftsfähigkeit oder der Willenserklärung nicht habe begründet werden können, unzulässig ist. Das hindert aber nicht, daß das Moment der Willensbildung bei geschäftsfähigen Personen sehr wohl bei der Beurteilung, ob ein gewöhnlicher Aufenthalt vorliegt, mit herangezogen werden und vielleicht den Ausschlag geben kann (vgl. Ruppert, Zur Einführung in die Zuständigkeitsregelung der FV., Soz. Pr. XXXIII S. 332 ff.; Sandré, Die Regelung der Zuständigkeit in der FV., Sächs. Bl. f. Wohlfahrtspflege IV S. 97 ff.;

Sasse, Die neue FV., Zeitschr. f. Kommunalwirtschaft XIV S. 207; Wölz-Ruppert-Richter S. 41 ff.).

Der UW. konnte erst mit vollendetem 16. Lebensjahre erworben werden, diese Beschränkung besteht nicht für den Erwerb des gewöhnlichen Aufenthalts.

[8]) Der Beweis, daß ein gewöhnlicher Aufenthalt nicht zu ermitteln gewesen ist, dürfte nach dem bisherigen Rechte bereits dann erbracht sein, wenn der vorläufig verpflichtete Bezirksfürsorgeverband nachweist, daß er alle diejenigen Erhebungen vorgenommen hat, welche nach Lage der Verhältnisse als geeignet zur Ermittlung des gewöhnlichen Aufenthalts anzusehen sind (vgl. UWG. § 30 Abs. 2). Der Gegenbeweis im Streitverfahren kann nur durch den Nachweis erbracht werden, daß der Hilfsbedürftige an einem bestimmten Orte den gewöhnlichen Aufenthalt gehabt hat. Es genügt nicht, wenn nachgewiesen wird, daß dies an einem oder dem anderen von zwei Orten der Fall sein müsse (BAH. 33, 68 ff.).

[9]) Als Mitglieder der Familie im Sinne dieser Vorschrift können nur solche gelten, die in dauernder Familiengemeinschaft leben, also einen gemeinsamen gewöhnlichen Aufenthalt haben, wie er sich in einem gemeinsamen Hausstand ausdrückt, oder solche, die nicht in der Lage sind, einen gewöhnlichen Aufenthalt zu gründen, wie Pflegekinder, Anstaltspfleglinge. Das ergibt sich daraus, daß es nur heißt, wenn sie bei Eintritt der Hilfsbedürftigkeit „ihren Aufenthalt" nicht ihren „gewöhnlichen Aufenthalt" an einem anderen Orte haben.

[10]) Der hier gemeinte Aufenthalt kann nur als Aufenthalt im allgemeinen Sinne gemeint sein. Sollte er auch als gewöhnlicher Aufenthalt im Sinne der FV. gemeint sein, so würde sich eine unmögliche Regelung ergeben. Der Bezirksfürsorgeverband, in dessen Bezirk die Familie Wohnung und Haushalt hat, müßte dann auch für Mitglieder der Familie die Fürsorgepflicht auf sich nehmen, die bereits an einem anderen Orte ihren gewöhnlichen Aufenthalt begründet haben (vgl. Sasse, Die neue FV., Zeitschr. f. Kommunalwirtschaft

XIV S. 207f.; Bürkert, Zeitschr. f. Heimatwesen XXIX S. 66; anderer Meinung Maier, Sächs. Blätter f. Wohlfahrtspflege IV S. 90ff.; Wölz-Ruppert-Richter S. 47ff.).

§ 8[1]). Wird ein uneheliches[2]) Kind innerhalb von sechs Monaten nach der Geburt hilfsbedürftig, so ist derjenige Bezirksfürsorgeverband endgültig verpflichtet, in dessen Bezirk die Mutter im zehnten Monat[3]) vor der Geburt zuletzt[4]) ihren gewöhnlichen Aufenthalt gehabt hat, oder in Ermangelung eines solchen der Landesfürsorgeverband, in dessen Bezirk sie sich in diesem Monat zuletzt aufgehalten hat. Ist ein solcher Bezirks- oder Landesfürsorgeverband nicht vorhanden oder nicht zu ermitteln[5]), so ist der Landesfürsorgeverband zuständig, dem der vorläufig verpflichtete Bezirksfürsorgeverband angehört.

Das gleiche gilt für die uneheliche Mutter hinsichtlich der innerhalb von sechs Monaten nach der Geburt des Kindes notwendig werdenden Fürsorgemaßnahmen, auch wenn die Hilfsbedürftigkeit vor der Geburt eingetreten ist[6]), es sei denn, daß die Hilfsbedürftigkeit offensichtlich[7]) außer Zusammenhang[7]) mit der Geburt steht.

[1]) Die Notwendigkeit einer Sonderregelung der Fürsorge für uneheliche Kinder ergibt sich aus der Erfahrung, daß uneheliche Mütter sich in den letzten Monaten vor der Geburt in solche Orte zu ziehen pflegen, in denen öffentliche Entbindungsanstalten bestehen. Bezirksfürsorgeverbände, in deren Bezirk solche öffentliche Entbindungsanstalten vorhanden sind, würden daher ungerechtfertigt hohe Fürsorgelasten zu tragen haben. Daher hatte auch die vom Deutschen Verein für öffentliche und private Fürsorge im Jahre 1922 eingesetzte Kommission zur Ausarbeitung von Vorschlägen für ein Notgesetz zum UWG. eine ähnliche Sonderregelung für die Unterstützung unehelicher Kinder vorgeschlagen (Horion, Soz. Pr. XXXII S. 27).

²) Gemäß BGB. §§ 1591 ff. und 1699 hat ein Kind als unehelich zu gelten,

a) wenn es von einer ledigen Frauensperson geboren ist;

b) wenn es von einer Ehefrau vor Eingehung der Ehe und mehr als 302 Tage nach der Beendigung der Ehe geboren ist, wobei der 302. Tag eingeschlossen ist, es sei denn, daß feststeht, daß das Kind innerhalb eines Zeitraumes empfangen worden ist, der weiter als 302 Tage vor dem Tage der Geburt zurückliegt;

c) wenn es zwar während der Ehe oder innerhalb 302 Tagen nach Beendigung der Ehe geboren ist, aber den Umständen nach offenbar unmöglich ist, daß die Frau das Kind von dem Ehemanne empfangen hat;

d) wenn es aus einer Ehe stammt, deren Nichtigkeit auf einem Formmangel beruht und die nicht in das Heiratsregister eingetragen worden ist;

e) wenn es aus einer nichtigen Ehe stammt und beide Ehegatten die Nichtigkeit der Ehe bei der Eheschließung gekannt haben.

³) Für die Berechnung des zehnten Monats vor der Geburt ist § 188 Abs. 2 und 3 BGB. maßgebend.

⁴) Es handelt sich immer nur um den **letzten** gewöhnlichen Aufenthalt im zehnten Monat vor der Geburt; hat also die uneheliche Mutter am letzten Tag des zehnten Monats vor der Geburt einen neuen gewöhnlichen Aufenthalt begründet, so ist allein dieser maßgebend (vgl. § 7 Anm. 7).

⁵) Vgl. § 7 Anm. 8.

⁶) Wird die uneheliche Mutter bereits vor der Geburt des Kindes hilfsbedürftig, so ist endgültig verpflichtet derjenige Bezirksfürsorgeverband, in dessen Bezirk sie bei Eintritt der Hilfsbedürftigkeit ihren gewöhnlichen Aufenthalt hat. Besteht diese Hilfsbedürftigkeit auch nach der Geburt des Kindes weiter, so ist für diese Fürsorgemaßnahmen nunmehr derjenige Bezirksfürsorgeverband endgültig verpflichtet, in dessen Bezirk die uneheliche Mutter im zehnten Monat vor

der Geburt ihren gewöhnlichen Aufenthalt gehabt hat. Diese Sonderregelung gilt also nur für diejenigen Fürsorgemaßnahmen, die innerhalb von sechs Monaten nach der Geburt des Kindes notwendig werden.

[7]) Voraussetzung für diese Sonderregelung ist die Tatsache, daß die Hilfsbedürftigkeit im Zusammenhang mit der Geburt steht. Eine Ablehnung ist nur dann möglich, wenn die Hilfsbedürftigkeit offensichtlich außer Zusammenhang mit der Geburt steht. Der Beweis liegt dem ablehnenden Fürsorgeverband ob.

§ 9. Durch den Eintritt oder die Einlieferung in eine Kranken-, Entbindungs-, Heil-, Pflege- oder sonstige Fürsorgeanstalt, in eine Erziehungsanstalt oder eine Straf-, Arbeits- oder sonstige Zwangsanstalt wird an dem Anstaltsort ein gewöhnlicher Aufenthalt nicht begründet[1]).

Tritt die Hilfsbedürftigkeit während des Aufenthalts in einer derartigen Anstalt oder bei der Entlassung daraus ein, so ist der Fürsorgeverband endgültig verpflichtet, der es bei dem Eintritt oder der Einlieferung in die Anstalt gewesen wäre.

Entsprechendes gilt für die Unterbringung von Kindern in Pflege[2]).

[1]) Ähnlich wie in § 8 sollen durch diese Sonderbestimmung diejenigen Bezirksfürsorgeverbände, in deren Bezirk sich Anstalten der genannten Art befinden, vor ungerechtfertigter Belastung mit Fürsorgekosten für die Anstaltsinsassen geschützt werden (vgl. § 30 Abs. 1 b UWG.).

[2]) Nach § 19 RJWG. sind Pflegekinder Kinder unter 14 Jahren, die sich dauernd oder nur für einen Teil des Tages, jedoch regelmäßig, in fremder Pflege befinden, es sei denn, daß von vornherein feststeht, daß sie unentgeltlich in vorübergehende Bewahrung genommen werden. Diese Bestimmung eines Pflegekindes wird auch hier Geltung haben. Dabei ist aber

zu beachten, daß auch die nach § 21 RJWG. nicht den Bestimmungen des Pflegekinderschutzes unterliegenden Kinder (eheliche Kinder, die bei Verwandten oder Verschwägerten bis zum dritten Grade verpflegt werden, wenn diese Personen Kinder nicht entgeltlich, gewerbsmäßig oder gewohnheitsmäßig in Pflege nehmen; Kinder, die aus Anlaß auswärtigen Schulbesuchs für einen Teil des Tages in Pflege genommen werden; Kinder, die zum Zwecke des Schulbesuchs in auswärtigen Schulorten in Familien untergebracht werden, wenn diese von der Leitung der Schule für geeignet erklärt und überwacht werden) als Pflegekinder im Sinne dieser Bestimmung anzusehen sein werden.

§ 10. Der Einwand, daß ein Aufenthalt wegen Mangels der Geschäftsfähigkeit oder der Willenserklärung nicht habe begründet oder aufgehoben werden können, ist unzulässig[1]).

[1]) Nach § 12 UWG. begann der Lauf der einjährigen Frist zum Erwerb des UW. erst mit dem Tage, an welchem Umstände, durch welche die Annahme der freien Willensbestimmung bei der Wahl des Aufenthaltsorts ausgeschlossen wird, aufgehört haben. Vgl. § 7 Anm. 7.

§ 11. Erkrankt[1]) eine Person, die an einem Orte mindestens eine Woche[2])[3]) hindurch gegen Lohn oder Gehalt in einem und demselben Dienst- oder Arbeitsverhältnis[4]) gestanden hat, während der Fortdauer dieses Dienst- oder Arbeitsverhältnisses oder innerhalb einer Woche[3]) nach seiner Beendigung, so hat der Bezirksfürsorgeverband des Dienst- oder Arbeitsorts die Kosten der erforderlichen Kur und Verpflegung[5]) für die ersten 26 Wochen nach dem Beginne der Krankenpflege endgültig zu tragen oder, wenn die Krankenpflege von einem anderen Fürsorgeverbande gewährt worden ist, diesem zu erstatten[6])[7]).

Die Verpflichtung des Bezirksfürsorgeverbandes des Dienst- oder Arbeitsorts erstreckt sich auf die Fälle der Erkrankung der Ehefrau und der noch nicht 16 Jahre alten Kinder des Dienstverpflichteten oder Arbeiters, die sich bei ihm befinden[8][9]), sofern nicht ein anderer Bezirksfürsorgeverband deshalb verpflichtet ist, weil die Ehefrau oder die Kinder selbst im Dienst- oder Arbeitsverhältnis gestanden haben.

Wird im Falle der Erkrankung einer der vorbezeichneten Personen Kur und Verpflegung auf Kosten einer Krankenkasse gewährt und muß bei Beendigung der Leistungen der Krankenkasse die Fürsorge eintreten, so sind die Kosten der letzteren von dem Bezirksfürsorgeverbande des Dienst- oder Arbeitsorts in derselben Weise[10]) zu tragen oder zu erstatten, wie wenn die Fürsorge schon in dem Zeitpunkt eingetreten wäre, in welchem die Leistungen der Krankenkasse begonnen haben.

Entsprechendes gilt für Lehrlinge.

Schwangerschaft[11]) an sich ist nicht als eine Krankheit im Sinne der vorstehenden Bestimmung anzusehen.

[1]) Erkrankung an sich genügt nicht, um das Eintreten der öffentlichen Fürsorge zu rechtfertigen, es muß durch die Krankheit eine Hilfsbedürftigkeit begründet werden. Dabei ist ohne Belang, ob die Person an dem Dienst- oder Arbeitsort selbst erkrankt und dadurch hilfsbedürftig wird oder an einem anderen (BAH. 42/112; 43/16, 68; 49/75; 51/125; 53/100; 55/51; 56/51). Nach BAH. 44/52 gehört zu den Krankheitsfällen, die das Eintreten der öffentlichen Fürsorge bedingen können, auch ein solcher, der auf krankhafte Veranlagung oder einen organischen Fehler zurückzuführen ist. Dagegen haftet der Bezirksfürsorgeverband nicht für eine Erkrankung, die nach Ablauf der Haftpflicht aus diesem Paragraphen im Anschluß an eine Krankheit, für welche diese

Haftung bestand, aber ohne inneren Zusammenhang mit ihr zum Ausbruch kommt (BAH. 45/63).

[2]) Nach der bisherigen Rechtsprechung des Bundesamts für Heimatwesen muß das Dienstverhältnis an sieben aufeinanderfolgenden Tagen bestanden haben, wobei der Tag des Dienstantritts voll mitzurechnen ist (BAH. 42/117; 43/93; 44/84, 86; 46/90).

[3]) Der Endtag des Arbeitsverhältnisses, das die Unterstützungspflicht begründet, ist nicht mitzurechnen (BAH. 43/92). Die durch den einwöchigen Bestand ein und desselben Dienst- oder Arbeitsverhältnisses begründete Pflicht zur Fürsorge des Bezirksfürsorgeverbandes des Dienst- oder Arbeitsorts dauert bis zum Ablauf einer Woche nach Beendigung dieses Verhältnisses auch dann fort, wenn während dieser Woche ein neues Dienst- oder Arbeitsverhältnis begründet worden ist, das seinerseits beim Eintritt der Hilfsbedürftigkeit nicht selbständig die Haftung eines Bezirksfürsorgeverbandes nach § 11 begründet hat (BAH. 46/98).

[4]) Ein Dienst- oder Arbeitsverhältnis besteht nur dann, wenn der Dienstverpflichtete ein unselbständiges Glied in dem Wirtschaftsbetrieb eines anderen ist (BAH. 42/119; 43/86; 46/80; 53/102; 45/58 usw.).

[5]) Zu den Kur- und Verpflegungskosten gehören alle aus Anlaß der Krankheit und behufs deren Heilung oder zum Schutze des Kranken sowie zur Verhütung der Verschlimmerung des Leidens zweckdienlichen aufgewendeten Ausgaben jeder Art: BAH. 44/88 (Mitaufnahme der Mutter zum Stillen des erkrankten Säuglings); 45/78 (Verpflegungszuschuß, der einer erkrankten, z. Teil noch erwerbsfähigen, in ihrem Haushalte belassenen Person neben einer Heilbehandlung gewährt wird); 45/79 bis 90; 46/101 (Kosten der notwendigen Reparatur künstlicher Gliedmaßen).

[6]) Die Unterstützungspflicht des Dienst- oder Arbeitsorts hat nicht zur Voraussetzung, daß die Hilfsbedürftigkeit an dem Dienst- oder Arbeitsorte des Erkrankten oder des Familien-

haupts hervorgetreten ist, sondern setzt nur voraus, daß die infolge der Erkrankung eingetretene Hilfsbedürftigkeit tatsächlich während der Fortdauer des Dienst- oder Arbeitsverhältnisses oder innerhalb einer Woche nach Beendigung desselben sich erwiesen hat, gleichgültig ob in dem Bezirk des Bezirksfürsorgeverbands des Dienst- oder Arbeitsorts oder anderswo (BAH. 42/112).

7) Ob eine Übernahmepflicht des Bezirksfürsorgeverbands des Dienst- oder Arbeitsortes innerhalb der 26 Wochen besteht, ist zweifelhaft, und wird davon abhängen, ob man eine über diesen Zeitraum sich erstreckende Hilfsbedürftigkeit als eine vorübergehende oder eine dauernde anzusehen hat (vgl. § 14 Abs. 4 und Anm.).

8) Die Voraussetzung, daß die Ehefrau und die noch nicht 16 Jahr alten Kinder des Dienstverpflichteten „sich bei ihm" befinden müssen, ist nicht schon durch den Aufenthalt an demselben Ort erfüllt, sondern es ist vielmehr das tatsächliche Bestehen des Familienzusammenhangs, der Zugehörigkeit zur häuslichen Gemeinschaft erforderlich (BAH. 43/110, 111; 44/91; 44/99; 45/90 bis 95; 48/67 bis 76; 49/86; 52/99; 53/104).

9) Die 26wöchige Fürsorgepflicht ist für jedes der etwa nacheinander erkrankenden Familienglieder vom Beginn der Krankenpflege auf Kosten des Bezirksfürsorgeverbands des Dienst- oder Arbeitsorts angesondert zu berechnen (BAH. 48/77).

10) Die 26 Wochen der Fürsorgepflicht des Bezirksfürsorgeverbandes des Dienst- oder Arbeitsorts beginnen mit dem Beginn der Kassenpflege, nicht etwa mit dem Ende derselben (BAH. 45/95; 46/114; 47/82; 48/80; 50/110).

11) Eine Schwangerschaft mit normalem Verlauf fällt nicht unter den Begriff der Krankheit im Sinne des § 11 FV. (vgl BAH. 31/69: Die mit einer Schwangerschaft naturgemäß verbundenen, das Wohlbefinden beeinträchtigenden Begleiterscheinungen sind als Krankheit im Sinne des § 29 UWG. nicht anzusehen, auch wenn sie bei der Individualität

der Schwangeren besonders heftig auftreten). Es muß also eine Krankheit im eigentlichen Sinne vorliegen, um die Fürsorgepflicht des Bezirksfürsorgeverbands des Dienst- oder Arbeitsorts zu begründen, wobei ohne Bedeutung ist, ob die Krankheit im Zusammenhang mit Schwangerschaft steht (BAH. 28/110). Vgl. weiter BAH. 45/96 (eine im ersten Stadium der Schwangerschaft erfolgte Fehlgeburt, die eine Operation notwendig macht, gilt als Krankheit); 47/84 (die Entbindung von einer faultoten, bereits im Mutterleib abgestorbenen Frucht gilt nicht als Folge einer normalen Schwangerschaft, sondern als Erkrankung); 49/88 (Wochenbettfieber einer nach der Entbindung in ein Krankenhaus Eingelieferten ist Krankheit, nicht Schwangerschaft im Sinne des § 29 UWG.).

§ 12. Sind Deutsche[1]), staatlose ehemalige Deutsche[2]) oder staatlose Personen deutscher Abkunft[3]) beim freiwilligen oder erzwungenen[4]) Übertritt aus dem Ausland[5]) hilfsbedürftig oder werden sie es binnen eines Monats[6]) nachher, so ist endgültig verpflichtet[7]) der Bezirksfürsorgeverband, in dem der Hilfsbedürftige innerhalb des letzten Jahres vor dem Austritt aus dem Reichsgebiete[8]) zuletzt seinen gewöhnlichen Aufenthalt[9]) gehabt hat.

Ist ein solcher nicht zu ermitteln oder hat die Abwesenheit aus dem Reichsgebiete länger als ein Jahr gedauert[10]), so ist zur Fürsorge für Deutsche oder staatlose ehemalige Deutsche das Land endgültig verpflichtet, dessen Staatsangehörigkeit der Hilfsbedürftige besitzt oder zuletzt besessen hat, im übrigen[11]) das Land, das die Reichsregierung oder die von ihr bestimmte Stelle für endgültig verpflichtet erklärt.

Die Verpflichtung zur Fürsorge für staatlose ehemalige Deutsche erstreckt sich auf Ehefrauen und minderjährige Kinder, auch wenn diese die Reichsangehörigkeit nicht besessen haben, diejenige für staatlose Personen deutscher Abkunft auch auf Ehefrauen nichtdeutscher Abkunft.

Das Land bestimmt, welcher seiner Fürsorgeverbände die ihm obliegende Fürsorgepflicht endgültig zu erfüllen hat. Soweit die Reichsregierung oder die von ihr bestimmte Stelle ein Land für endgültig verpflichtet erklärt, erstattet das Reich diesem Lande die Kosten der Fürsorge.

Bis zur Übernahme der Fürsorge durch den endgültig verpflichteten Fürsorgeverband hat der Bezirksfürsorgeverband die Fürsorge zu leisten, in dessen Bezirk der Hilfsbedürftige sich befindet[12]). Dieser Bezirksfürsorgeverband kann, wenn das Land nichts anderes bestimmt, von dem Landesfürsorgeverbande, dem er angehört, die vorschußweise Zahlung der aufzuwendenden Kosten verlangen.

[1]) Vgl. § 7 Anm. 3.

[2]) Staatlose ehemalige Deutsche sind Deutsche, die nach §§ 17ff. des Reichs- und Staatsangehörigkeitgesetzes vom 22. Juli 1913 (RGBl. S. 583) die Staatsangehörigkeit in einem Bundesstaat oder die unmittelbare Reichsangehörigkeit verloren haben und keine andere Staatsangehörigkeit erworben haben. Haben sie eine solche erworben, so gelten sie als Ausländer bis zum eventuellen Wiedererwerb der Staatsangehörigkeit in einem Bundesstaat oder der unmittelbaren Reichsangehörigkeit und fallen unter § 13 FV.

Die Staatsangehörigkeit bzw. die unmittelbare Reichsangehörigkeit geht verloren

1. durch Entlassung,
2. durch den Erwerb einer ausländischen Staatsangehörigkeit,
3. durch Nichterfüllung der Wehrpflicht,
4. durch Ausspruch der Behörde,

5. für ein uneheliches Kind durch eine von einem Ausländer bewirkte und nach den deutschen Gesetzen wirksame Legitimation,
6. für eine Deutsche durch die Eheschließung mit einem Ausländer.

[3]) Staatlose Personen deutscher Abkunft sind Personen, die nachweisbar von einem Deutschen abstammen und zur Zeit des Eintritts der Hilfsbedürftigkeit keine Staatsangehörigkeit besitzen. Besitzen sie eine solche, so sind sie nach § 13 FV zu behandeln.

[4]) Ein erzwungener Übertritt aus dem Ausland ist anzunehmen bei Vertriebenen. Wer als vertrieben anzusehen ist, sagt § 14 des Wohnungsmangelgesetzes vom 26. Juli 1923 (RGBl. I S. 754):

„Deutsche, die aus dem Ausland oder aus einem besetzten oder infolge des Friedensschlusses aus dem Reichsgebiet ausgeschiedenen oder einem einer anderen Verwaltung unterstehenden Landesteile vertrieben worden sind, sind von den Gemeinden bei der Unterbringung der Wohnungsuchenden vorzugsweise zu berücksichtigen.

Als vertrieben im Sinne des Abs. 1 gelten nur

1. diejenigen, welche infolge Ausweisungsbefehls der fremden Macht das Gebiet verlassen mußten,
2. diejenigen, denen der Aufenthalt in den Gebieten durch sonstige Maßnahmen der Behörde oder andere gleichzwingende Gründe unmöglich gemacht worden ist,
3. diejenigen, welche bei Ausbruch oder während des Krieges in den Gebieten gewohnt, sie alsdann verlassen haben und infolge von Maßnahmen der dortigen Behörden nicht zurückkehren konnten.

Als ein gleichzwingender Grund im Sinne des Abs. 2 Nr. 2 ist der allgemeine Verfall des Wirtschaftslebens in diesen Gebieten nicht anzusehen.

Die Eigenschaft als Vertriebener ist durch eine amtliche Bescheinigung festzustellen. Die obersten Landesbehörden bestimmen die Stellen, welche zur Ausstellung der Bescheinigung berechtigt sind. Von der Beibringung der amtlichen Bescheinigung sind befreit alle Deutschen, die beim Inkrafttreten dieses Gesetzes im Besitze von amtlichen Flüchtlingspapieren waren."

Vgl. im übrigen die Bestimmungen der Verordnung über die Auflösung der Flüchtlingslager vom 17. Dezember 1923 (RGBl. I S. 1202); s. Anhang S. 121 ff.

5) Als Ausland gelten auch die im Versailler Vertrag abgetretenen Gebiete, nicht aber die besetzten Gebiete und das Saarland.

6) Für die Berechnung ist BGB. § 187 Abs. 2 und § 188 Abs. 2 maßgebend.

7) Vgl. § 7 Anm. 6.

8) Reichsgebiet ist das jetzige Reichsgebiet nach den Bestimmungen des Versailler Vertrages; denn es ist klar, daß nur ein Bezirksfürsorgeverband, der innerhalb der heutigen Reichsgrenzen liegt, zu Leistungen auf Grund der FV. verpflichtet werden kann.

9) Vgl. § 7 Anm. 7.

10) Im Falle, daß ein Deutscher oder ein staatloser ehemaliger Deutscher länger als ein Jahr sich außerhalb des Reichsgebietes aufgehalten hat, ist ohne weiteres die Fürsorgepflicht des Landes gegeben, dessen Staatsangehörigkeit er zuletzt besessen hat. Die Ermittlung des letzten gewöhnlichen Aufenthalts für einen Deutschen oder für einen staatlosen ehemaligen Deutschen ist also nur notwendig, wenn seine Abwesenheit aus dem Reichsgebiet weniger als ein Jahr gedauert hat. Diese Regelung bedeutet eine bedeutende Vereinfachung der Ermittlungen und damit eine Ersparnis an Verwaltungsarbeit

11) D. h. zur Fürsorge für unmittelbare Reichsangehörige, staatlose ehemalige unmittelbare Reichsangehörige, staatlose ehemalige Elsaß-Lothringer sowie staatlose Personen deutscher Abkunft.

[12]) Diese Worte sind dahin aufzufassen, daß der Bezirksfürsorgeverband verpflichtet ist, in dessen Bezirk die Hilfsbedürftigkeit zuerst in erkennbarer Weise hervorgetreten ist. Andernfalls wäre kein Anspruch wegen einfacher Abschiebung gegeben (vgl. Wölz-Ruppert-Richter S. 61).

§ 13. Ein Ausländer[1]) muß[2]) vorläufig von dem Bezirksfürsorgeverband unterstützt werden, in dessen Bezirk er sich bei Eintritt der Hilfsbedürftigkeit befindet. Das Land, dem der Bezirksfürsorgeverband[3]) angehört, hat ihm die Kosten zu ersetzen, es sei denn, daß ein Landesgesetz etwas anderes bestimmt.

[1]) Als Ausländer hat jeder zu gelten, der weder die Staatsangehörigkeit in einem Bundesstaate noch die unmittelbare Reichsangehörigkeit besitzt, mit Ausnahme der staatlosen ehemaligen Deutschen und der staatlosen Personen deutscher Abkunft, für welche die Bestimmungen des § 12 FV. gelten.

[2]) Zwingende Vorschrift. Die Verletzung der vorläufigen Fürsorgepflicht gegenüber einem Ausländer begründet für den dadurch zur Fürsorge genötigten Fürsorgeverband eines anderen Landes einen Erstattungsanspruch wegen Abschiebung (BAH 39/168).

[3]) Gemeint ist der vorläufig verpflichtete Bezirksfürsorgeverband.

§ 14. Der vorläufig Fürsorge gewährende Fürsorgeverband kann von dem endgültig verpflichteten Fürsorgeverband Ersatz der Kosten und Übernahme[1])[2]) des Hilfsbedürftigen in eigene Fürsorge verlangen. Der zur Übernahme verpflichtete Fürsorgeverband trägt die Kosten der Überführung[3]). Er kann die Übergabe verlangen[4])[5]).

Der Bezirksfürsorgeverband des Ortes, an dem die Familie Wohnung und Haushalt hat, ist nur zur Übernahme[6]) des hilfsbedürftigen Familienmitglieds[7]) verpflichtet.

Leben die Ehefrau oder Kinder bis zu 16 Jahren mit dem Hilfsbedürftigen an einem Orte zusammen, so kann nur die gleichzeitige Übergabe oder Übernahme auch dieser Personen verlangt werden.

Übergabe oder Übernahme kann nicht verlangt werden:

a) bei nur vorübergehender[8]) Hilfsbedürftigkeit,

b) wenn eine Trennung der hilfsbedürftigen Ehefrau von dem Ehemann oder des hilfsbedürftigen Kindes von den Eltern oder einem Elternteil eintreten würde,

c) wenn sie eine offensichtliche Härte[9]) bedeuten oder zur Gefährdung eines Familienangehörigen[10]) führen würde.

[1]) Voraussetzung für das Verlangen auf Übernahme oder Übergabe eines Hilfsbedürftigen ist, wie aus Abs. 4a hervorgeht, eine dauernde Hilfsbedürftigkeit. Zu dem Begriff „dauernde Hilfsbedürftigkeit" vgl. Anm. 8.

[2]) Ist die Übernahmepflicht anerkannt, so hat der zur Übernahme verpflichtete Fürsorgeverband die Übergabe zu betreiben. Verzögert oder unterläßt der endgültig zur Übernahme verpflichtete Fürsorgeverband schuldhaft die verlangte Übernahme, so kann der vorläufig verpflichtete Fürsorgeverband, auch wenn für den Ersatz Tarife bestehen, die tatsächlichen Aufwendungen und als Vergütung für Mehrarbeit ohne weiteren Nachweis 25 vom Hundert des Tarifsatzes oder der tatsächlichen Aufwendungen von ihm verlangen und zwar von dem Zeitpunkt ab, in dem er die Übernahme hätte vollziehen können (§ 17 Abs. 2).

[3]) In welcher Form die Überführung des Hilfsbedürftigen erfolgt, ist Sache der Vereinbarung der beteiligten Fürsorgeverbände. Vgl. im übrigen BAH. zu § 58 UWG. 22/173, 177; 32/141, 142.

[4]) Das Verlangen auf Übergabe muß die unzweideutige Anerkennung der Übernahmepflicht enthalten (BAH. 29/101 ff.).

[5]) Verzögert oder unterläßt der vorläufig verpflichtete Fürsorgeverband schuldhaft die verlangte Übergabe des Hilfsbedürftigen, so verwirkt er den Ersatzanspruch von dem Zeitpunkt ab, in dem er die Übergabe hätte vollziehen können (§ 17 Abs. 3).

[6]) Die Verpflichtung erstreckt sich nur auf die Übernahme des hilfsbedürftigen Familienmitgliedes, nicht auf den Ersatz der Kosten.

[7]) Vgl. § 7 Abs. 4.

[8]) Ob eine nur vorübergehende oder eine dauernde Hilfsbedürftigkeit vorliegt, muß nach den Verhältnissen des Einzelfalls entschieden werden. „Im allgemeinen wird man das Vorhandensein einer dauernden Hilfsbedürftigkeit dann nicht anerkennen können, wenn zu erwarten steht, daß binnen einer absehbaren, nicht allzu entfernten Zeit der Hilfsbedürftige in den Besitz von Mitteln gelangen wird, die zur Beseitigung der Hilfsbedürftigkeit ausreichen. Liegen Umstände vor, welche eine Beseitigung der Hilfsbedürftigkeit in der gedachten Art zwar nicht als sicher aber doch als wahrscheinlich oder ausreichend möglich erscheinen lassen, ist das Vorliegen dauernder Hilfsbedürftigkeit nicht erwiesen" (BAH. 46/163). Vgl. noch BAH. 12/86; 32/109; 40/129.

[9]) Für die Entscheidung sind die Verhältnisse des Einzelfalls maßgebend. Vgl. BAH. 26/148, 149; 27/172, 175; 30/172; 32/139; 33/115; 34/199; 40/169; 42/181.

[10]) Da hier im Gegensatz zu § 7 Abs. 4 und § 14 Abs. 2 nicht von Familienmitgliedern sondern nur ganz allgemein von Familienangehörigen gesprochen wird, so hat die FV. mit Recht den Kreis der zu berücksichtigenden Personen weiter gezogen und gesteht diese Rücksichtnahme allen Familienangehörigen zu. Als Voraussetzung für die Anwendung dieser Bestimmung wird aber zu fordern sein, daß der zu berücksichtigende Familienangehörige mit dem Hilfsbedürftigen

in einem Haushalt lebt, zum mindesten in einer Art Haushaltgemeinschaft, etwa in der Form, daß er zwar nicht mit ihm die Wohnung teilt, aber von ihm so versorgt wird, als ob er sie mit ihm teilte. Auch hier wird nach den Verhältnissen des Einzelfalls zu entscheiden sein.

§ 15. Die Pflicht zur endgültigen Fürsorge dauert[1]), soweit nichts anderes[2]) bestimmt ist, bis zur Beendigung der Hilfsbedürftigkeit.

[1]) Auch nach dem bisherigen Rechte war ein Übergang der Fürsorgepflicht bei einem Wechsel des Aufenthalts des Hilfsbedürftigen nicht möglich (vgl. BAH. 55/84). Dabei ist es gleichgültig, ob etwa die Hilfsbedürftigkeit in anderer Form fortbesteht.

[2]) In den Fällen des § 8 Abs. 2 und des § 11 dagegen ist ein Übergang der Unterstützungspflicht von einem auf den anderen Fürsorgeverband möglich.

D. Kostenersatz.

§ 16. Die Höhe der zu ersetzenden Kosten[1]) richtet sich[2]) nach den Grundsätzen, die am Unterstützungsorte für die Unterstützung Hilfsbedürftiger gleicher Art gelten. Allgemeine Verwaltungskosten[3]) des Fürsorgeverbandes dürfen nicht angerechnet werden.

Für den Kostenersatz können Tarife[4]) aufgestellt werden, und zwar für den Kostenersatz zwischen den Fürsorgeverbänden desselben Landes durch die Landesregierung, sonst durch die Reichsregierung[5]) mit Zustimmung des Reichsrats.

Ersatz kann nicht verlangt werden, wenn die für den einzelnen[6]) Hilfsbedürftigen aufgewendeten Kosten weniger als zehn Goldmark betragen.

[1]) Es kann nur Ersatz derjenigen Kosten verlangt werden, die zur Behebung einer gegenwärtigen oder doch unmittelbar bevorstehenden Hilfsbedürftigkeit notwendig geworden sind, nicht etwa solche, die zur Abwendung einer vielleicht eintretenden für notwendig erachtet wurden (BAH. 43/58). Soweit es sich um Kriegsbeschädigte und Kriegshinterbliebene, Kleinrentner und Minderjährige handelt, wird dieser Grundsatz zwar im allgemeinen gelten, jedoch nicht zu engherzig angewendet werden dürfen.

[2]) Diese Bestimmung gilt nur solange, als nicht Tarife für den Kostenersatz gem. Abs. 2 aufgestellt sind. Ist dies der Fall, sind diese allein maßgebend.

[3]) Die Feststellung dessen, was als allgemeine Verwaltungskosten anzusehen ist, ist nicht ganz leicht. Nach § 30 UWG. Abs. 3 und 4 durften die allgemeinen Verwaltungskosten der Armenanstalten sowie besondere Gebühren für die Hilfeleistung fest remunerierter Armenärzte nicht in Ansatz gebracht werden. Dementsprechend ging die Rechtsprechung des Bundesamts für das Heimatwesen dahin, daß als allgemeine Verwaltungskosten alle diejenigen Kosten anzusehen sind, die nicht unmittelbar durch den Einzelfall und für den Einzelfall entstanden sind (BAH. 51/141). Obwohl die Anführung der allgemeinen Verwaltungskosten der Armenanstalten und die Gebühren für Hilfeleistungen fest remunerierter Armenärzte als nicht in Ansatz zu bringende Kosten in der FV. weggefallen ist, wird doch die bisherige Rechtsprechung des Bundesamts weiter Geltung behalten, und als allgemeine Verwaltungskosten werden alle diejenigen Kosten anzusehen sein, die nicht unmittelbar für den Einzelfall enstanden sind. Dieselbe Ansicht vertritt auch der Preußische Minister für Volkswohlfahrt in seinem Erlaß III E Nr. 1054/24: „Über den Umfang der nach § 16 Abs 4 der Preuß. Ausführungsverordnung zur FV. in Ansatz zu bringenden Ausgaben und ihre Abgrenzung gegenüber den Verwaltungskosten im Sinne der Ausführungsbestimmungen vom 31. Mai 1924 zu III 12

sind mehrfach Zweifel entstanden. Im Gegensatz zu den Verwaltungskosten sind die „Ausgaben" die sachlichen Aufwendungen, die den Gemeinden oder Gemeindeverbänden, denen die Durchführung von Fürsorgeaufgaben übertragen sind, entstehen. Als sachliche Aufwendungen kommen nur solche in Frage, die im Rahmen der nach der FV. erforderlichen Leistungen notwendig werden. Demgemäß gehört auch der auf den einzelnen in Anstaltspflege befindlichen Hilfsbedürftigen entfallende Anteil an den sachlichen und persönlichen Betriebskosten der Anstalten zu den sachlichen Aufwendungen (vgl. Baath, Verordnung über die Fürsorgepflicht Anm. 1 zu § 16). Zu den sachlichen Aufwendungen gehören dagegen nicht die Personalkosten des Verwaltungsdienstes und des Außendienstes, insbesondere auch nicht die Kosten für im Außendienst tätige, gegen feste Vergütung angestellte Ärzte (vgl. Baath a. a. O.)."

[4]) Die Tarife können entweder Pauschal- oder Maximalsätze festsetzen. Beide Arten der Tarife kannte das bisherige Armenrecht.

[5]) Bisher waren nur Tarife für den Kostenersatz zwischen den OAV. desselben Landes möglich. Nachdem nun ein Reichsarmenrecht geschaffen ist, mußte auch die Möglichkeit bestehen, Tarife für den Kostenersatz zwischen den Fürsorgeverbänden der Länder untereinander festzusetzen. Solange solche Tarife nicht vorhanden sind, richtet sich die Höhe der zu ersetzenden Kosten nach den Grundsätzen, die am Unterstützungsorte für die Unterstützung Hilfsbedürftiger der gleichen Art gelten.

[6]) Diese Bestimmung würde dann in Frage kommen, wenn mehrere Hilfsbedürftige derselben Familie Leistungen erhalten. In diesem Falle kann nicht die Gesamtsumme der für die einzelnen Hilfsbedürftigen aufgewendeten Kosten verlangt werden, sondern es muß der Aufwand für jeden einzelnen Hilfsbedürftigen berechnet werden; und nur soweit dieser den Betrag von 10 Goldmark übersteigt, kann er verlangt werden.

§ 17[1][2][3]. Ist die Unterstützungspflicht eines Fürsorgeverbandes durch eine pflichtwidrige oder gegen Treu und Glauben verstoßende[4]) Handlung entstanden, die ein anderer Fürsorgeverband zu vertreten hat (Abschiebung), so kann der dadurch belastete Fürsorgeverband von dem anderen außer der Übernahme Ersatz der Fürsorgekosten und Vergütung für seinen Verwaltungsmehraufwand verlangen; er kann dabei, auch wenn für den Ersatz Tarife bestehen[5]), die tatsächlichen Aufwendungen und als Vergütung für Mehrarbeit ohne weiteren Nachweis 25 vom Hundert des Tarifsatzes oder der tatsächlichen Aufwendungen[6]) ansetzen.

Das gleiche gilt, wenn ein Fürsorgeverband die verlangte Übernahme eines Hilfsbedürftigen (§ 14)[7]) schuldhaft[8]) verzögert oder unterläßt, von dem Zeitpunkt ab, in dem er die Übernahme hätte vollziehen können.

Verzögert oder unterläßt ein Fürsorgeverband schuldhaft[8]) die verlangte Übergabe des Hilfsbedürftigen, so verwirkt er den Ersatzanspruch von dem Zeitpunkt ab, in dem er die Übergabe hätte vollziehen können.

Geht in einem zwischen den Fürsorgeverbänden anhängigen Streitverfahren hervor, daß der eine Fürsorgeverband den Ersatz völlig unberechtigt[9]) abgelehnt oder gefordert hat, so kann der andere Vergütung für seinen Verwaltungsmehraufwand verlangen, und zwar ohne weiteren Nachweis in Höhe von 25 vom Hundert des streitigen Betrags.

[1]) Bereits das Bundesamt für Heimatwesen hat in seiner bisherigen Rechtsprechung den Grundsatz aufgestellt, daß dem durch das pflichtwidrige Verhalten eines anderen OAV. geschädigten OAV. ein Ersatz der entstandenen Kosten werden muß. Vgl. besonders BAH. 10/45: „Gegen den OAV., welcher

sich der vorläufigen Fürsorge für einen Hilfsbedürftigen widerrechtlich entzogen hat, kann der benachteiligte OAV. nicht nur auf Übernahme der vorläufigen Fürsorge sondern auch auf Ersatz der notwendig aufgewendeten Armenpflegekosten klagen Das UWG. gedenkt ausdrücklich weder des einen noch des anderen Anspruchs. Allein das Schweigen des Gesetzgebers über die Folgen einer Zuwiderhandlung gegen die Vorschrift des § 28 UWG. ist nicht dahin auszulegen, daß gegen Armenverbände, die die Last der vorläufigen Armenpflege von sich abwälzen, jede Rechtsverfolgung unzulässig sei, und daß für das Unrecht, welches dem durch solch pflichtwidriges Verhalten benachteiligten Armenverbande zugefügt wird, jede armenrechtliche Ausgleichung habe versagt werden sollen." Dieser Grundsatz des Bundesamts ist nunmehr ausdrücklich in die FV. aufgenommen worden, sogar erweitert worden, indem dem geschädigten Fürsorgeverband noch ein Schadensersatz in Höhe von 25 vom Hundert des Tarifsatzes oder der tatsächlichen notwendigen Aufwendungen zugestanden wird und zwar ohne die Verpflichtung des Nachweises, daß ein solcher Mehraufwand tatsächlich entstanden ist und in welcher Höhe.

²) Ein Anspruch ist unmöglich, wenn der verlangende Fürsorgeverband die Fürsorge freiwillig übernommen hat, weil er sich irrtümlich für verpflichtet hielt (BAH. 11/36).

³) Voraussetzung für den Anspruch ist, daß Hilfsbedürftigkeit bestand und für den Beklagten erkennbar war, oder doch, daß vom Beklagten nach Lage der Dinge mit dem Eintreten von Hilfsbedürftigkeit binnen kurzer Frist gerechnet werden mußte (BAH 23/65; 51/76). Der Nachweis, daß die Hilfsbedürftigkeit im Bezirk des in Anspruch genommenen Fürsorgeverbandes in einer für die zuständige Behörde erkennbaren Weise hervorgetreten ist, liegt dem verlangenden Fürsorgeverband ob (BAH 52/55).

⁴) Ob eine pflichtwidrige oder gegen Treu und Glauben verstoßende Handlung vorliegt, muß nach den Verhältnissen

des Einzelfalls entschieden werden. Vgl. dazu BAH. 18/48; 31/45; 41/126; 43/63 u. a.

[5]) Während nach § 16 für den Fall, daß Tarife für den Kostenersatz zwischen den Fürsorgeverbänden bestehen, bei der Berechnung der Höhe der zu ersetzenden Kosten nur die Sätze des Tarifs angerechnet werden dürfen, sind im Falle einer Abschiebung die tatsächlich entstandenen Aufwendungen, die ja in der Regel höher sind als die Tarifsätze, erstattungsfähig.

[6]) Die tatsächlich entstandenen Mehrkosten sind natürlich kaum festzustellen, darum ist ein Pauschalsatz angenommen.

[7]) Vgl. § 14 Anm. 2.

[8]) Wann eine schuldhafte Verzögerung oder Unterlassung vorliegt, muß nach den Verhältnissen des Einzelfalls entschieden werden. Eine solche wird immer dann vorhanden sein, wenn Vorsätzlichkeit oder Fahrlässigkeit vorliegt.

[9]) Völlig unberechtigt wird eine Forderung oder eine Ablehnung dann sein, wenn der fordernde oder ablehnende Fürsorgeverband nicht alle zweckdienlichen Ermittlungen angestellt hat (vgl § 7 Anm 8), dagegen nicht, wenn die ihm gewordenen Angaben falsch gewesen sind.

§ 18[1]). Der Fürsorgeverband, der von einem anderen Kostenersatz verlangen will, hat ihm dies spätestens binnen drei Monaten[2]) nach begonnener Unterstützung anzumelden.

Er kann dabei eine Frist mit der Wirkung setzen, daß die Erstattungspflicht als abgelehnt gilt, wenn sie nicht bis zu ihrem Ablauf anerkannt wird. Die Frist muß wenigstens vierzehn Tage betragen.

Kann er den ersatzpflichtigen Fürsorgeverband nicht ermitteln, so meldet er den Ersatzanspruch bei seiner Aufsichtsbehörde an[3]).

Unterläßt er die Anmeldung innerhalb der Frist[4]), so sind nur die Kosten ersatzfähig, die drei Monate vor der Anmeldung entstanden sind oder nachher entstehen.

[1]) § 18 FV entspricht im allgemeinen dem § 34 UWG. Bisher war der OAV., der einen Hilfsbedürftigen zu unterstützen hatte, der seinen UW. nicht innerhalb desselben hatte, verpflichtet, eine vollständige Vernehmung des Unterstützten über seine Heimats-, Familien- und Aufenthaltsverhältnisse zu bewirken. Diese Bestimmung ist nicht übernommen worden; um sich jedoch vor den Folgen des § 17 Abs. 4 zu schützen, liegt eine solche Vernehmung auch jetzt noch im Interesse des vorläufig verpflichteten Fürsorgeverbandes.

[2]) Die bisherige Ausschlußfrist von sechs Monaten ist nunmehr auf drei Monate verkürzt. Die Berechnung der Frist erfolgt nach BGB. § 187 und § 188.

[3]) Voraussetzung für die Wirkung der Anmeldung ist, daß der anmeldende Fürsorgeverband alle notwendigen Schritte getan hat zur Ermittlung des endgültig verpflichteten Fürsorgeverbandes. Vgl. dazu § 7 Anm. 8.

[4]) Die Frist zur Anmeldung bei der Aufsichtsbehörde ist die gleiche wie bei der Anmeldung bei einem anderen Fürsorgeverband, also drei Monate.

E. Arbeitspflicht und Unterhaltspflicht.

§ 19. Die Unterstützung Arbeitsfähiger[1]) kann in geeigneten[2]) Fällen durch Anweisung[3]) angemessener[4]) Arbeit gemeinnütziger[5])[6]) Art gewährt oder von der Leistung solcher Arbeit abhängig gemacht werden, es sei denn, daß dies eine offensichtliche Härte[7]) bedeuten würde oder ein Gesetz dem entgegensteht.

[1]) Da keine Ausnahmen weder im Gesetz selbst noch auch in den Grundsätzen gemacht werden, so gilt diese Bestimmung für alle Hilfsbedürftigen, die von der FV. erfaßt werden

sollen. Es wird daher unter arbeitsfähig auch nicht unbedingt voll arbeitsfähig verstanden werden können, sondern jeder Grad von Arbeitsfähigkeit überhaupt.

²) Die Entscheidung richtet sich nach den Verhältnissen des Einzelfalls. Jugendliche werden immer in erster Linie durch Zuweisung von Arbeit zu unterstützen sein. Dabei ist von dem Grundsatz auszugehen, daß ein seinem Alter entsprechend entwickelter Knabe oder Mädchen, von 14 Jahren in der Regel imstande sein muß, sich den eigenen notdürftigen Lebensunterhalt zu erwerben, vgl. BAH. 33/36; 58/186.

³) Bisher kannten nur verschiedene Landesgesetze die Möglichkeit einer Arbeitszuweisung an Hilfsbedürftige, so Preußen (Ges. über die Abänderung des AG. zum UWG. vom 23. Juli 1912 §§ 1a ff.), Bayern (Armenges. vom 21. August 1914 Art. 4), Sachsen (Verordnung vom 6. Juni 1871 §§ 23 ff.), Württemberg (Ges. vom 2. Juli 1889 Art. 14), Baden, Reuß, Anhalt und sollen.n. Nunmehr ist diese Bestimmung auch in das Reichsrecht übernommen worden. Damit hat man die guten Erfahrungen berücksichtigt, die bereits bisher in verschiedenen Städten gemacht wurden, vor allem bei solchen, die trotz vorhandener Arbeitsfähigkeit aus Gründen, die in ihrer Person lagen, auf dem freien Arbeitsmarkt kein Unterkommen finden konnten (Einrichtungen für Erwerbsbeschränkte, für Kleinrentnerinnen usw.). Vgl. Wölz-Ruppert-Richter S. 73.

⁴) Die Angemessenheit der Arbeit ist von Fall zu Fall festzustellen; dabei ist nicht nur der Grad der Arbeitsfähigkeit maßgebend, sondern auch die etwa genossene Berufsausbildung und die bisherige soziale Stellung der die Fürsorge in Anspruch nehmenden Person. Vgl. als einen besonderen Fall BAH. 31/38: Die Notwendigkeit der Unterstützung eines arbeitsfähigen Mannes, der von vorhandener Arbeitsgelegenheit aus Besorgnis, durch deren Übernahme wegen Streikbruchs später brotlos zu werden, keinen Gebrauch macht, ist armenrechtlich nicht anzuerkennen!

[5]) Als gemeinnützig ist jede Arbeit anzusehen, die der Allgemeinheit, nicht einem einzelnen Unternehmer zugute kommt (vgl. auch Wölz-Ruppert-Richter S. 74). Die Fassung der Bestimmung könnte Zweifel darüber entstehen lassen, ob einer Person, die öffentliche Fürsorge anruft, nur Arbeit gemeinnütziger Art als Unterstützung angewiesen werden darf. Das ist natürlich nicht der Fall; die Zuweisung lohnender Arbeit wird immer das beste Mittel bleiben zur Behebung einer Hilfsbedürftigkeit. Gedacht ist vielmehr an den Fall, wo dem Hilfsbedürftigen keine Arbeit in der freien Wirtschaft nachgewiesen werden kann, sei es weil keine vorhanden ist, sei es weil er auf dem freien Arbeitsmarkte nicht wettbewerbsfähig ist wie die verschiedenen Grade und Arten der Erwerbsbeschränkten.

[6]) Da es sich bei dieser Arbeitszuweisung vielfach um Erwerbsbeschränkte handelt, so wird der Lohn meist nicht die Höhe des ortsüblichen erreichen und daher auch nicht zum Lebensunterhalt genügen. In solchen Fällen wäre dann noch eine weitere Unterstützung zu gewähren, indem man den verdienten Lohn nur als eine Ergänzung ansieht und als Mittel, zu verhüten, daß der Unterstützte sich aller Arbeit entwöhnt.

[7]) Was als offensichtliche Härte zu gelten hat, ist im Einzelfall zu entscheiden. Eine solche offensichtliche Härte wird z. B. im allgemeinen dann vorliegen, wenn durch die Zuweisung von Arbeit die Pflege eines erkrankten Familienmitgliedes unmöglich gemacht oder die besondere berufliche Eignung gestört werden würde, wie bei Berufen, die besonders leichte und gepflegte Hände erfordern (Uhrmacher, Ziseleure u. ä.).

§ 20[1]). Wer obwohl arbeitsfähig[2]) infolge seines sittlichen Verschuldens[3]) der öffentlichen Fürsorge selbst anheimfällt oder einen Unterhaltsberechtigten[4]) anheimfallen läßt, kann von der Verwaltungsbehörde[5]) auf Antrag des vorläufig oder endgültig verpflichteten Fürsorgeverbandes oder desjenigen[6]), der dem Fürsorgeverbande die Kosten der Unterstützung zu ersetzen hat, in einer vom Lande als geeignet anerkannten Anstalt oder sonstigen Arbeitseinrichtung zur Arbeit[7]) untergebracht werden, wenn er Arbeit beharrlich[8]) ablehnt oder sich der Unterhaltspflicht beharrlich[8]) entzieht.

Als unterhaltsberechtigt im Sinne dieser Vorschrift gilt auch ein uneheliches Kind[9]) demjenigen gegenüber, der in öffentlicher Urkunde sich zur Unterhaltszahlung verpflichtet hat oder rechtskräftig dazu verurteilt ist.

Die Unterbringung ist unzulässig[10]), wenn sie eine außergewöhnliche[11]) Härte bedeuten würde; sie darf nicht in einer Strafanstalt erfolgen.

Die Länder können Vorschriften über weitere Voraussetzungen und Dauer der Unterbringung, über die Zuständigkeit und das Verfahren erlassen[12]).

[1]) Der Arbeitszwang fand sich bereits in verschiedenen Landesgesetzen, so in Preußen (Ges. über die Abänderung des AG. zum UWG. vom 23 Juli 1912 §§ 1aff.), Bayern (Armengeſ. vom 21. August 1914 Art. 76ff.), Baden, Sachsen und Württemberg.

[2]) Es ist nicht unbedingt notwendig, daß der einer Arbeitsanstalt zu Überweisende voll arbeitsfähig ist. Maßgebend ist die Tatsache, daß er nicht im Umfange seiner Arbeitsfähigkeit einem Erwerbe nachgegangen ist, oder daß er zwar einem Erwerbe nachgegangen ist, aber infolge sittlichen Verschuldens selbst der öffentlichen Fürsorge anheimgefallen ist oder einen Unterhaltsberechtigten der öffentlichen Fürsorge hat anheimfallen lassen.

[3]) Die Feststellung, ob ein sittliches Verschulden vorliegt, wird nicht immer ganz leicht sein. Man wird dabei vor allem auch den Bildungsgrad nicht außer Acht lassen dürfen.

Ohne Zweifel wird ein sittliches Verschulden dann vorliegen, wenn der Hilfsbedürftige oder derjenige, der einen Unterhaltsberechtigten der öffentlichen Fürsorge anheimfallen läßt, sich dem Spiel, der Trunksucht usw. hingegeben hat. Dagegen dürfte der bloße Umstand der Verarmung durch eigene Schuld nicht genügen (Wölz-Ruppert-Richter S. 75).

[4]) Unterhaltsberechtigt sind

a) Ehegatten gegenüber dem anderen Ehegatten (BGB. §§ 1360ff., 1578f.),

b) Verwandte in gerader Linie, also Kinder gegenüber den Eltern und umgekehrt (BGB. § 1601),

c) das uneheliche Kind dem unehelichen Vater gegenüber, nicht aber umgekehrt (BGB. § 1708).

[5]) Welche Behörde als Verwaltungsbehörde des Fürsorgeverbandes anzusehen ist, richtet sich nach den Landesgesetzen.

[6]) Nicht nur Fürsorgeverbände, sondern auch sonstige Unterhaltsverpflichtete haben das Recht einen diesbezüglichen Antrag zu stellen, so etwa Söhne oder Töchter eines Hilfsbedürftigen, um einen anderen Sohn oder Tochter, die sich der Unterhaltspflicht entziehen, mit zur Erstattung heranzuziehen.

[7]) Diese Arbeit braucht im Gegensatz zu § 19 nicht Arbeit gemeinnütziger Art zu sein, desgleichen werden Fragen wie die nach Ausbildung oder bisheriger sozialer Stellung keine Rolle spielen.

[8]) Voraussetzung für die Überweisung zur Zwangsarbeit ist im Gegensatz zu der Zuweisung von Arbeit als Unterstützung nach § 19, daß der Hilfsbedürftige oder derjenige, der einen Unterhaltsberechtigten der öffentlichen Fürsorge hat anheimfallen lassen, Arbeit *beharrlich* verweigert oder sich seiner Unterhaltspflicht *beharrlich* entzieht. Das tut er erst dann, wenn ihm von einer amtlichen Stelle entweder Arbeit angeboten ist, oder er von einer solchen zur Unterhaltsgewährung aufgefordert worden ist, und zwar unter Hinweis

auf die Folgen einer Weigerung, und er dieser Aufforderung nicht nachkommt.

[9]) Die ausdrückliche Aufnahme dieser Bestimmung war notwendig, weil die Auslegung mancher Landesgesetze die Unterhaltsverweigerung des unehelichen Erzeugers gegenüber dem unehelichen Kinde nicht als Voraussetzung für die zwangsweise Unterbringung zur Arbeit anerkannte.

[10]) Die Entscheidung liegt der Verwaltungsbehörde ob, die über den Antrag auf Unterbringung zur Arbeit zu entscheiden hat.

[11]) Die Entscheidung kann sich nur nach den Verhältnissen des Einzelfalls richten. Es ist bezeichnend, daß hier von einer außergewöhnlichen, im Gegensatz zur sonstigen offensichtlichen Härte gesprochen wird. Das deutet darauf hin, daß auch der Gesetzgeber nur in ganz besonders gearteten Fällen eine solche außergewöhnliche Härte anerkannt wissen will. Das könnte z. B. der Fall sein, wenn ein Tuberkulöser, der bereits einer besonderen Pflege bedarf, einer Anstalt überwiesen würde.

§ 21. Die Verpflichtungen Dritter[1]), einen Hilfsbedürftigen zu unterstützen, werden durch diese Verordnung nicht berührt[2]).

Der Fürsorgeverband, der auf Grund dieser Verordnung einen Hilfsbedürftigen unterstützt hat, kann zum Ersatze Rechtsansprüche, die der Hilfsbedürftige einem Dritten gegenüber hat, in dem Maße[3]) und unter denselben Voraussetzungen[4]) geltend machen, wie der Hilfsbedürftige selbst. Das gilt auch dann, wenn er einen Ersatzanspruch gegenüber einem anderen Fürsorgeverbande hat[5]).

[1]) Als solche kommen neben den Ehegatten nach BGB. §§ 1360 ff., 1578 ff., den Verwandten auf- und absteigender Linie nach BGB. §§ 1601 ff., dem unehelichen Vater gegenüber dem unehelichen Kinde nach BGB. § 1708 noch in

Frage der Arbeitgeber nach BGB. § 617, Versicherungsträger (vgl. dazu Reichsversicherungsordnung §§ 1531 ff. und Versicherungsgesetz für Angestellte §§ 81 f.), Vertragskontrahenten aus Altenteils-, Leibrenten-, Anstellungsverträgen usw.

²) Die Verpflichtungen dieser Dritten bleiben bestehen, auch wenn etwa die öffentliche Fürsorge bereits eingegriffen hat.

³) Der Anspruch kann nicht über die dem Hilfsbedürftigen zustehende Höhe hinausgehen, etwa weil die tatsächlichen Aufwendungen des Fürsorgeverbandes größer als der Anspruch gewesen sind.

⁴) Ansprüche an Träger der Reichsversicherung sind ausgeschlossen, wenn sie nicht spätestens sechs Monate nach Ablauf der Unterstützung bei den Trägern der Reichsversicherung geltend gemacht werden (RVO. § 1539). Vgl. für Aufwendungen der sozialen Kriegsbeschädigten- und Kriegshinterbliebenenfürsorge Grundsätze Z. 5.

⁵) Das Recht, verpflichtete Dritte zum Ersatz der Aufwendungen heranzuziehen, bleibt auch bestehen, wenn der die Fürsorge gewährende Fürsorgeverband noch einen Anspruch an einen anderen Fürsorgeverband hat. Er kann die Summe, die er auf diese Weise erhält, zur Begleichung derjenigen Aufwendungen verwenden, die ihm von dem anderen Fürsorgeverband als über den Tarif hinausgehend nicht erstattet werden. Die Tatsache, daß der vorläufig verpflichtete Fürsorgeverband einen derartigen Anspruch verfolgen kann, entbindet den endgültig verpflichteten Fürsorgeverband nicht von seiner Erstattungspflicht. Vgl. BAH. 41/109: „... Jedem vorläufig unterstützenden Armenverband stehen wegen seiner Aufwendungen zweierlei Ansprüche zu: ein Erstattungsanspruch gegen den endgültig verpflichteten Armenverband in den Grenzen des § 30 UWG. und ein dieser Beschränkung nicht unterworfener Erstattungsanspruch gegen den Unterstützten und gemäß § 62 gegen die sonstigen Ersatzpflichtigen, die aus anderen Rechtsgründen dem Unterstützten zur Fürsorge verbunden sind. Der unterstützende Armenverband kann

sich zum Zwecke seiner Befriedigung beider Ansprüche nach seiner Wahl bedienen. Der endgültig verpflichtete Armenverband kann ihm nicht mit der Einrede begegnen, er habe einen Erstattungsanspruch gegen den Unterstützten oder gegen Dritte aus dessen Recht und müsse sich erst an diese halten. Das Rechtsverhältnis ist hiernach dasselbe wie das eines Gläubigers zu mehreren Gesamtschuldnern mit der alleinigen Besonderheit, daß die Erstattungspflicht des endgültig fürsorgepflichtigen Armenverbandes nach Maßgabe des § 30 eine beschränkte ist. Bis der unterstützende Armenverband wegen seiner Aufwendungen voll befriedigt ist, kann er daher seine Befriedigung bei jedem seiner Schuldner suchen. Reichen die Leistungen Drittverpflichteter zur vollständigen Deckung seiner Aufwendungen nicht aus, so bleibt ihm der endgültig verpflichtete Armenverband für den Rest verpflichtet, ganz ebenso, wie wenn der Unterstützte aus sonstigem Vermögen eine unzureichende Zahlung geleistet hätte. Der unterstützende Armenverband kann hierbei die ihm von dem Unterstützten und Drittverpflichteten gezahlten Beträge auf denjenigen Teil seines Gesamtaufwandes verrechnen, der durch die von dem endgültig verpflichteten Armenverbande zu erstattende Summe nicht gedeckt wird."

§ 22. Der Fürsorgeverband kann in den Grenzen des notdürftigen Unterhalts[1]) Ersatz seiner Aufwendungen von den Kindern[2]) des Hilfsbedürftigen auch dann[3]) verlangen, wenn sie nach den Vorschriften des Bürgerlichen Rechtes (§ 1603 BGB.) lediglich deshalb nicht unterhaltspflichtig sind, weil sie sonst ihren standesmäßigen Unterhalt gefährden würden.

Dies gilt nicht, wenn der Anspruch Genommene aus dem gleichen Grunde nicht verpflichtet ist, seiner Ehefrau oder seinen Kindern den standesmäßigen Unterhalt zu gewähren, oder wenn durch die Ersatzleistungen sein Fortkommen oder das seiner Ehefrau oder Kinder unbillig erschwert würde.

[1]) Aufwendungen, die ein Fürsorgeverband über den notdürftigen Unterhalt hinaus gemacht hat, kann er nicht von den Kindern verlangen. Über den Umfang des notwendigen Unterhalts vgl. Grundsätze Z. 1.

[2]) Die über die Bestimmung des § 1603 BGB. hinausgehende Befugnis der Fürsorgeverbände gilt nur, soweit es sich um die Kinder eines Hilfsbedürftigen handelt, nicht soweit es sich um sonstige unterhaltsverpflichtete Personen handelt.

[3]) § 1603 BGB. Abs. 1 lautet: „Unterhaltspflichtig ist nicht, wer bei Berücksichtigung seiner sonstigen Verpflichtungen außerstande ist, ohne Gefährdung seines standesmäßigen Unterhalts den Unterhalt zu gewähren." Die Beibehaltung dieses Grundsatzes würde bei den heutigen niedrigen Einkommen dazu führen, daß in vielen Fällen eine Beitragsleistung der unterhaltsverpflichteten Kinder unterbleiben würde, obwohl sie nach allgemeinen sittlichen Grundsätzen in erster Linie dazu verpflichtet wären, für ihre Eltern zu sorgen.

[4]) Dieser erweiterte Anspruch steht nur einem Fürsorgeverband, nicht den hilfsbedürftigen Eltern selbst zu; für diese gilt also nach wie vor die Einschränkung nach BGB. § 1603 Abs. 1. Deshalb kann diesen Ersatzanspruch auch nur der endgültig verpflichtete Fürsorgeverband erheben, nicht der vorläufig verpflichtete, der durch die Heranziehung unterhaltsverpflichteter Kinder die Hilfsbedürftigkeit beheben will

§ 23. Der Unterhalts- oder Ersatzpflichtige kann[1]) auf Antrag des vorläufig oder endgültig verpflichteten Fürsorgeverbandes im Verwaltungswege zum Kostenersatz[2]) oder zur Erfüllung seiner Unterhaltspflicht angehalten werden.

Bestreitet er die Unterhaltspflicht, so kann die Verwaltungsbehörde vorbehaltlich des ordentlichen Rechtswegs die Unterhaltspflicht feststellen.

Zuständigkeit und Verfahren bestimmt das Land. Die Entscheidung ist vorläufig vollstreckbar.

Zur Durchführung des Verwaltungsverfahrens haben sich Verwaltungsbehörden und Gerichte Rechtshilfe[3]) zu leisten.

Verneint ein im ordentlichen Rechtsweg ergehendes Urteil rechtskräftig die von der Verwaltungsbehörde festgestellte Unterhaltspflicht, so hat der Fürsorgeverband dem in Anspruch Genommenen seine Leistungen oder Mehrleistungen zu ersetzen.

[1]) Das „kann" ist nicht so aufzufassen, als ob es in das Belieben des Fürsorgeverbandes gestellt sei, ob er seine Ansprüche geltend machen will oder nicht, da ja der vorläufig verpflichtete Fürsorgeverband verpflichtet ist, mit allen zu Gebote stehenden Mitteln die festgestellte Hilfsbedürftigkeit zu beheben, also auch etwa vorhandene Unterhaltsverpflichtete heranzuziehen hat, sondern bezieht sich nur auf die Möglichkeit, den Anspruch auf Kostenersatz oder auf Gewährung des Unterhalts im Verwaltungswege durchzuführen.

[2]) Nach § 1603 BGB kann der Berechtigte für die Vergangenheit Erfüllung der Gewährung des Unterhalts oder Schadensersatz wegen Nichterfüllung nur von der Zeit an fordern, zu welcher der Verpflichtete in Verzug gekommen oder der Unterhaltsanspruch rechtshängig geworden ist. Das Reichsgericht hat aber bereits entschieden, daß diese Bestimmung nicht anwendbar ist auf den Regreßanspruch des Armenverbandes (vgl. Seuffert, Archiv für Entscheidungen der oberst. Gerichte Bd. 66 S. 471).

[3]) Vgl die einschlägigen Bestimmungen des Gerichtsverfassungsgesetzes, der Zivilprozeßordnung, des Zuständigkeitsgesetzes.

§ 21. Eine Anstalt (§ 9) kann zur Deckung ihrer Verpflegungskosten für ihre Insassen Anträge[1]) auf Fürsorgeleistungen stellen und die Leistungen in Empfang nehmen. Der Fürsorgeverband kann Auszahlungen von der Vorlage einer Vollmacht[2]) abhängig machen und den Betrag bestimmen, der dem Hilfsbedürftigen unmittelbar zugewendet werden muß[3]).

[1]) Der Antrag kann ohne Vollmacht des Hilfsbedürftigen gestellt werden, der in Anspruch genommene Fürsorgeverband kann eine solche nicht verlangen. Die Entscheidung, ob Hilfsbedürftigkeit vorliegt, steht dem Fürsorgeverband zu.

[2]) Für die Inempfangnahme der Fürsorgeleistungen kann der Fürsorgeverband eine Vollmacht des Hilfsbedürftigen verlangen, verweigert dieser eine solche, so bleibt der Anstalt nur übrig, ihm die bisher gewährten Leistungen zu entziehen.

[3]) Eine derartige Bestimmung enthielt bereits das Sozialrentnergesetz, mit dem Unterschied, daß dort der Prozentsatz der Unterstützung, der dem Hilfsbedürftigen zu teil werden mußte, fest bestimmt war. Von dieser Regelung hat die FV. abgesehen und überläßt es dem Fürsorgeverband, ob und in welchem Umfange er dem Hilfsbedürftigen einen Anteil an der an die Anstalt abgeführten Unterstützung unmittelbar vorbehalten will.

§ 25. Das Land[1]) bestimmt im Rahmen der reichsrechtlichen Vorschriften[2]), inwieweit ein Hilfsbedürftiger, der zu hinreichendem Vermögen oder Einkommen gelangt, die aufgewendeten Kosten dem Fürsorgeverbande zu ersetzen hat.

Der Ersatzanspruch kann auch gegenüber dem Erben des Hilfsbedürftigen geltend gemacht werden[3]); er gilt als Nachlaßverbindlichkeit (§ 1967 BGB.).

[1]) Bisher schon enthielten die meisten AG. der Länder zum UWG. Bestimmungen darüber, daß ein Hilfsbedürftiger, der zu hinreichendem Vermögen gelangt ist, die Kosten der genossenen Unterstützung zu ersetzen hat. Diese landesgesetz-

liche Regelung ist nunmehr in das Reichsrecht übernommen worden, den Ländern bleibt die Regelung im einzelnen vorbehalten.

²) Als solche reichsrechtlichen Vorschriften kommen in Frage:

1. für die Kriegsbeschädigten und Kriegshinterbliebenen Ziffer 5 Satz 1 der Grundsätze,
2. die nach FV. § 32 Abs. 2 bis zum Erlasse neuer Vorschriften weiter geltenden bisherigen Bestimmungen über die Fürsorge für Kleinrentner.

³) Für Unterstützungen, die Eltern auf ihren Antrag gewährt worden sind, haften deren minderjährige Kinder dem Armenverbande persönlich selbst dann nicht, wenn sie ihnen mit zugute gekommen sind. Als Erben ihrer Eltern haften sie nur dann, wenn die Eltern bei ihren Lebzeiten in der Lage waren oder später in die Lage gekommen sind, die ihnen gewährten Unterstützungen zurückzuerstatten (BAH. 52/32).

§ 26[1]. Ersatzansprüche, die ein Fürsorgeverband auf Grund dieser Verordnung erheben kann, verjähren[2][3][4] in zwei Jahren vom Ablauf des Jahres ab, in dem der Anspruch entstanden ist.

¹) § 26 übernimmt die Bestimmung des § 30a UWG.

²) Die Frage, durch welchen prozessualen Akt im armenrechtlichen Streitverfahren eine Klage als erhoben anzusehen ist, muß nach den für dieses Verfahren landesgesetzlich geltenden Prozeßvorschriften, nicht nach § 253 der Zivilprozeßordnung entschieden werden (BAH. 33/92).

³) Im Gegensatz zur Ausschlußfrist nach § 18 FV., die von Amts wegen berücksichtigt wird, muß die Verjährung des Erstattungsanspruchs im Wege der Einrede geltend gemacht werden (BAH. 30/15).

⁴) Eine Wiedereinsetzung in den vorigen Stand gegen den Ablauf der Verjährungsfrist findet nicht statt (BAH. 40/129).

F. Schluß- und Übergangsvorschriften.

§ 27. Die Verwaltungsbehörden sind verpflichtet, den im Vollzuge dieser Verordnung an sie ergehenden Ersuchen der Fürsorgestellen (§ 3) zu entsprechen. Diese Rechtshilfe haben auch die Fürsorgestellen einander sowie die Organe der Versicherungsträger zu leisten. Die Finanzbehörden haben den Fürsorgestellen Auskunft zu geben über die ihnen bekannten Einkommens- und Vermögensverhältnisse des Hilfsbedürftigen und des Unterhalts- oder Ersatzpflichtigen, die Arbeitgeber über Art und Dauer der Beschäftigung und über den Arbeitsverdienst[1])[2]).

Die Unterhalts- oder Ersatzpflichtigen haben den Fürsorgestellen bei Anfragen Auskunft über alle für die Fürsorge erheblichen Tatsachen zu geben.

[1]) Nach § 63 UWG. waren bisher nur die Verwaltungs- und Polizeibehörden verpflichtet, den Armenverbänden innerhalb ihres Geschäftskreises behufs der Ermittlung der Heimats-, Familien- und Aufenthaltsverhältnisse eines Hilfsbedürftigen auf Verlangen behilflich zu sein, desgleichen hatten die Registerbehörden Auskunft aus dem Strafregister zu erteilen. Nunmehr sind auch die Finanzbehörden, Arbeitgeber und Unterhalts- oder Ersatzpflichtige zur Auskunft verpflichtet.

[2]) Wie im Falle der Verweigerung der Auskunft diese erzwungen werden kann, ist nicht gesagt.

§ 28. Verhandlungen und Urkunden, insbesondere Vollmachten und amtliche Bescheinigungen, die bei Beantragung, Feststellung, Auszahlung oder Ersatz einer nach dieser Verordnung zu leistenden öffentlichen Unterstüṭnng nötig werden, sind stempel- und gebührenfrei.

§ 29. Das Reichsgesetz über den Unterstützungswohnsitz in der Fassung vom 30. Mai 1908 (RGBl. S. 381) wird aufgehoben. Bis zur Neuregelung des Rechtsverfahrens werden jedoch Streitigkeiten zwischen Fürsorgeverbänden nach den Bestimmungen der §§ 37 bis 57, 58 Abs. 2 dieses Gesetzes[1]) entschieden.

[1]) Vgl. Anhang S 141 ff.

§ 30. § 5 des Gesetzes über die Freizügigkeit vom 1. November 1867 (Bundesgesetzbl. S. 55)[1]) wird durch folgende Vorschrift ersetzt:

Einem Hilfsbedürftigen, dem Armenfürsorge gewährt wird[2]), kann die Fortsetzung des Aufenthalts in einer Gemeinde versagt werden, wenn diese nicht im Bezirke des endgültig verpflichteten Fürsorgeverbandes liegt und die Übernahme durch den endgültig verpflichteten Fürsorgeverband verlangt werden kann (§ 14 der Verordnung über die Fürsorgepflicht vom 13. Februar 1924, RGBl. I S. 103). Die Versagung muß sich zugleich gegen die Personen richten, deren gleichzeitige Übergabe oder Übernahme nach der angeführten Verordnung verlangt werden muß.

Dies gilt nicht für uneheliche, vollverwaiste oder getrennt von beiden Elternteilen untergebrachte eheliche Minderjährige.

[1]) Vgl Anhang S. 149 ff.

[2]) Diese Bestimmung bezieht sich ausdrücklich nur auf Personen, denen Armenfürsorge gewährt wird, nicht auf alle sonst von der FV. erfaßten Kreise, also nicht auf Kriegsbeschädigte und Kriegshinterbliebene, auf Sozial- und Kleinrentner und auf Wöchnerinnen, die der Wochenfürsorge bedürftig sind. Zu beachten ist, daß die Hilfsbedürftigkeit bereits in Erscheinung getreten ist, nicht daß etwa erst eine solche zu erwarten ist. Vgl BAH. 31/119.

§ 31. Soweit nach Landesrecht eine gesetzliche Regelung erforderlich ist, werden bis dahin die in dieser Verordnung den Ländern vorbehaltenen Bestimmungen von den Landesregierungen erlassen; diese können bis dahin auch mit Gesetzeskraft feststellen, welche von dieser Verordnung berührten landesrechtlichen Vorschriften noch gelten oder als aufgehoben anzusehen sind.

§ 32. Aufgehoben werden:

a) das Reichsgesetz über Notstandsmaßnahmen zur Unterstützung von Rentenempfängern der Invaliden- und Angestelltenversicherung vom 7. Dezember 1921 (RGBl. S. 1533)[1]) nebst seinen Ergänzungsgesetzen und -verordnungen,

b) das Gesetz über Kleinrentnerfürsorge vom 4. Februar 1923 (RGBl. I S. 104)[2]),

c) das Gesetz über die Kosten der Kriegsbeschädigten und Kriegshinterbliebenenfürsorge vom 8. Mai 1920 (RGBl. S. 1066) sowie alle sonstigen Vorschriften, nach denen das Reich Kosten der sozialen Fürsorge im Sinne des Reichsversorgungsgesetzes zu tragen hat,

d) das Gesetz über die Wochenfürsorge vom 9. Juni 1922 (RGBl. I S. 502) und die Verordnung über Wochenfürsorge vom 18. August 1923 (RGBl. I S. 816)[3]).

Bis zum Erlasse neuer Vorschriften gelten die bisherigen Bestimmungen über die Fürsorge für Rentenempfänger der Invaliden- und Angestelltenversicherung, Kleinrentner, Kriegsbeschädigte und Kriegshinterbliebene sowie diejenigen über Wochenfürsorge, soweit sie Voraussetzung, Art und Maß der Fürsorge betreffen, als Vorschriften im Sinne des § 6.

Die Heranziehung von Personen aus dem Kreise der Fürsorgeberechtigten bei Festsetzung von Art und Höhe der Fürsorgeleistungen ist im bisherigen Umfang sicherzustellen.

Im § 14 Abs. 2 der Verordnung über die Auflösung der Flüchtlingslager vom 17. Dezember 1923 (RGBl. I S. 1252)[4]) werden die Worte „nach Maßgabe des Gesetzes über den Unterstützungswohnsitz" durch „nach Maßgabe der Verordnung über die Fürsorgepflicht vom 13. Februar 1924 (RGBl. I S. 100)" und das Wort „Armenverbände" durch „Fürsorgeverbände" ersetzt.

[1]) Vgl Anhang S 90 ff.

[2]) Vgl. Anhang S. 93 ff.

[3]) Vgl. Anhang S. 117 ff.

[4]) Vgl. Anhang S. 121 ff.

§ 33. Das Gesetz über die Beschäftigung Schwerbeschädigter in der Fassung vom 12. Januar 1923 (RGBl. I S. 57)[1]) wird durch folgende Vorschrift ergänzt:

„§ 27. Die Landeszentralbehörden können die in diesem Gesetze den Hauptfürsorgestellen und Fürsorgestellen übertragenen Aufgaben auch anderen Behörden übertragen unter der Voraussetzung, daß eine den Vorschriften dieses Gesetzes entsprechende Mitwirkung der Beteiligten gesichert ist[1])."

[1]) Vgl. Anhang S. 101 ff.

§ 34. In der Verordnung über die soziale Kriegsbeschädigten- und Kriegshinterbliebenenfürsorge vom 8. Februar 1919 (RGBl. S. 187)[1]) wird § 1 Satz 1 durch folgende Vorschrift ersetzt:

„Die soziale Fürsorge für Kriegsbeschädigte und Kriegshinterbliebene wird von den Landes- und Bezirksfürsorgeverbänden nach Maßgabe der Grundsätze erfüllt, die die Reichsregierung mit Zustimmung des Reichsrats aufstellt."

§ 2 wird durch folgende Vorschrift ersetzt:

„Der beim Reichsarbeitsministerium errichtete Reichsausschuß der Kriegsbeschädigten- und Kriegshinterbliebenenfürsorge ist Körperschaft des öffentlichen Rechtes. Er setzt sich zusammen aus acht Vertretern der Hauptfürsorgestellen der Kriegsbeschädigten und Kriegshinterbliebenenfürsorge, acht Vertretern solcher Vereinigungen der Kriegsbeschädigten und Kriegshinterbliebenen, die ihre Wirksamkeit auf das Reich erstrecken und eine entsprechende Mitgliederzahl haben, ferner aus drei Vertretern aus den Kreisen sozial erfahrener Personen.

Welche Hauptfürsorgestellen und Vereinigungen von Kriegsbeschädigten und Kriegshinterbliebenen Vertreter in den Reichsausschuß entsenden, bestimmt der Reichsarbeitsminister nach Anhörung der Beteiligten; er beruft auch die sozial erfahrenen Personen.

Die Satzung des Reichsausschusses und ihre Änderung bedürfen der Genehmigung des Reichsarbeitsministers.

Die Reichsregierung kann mit Zustimmung des Reichsausschusses seine Aufgaben auch anderen Körperschaften übertragen, in denen die Kriegsbeschädigten und Kriegshinterbliebenen vertreten sind."

Im § 4 werden die Vorschriften unter Nr. 1 und 3 gestrichen. § 10 erhält folgenden Zusatz:

„Sie können die Aufgaben der Hauptfürsorgestellen und Fürsorgestellen auch anderen Behörden übertragen unter der Voraussetzung, daß ihnen Beiräte nach Maßgabe der §§ 6 und 7 zur Seite gestellt werden oder die Mitwirkung von Vertretern der Kriegsbeschädigten und Kriegshinterbliebenen in anderer Weise hinreichend gesichert ist. Sie können ferner das Beschwerdeverfahren abweichend von den Vorschriften der §§ 7 und 9 regeln, sofern die Mitwirkung von Vertretern der Kriegsbeschädigten und Kriegshinterbliebenen wenigstens in einem Rechtszug gesichert ist." § 11 wird aufgehoben.

[1]) Vgl. Anhang S. 81 ff.

§ 35. Aufgehoben werden ferner:

a) § 22 Abs. 2 des Reichsversorgungsgesetzes vom 12. Mai 1920 in der Fassung vom 30. Juni 1923 (RGBl. I S. 523),

b) § 5 des Altrentnergesetzes vom 18. Juli 1921 in der Fassung vom 30. Juni 1923 (RGBl. I S. 542),

c) die Bekanntmachung, betreffend Einwirkungen der Flüchtlingsfürsorge auf das Armenrecht, vom 16. Mai 1918 (RGBl. S. 409).

§ 36. Ersatzansprüche von Armen-, Fürsorge- oder anderen öffentlich-rechtlichen Verbänden auf Grund der bisherigen Bestimmungen können nach Inkrafttreten dieser Verordnung derartigen Verbänden gegenüber nicht mehr geltend gemacht werden, wenn ihr Betrag weniger als zehn Goldmark beträgt[1]); Kosten, die ersetzt sind, können nicht mehr zurückgefordert werden.

Ein Verband, der bisher nur vorläufig verpflichtet ist, kann nach dem Inkrafttreten dieser Verordnung von einem anderen Ersatz nicht mehr verlangen, wenn er nach den Bestimmungen dieser Verordnung endgültig verpflichtet wäre.

Ein Verband, dessen endgültige Verpflichtung zur Fürsorge vor Inkrafttreten dieser Verordnung durch Anerkennung[2]) oder durch rechtskräftige Entscheidung festgestellt ist, bleibt bis zur Beendigung der Hilfsbedürftigkeit endgültig verpflichtet[3]). Geht er in einem anderen Verband auf, so tritt dieser, sofern das Land den Übergang nicht anders regelt, an seine Stelle[4]).

[1]) Es handelt sich um Ansprüche, die vor dem 1. April 1924 entstanden sind; diese können weiter verfolgt werden, wenn nicht

a) der Betrag des Ersatzanspruches weniger als 10 Goldmark beträgt,
b) der bisher nur vorläufig verpflichtete Verband nunmehr nach dem 1. April 1924 auf Grund der FV. endgültig verpflichtet ist.

[2]) Vgl. § 14 Anm. 4.

[3]) Vgl. § 15.

[4]) Ein Fürsorgeverband, in dem ein Armenverband auf Grund der FV. aufgegangen ist, übernimmt zwar vom 1. April 1924 ab dessen Fürsorgeverpflichtungen, nicht aber Aufwendungen, die dieser Armenverband aus der Zeit vor dem 1. April zu vertreten hat. Vgl. im übrigen den Erlaß des Preuß Ministers f Volkswohlfahrt III E. Nr. 839: „Ohne deren (der zuständigen Gerichte) Entscheidung vorzugreifen, bin ich jedoch der Ansicht, daß die Bezirksfürsorgeverbände nicht Rechtsnachfolger der in ihrem Bezirk bisher belegenen OAV. geworden sind. Die Preuß. Ausführungsverordnung zur FV. sieht im § 34 nur hinsichtlich der Gesamtarmenverbände eine Rechtsnachfolge der Bezirksfürsorgeverbände vor. Die OAV. dagegen sind, wie das Oberverwaltungsgericht im Bd 45 S. 108/112 ausgesprochen hat, keine von der Ortsgemeinde verschiedene besondere selbständige juristische Person Die Worte „Ortsarmenverband“ einerseits „Stadt- und Landgemeinde“ andererseits fassen, wenn sie auf dieselbe

Gemeinde anzuwenden sind, nur die verschiedenen Beziehungen zusammen, in denen dasselbe einheitliche Rechtssubjekt, die Gemeinde, als Träger von Rechten und Pflichten in Betracht kommt. Soweit es sich daher um Ansprüche von mehr als 10 Goldmark handelt, werden diese von den Gemeinden, die die bisherigen Träger der OAV. waren, weiter verfolgt werden können. Dem steht auch die Reichsverordnung nicht entgegen. Vielmehr spricht sie im § 36 Abs. 1 davon, daß Erstattungsansprüche von Armen- pp. Verbänden auf Grund der bisherigen Bestimmungen derartigen Verbänden gegenüber nicht mehr geltend gemacht werden können, wenn ihr Betrag weniger als 10 Goldmark beträgt. Aus dieser Fassung geht hervor, daß nach dem 1. April 1924 die Armenverbände oder besser ihre bisherigen Träger die Ansprüche weiter geltend machen können. Die Ansicht des Bundesamts f. Heimatwesen in der Entscheidung vom 9. Mai 1924 (Fürsorge S. 33), daß eine Vereinigung von Forderung und Schuld eingetreten und der Klageanspruch demgemäß erloschen ist, wenn die bisherigen OAV. den Bezirksfürsorgeverbänden angehören, vermag ich daher auch nicht zu teilen. Die dieser Ansicht zugrundeliegende Auffassung einer Rechtsnachfolge kann auch nicht auf § 37 der Ausführungsverordnung gestützt werden, der lediglich anordnet, daß für die Zeit nach dem 1. April 1924 und mit Wirkung von diesem Tage die Landes- und Bezirksfürsorgeverbände an die Stelle der Armenverbände auch insoweit treten, als diesen durch andere Gesetze als dem UWG. und dem AG. zu diesem Rechte und Pflichten zustehen."

§ 37. Die in dieser Verordnung vorgesehene Zustimmung eines Ausschusses des Reichstags[1]) ist nicht erforderlich, wenn der Reichstag vertagt oder aufgelöst ist. Die erlassenen Vorschriften sind dem Reichstag nach seinem Zusammentritte von der Reichsregierung mitzuteilen und auf sein Verlangen außer Kraft zu setzen.

[1]) Es handelt sich um die Aufstellung von Grundsätzen für die Zusammenarbeit von öffentlicher und privater Wohlfahrtspflege, § 5 Abs. 4.

§ 38. Die Reichsregierung kann mit Zustimmung des Reichsrats Grundsätze für die Auslegung dieser Verordnung aufstellen und bestimmen, daß und inwieweit der gewöhnliche Aufenthalt an einem Orte erst nach Ablauf einer Frist als begründet gilt[1]), und daß mit seiner Verlegung sich die endgültige Fürsorgepflicht trotz Fortdauer der Hilfsbedürftigkeit allgemein oder für bestimmte Gruppen von Hilfsbedürftigen ändert[2]).

[1]) Vgl. § 7 Anm. 7.
[2]) Vgl § 15 und Anm.

§ 39. Diese Verordnung tritt am 1. April 1924 in Kraft. Die Reichsregierung kann mit Zustimmung des Reichsrats den Zeitpunkt des Inkrafttretens hinausschieben; sie muß es auf Antrag des Reichsrats, wenn nicht bis 1. April 1924 die Neuregelung[1]) des Finanzausgleichs in Kraft tritt.

[1]) Diese Neuregelung des Finanzausgleichs ist durch die dritte Steuernotverordnung vom 14. Februar 1924 (RGBl. I S. 47 ff.) erfolgt.

Anhang.

In den nachfolgend abgedruckten Gesetzestexten sind Änderungen des Gesetzeswortlautes auf Grund der Verordnung über die Fürsorgepflicht vom 13. Februar 1924 durch Fettdruck, Auslassungen bezw. die aufgehobenen Gesetze durch kleinen Druck gekennzeichnet.

I. Reichsgesetzliche Bestimmungen.

1. a) Grundsätze über Voraussetzung, Art und Maß öffentlicher Fürsorgeleistungen vom 27. März 1924 (RGBl. I S. 379).

Auf Grund des § 6 Abs. 2 der Verordnung über die Fürsorgepflicht vom 13 Februar 1924 (RGBl. I S. 100) in Verbindung mit § 32 Abs 2 dieser Verordnung und Artikel 2 Satz 2 der Verordnung über das Inkrafttreten des Reichsgesetzes für Jugendwohlfahrt vom 14. Februar 1924 (RGBl. I S. 110) sowie auf Grund des § 1 Satz 1 der Verordnung über die soziale Kriegsbeschädigten- und Kriegshinterbliebenenfürsorge vom 8. Februar 1919 (RGBl. S. 187) in der Fassung des § 34 der Verordnung über die Fürsorgepflicht werden mit Zustimmung des Reichsrats über Voraussetzung, Art und Maß der zu gewährenden Fürsorge folgende Grundsätze aufgestellt:

1. Im Falle der Hilfsbedürftigkeit ist — erforderlichenfalls auch ohne Antrag — als Mindestmaß der unentbehrliche Lebensunterhalt, insbesondere Obdach, Nahrung, Kleidung, die erforderliche Pflege in Krankheitsfällen und nach dem Ableben ein angemessenes Begräbnis zu gewähren. Hilfsbe-

dürftigen Schwangeren und Wöchnerinnen ist die erforderliche Fürsorge zu gewähren.

2. Für hilfsbedürftige Minderjährige gilt § 49 Abs. 1 und 2 des Reichsgesetzes für Jugendwohlfahrt vom 9. Juli 1922 (RGBl I S. 633).

3. Darüber hinaus gelten über die Fürsorge für Kriegsbeschädigte, Kriegshinterbliebene, Sozial- und Kleinrentner die bisherigen Bestimmungen mit Ausnahme der Höchstsätze für Sozial- und Kleinrentner.

4. Art und Maß der Fürsorge richtet sich nach dem Einzelfalle.

5. Bei Kriegsbeschädigten und Kriegshinterbliebenen soll in der Regel, soweit es sich um Maßnahmen der sozialen Fürsorge handelt, eine Erstattung der aufgewendeten Kosten — § 25 der Verordnung über die Fürsorgepflicht — nicht beansprucht werden. Unterhaltspflichtige sollen zum Ersatz der Aufwendungen nur in besonderen Fällen und nur dann herangezogen werden, wenn es sich um besondere Aufwendungen handelt, die nicht auf Grund des § 21 des Reichsversorgungsgesetzes in der Fassung vom 30. Juni 1923 (RGBl. I S. 523) gewährt worden sind.

6. Anrechnungsfrei sollen in der Regel bleiben die Schwerbeschädigtenzulage nach § 27, die Pflegezulage nach § 31 und die Rente, die einer Witwe nach § 37 Abs. 2 oder 3 des Reichsversorgungsgesetzes zusteht, insoweit ihr Betrag die Rente nach Abs. 1 übersteigt, ferner die Hilflosenrente nach §§ 560, 930, 1065 der Reichsversicherungsordnung, insoweit sie die Rente des völlig Erwerbsunfähigen übersteigt

Ferner ist Hilfsbedürftigen, die trotz starker Beschränkung ihrer Erwerbsfähigkeit unter Aufbietung besonderer Tatkraft einem Erwerbe nachgehen, ein angemessener Teil des Arbeitsverdienstes bei der Berechnung des zur Deckung des unentbehrlichen Lebensunterhalts erforderlichen Einkommens in der Regel frei zu lassen.

7. Bei Durchführung des § 19 der Verordnung über die Fürsorgepflicht sollen, soweit nicht bestehende Gesetze, wie das Gesetz über die Beschäftigung Schwerbeschädigter in der Fassung vom 12. Januar 1923 (RGBl. I S. 57) und das Reichsversorgungsgesetz etwas anderes bestimmen, die persönlichen Verhältnisse, insbesondere die berufliche Ausbildung und bisherige soziale Lage des Hilfsbedürftigen, berücksichtigt werden.

8. Diese Grundsätze gelten bis zum 1. Juli 1924.

b) Grundsätze über Voraussetzung, Art und Maß öffentlicher Fürsorgeleistungen vom 26. Juni 1924 (RGBl. I S. 660).

Mit Zustimmung des Reichsrats wird die Geltungsdauer der Grundsätze über Voraussetzung, Art und Maß öffentlicher Fürsorgeleistungen vom 27. März 1924 (RGBl. I S. 379) bis zum 1. November 1924 verlängert.

c) Reichsgrundsätze über Voraussetzung, Art und Maß der öffentlichen Fürsorge vom 4. Dezember 1924 (RGBl. I S. 765)

sind erst während des Druckes dieser Ausgabe erschienen und am Schluß als Nachtrag abgedruckt.

2. Verordnung über die soziale Kriegsbeschädigten- und Kriegshinterbliebenenfürsorge vom 8. Februar 1919 (RGBl. S. 187).

§ 1. **Die soziale Fürsorge für Kriegsbeschädigte und Kriegshinterbliebene wird von den Landes- und Bezirksfürsorgeverbänden nach Maßgabe der Grundsätze erfüllt, die die Reichsregierung mit Zustimmung des Reichsrats aufstellt.** Die Mitarbeit der freien Wohlfahrtspflege soll damit nicht eingeschränkt werden.

§ 2. **Der beim Reichsarbeitsministerium errichtete Reichsausschuß der Kriegsbeschädigten- und Kriegshinter-**

bliebenenfürsorge ist Körperschaft des öffentlichen Rechtes. Es setzt sich zusammen aus acht Vertretern der Hauptfürsorgestellen der Kriegsbeschädigten- und Kriegshinterbliebenenfürsorge, acht Vertretern solcher Vereinigungen der Kriegsbeschädigten und Kriegshinterbliebenen, die ihre Wirksamkeit auf das Reich erstreck.n und eine entsprechende Mitgliederzahl haben, ferner aus drei Vertretern aus den Kreisen sozial erfahrener Personen.

Welche Hauptfürsorgestellen und Vereinigungen von Kriegsbeschädigten und Kriegshinterbliebenen Vertreter in den Reichsausschuß entsenden, bestimmt der Reichsarbeitsminister nach Anhörung der Beteiligten; er beruft auch die sozial erfahrenen Personen.

Die Satzung des Reichsausschusses und ihre Änderung bedürfen der Genehmigung des Reichsarbeitsministers.

Die Reichsregierung kann mit Zustimmung des Reichsausschusses seine Aufgaben auch anderen Körperschaften übertragen, in denen die Kriegsbeschädigten und Kriegshinterbliebenen vertreten sind.

§ 3. Der Reichsausschuß wählt den Vorsitzenden und stellvertretenden Vorsitzenden. Der Staatssekretär des Reichsarbeitsamts oder ein von ihm beauftragter Unterstaatssekretär des Reichsarbeitsamts sind berechtigt, in den Sitzungen des Reichsausschusses den Vorsitz zu übernehmen.

Die Mitglieder des Reichsausschusses sind ehrenamtlich tätig; sie erhalten vom Reiche Tagegelder und Ersatz der Reisekosten.

§ 4. Der Reichsausschuß hat folgende Aufgaben:

[1. er stellt die Grundsätze für die Durchführung der Kriegsbeschädigten- und Kriegshinterbliebenenfürsorge auf; diese Beschlüsse bedürfen, um bindende Kraft für die Hauptfürsorgestellen und Fürsorgestellen zu erlangen, einer Mehrheit von zwei Dritteln der abgegebenen Stimmen und der Zustimmung des Reichsarbeitsamts;]

1 [2]. er erstattet dem Reichsarbeitsamte Gutachten;

[3. er entscheidet als Schiedsrichter bei den Streitigkeiten zwischen den Hauptfürsorgestellen über die Zuständigkeit;]

2 [4]. er verwaltet und verwendet die ihm für die Fürsorge zur Verfügung gestellten Mittel.

In Fragen, die nur die Kriegsbeschädigtenfürsorge oder nur die Hinterbliebenenfürsorge betreffen, entscheidet jede Abteilung selbständig und endgültig; in Fragen, die beide Fürsorgegebiete berühren, entscheiden beide Abteilungen in gemeinsamer Sitzung.

§ 5. Die Regierungen der Bundesstaaten errichten für ihr Gebiet eine oder mehrere amtliche „Hauptfürsorgestellen der Kriegsbeschädigten- und Kriegshinterbliebenenfürsorge"; auch kann für mehrere Bundesstaaten oder Teile verschiedener Bundesstaaten eine gemeinsame Hauptfürsorgestelle errichtet werden.

§ 6. Jeder Hauptfürsorgestelle steht ein Beirat zur Seite. Vorsitzender des Beirats ist der Leiter der Hauptfürsorgestelle oder sein Stellvertreter.

Als Mitglieder des Beirats sind von der Hauptfürsorgestelle Vertreter der Kriegsbeschädigten, der Kriegshinterbliebenen, der Unternehmer und der Arbeitnehmer sowie auf dem Gebiete der sozialen Fürsorge erfahrene Persönlichkeiten zu berufen. Die Zahl der Kriegsbeschädigten, Kriegshinterbliebenen und Arbeitnehmer muß gleich der Zahl der übrigen Mitglieder des Beirats, die Zahl der Unternehmervertreter gleich der Zahl der Arbeitnehmervertreter sein.

Die Mitglieder des Beirats sollen im Bezirke der Hauptfürsorgestelle ihren Wohnsitz haben. Für die Berufung der Vertreter der Unternehmer, Arbeitnehmer, Kriegsbeschädigten und Kriegshinterbliebenen sind die von den Wirtschaftsorganisationen der Unternehmer und Arbeitnehmer sowie von den Kriegsbeschädigten- und Kriegshinterbliebenenvereinigungen eingereichten Vorschlagslisten maßgebend.

Wo das Bedürfnis besteht, kann der Beirat in selbständige Abteilungen für die Kriegsbeschädigten- und Kriegshinterbliebenenfürsorge gegliedert werden; für die Zusammensetzung der Abteilungen gelten Abs. 2 dieses Paragraphen, § 2 Abs. 6 und § 4 Abs. 2 sinngemäß.

§ 7. Der Beirat der Hauptfürsorgestelle beschließt in allen grundsätzlichen Fragen, stellt Richtlinien für die Verwaltung und Verwendung der Mittel auf und entscheidet endgültig in einzelnen Fürsorgefällen über Beschwerden gegen Verfügungen der Hauptfürsorgestellen.

§ 8. Bestehen in einem Bundesstaate mehrere Hauptfürsorgestellen, so kann von der Regierung dieses Bundesstaats zur Wahrung der Einheitlichkeit der Fürsorgetätigkeit eine amtliche „Landesstelle der Kriegsbeschädigten- und Kriegshinterbliebenenfürsorge" errichtet werden.

§ 9. Für den Bezirk jeder unteren Verwaltungsbehörde ist in der Regel eine amtliche Fürsorgestelle zu errichten. Benachbarte Bezirke oder Teile von Bezirken können von der Hauptfürsorgestelle zu einem Fürsorgestellenbezirke vereinigt werden.

Der Fürsorgestelle steht ein Bericht zur Seite; auf seine Bildung und Tätigkeit sind die §§ 6 und 7 sinngemäß anzuwenden.

Gegen die Entscheidungen des Beirats ist die Beschwerde an die Hauptfürsorgestelle zulässig, die, falls sie selbst nicht abhilft, die endgültige Entscheidung ihres Beirats herbeiführt.

§ 10. Die Landeszentralbehörden bestimmen, welche Behörden untere Verwaltungsbehörden im Sinne dieser Verordnung sind.

Sie können die Aufgaben der Hauptfürsorgestellen und Fürsorgestellen auch anderen Behörden übertragen unter der Voraussetzung, daß ihnen Beiräte nach Maßgabe der §§ 6 und 7 zur Seite gestellt werden oder die Mitwirkung von Vertretern der Kriegsbeschädigten und Kriegshinterbliebenen in anderer Weise hinreichend gesichert ist. Sie können ferner das Beschwerdeverfahren abweichend von den Vorschriften der §§ 7 und 9 regeln, sofern die Mitwirkung von Vertretern der Kriegsbeschädigten und Kriegshinterbliebenen wenigstens in einem Rechtszug gesichert ist.

[§ 11. Als Grundlage für den Aufbau der Hauptfürsorgestellen sollen dort, wo noch organisatorische Verschiedenheiten vorhanden sind, die bestehenden Hauptfürsorgeorganisationen der Kriegsbeschädigtenfürsorge unter tunlichster Berücksichtigung der für die Kriegshinterbliebenenfürsorge bestehenden Einrichtungen dienen.

Desgleichen sind für den Aufbau der örtlichen Fürsorgestellen nach Möglichkeit die bisherigen Einrichtungen der Kriegsbeschädigten- und Kriegshinterbliebenenfürsorge zu benutzen.]

§ 12. Diese Verordnung tritt, soweit es sich um organisatorische Maßnahmen handelt, mit dem Tage der Verkündung, im übrigen für jeden Bundesstaat an einem von der Landeszentralbehörde zu bestimmenden Tage in Kraft.

3. a) Gesetz über die Versorgung der Militärpersonen und ihrer Hinterbliebenen bei Dienstbeschädigung (Reichsversorgungsgesetz) vom 12. Mai 1920 in der Fassung vom 30. Juni 1923 (RGBl. I S. 523).

§ 21. Der Beschädigte hat Anspruch auf unentgeltliche berufliche Ausbildung zur Wiedergewinnung oder Erhöhung der Erwerbsfähigkeit, insoweit er durch die Dienstbeschädigung in der Ausübung seines Berufs oder in der Fortsetzung einer begonnenen Ausbildung wesentlich beeinträchtigt ist.

Die Berufsausbildung wird unter der Voraussetzung der Eignung und eifrigen Arbeit des Beschädigten innerhalb der Höchstdauer eines Jahres bis zur Erreichung ihres Zieles gewährt. In geeigneten Fällen kann sie über diesen Zeitpunkt hinaus ausgedehnt werden.

Über den Anspruch auf berufliche Ausbildung entscheidet die Hauptfürsorgestelle der Kriegsbeschädigten- und Kriegshinterbliebenenfürsorge oder die von ihr beauftragte Stelle. Über einen Einspruch gegen diese Entscheidung entscheidet der Beirat der Hauptfürsorgestelle endgültig.

§ 22. Die Fürsorgestellen der Kriegsbeschädigten- und Kriegshinterbliebenenfürsorge sind, abgesehen von den Vorschriften des § 21, verpflichtet, den Beschädigten und den Hinterbliebenen bei der Wahl eines geeigneten Berufs, bei der Berufsausbildung und bei der Unterbringung sowie Erhaltung im Erwerbsleben beizustehen und behilflich zu sein, die Folgen einer erlittenen Dienstbeschädigung oder des Verlustes des Ernährers nach Möglichkeit zu überwinden oder zu mildern.

[Für die Durchführung der Fürsorge gelten die Richtlinien, die der Reichsausschuß der Kriegsbeschädigten- und Kriegshinterbliebenenfürsorge nach § 4 Abs. 1 Nr. 1 der Verordnung über die soziale Kriegsbeschädigten- und Kriegshinterbliebenenfürsorge vom 8. Februar 1919 (RGBl. S. 187) mit Zustimmung des Reichsarbeitsministers erlassen hat oder erlassen wird.]

§ 23. Die Fürsorgestellen sind ermächtigt, mit den Krankenkassen Vereinbarungen über die Heilfürsorge für bedürftige nichtversicherte Kriegshinterbliebene zu schließen. Der Vertrag bedarf der Zustimmung des Oberversicherungsamts und der Hauptfürsorgestelle. In dem Vertrage kann vereinbart werden, daß die Krankenkassen gegen Ersatz der entstandenen Kosten und eines entsprechenden Anteils an den Verwaltungskosten Sachleistungen der Krankenversicherung für erkrankte von den Fürsorgestellen überwiesene Hinterbliebene gewähren.

In diese Vereinbarungen ist die Heilbehandlung von Ehefrauen und anderen Personen einzubeziehen, die die unentgeltliche Wartung und Pflege von Pflegezulageempfängern nicht nur vorübergehend übernommen und auf Grund anderer gesetzlicher Vorschriften einen Anspruch auf Heilbehandlung nicht haben.

b) Gesetz über die Versorgung der vor dem 1. August 1914 aus der Wehrmacht ausgeschiedenen Militärpersonen und ihrer Hinterbliebenen (Altrentnergesetz) vom 18. Juli 1921 in der Fassung vom 30. Juni 1923 (RGBl. I S. 542).

§ 1. Für die früheren Angehörigen der deutschen Wehrmacht und ihre Hinterbliebenen gilt, soweit ihnen Versorgungsgebührnisse nur infolge einer vor dem 1. August 1914 beendeten Dienstleistung zuerkannt sind oder nach den vor dem

Reichsversorgungsgesetze vom 12. Mai 1920 (RGBl. S. 989) erlassenen Militärversorgungsgesetzen noch zuerkannt werden können, das Reichsversorgungsgesetz nach Maßgabe der nachfolgenden Vorschriften . . . . . .

Die Vorschriften des Abs. 1 gelten nicht für die mit Ruhegehalt verabschiedeten Berufsoffiziere, -deckoffiziere und -beamten der Wehrmacht sowie ihre Hinterbliebenen.

§ 2. Die neue Feststellung der schon früher bewilligten Versorgungsgebührnisse erfolgt ohne Antrag. Dabei gelten die nach den vor dem Mannschaftsversorgungsgesetze vom 31. Mai 1906 (RGBl. S. 593) erlassenen Militärversorgungsgesetzen als „dauernd gänzlich erwerbsunfähig" anerkannten Beschädigten auch im Sinne des Reichsversorgungsgesetzes als erwerbsunfähig, die „dauernd größtenteils Erwerbsunfähigen" als 70 v. H. und die „dauernd teilweise Erwerbsunfähigen" als 30 v. H. in der Erwerbsfähigkeit gemindert, es sei denn, daß eine Nachprüfung ein anderes Ergebnis hat.

[§ 5. Die Landeszentralbehörden können an Stelle der nach den §§ 68 bis 71 des Reichsversorgungsgesetzes zur Mitwirkung berufenen Hauptfürsorgestellen und Fürsorgestellen der Kriegsbeschädigten- und Kriegshinterbliebenenfürsorge deren Aufgaben auf andere Behörden übertragen.]

c) Gesetz über den Ersatz der durch den Krieg verursachten Personenschäden (Kriegspersonenschädengesetz) vom 15. Juli 1922 in der Fassung vom 30. Juni 1923 (RGBl. I S. 545).

§ 1. Reichsangehörige, die durch den letzten Krieg innerhalb oder außerhalb des Reichsgebiets Schädigungen an Leib oder Leben erlitten haben und nicht zu den nach dem Reichsversorgungsgesetze vom 12. Mai 1920 (RGBl. S. 989) versorgungsberechtigten Personen gehören, erhalten mit Wirkung vom 1. April 1920 für sich und ihre Hinterbliebenen Versorgung. Diese bestimmt sich nach dem Reichsversorgungsgesetze nebst den Ausführungsbestimmungen, soweit nicht die nachfolgenden Vorschriften etwas anderes enthalten.

Mit Genehmigung der Reichsregierung kann die Versorgung auch solchen Zivilpersonen gewährt werden, welche die Reichsangehörigkeit nicht besitzen.

§ 2. Als durch den letzten Krieg verursacht gelten Schädigungen an Leib oder Leben, die unmittelbar hervorgerufen sind

1. durch kriegerische Unternehmungen deutscher, verbündeter oder fremder geregelter oder ungeregelter Streit- oder Wehrkräfte;
2. durch Festhaltung, Abschiebung, Verschleppung oder sonstige Gewalttaten, durch die Flucht vor solchen Geschehnissen sowie durch die im § 2 des Verdrängungsschädengesetzes RGBl 1921 S. 1021 aufgeführten Handlungen, soweit diese schädigenden Ereignisse auf Maßnahmen feindlicher Behörden oder auf die Bedrohung durch solche oder feindliche Streitkräfte oder einzelne Angehörige dieser zurückzuführen sind;
3. durch von deutschen Behörden amtlich für unmittelbare Zwecke der Kriegführung verwendete Zivilpersonen während der Ausführung ihrer Dienste, gleichviel ob sie selbst oder Dritte den Schaden erlitten haben; gleiches gilt zugunsten der bezeichneten Zivilpersonen, sofern sie bei Ausführung ihrer Dienste von Dritten geschädigt wurden;
4. durch die in Nr. 2 bezeichneten schädigenden Ereignisse, soweit sie außerhalb des Reichsgebiets von fremden Behörden, behördenähnlichen Organisationen oder Banden, von geregelten oder ungeregelten Streitkräften oder einzelnen solchen angehörenden oder nahestehenden Personen oder aus politischen Gründen von sonstigen Einzelpersonen im Laufe politischer, mit dem Kriege im Zusammenhange stehender Wirren veranlaßt worden sind.

§ 3. Die im § 2 genannten schädigenden Ereignisse stehen einer Dienstbeschädigung im Sinne des Reichsversorgungsgesetzes gleich . . .

§ 4. Beschädigten, die das 14 Lebensjahr noch nicht vollendet haben, wird Heilbehandlung und ferner soziale Fürsorge nach den §§ 21 und 22 des Reichsversorgungsgesetzes gewährt; . . .

§ 9. Auf die nach diesem Gesetze Versorgungsberechtigten finden die Vorschriften des Schwerbeschädigtengesetzes vom 6. April 1920 (RGBl S. 458) entsprechende Anwendung . . .

[§ 10. Die Kosten der sozialen Fürsorge mit Ausnahme der Verwaltungskosten trägt das Reich; . . .]

d) Gesetz über die Versorgung der Angehörigen des Reichsheers und der Reichsmarine sowie ihrer Hinterbliebenen (Wehrmachtversorgungsgesetz) vom 4. August 1921 (RGBl. S. 993).

§ 1. Unteroffiziere und Mannschaften, die nach Ablauf ihrer zwölfjährigen Dienstverpflichtung

1. nach § 20 des Wehrgesetzes oder
2. wegen unzureichender Befähigung nach § 21 Nr. 1 b des Wehrgesetzes oder
3. auf eigenen Wunsch

sowie solche, die vor oder nach Ablauf ihrer zwölfjährigen Dienstverpflichtung, aber nach einer Dienstzeit von mindestens vier Jahren wegen Dienstunfähigkeit nach § 21 Nr. 1 a des Wehrgesetzes entlassen werden, haben Anspruch auf . . .

§ 2. Leiden die im § 1 bezeichneten Unteroffiziere und Mannschaften an Gesundheitsstörungen, die auf eine Dienstbeschädigung zurückzuführen sind, so gelten für sie außerdem die Vorschriften des Reichsversorgungsgesetzes vom 12. Mai 1920 (RGBl. S 989) mit folgenden Maßgaben . . .

e) Reichsgesetz über die Schutzpolizei der Länder vom 17. Juli 1922 (RGBl. I S. 597).

§ 1. Schutzpolizei im Sinne dieses Gesetzes ist die Polizei der Länder, deren Angehörige

a) in einem öffentlich-rechtlichen Dienstverhältnisse stehen,
b) auf Zeit in der Weise angestellt sind, daß sie zu einer ununterbrochenen Dienstzeit von 12 Jahren verpflichtet sind und in der Regel nach Ablauf dieser Zeit ausscheiden.

§ 2. Nach ihrem Ausscheiden darf den Angehörigen der Schutzpolizei und nach ihrem Tode ihren Hinterbliebenen von den Ländern eine Versorgung in den Grenzen gewährt werden, wie sie für die entsprechenden Angehörigen der Wehrmacht und ihre Hinterbliebenen durch das Wehrmachtversorgungsgesetz vorgesehen ist . . .

4. Gesetz über Notstandsmaßnahmen zur Unterstützung von Rentenempfängern der Invaliden- und Angestelltenversicherung in der Fassung vom 29. Juli 1922 (RGBl. I S. 675), aufgehoben durch § 32a FB.

§ 1. Die Gemeinden sind verpflichtet, deutschen Empfängern von Renten aus der Invalidenversicherung und der Angestelltenversicherung auf Antrag eine Unterstützung nach Maßgabe der folgenden Vorschriften zu gewähren.

§ 2. Die Unterstützung ist in der Invalidenversicherung nach den Umständen und im Höchstbetrage so zu bemessen, daß das Gesamtjahreseinkommen des Empfängers einer Invaliden- oder Altersrente den Betrag von siebentausendzweihundert Mark, einer Witwen- oder Witwerrente den Betrag von fünftausendsiebenhundert Mark, einer Waisenrente den Betrag von dreitausendzweihundert Mark erreicht.

Entsprechende Unterstützungen sind an Empfänger von Ruhegeld oder Hinterbliebenenrente aus der Angestelltenversicherung zu gewähren, an Witwen jedoch nur, wenn sie invalide im Sinne der Invalidenversicherung (§ 1258 Abs. 2 der Reichsversicherungsordnung) sind.

Hat der Empfänger Kinder unter fünfzehn Jahren, die nicht auf Grund der Reichsversicherungsordnung, des Versicherungsgesetzes für Angestellte oder des Reichsversorgungsgesetzes vom 12. Mai 1920 (RGBl. S. 989) oder anderer Militärversorgungsgesetze eine Rente beziehen, so erhöht sich die für das Gesamtjahreseinkommen anzurechnende Grenze um fünfhundert Mark für jedes Kind. Für das vierte und jedes weitere Kind beträgt diese Erhöhung sechshundert Mark. Elternlose Enkel unter fünfzehn Jahren, deren Unterhalt der Empfänger der Rente ganz oder überwiegend bestreitet, werden den Kindern unter fünfzehn Jahren gleichgestellt.

Bei Berechnung des Gesamtjahreseinkommens wird für Empfänger von Renten aus der Invalidenversicherung die Invaliden- oder Altersrente mit dreitausendvierhundert Mark, die Witwen- oder Witwerrente mit dreitausendzweihundert Mark und die Waisenrente mit eintausendsechshundert Mark angerechnet; darüber hinausgehende Rentenbeträge werden nicht angerechnet. Bei Berechnung des Gesamtjahreseinkommens bleibt das Arbeitseinkommen der Rentenempfänger bis zum Jahresbetrage von viertausend Mark außer Ansatz.

Bis zum Betrage von eintausendzweihundert Mark insgesamt sind auf das Gesamtjahreseinkommen nicht anzurechnen Bezüge auf Grund des Reichsversorgungsgesetzes vom 12. Mai 1920 (RGBl. S. 989) oder anderer Militärversorgungsgesetze, aus der knappschaftlichen Versicherung, aus öffentlichen oder privaten Versicherungsunternehmungen, aus privaten Unterstützungseinrichtungen sowie aus Spargutbaben. Die Bezüge der Hinterbliebenen sind hierbei zusammenzurechnen. Einkommen aus Unterstützung durch Angehörige ist auf das Gesamtjahreseinkommen insoweit nicht anzurechnen, als es über die gesetzliche Unterhaltspflicht oder über vertraglich übernommene Verpflichtungen hinausgeht.

§ 3. Der Antrag ist bei der Gemeinde des Wohnorts des Rentenempfängers zu stellen. Diese setzt die Höhe der Unterstützung fest, tunlichst unter Zuziehung von Personen aus den Kreisen der Versicherten oder der Rentenempfänger. Als Wohnort gilt der Ort, in welchem sich der Rentenempfänger nicht vorübergehend aufhält, sondern mit der Absicht längeren oder dauernden Verbleibens wohnt.

Gegen die Festsetzung der Unterstützung ist Beschwerde an die Aufsichtsbehörde zulässig, sie entscheidet endgültig.

Die Finanzbehörden sind verpflichtet, den Gemeinden auf Anfrage Auskunft über die Einkommensverhältnisse der Unterstützungsberechtigen zu geben.

§ 4. Die Unterstützung wird von der Gemeinde des Wohnorts an den Empfänger in monatlichen oder wöchentlichen Teilbeträgen im voraus gezahlt. Die zu zahlenden Beträge sind auf volle Mark aufzurunden.

§ 5. Erhält der Rentenempfänger in einer Anstalt (Invalidenheim, Altersheim u. dgl) Wohnung und Verpflegung, so ist an seiner Stelle die Anstalt berechtigt, innerhalb der aus § 2 Abs. 1 sich ergebenden Einkommensgrenze Zuschüsse zum Pflegegeld zu verlangen, die aber nur bis zu drei Vierteln der Gesamtbezüge des Rentenempfängers beansprucht werden können.

Steht der Rentenempfänger außerhalb seines Heimatorts in Anstaltspflege oder auf fremde Kosten in Familienpflege, so ist für die Gewährung der Unterstützung diejenige Gemeinde zuständig, in welcher der Rentenempfänger vor dem Eintritt der Pflege gewohnt hat.

§ 6. Die Gemeinden können die den Unterstützungsberechtigten gegen Dritte zustehenden Unterhaltsansprüche verfolgen.

§ 7. Das Reich ersetzt den Gemeinden achtzig vom Hundert der von ihnen verauslagten Unterstützungsbeträge.

Die Gemeinden melden die erstattungsfähigen Beträge monatlich bei der obersten Landesbehörde an und erhalten von ihr auf Antrag Vorschüsse darauf. Der Reichsarbeitsminister überweist den obersten Landesbehörden auf Antrag den hierfür erforderlichen Monatsbedarf.

§ 8. Die Reichsregierung ist ermächtigt, mit Zustimmung des Reichsrats nähere Vorschriften zur Durchführung des Gesetzes zu erlassen. Sie kann auch mit Zustimmung des Reichsrats bestimmen, daß statt der Gemeinden andere Stellen mit der Durchführung des Gesetzes betraut werden.

Soweit derartige Anordnungen nicht ergangen sind, können die obersten Landesbehörden sie mit Zustimmung des Reichsarbeitsministers treffen.

Die obersten Landesbehörden können auch bestimmen, daß an die Stelle der Gemeinden Gemeindeverbände treten. Für nicht leistungsfähige Gemeinden hat das Land oder nach dessen Bestimmung ein Gemeindeverband oder eine sonstige Körperschaft des öffentlichen Rechtes mit Zuschüssen einzutreten.

§ 9. Der Reichsarbeitsminister kann mit Zustimmung des Reichsrats bestimmen, daß die Vorschriften dieses Gesetzes auf fremde Staatsangehörige, die im Inland ihren Wohnort (§ 3 Abs. 1 Satz 3) haben, Anwendung finden. Auch kann der Reichsarbeitsminister oder die von ihm beauftragte Stelle einem Deutschen, der sich im Ausland aufhält, eine entsprechende Zulage zu billigen; die Kosten hierfür trägt das Reich.

5. a) Gesetz über Kleinrentnerfürsorge vom 4. Februar 1923 (RGBl. I S. 104), aufgehoben durch § 32 b FV.

§ 1. Die Gemeinden sind verpflichtet, deutschen Kleinrentnern oder ihnen Gleichgestellten auf Antrag Fürsorge nach Maßgabe dieses Gesetzes zu gewähren.

Die Landesregierungen können die Fürsorge auf die Länder übernehmen oder bestimmen, daß Gemeindeverbände an Stelle der Gemeinden die Fürsorge zu gewähren oder diesen die Aufwendungen, insbesondere solche für Anstaltsinsassen ganz oder teilweise zu ersetzen haben.

§ 2. Der Kreis der Fürsorgeempfänger umfaßt bedürftige, alte oder erwerbsunfähige Personen, die infolge eigener oder fremder Vorsorge ohne die eingetretene Geldentwertung oder ohne sonstige Kriegsfolgen nicht auf die öffentliche Fürsorge angewiesen wären, sofern sie

a) durch Arbeit ihren Lebensunterhalt erworben haben oder
b) eine Tätigkeit in häuslicher Gemeinschaft ausgeübt haben, die üblicherweise ohne Entgelt erfolgt, aber im Falle der Einstellung fremder Kräfte vergütet werden müßte, oder
c) eine wissenschaftliche, künstlerische oder gemeinnützige Tätigkeit ausgeübt haben, die ihre Arbeitskraft Jahre hindurch wesentlich in Anspruch genommen hat, oder
d) infolge geistiger oder körperlicher Gebrechen ihren Lebensunterhalt durch Arbeit nicht erwerben konnten

Wer ohne eigenes Verschulden sich eine solche Versorgung noch nicht gesichert hat, kann gleichbehandelt werden, wenn er sich durch jahrelange Arbeit eine wirtschaftliche Stellung errungen hatte, in der ihm dies ohne Geldentwertung oder ohne sonstige Kriegsfolgen möglich gewesen wäre.

Nicht zum Kreise der Fürsorgeempfänger gehören

1. Personen, die auf Grund sonstiger reichsgesetzlicher Bestimmungen gleichwertige Unterstützung erhalten,
2. Personen, die infolge eigenen groben Verschuldens fürsorgebedürftig sind.

Die Fürsorge erstreckt sich auf die in gemeinschaftlichem Haushalt mit dem Fürsorgeberechtigten lebenden Angehörigen, welche ihm gegenüber unterhaltsberechtigt und erwerbsunfähig oder durch die Haushaltsführung am Erwerbe verhindert sind.

Die Unterstützung an solche Angehörige kann auch gewährt werden, wenn kein gemeinschaftlicher Haushalt besteht.

§ 3. Die Fürsorge soll sich nach Art und Umfang derjenigen für Sozialrentner angleichen. Im übrigen bestimmen sich Art, Umfang und Durchführung der Fürsorge nach Richtlinien, welche die Reichsregierung mit Zustimmung des Reichsrats und der Ausschüsse des Reichstags für soziale Angelegenheiten und für den Haushalt festsetzt.

§ 4. Zuständig für die Gewährung der Fürsorge ist die Gemeinde oder der Gemeindeverband des Wohnorts des Kleinrentners.

Als Wohnort gilt der Ort, an dem sich der Kleinrentner mit der Absicht längeren oder dauernden Verbleibens und nicht nur vorübergehend aufhält.

Ist der Antragsteller auf fremde Kosten in einer Anstalt untergebracht, oder ist er aus eigenem Entschlusse nur vorübergehend in eine solche Anstalt eingetreten, so ist die Gemeinde zuständig, die vor der Aufnahme in der Anstalt sein Wohnsitz war.

§ 5. Gegen die Festsetzung oder Ablehnung von Fürsorgemaßnahmen ist Beschwerde an die Aufsichtsbehörde zulässig. Diese entscheidet endgültig.

§ 6. Das Reich erstattet im Rahmen der ihm durch den Reichshaushalt zur Verfügung gestellten Mittel den Gemeinden oder Gemeindeverbänden 80 v. H. der ihnen durch die Fürsorge nach Maßgabe dieses Gesetzes und der Richtlinien entstehenden sachlichen Aufwendungen.

Soweit die den Gemeinden oder Gemeindeverbänden nach diesem Gesetze zufallenden Lasten auf die Länder übernommen worden sind, gilt das Entsprechende für die von den Ländern gemachten Aufwendungen.

Übernimmt eine Landesregierung die Aufwendungen für nicht leistungsfähige Gemeinden nicht auf das Land, so bestimmt sie den Gemeindeverband, der für sie einzutreten hat.

Das Reich überweist auf Antrag Vorschüsse.

§ 7. Die Finanzbehörden sind verpflichtet, den Gemeinden und Gemeindeverbänden bei Anfragen Auskunft über die Einkommens- und Vermögensverhältnisse der Fürsorgeempfänger zu geben.

Die unterhaltspflichtigen Angehörigen und die Arbeitgeber der Fürsorgeempfänger sind verpflichtet, den Gemeinden und Gemeindeverbänden bei Anfragen Auskunft über alle für die Fürsorge erheblichen Tatsachen zu geben.

§ 8. Alle Verhandlungen und Urkunden, insbesondere Vollmachten und amtliche Bescheinigungen, die bei Stellung von Anträgen, der Durchführung von Erhebungen und Auszahlungen auf Grund des Gesetzes erforderlich werden, sind gebühren- und stempelfrei.

§ 9 Die Gemeinden oder Gemeindeverbände können die den Fürsorgeempfängern gegen Dritte zustehenden Unterhaltsansprüche verfolgen.

Die Landesregierungen können bestimmen, daß die Unterhaltsansprüche in einem Verwaltungsverfahren vorbehaltlich des ordentlichen Rechtswegs verfolgt werden können.

§ 10. Die Fürsorge gilt nicht als Unterstützung im Sinne des Unterstützungswohnsitzgesetzes.

§ 11. Dieses Gesetz tritt mit Wirkung vom 1. Februar 1923 in Kraft

Bis zur Festsetzung der Richtlinien nach § 3 gelten die von der Reichsregierung im Einvernehmen mit dem Reichsrat festgesetzten, am 3. August 1922 verkündeten Richtlinien für die Verwendung der Reichszuschüsse zur Unterstützung notleidender Kleinrentner im Jahre 1922, mit Ausnahme der Ziffern IV und VI, sowie das bisher in den einzelnen Ländern geltende Verfahren.

Der Reichsarbeitsminister wird ermächtigt, weitere Übergangsvorschriften mit Zustimmung des Reichsrats zu erlassen.

b) Richtlinien für die Kleinrentnerfürsorge vom 9. Mai 1923 (RGBl. I S. 289).

Auf Grund des § 3 des Gesetzes über Kleinrentnerfürsorge vom 4. Februar 1923 (RGBl. I S. 104) werden mit Zustimmung des Reichsrats und der Ausschüsse des Reichstags für soziale Angelegenheiten und für den Haushalt folgende Richtlinien über Art, Umfang und Durchführung der Kleinrentnerfürsorge festgesetzt:

Zu § 1. 1. Die Landesregierungen treffen die für die gleichmäßige Durchführung der Kleinrentnerfürsorge erforderlichen Anordnungen.

Sie können nicht nur die gesamte Fürsorge, sondern auch einzelne Aufgabengebiete selbst übernehmen.

2. Die Landesregierungen können die von den Ländern übernommene, die Gemeinden und Gemeindeverbände die ihnen obliegende Fürsorge unter ihrer Verantwortlichkeit durch Einrichtungen der freien Wohlfahrtspflege durchführen, es sei denn, daß Landesgesetze entgegenstehen. In der Regel sollen die Verbände der freien Wohlfahrtspflege zur Mitarbeit bei der Fürsorge herangezogen werden.

3. Der Antrag auf Fürsorge ist von dem Fürsorgesuchenden selbst oder seinem gesetzlichen Vertreter, im Behinderungsfalle von einem Beauftragten zu stellen. Sollen die Fürsorgeleistungen von einem Vertreter in Empfang genommen werden, so hat er die Vertretungsbefugnis nachzuweisen und auf Verlangen eine Vollmacht vorzulegen.

4. Bei Festsetzung von Art und Höhe der Fürsorgeleistungen sollen Personen aus dem Kreise der Fürsorgeempfänger herangezogen werden.

5. Bei der Durchführung größerer allgemeiner Hilfsmaßnahmen sollen bewährte Selbsthilfevereinigungen der Fürsorgeempfänger weitgehend beteiligt werden.

Zu § 2. 1. Ob Bedürftigkeit vorliegt, soll ohne Engherzigkeit entschieden werden. Die Einkommens- und Vermögensverhältnisse des Fürsorgeempfängers, die ihm von dritter Seite zufließenden Unterhaltsbeträge und die Möglichkeiten, die ihm verbliebene Arbeitskraft zu verwerten, sind angemessen zu berücksichtigen. Bedürftigkeit soll nicht deshalb verneint werden, weil der Fürsorgeempfänger von Dritten unterstützt wird, die ihm gegenüber keine rechtliche oder sittliche Verpflichtung dazu haben.

2. Als erwerbsunfähig ist ein Fürsorgeempfänger dann anzusehen, wenn er infolge körperlicher oder geistiger Gebrechen nicht nur vorübergehend außerstande ist, durch Arbeit einen wesentlichen Beitrag zu den Kosten seiner Lebensführung zu verdienen.

3. Eigene oder fremde Vorsorge ist nicht nur dann anzunehmen, wenn Rechtsansprüche des Fürsorgeempfängers zum Zwecke seiner künftigen Versorgung begründet worden sind, sondern auch dann, wenn die künftige Versorgung auf Grund einer längeren tatsächlichen Versorgung als gesichert erscheinen konnte.

4. Ziffer 1 bis 3 gelten entsprechend für Personen, die sich ohne eigenes Verschulden eine Versorgung noch nicht gesichert haben, obgleich sie sich durch jahrelange Arbeit eine wirtschaftliche Stellung errungen hatten, in der ihnen dies ohne Geldentwertung oder ohne sonstige Kriegsfolgen möglich gewesen wäre.

5. Als Verschulden gelten Verstöße gegen allgemein anerkannte Regeln der Lebenshaltung, die sich in gewisser Beständigkeit gezeigt und eine dauernde Unfähigkeit zu einer geordneten wirtschaftlichen Lebensführung herbeigeführt haben.

Zu § 3. 1. Die Fürsorge soll sich der Fürsorge für Sozialrentner, wie sie auf Grund des Gesetzes über Notstandsmaßnahmen zur Unterstützung von Rentenempfängern der Invaliden- und Angestelltenversicherung vom 7. Dezember 1921 (RGBl. S. 1533) und im Wege der außerordentlichen Notstandsmaßnahmen geübt wird, nach Art und Umfang angleichen. Die Angleichung soll nicht einförmig sein. Die

Unterstützung muß sich den Verhältnissen des Einzelfalles anpassen und aus der Eigenart des Notstandes heraus die Mittel zur Abhilfe wählen; sie kann in Geld oder Sachleistungen bestehen.

2. Die Fürsorge kann in einmaligen oder laufenden Geldunterstützungen gewährt werden. Dauert der Notstand voraussichtlich länger, so sollen die Unterstützungsbeträge für angemessene Zeit im voraus festgesetzt und zur Zahlung angewiesen werden, vorbehaltlich jeweiliger Nachprüfung mit Rücksicht auf die Veränderung der maßgebenden Verhältnisse, insbesondere des Geldwerts.

Neben reinen Geldunterstützungen kommen insbesondere die Beschaffung verbilligten Lebensbedarfs und Zuschüsse für Wohnzwecke sowie Beihilfen zum Ankauf von Lebensmittelvorräten und Heizstoffen und zur Beschaffung von Kleidern in Betracht. In besonderen Fällen können auch Darlehen gewährt werden. Bei Erkrankungen ist für eine verbilligte Beschaffung ärztlicher Hilfe und von Arzneien und Heilbehandlung Sorge zu tragen.

Befinden sich Fürsorgeempfänger in Heimen oder Anstalten in Wohnung oder Verpflegung, so kann ein angemessener Teil der Fürsorgeleistungen unmittelbar an die Heime und Anstalten gewährt werden.

3. Bei der Gewährung laufender Unterstützungen ist gleichzeitig dafür zu sorgen, daß auch die Erträge des Vermögens zur Bestreitung des Lebensunterhalts in geeigneter Weise verwendet werden. Der Stamm des Vermögens darf bei Lebzeiten des Fürsorgeempfängers nur ausnahmsweise und nur insoweit in Anspruch genommen werden, als es dem Vermögen und Alter des Fürsorgeempfängers und seinen sonstigen Verhältnissen entspricht und die Heranziehung billigerweise verlangt werden kann.

Auf unterhaltsberechtigte Angehörige, die beim Tode des Fürsorgeempfängers selbst der öffentlichen Fürsorge anheimfallen würden, ist Rücksicht zu nehmen. Ebenso sind Geschwister und andere Personen zu berücksichtigen, mit denen der Fürsorgeempfänger in häuslicher Gemeinschaft lebt oder die ihn ohne Rechtspflicht oder über eine solche hinaus und ohne entsprechende Gegenleistung, wenn auch vielleicht in Erwartung einer Zuwendung von Todeswegen, unterstützen oder pflegen.

Die Heranziehung des Vermögens für den laufenden Lebensunterhalt kann auch durch den Abschluß von Rentenverträgen erfolgen.

4. Bei größeren außerordentlichen Hilfsmaßnahmen zugunsten des Fürsorgeempfängers, deren Kosten den Betrag der durchschnittlichen Fürsorgeleistungen eines zweimonatigen Zeitraums übersteigen, ist regelmäßig Vorsorge zu treffen, daß das Vermögen mit herangezogen wird, und daß insbesondere eine seinerzeitige Erstattung aus dem Nachlaß des Fürsorgeempfängers festgelegt wird. Bei sonstigen, insbesondere laufenden Unterstützungen ist das Verlangen nach Erstattung nur zulässig, wenn und insoweit das Vermögen über den jeweiligen vermögenssteuerfreien Betrag hinausgeht oder der Verzicht auf die Erstattung sich nach den gesamten Verhältnissen des Fürsorgeempfängers nicht rechtfertigen läßt. Bei einer derartigen Heranziehung des Vermögens oder des Nachlasses sind die bei der Vermögenssteuer zugelassenen Ausnahmen bezüglich des Barvermögens, des Hausrats usw. zu berücksichtigen.

Von der Erstattung kann überhaupt abgesehen werden, wenn sie eine offensichtliche Härte bedeutet, insbesondere wenn bedürftige Abkömmlinge und sonstige nach Ziffer 3 Abs. 2 zu berücksichtigende Personen vorhanden sind.

Soweit Fürsorgeleistungen einer Gemeinde, einem Gemeindeverband oder einem Lande erstattet werden, sind sie von ihnen wieder für Zwecke der Kleinrentnerfürsorge zu verwenden. Die zurückfallenden Mittel dürfen nicht auf die Anteile angerechnet werden, welche die Gemeinde, Gemeindeverbände oder Länder an den Kosten dem Reiche gegenüber zu tragen haben.

5. Die Kleinrentnerfürsorge kann auch in der Form der Unterstützung von Einrichtungen erfolgen, die unmittelbar der Kleinrentnerfürsorge dienen Hierfür kommen u. a. in Betracht: Einrichtungen zur Arbeitsbeschaffung sowie Heime und Anstalten, die bedürftige oder kranke Kleinrentner aufnehmen und verpflegen.

6. a) Gesetz über die Beschäftigung Schwerbeschädigter in der Fassung vom 12. Januar 1923 (RGBl. I S. 57).

§ 1. Jeder Arbeitgeber, der einen Arbeitsplatz besetzen will, ist verpflichtet, einen Schwerbeschädigten, der für diesen Arbeitsplatz geeignet ist, anderen Bewerbern nach Maßgabe der folgenden Vorschriften vorzuziehen.

§ 2. Arbeitgeber im Sinne dieses Gesetzes sind auch die Körperschaften, Stiftungen und Anstalten des öffentlichen Rechtes, Arbeitsplätze auch die Beamtenstellen. Die besonderen Vorschriften und Grundsätze über die Besetzung der Beamtenstellen, insbesondere über Vorbildung, Reihenfolge und Wartezeit der Anwärter für Beamtenstellen und über die Beförderung, Versetzung und Entlassung der Beamten werden durch dieses Gesetz nicht beseitigt, sind aber so zu gestalten, daß sie die Einstellung Schwerbeschädigter erleichtern.

§ 3. Schwerbeschädigte im Sinne dieses Gesetzes sind Deutsche, die infolge einer Dienstbeschädigung oder durch Unfall oder beide Ereignisse um wenigstens 50 v. H. in ihrer Erwerbsfähigkeit beschränkt sind und auf Grund des Reichsversorgungsgesetzes, der vorangehenden Militärversorgungsgesetze oder von Gesetzen, die das Reichsversorgungsgesetz für anwendbar erklären, oder auf Grund der reichsgesetzlichen Unfallversicherung, des Unfallfürsorgegesetzes vom 18. Juni 1901 (RGBl. S. 211) oder entsprechender landesrechtlicher Vorschriften Anspruch auf eine Pension oder auf eine der Minderung ihrer Erwerbsfähigkeit entsprechende Rente haben.

Der Reichsarbeitsminister kann mit Zustimmung des Reichsrats bestimmen, daß Nichtdeutschen der Schutz dieses Gesetzes zuteil wird.

§ 4. Die Reichsregierung ist ermächtigt, mit Zustimmung des Reichsrats anzuordnen, daß das Reich, die Länder und andere Körperschaften, Stiftungen und Anstalten des öffentlichen Rechtes zahlenmäßig bestimmte Bruchteile ihrer Arbeitsplätze mit Schwerbeschädigten zu besetzen haben.

Die Landesregierung kann weitergehende Verpflichtungen, die das Land selbst übernimmt, auch anderen, ihrer Aufsicht unterstehenden Körperschaften, Stiftungen und Anstalten des öffentlichen Rechtes auferlegen.

§ 5. Der Reichsarbeitsminister bestimmt den Bruchteil von Arbeitsplätzen, den jeder private Arbeitgeber mit Schwerbeschädigten zu besetzen hat. Will er den Bruchteil auf mehr als 2 v. H. festsetzen, so bedarf er dazu der Zustimmung des Reichsrats und des Ausschusses des Reichstags für soziale Angelegenheiten. Vor der Anordnung ist der vorläufige Reichswirtschaftsrat zu hören.

Als Arbeitsplätze sind dabei alle Stellen zu zählen, auf denen Arbeiter und Angestellte im Sinne der §§ 11 und 12 des Betriebsrätegesetzes vom 4. Februar 1920 (RGBl. S. 147) beschäftigt werden.

§ 6. Der Reichsarbeitsminister kann seine Anordnungen (§ 5) auf einzelne Berufsgruppen beschränken; er kann einzelne Berufsgruppen hiervon ausschließen und den Bruchteil für verschiedene Berufsgruppen verschieden festsetzen.

Die Hauptfürsorgestelle kann einzelne private Arbeitgeber von den Verpflichtungen, die ihnen durch die Anordnungen des Reichsarbeitsministers auferlegt sind, ganz oder zum Teil befreien, wenn es nach der besonderen Lage des Falles erforderlich ist. Die Befreiung kann an Bedingungen geknüpft werden, die der Förderung der Arbeitsfürsorge oder sonst der Schwerbeschädigtenfürsorge dienen. Die Hauptfürsorgestelle kann ferner allgemein oder im einzelnen Falle aus besonderen Gründen bestimmen, daß nur vorübergehend besetzte Arbeitsplätze sowie einzelne Arten von Lehrstellen und einzelne Arten von Stellen der Hausgewerbetreibenden (Heimarbeiter) nicht als Arbeitsplätze mitzuzählen sind.

Der Reichsarbeitsminister und die Hauptfürsorgestelle haben vor ihren Anordnungen die berufenen Vertretungen der Arbeitgeber und Arbeitnehmer aus den beteiligten Wirtschaftsgebieten zu hören.

Die Hauptfürsorgestelle kann nach Anhörung des Arbeitgebers und der Vertretung seiner Arbeitnehmer auch anordnen, daß ein privater Arbeitgeber seine Verpflichtungen dadurch zu erfüllen hat, daß er Arbeitsplätze bestimmter Art oder einzelne bestimmte Arbeitsplätze, die sich für Schwerbeschädigte vorzugsweise eignen, frei hält.

Werden Arbeitsplätze frei, die nach der Bestimmung des Abs. 4 für Schwerbeschädigte frei zu halten sind, so hat sie der Arbeitgeber unbeschadet sonst vorgeschriebener Anzeigepflichten binnen drei Tagen der Hauptfürsorgestelle anzuzeigen. Er darf sie erst besetzen, wenn die Hauptfürsorgestelle ihm binnen zehn Tagen nach Absendung der Anzeige keine geeigneten Schwerbeschädigten genannt hat. Diese Verpflichtung besteht nicht, soweit die Besetzung im Interesse des Betriebs nicht aufgeschoben werden kann.

§ 7. Die Hauptfürsorgestelle kann einem privaten Arbeitgeber, der nicht die vorgeschriebene Anzahl von Schwerbeschädigten eingestellt hat, eine angemessene Frist zur Nachholung mit der Erklärung bestimmen, daß sie nach fruchtlosem Ablauf der Frist selbst die einzustellenden Schwerbeschädigten bezeichnen werde.

Hat der Arbeitgeber innerhalb der Frist die Schwerbeschädigten nicht eingestellt, so bestimmt die Hauptfürsorgestelle die Schwerbeschädigten und den Zeitpunkt, zu dem sie einzustellen sind. Mit Zustellung dieses Beschlusses gilt zwischen dem Arbeitgeber und dem Schwerbeschädigten ein Arbeitsvertrag als abgeschlossen. Seinen Inhalt bestimmt die Hauptfürsorgestelle, soweit er sich nicht nach einem Tarifvertrag oder einer Betriebsvereinbarung bestimmt. Die Hauptfürsorgestelle hat sich dabei nach den geltenden Tarifverträgen, Betriebsvereinbarungen oder Arbeitsordnungen und, soweit solche nicht bestehen, nach Arbeitsverträgen zu richten, die sonst üblicherweise mit Schwerbeschädigten abgeschlossen werden.

§ 8. Die Hauptfürsorgestelle muß einem Blinden, der nicht bereits nach § 3 geschützt ist, den Schutz dieses Gesetzes zuerkennen, wenn er sich ohne Hilfe dieses Gesetzes einen geeigneten Arbeitsplatz nicht zu verschaffen oder zu erhalten vermag und dadurch die Unterbringung der Schwerbeschädigten (§ 3) nicht gefährdet wird. Anderen Personen, die um wenigstens 50 v. H. in ihrer Erwerbsfähigkeit beschränkt und nicht bereits nach § 3 geschützt sind (Schwererwerbsbeschränkte) sowie Kriegs- und Unfallbeschädigten, bei denen die Minderung der Erwerbsfähigkeit weniger als 50, aber wenigstens 30 v. H. beträgt (Minderbeschädigte), kann sie unter den gleichen Voraussetzungen diesen Schutz zuerkennen.

Vor ihrer Entscheidung soll die Hauptfürsorgestelle den zuständigen örtlichen Arbeitsnachweis hören. Die Entscheidung kann von der Hauptfürsorgestelle widerrufen werden. Der Widerruf ist am Ende des Kalendervierteljahrs wirksam, das auf den Widerruf folgt.

§ 9. Arbeitgeber können ihren Verpflichtungen nach § 5 mit Zustimmung der Hauptfürsorgestelle dadurch genügen, daß sie Schwerbeschädigten Siedlungsstellen, die den Schwerbeschädigten und ihren Familien den angemessenen Lebensunterhalt ermöglichen, zu Eigentum oder Pacht überlassen.

§ 10. Der Arbeitgeber ist verpflichtet, der Hauptfürsorgestelle die Auskünfte zu erteilen, die im Interesse der Schwerbeschädigten notwendig sind. Der Arbeitgeber ist weiter verpflichtet, der Hauptfürsorgestelle Einblick in seinen Betrieb zu gewähren, soweit das im Interesse der Schwerbeschädigten erforderlich ist und hierdurch Betriebsgeheimnisse nicht gefährdet werden; die Besichtigungen sollen nur im Benehmen mit den Organen der Gewerbe- oder Bergaufsicht und innerhalb der diesen gezogenen Grenzen erfolgen. Die für die Hauptfürsorgestelle tätigen Personen sind zur Geheimhaltung der Geschäfts- und Betriebsverhältnisse verpflichtet, die bei dieser Gelegenheit zu ihrer Kenntnis gelangen. Die Strafbestimmung des § 145 a der Reichsgewerbeordnung gilt entsprechend.

Soweit es erforderlich ist, um die dauernde Unterbringung der Schwerbeschädigten sicherzustellen, ist der Arbeitgeber auf Verlangen der Hauptfürsorgestelle verpflichtet, die Arbeitsräume, Betriebsvorrichtungen, Maschinen und Gerätschaften so einzurichten und zu unterhalten und den Betrieb so zu regeln, daß eine tunlichst große Zahl von Schwerbeschädigten in seinem Betriebe Beschäftigung finden kann. Diese Verpflichtungen bestehen nicht, soweit ihre Durchführung den Betrieb ernstlich schädigen würde oder mit unverhältnismäßigen Aufwendungen verbunden wäre oder soweit die staatlichen oder berufsgenossenschaftlichen Arbeiterschutzvorschriften ihnen entgegenstehen.

§ 11. Soweit die Verpflichtungen aus diesem Gesetze nicht durch freie Entschließung der Arbeitgeber erfüllt werden, liegt die Sorge um die Einstellung und Beschäftigung der Schwerbeschädigten den Hauptfürsorgestellen der Kriegsbeschädigten- und Kriegshinterbliebenenfürsorge ob. Die Durchführung des Gesetzes geschieht im Einvernehmen mit den berufenen Vertretungen der Arbeitgeber und Arbeitnehmer, mit den Organen der Gewerbe- oder Bergaufsicht und den Arbeitsnachweisen. Soweit es sich um Körperschaften, Stiftungen oder Anstalten des öffentlichen Rechtes handelt, liegt die Durchführung des Gesetzes den Trägern der Dienstaufsicht im Benehmen mit den Hauptfürsorgestellen ob. Gegen die Entscheidung des Trägers der Dienstaufsicht kann die Hauptfürsorgestelle, wenn es sich um eine Dienststelle des Reichs handelt, die Entscheidung der obersten Reichsbehörde, wenn es sich um eine andere Körperschaft, Stiftung oder Anstalt des öffentlichen Rechtes handelt, die Entscheidung der obersten Landesbehörde anrufen.

Die Durchführung des Gesetzes hat so zu erfolgen, daß die Schwerbeschädigten tunlichst ihrem alten Beruf erhalten werden und daß eine unverhältnismäßig starke Belastung einzelner Berufsgruppen oder einzelner Arbeitgeber vermieden wird.

§ 12. In allen Betrieben, in denen nach dem Gesetz eine Vertretung der Arbeitnehmer zu errichten ist, hat sie sich um die Durchführung dieses Gesetzes zu bemühen.

Sofern in einem Betriebe wenigstens fünf schwerbeschädigte Arbeitnehmer nicht nur vorübergehend beschäftigt sind, haben sie für diese Aufgabe auf die Dauer eines Jahres einen Vertrauensmann zu bestellen, der tunlichst ein Schwerbeschädigter sein soll. Der Arbeitgeber hat einen Beauftragten zu bestellen, der mit dem Vertrauensmanne der Arbeitnehmer im Interesse der Schwerbeschädigten zusammenzuwirken hat. Beide Personen sind von dem Arbeitgeber der Hauptfürsorgestelle zu benennen. Sie dienen ihr als Vertrauensleute für diesen Betrieb.

Der Vertrauensmann verwaltet sein Amt unentgeltlich als Ehrenamt. Notwendige Versäumnis von Arbeitszeit darf eine Minderung der Entlohnung oder Gehaltszahlung nicht zur Folge haben. Vertragsbestimmungen, die dieser Vorschrift zuwiderlaufen, sind nichtig.

Die durch die Geschäftsführung des Vertrauensmanns entstehenden notwendigen Kosten trägt der Arbeitgeber. Sofern mit dem Arbeitgeber nichts anderes vereinbart ist, stehen die Räume und Geschäftsbedürfnisse, die der Arbeitgeber der Betriebsvertretung für ihre Sitzungen, Sprechstunden und laufende Geschäftsführung zur Verfügung gestellt hat, auch dem Vertrauensmanne der Schwerbeschädigten für die gleichen Zwecke zur Verfügung.

Das Amt des Vertrauensmanns erlischt, wenn er es niederlegt, aus dem Arbeitsverhältnis ausscheidet oder die bürgerlichen Ehrenrechte oder die Fähigkeit, öffentliche Ämter zu bekleiden, verliert.

Auf Antrag des Arbeitgebers oder von mindestens einem Viertel der schwerbeschädigten Arbeitnehmer des Betriebs kann der Schwerbeschädigtenausschuß (§ 22) das Erlöschen des Amtes eines Vertrauensmanns wegen gröblicher Verletzung seiner gesetzlichen Pflichten beschließen.

§ 13. Einem Schwerbeschädigten kann nur mit Zustimmung der Hauptfürsorgestelle gekündigt werden. Die Hauptfürsorgestelle hat ihre Zustimmung zu erteilen, wenn dem Schwerbeschädigten ein anderer angemessener Arbeitsplatz gesichert ist. Die Kündigungsfrist beträgt mindestens vier Wochen. Die Zustimmung ist bei der Hauptfürsorgestelle schriftlich zu beantragen; die Kündigungsfrist läuft erst von dem Tage der Absendung des Antrags. Wird der Hauptfürsorgestelle der Antrag zugestellt, so gilt mit Ablauf des 14. Tages nach der Zustellung die Zustimmung als erteilt, falls sie nicht vorher verweigert wird. Die Zustellung wird durch eine Empfangsbescheinigung der Hauptfürsorgestelle ersetzt.

Die gesetzlichen Bestimmungen über die fristlose Kündigung werden nicht berührt. Wenn es sich um eine Krankheit handelt, die eine Folge der Kriegsbeschädigung ist, muß die Zustimmung der Hauptfürsorgestelle eingeholt werden.

Schwerbeschädigte, denen lediglich aus Anlaß eines Streikes oder einer Aussperrung fristlos gekündigt worden ist, sind nach Beendigung des Streikes oder der Aussperrung wieder einzustellen.

Die vorstehenden Bestimmungen gelten nicht für Schwerbeschädigte, die sich auf Arbeitsplätzen im Sinne von § 12 Absatz 2 des Betriebsrätegesetzes vom 4. Februar 1920 (RGBl. S. 147) befinden.

Das Freiwerden eines durch einen Schwerbeschädigten besetzten Arbeitsplatzes ist der Hauptfürsorgestelle unverzüglich anzuzeigen, soweit nicht nach Abs. 1 ihre Zustimmung zur Kündigung erforderlich ist.

Auf Reichs- und Landesbeamte finden die Vorschriften keine Anwendung.

§ 14. Die Zustimmung der Hauptfürsorgestelle soll nicht versagt werden, wenn der Arbeitgeber, der seine Einstellungspflicht nach Mindestzahl und Art (§§ 4, 5 und 6) erfüllt hat, auf den freiwerdenden Arbeitsplatz im Einvernehmen mit der Hauptfürsorgestelle einen anderen Schwerbeschädigten einstellt, der in ähnlichem Umfange wie der bisherige erwerbsbeschränkt ist. Diese Vorschrift findet keine Anwendung, wenn der zu Entlassende ein Vertrauensmann der Schwerbeschädigten (§ 12) ist.

§ 15. Die Zustimmung darf nicht versagt werden bei Betrieben des Reichs, der Länder und anderer Körperschaften, Stiftungen und Anstalten des öffentlichen Rechtes, die aufgelöst oder nicht nur vorübergehend wesentlich eingeschränkt werden müssen, wenn zwischen dem Tage der Kündigung und dem Tage, bis zu dem Gehalt oder Lohn weitergezahlt wird, mindestens drei Monate liegen und wenn die Zahl der im beschränkten Betriebe verbleibenden Schwerbeschädigten noch mindestens 5 v. H. der Gesamtzahl der darin Weiterbeschäftigten beträgt.

Diese Bestimmungen finden entsprechende Anwendung auf Gesellschaften, die zur Erfüllung von Aufgaben der Kriegs- oder Übergangswirtschaft gebildet worden sind (Reichsorganisationen, Kriegsgesellschaften u. dgl.) und der Aufsicht des Reichs, eines Landes oder einer anderen Körperschaft, Stiftung oder Anstalt des öffentlichen Rechtes unterstehen.

Ob eine Auflösung oder eine wesentliche Einschränkung eines Betriebs vorliegt, entscheidet, soweit sich dies nicht aus den Haushaltsgesetzen ergibt, in Zweifelsfällen endgültig bei Einrichtungen des Reichs die zuständige oberste Reichsbehörde, sonst die oberste Landesbehörde.

§ 16. Die Zustimmung darf nicht versagt werden, wenn der Betrieb eines privaten Arbeitgebers nicht nur vorübergehend vollständig eingestellt oder wesentlich eingeschränkt wird und zwischen dem Tage der Kündigung und dem Tage, bis zu dem Gehalt oder Lohn weitergezahlt wird, mindestens drei Monate liegen.

Den Betrieben stehen selbständige Betriebsabteilungen gleich.

§ 17. Die Zustimmung der Hauptfürsorgestelle ist nicht erforderlich, wenn ein Schwerbeschädigter von einem Arbeitgeber, der seine Einstellungspflicht nach Mindestzahl und Art (§§ 4, 5 und 6) erfüllt hat, ausdrücklich nur zur vorübergehenden Aushilfe, für einen vorübergehenden Zweck oder versuchsweise angenommen wird, es sei denn, daß das Arbeitsverhältnis über drei Monate hinaus fortgesetzt wird. Eine derartige Einstellung ist der Hauptfürsorgestelle unverzüglich anzuzeigen.

§ 18. Ein privater Arbeitgeber, der vorsätzlich oder in grober Fahrlässigkeit gegen die Vorschriften dieses Gesetzes verstößt, ist von dem Arbeitsgericht auf Antrag der Hauptfürsorgestelle für jeden einzelnen Fall des Verstoßes mit einer Buße bis 10000 Mark, im Wiederholungsfalle 100000 Mark zu belegen.

Eine Buße kann nicht festgesetzt werden, wenn der Arbeitgeber nachweist, daß er im Durchschnitt der letzten drei Monate vor dem Verstoße wenigstens 10 v. H. seiner Arbeitsplätze mit Schwerbeschädigten oder mit Personen, die ihnen im Sinne der §§ 3, 8 und 20 dieses Gesetzes gleichstehen, besetzt hat. Dabei ist in Betrieben, in denen regelmäßig zu gewissen Zeiten des Jahres ein vermehrtes Arbeitsbedürfnis eintritt, die höhere Zahl der Arbeitsplätze zugrunde zu legen.

§ 19. Wenn ein Schwerbeschädigter ohne berechtigten Grund einen Arbeitsplatz zurückweist oder verläßt, oder wenn er sonst durch sein Verhalten die Durchführung des Gesetzes schuldhaft vereitelt, kann der Schwerbeschädigtenausschuß der Hauptfürsorgestelle oder Fürsorgestelle (§ 22), in deren Bezirk er seinen Wohnsitz hat, beschließen, daß ihm die Vorteile dieses Gesetzes zeitweilig nicht zugute kommen. Der

Schwerbeschädigte muß vor der Entscheidung gehört werden. Der Beschluß kommt nur zustande, wenn ihm zwei Drittel des Ausschusses zustimmen. In dem Beschlusse muß die Frist bestimmt werden, für die er gilt. Sie läuft vom Tage des Beschlusses an und darf nicht mehr als drei Monate betragen. Der Beschluß ist dem Schwerbeschädigten mitzuteilen.

§ 20. Die Hauptfürsorgestelle ist ermächtigt, Kriegsbeschädigte, für die eine Rente noch nicht rechtskräftig festgesetzt ist, bis zur Festsetzung ihrer Rente den Schwerbeschädigten gleichzustellen, wenn bestimmt anzunehmen ist, daß ihre Erwerbsbeschränkung auf 50 v. H. oder mehr bemessen werden wird.

Schwerbeschädigte (§ 3), deren Rente bei erneuter Festsetzung auf weniger als 50 v. H. herabgesetzt wird, genießen noch für ein Jahr von der Rechtskraft der neuen Entscheidung den Schutz dieses Gesetzes.

§ 21. Gegen Anordnungen und Entscheidungen, die die Hauptfürsorgestelle auf Grund der Vorschriften dieses Gesetzes trifft, kann Beschwerde bei dem Schwerbeschädigtenausschuß (§ 22) erhoben werden; dieser entscheidet endgültig. Die Beschwerde hat mit Ausnahme des in § 7 vorgesehenen Falles keine aufschiebende Wirkung, es sei denn, daß der Schwerbeschädigtenausschuß es auf Antrag ausdrücklich anordnet.

Betrifft die Entscheidung der Hauptfürsorgestelle die Kündigung eines Schwerbeschädigten, der bei einer Behörde beschäftigt ist, so kann die Behörde und der Schwerbeschädigte Beschwerde bei der zuständigen obersten Reichsbehörde, wenn es sich um eine Dienststelle des Reichs handelt, im übrigen bei der obersten Landesbehörde erheben. Diese Stellen entscheiden endgültig. Die Beschwerde hat keine aufschiebende Wirkung.

§ 22. Bei jeder Hauptfürsorgestelle ist ein Schwerbeschädigtenausschuß zu bilden, der aus dem Leiter der Hauptfürsorgestelle oder seinem Vertreter als Vorsitzenden und acht Mitgliedern besteht. Von den Mitgliedern müssen zwei schwerkriegsbeschädigte Arbeitnehmer, ein Unfallbeschädigter oder anderer Erwerbsbeschränkter, zwei Arbeitgeber und je ein Vertreter der Gewerbe oder Bergaufsicht, der Berufsgenossenschaften und der öffentlichen Arbeitsnachweise sein, die ihre Tätigkeit im Bezirke der Hauptfürsorgestelle ausüben. Für jedes Mitglied ist ein Stellvertreter zu bestimmen.

Die Mitglieder aus dem Kreise der schwerkriegsbeschädigten Arbeitnehmer und der Arbeitgeber werden von der Hauptfürsorgestelle bestellt, und zwar die Schwerkriegsbeschädigten auf Vorschlag der Vertreter der Kriegsbeschädigten und Kriegshinterbliebenen, die Arbeitgeber auf Vorschlag ihrer Gruppenvertreter im Beirat. Den Vertreter der Gewerbe- oder Bergaufsicht ernennt die oberste Landesbehörde. Als Vertreter der Berufsgenossenschaften bestimmt das Reichsversicherungsamt eine Berufsgenossenschaft, als Vertreter der öffentlichen Arbeitsnachweise die oberste Landesbehörde ein Landesarbeitsamt. Die Vertreter der Unfallbeschädigten und anderen Erwerbsbeschränkten beruft die Hauptfürsorgestelle auf Grund von Vorschlagslisten, die von den im Bezirke der Hauptfürsorgestelle vertretenen Vereinigungen Unfallbeschädigter und anderer Erwerbsbeschränkter einzureichen sind; bestehen solche Vereinigungen nicht, so hat die Hauptfürsorgestelle vor der Berufung den Beirat zu hören. Die Wahl oder Ernennung gilt jeweils auf zwei Jahre.

Als Vereinigungen Unfallbeschädigter und anderer Erwerbsbeschränkter gelten auch Verbände, die sich nicht ausschließlich aus Unfallbeschädigten und anderen Erwerbsbeschränkten zusammensetzen, wenn sie vorwiegend die Interessen dieser Personen vertreten. Ob diese Voraussetzung gegeben ist, entscheidet die Hauptfürsorgestelle endgültig.

Die Hauptfürsorgestelle kann auch außerhalb ihres Sitzes besondere Schwerbeschädigtenausschüsse bei den Fürsorgestellen bilden und sie für einen bestimmten Bezirk mit allen oder einzelnen Aufgaben betrauen, die das Gesetz ihrem Schwerbeschädigtenausschusse zuweist. Auf die Bildung dieser Ausschüsse finden die Vorschriften der Abs. 1 bis 3 entsprechende Anwendung mit der Maßgabe, daß den Vertreter der öffentlichen Arbeitsnachweise das zuständige Landesarbeitsamt ernennt. Die Landesregierung kann sich die Zustimmung zu der Bildung derartiger Ausschüsse vorbehalten.

§ 23. Bei der Reichsarbeitsverwaltung wird ein Schwerbeschädigtenausschuß errichtet, der in grundsätzlichen Fragen entscheidet. Er besteht aus einem Vorsitzenden und zehn Mitgliedern, nämlich je zwei Vertretern der schwerkriegsbeschädigten Arbeitnehmer und der Arbeitgeber, zwei Vertretern der Hauptfürsorgestellen, einem Vertreter der Berufsgenossenschaften, einem Vertreter der Schwerunfallbeschädigten oder anderer Erwerbsbeschränkter und zwei Persönlichkeiten, welche die Befähigung zum Richteramt oder zum höheren Verwaltungsdienste besitzen. Für den Vorsitzenden und für jedes Mitglied ist wenigstens ein Stellvertreter zu bestellen.

Den Vorsitzenden und die Mitglieder mit der Befähigung zum Richteramt oder zum höheren Verwaltungsdienst ernennt der Reichsarbeitsminister; die Vertreter der Arbeitgeber werden vom Vorläufigen Reichswirtschaftsrate gewählt. Den Vertreter der Berufsgenossenschaften und den der Unfallbeschädigten und anderen Erwerbsbeschränkten bestimmt das Reichsversicherungsamt, den letzteren auf Vorschlag der nichtständigen Mitglieder des Reichsversicherungsamts, die Vertreter der Versicherten sind (§ 87 der Reichsversicherungsordnung). Die Vertreter der schwerkriegsbeschädigten Arbeitnehmer werden von den Vertretern der Kriegsbeschädigten und Kriegshinterbliebenen, die Vertreter der Hauptfürsorgestellen von ihren Gruppenvertretern im Reichsausschusse der Kriegsbeschädigten- und Kriegshinterbliebenenfürsorge gewählt. Die Wahl und Ernennung gelten jeweils auf zwei Jahre.

Der Schwerbeschädigtenausschuß der Hauptfürsorgestelle kann in grundsätzlichen Fragen jederzeit die Entscheidung des

Ausschusses bei der Reichsarbeitsverwaltung anrufen. Er muß sie unter Aussetzung seiner Entscheidung anrufen, wenn der Vorsitzende oder wenigstens drei Mitglieder des Ausschusses es verlangen. Die Entscheidung des Schwerbeschädigtenausschusses bei der Reichsarbeitsverwaltung ist für die Hauptfürsorgestelle bindend.

§ 24. Die Vorschriften des § 23 Abs. 3 finden auch auf das Verfahren bei Schwerbeschädigtenausschüssen, die außerhalb des Sitzes der Hauptfürsorgestelle errichtet sind (§ 22 Abs. 4), mit der Maßgabe Anwendung, daß an die Stelle des Schwerbeschädigtenausschusses bei der Reichsarbeitsverwaltung der Schwerbeschädigtenausschuß der Hauptfürsorgestelle tritt.

§ 25. Der Reichsarbeitsminister ist ermächtigt, mit Zustimmung des Reichsrats Bestimmungen zur Ausführung des Gesetzes zu erlassen.

§ 26. Solange Arbeitsgerichte noch nicht bestehen, treten an ihre Stelle in den Fällen des § 18 die Schöffengerichte. Auf das Verfahren vor den Schöffengerichten finden die Vorschriften der Strafprozeßordnung entsprechende Anwendung. Der Antrag der Hauptfürsorgestelle ist bei dem Amtsanwalte zu stellen. Die Buße kann durch schriftlichen Strafbefehl des Amtsrichters ohne vorgängige Verhandlung festgesetzt werden, wenn der Anwalt schriftlich darauf anträgt.

§ 27. Die Landeszentralbehörden können die in diesem Gesetze den Hauptfürsorgestellen und Fürsorgestellen übertragenen Aufgaben auch anderen Behörden übertragen unter der Voraussetzung, daß eine den Vorschriften dieses Gesetzes entsprechende Mitwirkung der Beteiligten gesichert ist.

b) Ausführungsverordnung zum Gesetz über die Beschäftigung Schwerbeschädigter vom 13. Februar 1924 (RGBl. I S. 73).

Auf Grund des Ermächtigungsgesetzes vom 8. Dezember 1923 (RGBl. I S. 1179) verordnet die Reichsregierung nach

Anhörung eines Ausschusses des Reichsrats und eines aus 15 Mitgliedern bestehenden Ausschusses des Reichstags zur Durchführung der §§ 4, 5 und 25 des Gesetzes über die Beschäftigung Schwerbeschädigter in der Fassung der Bekanntmachung vom 12. Januar 1923 (RGBl. I S. 57):

§ 1. Ein Arbeitgeber, der über 20 bis einschließlich 50 Arbeitsplätze verfügt, muß wenigstens einen Schwerbeschädigten, ein Arbeitgeber, der über mehr Arbeitsplätze verfügt, auf je 50 weitere Arbeitsplätze wenigstens einen weiteren Schwerbeschädigten beschäftigen. Ein Überschuß von 20 wird dabei vollen 50 gleichgerechnet.

Bei der Berechnung der Arbeitsplätze werden mehrere Betriebe, die ein Arbeitgeber im Bezirk der gleichen Hauptfürsorgestelle oder in den Bezirken benachbarter Hauptfürsorgestellen hat, zusammengerechnet. Das Nähere regeln hinsichtlich der Betriebe des Reichs der zuständige Reichsminister mit Zustimmung des Reichsarbeitsministers, hinsichtlich der Betriebe der Länder die Landesregierungen, hinsichtlich der Betriebe anderer Körperschaften sowie der Stiftungen und Anstalten des öffentlichen Rechtes die Aufsichtsbehörde im Benehmen mit der Hauptfürsorgestelle, hinsichtlich privater Betriebe die beteiligten Hauptfürsorgestellen. Bei Meinungsverschiedenheiten zwischen Hauptfürsorgestellen desselben Landes entscheidet die oberste Landesbehörde oder die von ihr bestimmte Stelle, bei Meinungsverschiedenheiten zwischen Hauptfürsorgestellen verschiedener Länder der Reichsarbeitsminister.

§ 2. Verfügt eine öffentlich-rechtliche Körperschaft über weniger als 20 Plätze, so kann auf Antrag der Hauptfürsorgestelle die Aufsichtsbehörde bestimmen, daß ein Arbeitsplatz für Schwerbeschädigte vorzubehalten ist, wenn dieser Platz sich für Schwerbeschädigte eignet und die Einstellung für den Arbeitgeber keine besondere Härte bedeutet.

Für private Arbeitgeber, die im Bezirk der Hauptfürsorgestelle nicht über mindestens 20 Arbeitsplätze, im Deutschen Reich aber über insgesamt 20 oder mehr Arbeitsplätze verfügen, kann die Hauptfürsorgestelle eine solche Anordnung treffen.

§ 3. Als Schwerbeschädigte gelten auch Personen, die von der Hauptfürsorgestelle vor dem 1. Januar 1923 den Schwerbeschädigten gleichgestellt worden sind, solange nicht die Hauptfürsorgestelle gemäß § 8 des Gesetzes die Gleichstellung widerruft.

§ 4. Die Hauptfürsorgestelle kann, wenn örtliche Bedürfnisse es erfordern, alle oder einzelne Fürsorgestellen ihres Bezirks ermächtigen, über die Erteilung der Zustimmung zu einer Kündigung gegenüber einem bei einem privaten Arbeitgeber beschäftigten Schwerbeschädigten (§§ 13, 14 und 16 des Gesetzes) zu entscheiden. Gegen diese Entscheidung kann sowohl der Arbeitgeber wie der Schwerbeschädigte die Entscheidung der Hauptfürsorgestelle anrufen.

§ 5. Bußen (§ 18 des Gesetzes) sind vom Gericht an die Hauptfürsorgestelle abzuführen, die sie für Zwecke der Schwerbeschädigtenfürsorge verwendet.

§ 6. Diese Verordnung tritt mit dem Tage ihrer Verkündung in Kraft. Gleichzeitig treten die Verordnung zur Ausführung der §§ 5 und 10 des Gesetzes über die Beschäftigung Schwerbeschädigter vom 21. April 1920 (RGBl. S. 591), die Verordnung zur Ausführung des Gesetzes über die Beschäftigung Schwerbeschädigter vom 17. Mai 1920 (RGBl. S. 978), die §§ 2 bis 5 der Verordnung über die Verlängerung der Kündigungsbeschränkung zugunsten Schwerbeschädigter vom 28. April 1921 (RGBl. S. 494) und die Verordnung über die Beschäftigung Schwerbeschädigter in privaten Betrieben vom 21. Juli 1921 (RGBl. S. 947) außer Kraft.

7. a) Verordnung über das Inkrafttreten des Reichsgesetzes für Jugendwohlfahrt vom 14. Februar 1924 (RGBl. I S. 110).

Artikel 2. Der Abschnitt V des Reichsgesetzes für Jugendwohlfahrt einschließlich des § 3 Nr. 8 wird mit Ausnahme des § 55 aufgehoben. Bis zum Erlaß anderer Bestimmungen gelten die Vorschriften im § 49 Abs. 1 und 2 als Vorschriften im Sinne des § 6 der Verordnung über die Fürsorgepflicht vom 13. Februar 1924.

b) Reichsgesetz für Jugendwohlfahrt vom 9. Juli 1922 (RGBl. S. 633).

Abschnitt V. Die öffentliche Unterstützung hilfsbedürftiger Minderjähriger.

§ 49. Abs. 1. Minderjährigen[1])[2]) ist im Falle der Hilfsbedürftigkeit[3]) der notwendige Lebensbedarf einschließlich der Erziehung und der Erwerbsbefähigung[4]) und die erforderliche Pflege in Krankheitsfällen zu gewähren; bei ihrem Ableben ist für ein angemessenes Begräbnis Sorge zu tragen.

Absatz 2. Bei Beurteilung der Notwendigkeit der Leistungen ist das Bedürfnis nach rechtzeitiger, dauernder und gründlicher Abhilfe gegen Störungen der körperlichen, geistigen und sittlichen Entwicklung der Minderjährigen zu berücksichtigen[5]).

[1]) Minderjährig ist jede Person bis zum vollendeten 21. Lebensjahr, es sei denn, daß ihr die Volljährigkeit bereits mit dem vollendeten 18 Lebensjahr durch Beschluß des Vormundschaftsgerichtes zugesprochen wird (BGB §§ 2, 3). Der Tag der Geburt ist nach BGB. § 187 Abs. 2 mitzurechnen.

[2]) Die Bestimmung gilt sowohl für deutsche (vgl. FV. § 7 Anm. 3) als auch für ausländische Minderjährige.

[3]) Vgl. FV. § 7 Anm. 1.

[4]) Erwerbsbefähigung ist nicht gleichbedeutend mit Berufsausbildung. Bei normalen Kindern wird der ordnungsmäßige Schulbesuch als Erwerbsbefähigung ausreichend sein.

[5]) Aus dieser Bestimmung ergibt sich, daß auch Aufwendungen zu erstatten sind, welche über das allernotwendigste Maß der Unterstützung hinausgehen, sofern sie nachweisbar zur rechtzeitigen, dauernden und gründlichen Abhilfe gegen

Störungen der körperlichen, sittlichen und geistigen Entwicklung des Minderjährigen notwendig schienen.

§ 55. Sofern zur Verhütung der Verwahrlosung eines hilfsbedürftigen Minderjährigen besondere Aufwendungen durch Entfernung des Minderjährigen aus seiner bisherigen Umgebung erforderlich sind, bewendet es bei den Vorschriften über die Fürsorgeerziehung Minderjähriger[1]).

[1]) Vgl. RJWG. Abschnitt VI.

8. Gesetz über Wochenfürsorge vom 9. Juni 1922 (RGBl. I S. 502) mit den Änderungen nach der Verordnung über Wochenfürsorge vom 18. August 1923 (RGBl. I S. 816) aufgehoben durch FV. § 32 c.

§ 1. Eine minderbemittelte Deutsche, die ihren gewöhnlichen Aufenthalt im Inland hat und für die nach den Vorschriften über die Reichsversicherung oder über die Kriegswochenhilfe kein Anspruch auf Wochenhilfe besteht, erhält aus den Mitteln des Reichs eine Wochenfürsorge.

§ 2. Sofern nicht Tatsachen die Annahme rechtfertigen, daß eine Beihilfe nicht benötigt wird, gilt eine Wöchnerin als minderbemittelt, wenn ihr und ihres Ehemanns steuerpflichtiges Gesamteinkommen oder, sofern sie alleinsteht, ihr eigenes steuerpflichtiges Einkommen im Steuerjahre 1921 den Jahresbetrag von 15000 Mark oder im Jahre vor der Entbindung den Betrag des Vierzigfachen der Reichsrichtzahl in Mark nicht überstiegen hat. Dieser Betrag erhöht sich für jedes schon vorhandene Kind unter fünfzehn Jahren um 1500 Mark, falls der Betrag von 15000 Mark zugrunde gelegt worden ist, und um das Zehnfache der Reichsrichtzahl, falls der Betrag des Vierzigfachen der Reichsrichtzahl zugrunde gelegt worden ist.

§ 3. Als Wochenfürsorge wird gewährt

1. ärztliche Behandlung, falls solche bei der Entbindung oder bei Schwangerschaftsbeschwerden erforderlich wird,

2. ein einmaliger Beitrag zu den sonstigen Kosten der Entbindung und bei Schwangerschaftsbeschwerden in Höhe des Sechsfachen der Reichsrichtzahl; findet eine Entbindung nicht statt, so ist als Beitrag zu den Kosten bei Schwangerschaftsbeschwerden das Einundeinhalbfache der Reichsrichtzahl zu zahlen,
3. ein Wochengeld in Höhe von einem Zehntel der Reichsrichtzahl täglich für zehn Wochen, von denen mindestens sechs in die Zeit nach der Niederkunft fallen müssen. Das Wochengeld für die ersten vier Wochen ist spätestens mit dem Tage der Entbindung fällig; die Wochen nach der Niederkunft müssen zusammenhängen,
4. solange die Wöchnerin das Kind stillt, ein Stillgeld in Höhe von drei Zwanzigsteln der Reichsrichtzahl täglich bis zum Ablauf der zwölften Woche nach der Niederkunft.

Stirbt die Wöchnerin bei der Entbindung oder während der Zeit der Unterstützungsberechtigung, so werden die noch verbleibenden Beträge an Wochen- und Stillgeld bis zum Ende der Bezugszeit an denjenigen gezahlt, der für den Unterhalt des Kindes sorgt.

Für den gesamten Versicherungsfall ist die am Ende der Woche der Niederkunft veröffentlichte Reichsrichtzahl maßgebend. Dabei ist diese Reichsrichtzahl auf volle Tausend abzurunden.

§ 4. Wo nach Landesgesetz eine öffentlich-rechtliche Körperschaft den Hebammen die Gebühren auszahlt oder ein bestimmtes Mindesteinkommen gewährleistet, kann zugleich angeordnet werden, daß ein Teil des einmaligen Beitrags nach § 3 Abs. 1 Nr. 2 bis zur Höhe von 360 v. H. der Reichsrichtzahl an die Körperschaft statt an die Wöchnerin zu zahlen ist. Diese Gebühr muß der Wöchnerin auf die Gebühr angerechnet werden, die sie selbst für die Hebammenhilfe zu zahlen hat.

§ 5. Der Antrag auf Wochenfürsorge ist bei dem Versicherungsamte zu stellen. Dieses nimmt die nach den §§ 1, 2 erforderlichen Feststellungen vor. Die Auszahlung geschieht auf Anweisung des Versicherungsamts durch die Allgemeine Ortskrankenkasse, in deren Bezirk der gewöhnliche Aufenthaltsort der Wöchnerin liegt, und, wo eine solche Kasse nicht besteht, durch die Landkrankenkasse.

§ 6. Gewährt eine Krankenkasse ihren Mitgliedern nach § 195c der Reichsversicherungsordnung bei der Entbindung und bei Schwangerschaftsbeschwerden freie Hebammenhilfe und freie Arznei, so gilt diese Bestimmung auch für die Wöchnerinnen, denen die Krankenkasse Wochenfürsorge leistet; in diesem Falle ermäßigt sich die bare Beihilfe an die Wöchnerin nach § 3 Abs. 1 Nr. 2 auf einen Betrag von 240 v. H. der Reichsrichtzahl; findet keine Entbindung statt, so ist kein Beitrag zu zahlen.

§ 7. Weigern sich die Ärzte der Krankenkasse, die Behandlung bei der Entbindung oder bei Schwangerschaftsbeschwerden zu den für die Mitglieder oder Familienangehörigen der Kasse geltenden Bedingungen zu übernehmen oder sich im Streitfall dem Spruche eines unter Mitwirkung von Unparteiischen zu gleichen Teilen mit Vertretern der Ärzte und der Krankenkassen besetzten Schiedsamts oder Schiedsgerichts zu unterwerfen, so ermächtigt das Oberversicherungsamt die Krankenkasse auf Antrag, für die Wöchnerin statt dieser Sachleistung einen baren Betrag bis zum Einundeinhalbfachen der im § 3 Abs. 1 Nr. 2 genannten Beträge zu gewähren. Der Reichsarbeitsminister kann diese Beträge im Einvernehmen mit dem Reichsminister der Finanzen allgemein anderweit festsetzen.

§ 8. Die Leistungen der Kasse werden ihr durch das Reich erstattet. Dabei gilt als Wert der Sachleistung nach § 6 ein Betrag von 360 v. H. der Reichsrichtzahl. Die Kosten der Sachleistung nach § 3 Abs. 1 Nr. 1 sind der Kasse in der ihr nachweislich entstandenen Höhe zu ersetzen. Der

Reichsarbeitsminister kann darüber nähere Bestimmung erlassen, auch im Einvernehmen mit dem Reichsminister der Finanzen einen Pauschbetrag für diese Ersatzleistung festsetzen.

§ 9. Die Kasse hat die verauslagten Beträge dem Versicherungsamte nachzuweisen, dieses hat das Recht der Beanstandung, das Oberversicherungsamt entscheidet darüber endgültig.

Das Nähere über die Nachweisung, Verrechnung und Zahlung bestimmt der Reichsarbeitsminister.

Die Kasse kann beantragen, daß ihr vom Reiche auf die ihm zur Last fallenden Leistungen ein Vorschuß bis zu dem Betrage gewährt wird, den die Kasse im voraufgegangenen Monat für das Reich verauslagt hat Der Vorschuß ist bei der nächsten Verrechnung der geleisteten Zahlungen auszugleichen.

§ 10. Gegen die Entscheidung des Versicherungsamts im Falle des § 5 ist binnen einem Monat die Beschwerde an das Oberversicherungsamt (Beschlußkammer) zulässig; es entscheidet endgültig.

Für die Leistungen und den Anspruch darauf gelten die §§ 118, 119, 210, 216, 217, 223, 224, 1531 bis 1533, 1538 bis 1540 der Reichsversicherungsordnung entsprechend.

Die Steuerbehörden haben den Kassen und den Versicherungsbehörden auf Anfordern Auskünfte über die Verhältnisse der Wöchnerin oder ihres Ehemanns zu geben.

§ 11. Diese Vorschriften treten mit dem Tage der Verkündung in Kraft. Von diesem Tage ab treten die Vorschriften der Gesetze vom 26 September 1919, vom 30. April 1920, vom 29. Juli 1921 und vom 28. Dezember 1921 (RGBl. 1919 S. 1757, 1920 S. 1069, 1921 S. 1189 und 1922 S. 7) außer Kraft, soweit sie die Wochenfürsorge betreffen.

Wöchnerinnen, die erst nach den vorstehenden Vorschriften als minderbemittelt zu gelten haben, aber vor dem Tage des Inkrafttretens dieser Vorschriften entbunden worden sind, erhalten von diesem Tage ab das Wochen- und Stillgeld für den Rest der Bezugszeit. Für Entbindungsfälle, die vor dem im Abs 1 genannten Tage eingetreten sind, ist das Wochen- und Stillgeld für den Rest der Bezugszeit in dem nach diesem Gesetz erhöhten Betrag zu zahlen.

Der § 3 Abs. 2 des Gesetzes über Wochenhilfe und Wochenfürsorge vom 20. April 1922 (RGBl. I S. 463) erhält mit Wirkung vom Inkrafttreten des genannten Gesetzes ab folgenden Zusatz:

Das gleiche gilt sinngemäß für Entscheidungen des Versicherungsamts nach § 18 des Gesetzes, betreffend Wochenhilfe und Wochenfürsorge, vom 29. Juli 1921 (RGBl. S. 1189).

9. Verordnung über die Auflösung der Flüchtlingslager vom 17. Dezember 1923 (RGBl. I S. 1202).

Auf Grund des Ermächtigungsgesetzes vom 8. Dezember 1923 (RGBl. I S. 1179) verordnet die Reichsregierung nach Anhörung eines Ausschusses des Reichsrats und des Reichstags:

§ 1. Die Länder sind verpflichtet, die in den Flüchtlingslagern befindlichen Flüchtlinge nach Maßgabe eines von dem Reichsrat aufzustellenden Verteilungsplans bis zum 1. März 1924 zu übernehmen.

§ 2. Die Verteilung und Zuweisung der von den Ländern übernommenen Flüchtlinge an die Gemeinden erfolgt durch die von der obersten Landesbehörde bestimmte Stelle.

§ 3. Die Gemeinden sind verpflichtet, die ihnen zugewiesenen Flüchtlinge bei der Unterbringung der Wohnungsuchenden vorzugsweise zu berücksichtigen. Die Zeit des Lageraufenthalts ist dabei als Wartezeit anzurechnen.

§ 4. Die Gemeinden haben bis zur endgültigen Unterbringung der Flüchtlinge für ihre und ihrer Habe vorläufige Unterbringung zu sorgen und alle hierfür erforderlichen Vorkehrungen zu treffen.

§ 5. Die Gemeinden sind berechtigt, zur vorläufigen Unterbringung der Flüchtlinge Räume jeder Art, soweit sie sich zu Wohnzwecken eignen, in Anspruch zu nehmen. Dies gilt nicht für Neubauten oder durch Um- oder Einbauten neugeschaffene Räume, die nach dem 1. Juli 1918 bezugsfertig geworden sind oder künftig bezugsfertig werden. Die Vorschriften des § 7 des Wohnungsmangelgesetzes vom 26. Juli 1923 (RGBl. I S. 754) finden entsprechende Anwendung.

§ 6. Die Inanspruchnahme der Räume kann mit polizeilichem Zwange durchgeführt werden.

§ 7. Durch die Inanspruchnahme der Räume kommt ein Mietvertrag nicht zustande.

§ 8. Die Gemeinden sind berechtigt, von dem durch die Inanspruchnahme der Räume Betroffenen die zur wohnlichen Unterbringung der Flüchtlinge unbedingt erforderlichen, für ihn selbst entbehrlichen Einrichtungsgegenstände anzufordern.

§ 9. Die Inanspruchnahme von Räumen und Einrichtungsgegenständen hat für eine bestimmte, den Beteiligten bei der Inanspruchnahme schriftlich bekanntzugebende Zeit zu erfolgen. Erweist sich die Frist als zu kurz, so ist die von der obersten Landesbehörde zu bestimmende Stelle berechtigt, sie zu verlängern. Die Inanspruchnahme kann durch diese Stelle jederzeit wieder aufgehoben werden.

§ 10. Für die Hergabe von Räumen und Einrichtungsgegenständen hat der Flüchtling dem durch die Inanspruchnahme Betroffenen eine den allgemeinen wirtschaftlichen Verhältnissen angemessene Vergütung zu gewähren. Kommt eine Einigung über die Höhe der Vergütung nicht zustande, so setzt auf Antrag die Gemeindebehörde oder eine von der obersten Landesbehörde zu bestimmende Stelle die Vergütung fest.

Die Gemeinde oder diese Stelle kann allgemeine Sätze für die Vergütung festsetzen.

Die oberste Landesbehörde oder die von ihr bestimmte Stelle kann die nach Abs. 1 oder 2 festgesetze Vergütung nachprüfen und anderweit festsetzen. Das Verfahren regelt die oberste Landesbehörde.

§ 11. Die Unterstützung der Flüchtlinge am Unterbringungsorte richtet sich nach den allgemeinen Bestimmungen. Die Bekanntmachung, betreffend Einwirkungen der Flüchtlingsfürsorge auf das Armenrecht, vom 16. Mai 1918 (RGBl. S. 409) tritt insoweit außer Kraft.

Erwerbsfähigen Flüchtlingen ist am Unterbringungsort Erwerbslosenfürsorge zu gewähren, auch wenn dieser Ort nach den Vorschriften der Verordnung über Erwerbslosenfürsorge vom 1. November 1921 (RGBl. S. 1337) nicht zuständig ist, sofern im übrigen die Voraussetzungen für die Gewährung dieser Fürsorge vorliegen.

§ 12. Die oberste Landesbehörde kann die den Gemeindebehörden erteilten Befugnisse auch anderen Stellen übertragen.

§ 13. Gegen die Inanspruchnahme von Räumen oder die Anforderung von Einrichtungsgegenständen ist die Beschwerde zulässig. Diese hat keine aufschiebende Wirkung. Das Verfahren regelt die oberste Landesbehörde.

§ 14. Die Pflicht zur Übernahme neu eintreffender, innerhalb eines Monats nach dem Grenzübertritte hilfsbedürftig werdender Personen, die nach Maßgabe des § 14 des Wohnungsmangelgesetzes vom 26. Juli 1923 als Vertriebene gelten, richtet sich nach folgenden Bestimmungen:

a) Deutsche und staatlose ehemalige Deutsche sind von dem Lande zu übernehmen, dessen Staatsangehörigkeit sie besitzen oder besessen haben,

b) staatlose Personen deutscher Abkunft von dem Lande, dem ihre letzten nachweisbaren deutschen Vorfahren angehört haben.

Sofern nicht ein anderes bewiesen wird, gilt ein im Reichsgebiete wohnhaft gewesener Vorfahre als

Angehöriger des Landes, innerhalb dessen der letzte nachweisbare inländische Wohnsitz gelegen ist.

c) Für unmittelbare Reichsangehörige, staatlose ehemalige unmittelbare Reichsangehörige und staatlose ehemalige Elsaß-Lothringer bestimmt der Reichsminister des Innern das zur Übernahme verpflichtete Land.

Das gleiche gilt, wenn sich bei Vertriebenen, die nach vorläufiger Prüfung ihrer persönlichen Verhältnisse beim Übertritt in das Reichsgebiet als Deutsche, als ehemalige Deutsche oder als Personen deutscher Abkunft angesehen worden sind, die Reichsangehörigkeit, die ehemalige Reichsangehörigkeit oder die Abstammung von einem Deutschen nachträglich nicht erweisen läßt.

d) Die Pflicht zur Übernahme staatloser ehemaliger Deutscher erstreckt sich auf Ehefrauen und minderjährige Kinder, auch soweit diese die Reichsangehörigkeit nicht besessen haben, die Pflicht zur Übernahme staatloser Personen deutscher Abkunft auf Ehefrauen nichtdeutscher Abkunft.

Das zur Übernahme verpflichtete Land hat auch die Kosten der **nach Maßgabe der Verordnung über die Fürsorgepflicht vom 13. Februar 1924 (RGBl. I S. 100)** gewährten vorläufigen Unterstützung zu erstatten mit der Maßgabe, daß es jedem Land überlassen bleibt, durch Anordnung der obersten Landesbehörde diese Verpflichtung auf seine **Fürsorgeverbände** zu übertragen.

Die Vorschriften der §§ 3 bis 13 finden entsprechende Anwendung.

§ 15. Die Ausführungsbestimmungen zu dieser Verordnung erläßt für den Geschäftsbereich der Reichsverwaltung der Reichsminister des Innern, für den Geschäftsbereich der Landesverwaltung die oberste Landesbehörde.

§ 16. Diese Verordnung tritt am Tage nach der Verkündung in Kraft.

10. Erlaß des Reichsarbeitsministers vom 25. März 1924 (VIII 3581/24) betr. Übersicht der bisherigen Bestimmungen über die Fürsorge für Kriegsbeschädigte, Kriegshinterbliebene, Sozial- und Kleinrentner.

I. Die von der Verordnung über die Fürsorgepflicht erfaßten Personen.

Die Frage, wer als Kriegsbeschädigter und Kriegshinterbliebener (§ 1a der Verordnung über die Fürsorgepflicht = FV.) anzusehen ist, bestimmt sich nach dem Reichsversorgungsgesetz vom 12. Mai 1920 in der Fassung vom 30. Juni 1923 (RGBl I S. 523). Ihnen stehen gleich die in den nachfolgend angeführten Gesetzen den Kriegsbeschädigten und Kriegshinterbliebenen hinsichtlich der Versorgung gleichgestellten Personengruppen:

a) im Altrentnergesetz vom 18. Juli 1921 in der Fassung vom 30. Juni 1923 (RGBl. I S. 542),
b) im Wehrmachtsversorgungsgesetz vom 4. August 1921 (RGBl. S 993),
c) im Kriegspersonenschädengesetz vom 15. Juli 1922 in der Fassung vom 30. Juni 1923 (RGBl. I S. 545),
d) in den verschiedenen Schutzpolizeigesetzen der Länder auf Grund des Reichsgesetzes vom 17. Juli 1922 (RGBl. I S 597).

Gleiche Fürsorge ist auch den nach dem Offizierspensionsgesetz vom 31. Mai 1906 (RGBl. S 565) versorgten Offizieren und ihren nach dem Militärhinterbliebenengesetz vom 17. Mai 1907 (RGBl. S. 214) versorgten Angehörigen zu gewähren, sofern die Offiziere im Kriege eine Dienstbeschädigung erlitten haben, gefallen oder an den Folgen einer im Kriege erlittenen Dienstbeschädigung verstorben sind.

Als Rentenempfänger der Invaliden- und Angestelltenversicherung (§ 1b FV.) kommen die Empfänger von Rentenleistungen aus der reichsgesetzlichen Invaliden- und Angestelltenversicherung in Betracht. Zu diesen gehören auch Personen, die auf Grund des Angestelltenversicherungsgesetzes aus Ersatz- oder Knappschaftskassen Leistungen der reichsgesetzlichen Angestelltenversicherung beziehen.

Ob die Leistungen der reichsgesetzlichen Invalidenversicherung von einer Landesversicherungsanstalt oder einer Sonderanstalt der Invalidenversicherung (§§ 1360ff. RVO) bezogen werden, ist ohne Belang.

Unter Kleinrentnern (§ 1c FV.) sind zu verstehen: bedürftige alte oder erwerbsunfähige Personen, die infolge eigener oder fremder Vorsorge ohne die Entwertung der Mark oder ohne sonstige Kriegsfolgen nicht auf die öffentliche Fürsorge angewiesen wären, sofern sie

a) durch Arbeit ihren Lebensunterhalt erworben haben oder
b) eine Tätigkeit in häuslicher Gemeinschaft ausgeübt haben, die üblicherweise ohne Entgelt erfolgt, aber im Falle der Einstellung fremder Kräfte vergütet werden müßte oder
c) eine wissenschaftliche, künstlerische oder gemeinnützige Tätigkeit ausgeübt haben, die ihre Arbeitskraft Jahre hindurch wesentlich in Anspruch genommen hat, oder
d) infolge geistiger oder körperlicher Gebrechen ihren Lebensunterhalt durch Arbeit nicht erwerben konnten.

Den Kleinrentnern gleichgestellt werden Personen, die ohne eigenes Verschulden sich eine solche Versorgung noch nicht gesichert haben, wenn sie durch jahrelange Arbeit eine wirtschaftliche Stellung errungen hatten, in der ihnen dies ohne die Geldentwertung oder sonstige Kriegsfolgen möglich gewesen wäre.

Endlich werden den Kleinrentnern auch Witwen gleichgestellt, die eine Rente aus der Invalidenversicherung nicht beziehen, und von der Sozialrentnerfürsorge nicht erfaßt werden, weil ihre gegen Invalidität versicherten Ehemänner vor dem 1. Januar 1912 Invalide geworden oder verstorben sind (Art. 71 des EG. z. RVO.), sofern sie bis zum Eintritt der Geldentwertung in der Lage waren, ihren eigenen Lebensunterhalt und den ihrer Familie im wesentlichen zu bestreiten.

Zu den Schwerbeschädigten und Schwererwerbsbeschränkten (§ 1 d FV.) rechnen die Personen, von denen das Gesetz über die Beschäftigung Schwerbeschädigter in der Fassung vom 12. Januar 1923 (RGBl. I S 57) handelt.

Die Fürsorge für hilfsbedürftige Minderjährige (§ 1 e FV.) erstreckt sich auf alle Hilfsbedürftigen bis zum vollendeten 21. Lebensjahre bzw. bis zur Volljährigkeitserklärung, ohne Rücksicht auf ihren Familienstand und ohne Rücksicht darauf, ob sie bei den Eltern oder einem Elternteil leben oder nicht.

Die Wochenfürsorge (§ 1 f FV.) umfaßt die Fürsorge für hilfsbedürftige Wöchnerinnen, die nicht bereits auf Grund der RVO. einen Anspruch auf Wochen- oder Familienhilfe haben.

Hilfsbedürftige endlich, die nicht zu einer der vorgenannten Personengruppen gehören, und denen auch nicht auf Grund anderer reichs- oder landesgesetzlicher Vorschriften, z. B. als Erwerbslosen oder Kurzarbeitern Fürsorge zuteil wird, werden unter dem Gesichtspunkte der Armenfürsorge betreut.

II. Besondere Bestimmungen über die soziale Kriegsbeschädigten- und Kriegshinterbliebenenfürsorge.

1. Die soziale Fürsorge hat zum Ziel, bei den Kriegsbeschädigten: sie soweit es erreichbar ist, wieder erwerbsfähig zu machen und in das Wirtschaftsleben zurückzuführen, bei den Hinterbliebenen: den Witwen die Fortführung ihres Hausstandes sowie die Erziehung und Ausbildung ihrer Kinder tunlichst aus eigenen Kräften zu ermöglichen und den Waisen die Erlangung einer ihren Fähigkeiten angemessenen Lebensstellung zu erleichtern.

2. Die Kriegsbeschädigtenfürsorge umfaßt, entsprechend dem Ziel der Zurück- oder Einführung des Kriegsbeschädigten in das wirtschaftliche Leben, vornehmlich Berufs-

beratung, Berufsausbildung, Arbeitsvermittlung und Arbeitsbeschaffung, Mitwirkung bei Ansiedlung und Selbständigmachung, sowie Heilfürsorge.

3. Die Fürsorge für den Kriegsbeschädigten umfaßt auch diejenigen Familienmitglieder, deren Ernährer er gewesen ist oder ohne Eintritt der Dienstbeschädigung voraussichtlich später geworden wäre.

Die Familienfürsorge tritt nur ein, soweit weder der Kriegsbeschädigte wegen seiner Kriegsbeschädigung noch seine Familie imstande ist, sich in einer angemessenen wirtschaftlichen Lage zu erhalten. Der Familie diese Selbsthilfe zu ermöglichen, soll ihr vornehmstes Bestreben sein. Die Voraussetzungen für das Eintreten der Familienfürsorge werden zunächst regelmäßig bei den dauernd hilflosen Kriegsbeschädigten gegeben sein. Die Durchführung gestaltet sich hier ähnlich wie bei der Hinterbliebenenfürsorge. Die Familienfürsorge soll aber ferner auch eingreifen, um die Familienmitglieder des Kriegsbeschädigten, der im eigenen Erwerbsleben der Hilfe der Familie nicht entbehren kann, durch Ausbildung in seinem Beruf zur Mitarbeit tauglich zu machen oder um Frau oder Kind zum Ernährer der Familie heranzubilden. Ist der Kriegsbeschädigte nur vorübergehend zur Erfüllung seiner Familienpflichten außerstande, z. B. während eines Heilverfahrens oder der Berufsausbildung, so kann der Familie durch Geldunterstützung geholfen werden.

4. Die Hinterbliebenenfürsorge muß in erster Linie bestrebt sein, Selbsthilfe und Selbständigkeit der Kriegshinterbliebenen zu fördern. Ihre Maßnahmen müssen darauf gerichtet sein, den Gesundheitszustand und die Arbeitsfähigkeit der Hinterbliebenen zu heben, ihnen geeignete Berufsberatung und Berufsausbildung zu vermitteln, drückende Schuldverpflichtungen möglichst zu beseitigen und geeigneten Witwen die Ansiedlung auf dem Lande zu ermöglichen. Übernahme von Erwerbsarbeit darf von einer an sich erwerbsfähigen Kriegerwitwe dann nicht verlangt werden,

wenn die Erfüllung der mütterlichen Pflichten dadurch gefährdet wird. Namentlich wenn mehrere erziehungsbedürftige Kinder vorhanden sind und die mütterliche Fürsorge nicht ersetzt werden kann, soll die Erwerbsarbeit der Witwe soweit eingeschränkt werden, daß die Erziehung nicht in Frage gestellt wird.

5. Weitere Aufgaben der Kriegsbeschädigten- und Kriegshinterbliebenenfürsorge sind:

a) Beratung und Vermittlung bei der Erwirkung der gesetzlichen Versorgungsgebührnisse und der sie ergänzenden Zuwendungen aus Reichsmitteln, der Versorgung auf Grund der Sozialversicherung sowie der Versorgung nach den Beamtengesetzen;

b) Beratung und Hilfeleistung in Fragen des Familien- und Erwerbslebens, insbesondere auf dem Gebiete der wirtschaftlichen Fürsorge, der Gesundheitsfürsorge und der Kindererziehung, Rechtsberatung;

c) Erleichterung der Beschaffung von Kleidung und Arbeitsgerät;

d) die Förderung allgemeiner Einrichtungen, die Kriegsbeschädigten und Kriegshinterbliebenen zugute kommen.

6. Für die Gesundheitsfürsorge für Kriegshinterbliebene und Familienangehörige Schwerbeschädigter gilt der nachstehende Auszug aus den Richtlinien zur Ausübung der Gesundheitsfürsorge für Kriegshinterbliebene und Familienangehörige Schwerbeschädigter.

Auszug aus den Richtlinien zur Ausübung der Gesundheitsfürsorge für Kriegsbeschädigte und Familienangehörige Schwerbeschädigter.

1. Ein wichtiges Betätigungsfeld der sozialen Fürsorge liegt in der Durchführung der Kindererholungsfürsorge. Bei den hohen Kosten, die die Unterbringung in Erholungsheimen, Ferienkolonien u. dgl. erfordert, werden die Fürsorgestellen diese Maßnahmen auf die Kinder be-

schränken müssen, bei denen nach ärztlichem Gutachten eine schwerere gesundheitliche Gefährdung vorliegt. Daneben werden, namentlich in Großstädten, auch andere billigere Formen der Erholungsfürsorge angewendet werden müssen, wie namentlich die Unterbringung bei Verwandten auf dem Lande, die Teilnahme an den für Schulkinder eingerichteten Ferienspielen sowie die Gewährung von Zuschüssen für eine bessere Ernährung, von Milch und Stärkungsmitteln.

2. Grundsatz für die Unterbringung von Kindern in Erholungsfürsorge muß sein, daß die Mütter, soweit sie dazu irgend in der Lage sind, einen im einzelnen Falle festgesetzten Zuschuß zu den Kosten leisten.

3. An der Verteilung von Auslandslebensmitteln für Kinder und Jugendliche (Milch, Quäkerspeisung usw.) sind die Kinder der Hinterbliebenen in ausreichendem Maße zu beteiligen.

4. In der Erholungsfürsorge für Witwen wird bei der Beschränktheit der Mittel und den hohen Verpflegungskosten die Unterbringung in Erholungsheimen im allgemeinen nicht durchgeführt werden können. Hier werden in der Regel nur die Möglichkeiten ausgenutzt werden können, die den Hinterbliebenen bei Verwandten und Bekannten auf dem Lande und in kleinen Städten zur Verfügung stehen.

5. Bedürftigen Hinterbliebenen, denen Krankenkassenleistungen weder auf Grund eigener Versicherung noch als Familienhilfe zuteil werden können, ist, wenn sie aus eigenen Mitteln die Kosten ärztlicher Hilfeleistung nicht bestreiten können, in anderer Weise Krankenhilfe sicherzustellen. Dies kann entweder durch Abkommen der Hauptfürsorgestellen und Fürsorgestellen mit Ärzten und Apothekervereinigungen oder durch Abkommen mit Krankenkassen geschehen (§ 23 des Reichsversorgungsgesetzes in der Fassung vom 30. Juni 1923). Voraussetzung für die Ge-

währung freier ärztlicher Behandlung ist in jedem Fall das Vorliegen von Bedürftigkeit; die Hinterbliebenen sind je nach ihrer Leistungsfähigkeit zu Zuschüssen heranzuziehen. Eilige Maßnahmen dürfen durch die Prüfung der Bedürftigkeit nicht aufgehalten werden; die Hinterbliebenen sind in diesen Fällen darauf hinzuweisen, daß die Entscheidung, ob und in welchem Umfange sie zu den Kosten herangezogen werden, später erfolgen wird.

Wird die Unterbringung einer Witwe im Krankenhause erforderlich, so haben die Fürsorgestellen dafür Sorge zu tragen, daß die Kinder ausreichend versorgt sind. Hier muß, wenn erwachsene Angehörige oder Verwandte die Versorgung des Haushalts nachgewiesenermaßen nicht übernehmen können, entweder ebenfalls die Hauspflege herangezogen oder Unterbringung der Kinder veranlaßt werden. Soweit in den Krankenhäusern eine soziale Krankenhausfürsorge geschaffen ist, sollten die Fürsorgestellen sich mit ihr in Verbindung setzen und durch ihre Vermittlung der erkrankten Mutter in regelmäßigen Zwischenräumen Berichte über das Ergehen der Kinder geben. Wo derartige Einrichtungen nicht bestehen, sollten die Fürsorgestellen nötigenfalls diese Aufgabe übernehmen.

7. Durch Abkommen mit Universitätskliniken und Krankenhäusern, wie sie in Baden mit dem Beobachtungskrankenhaus in Heidelberg, in Württemberg mit den Universitätskliniken in Tübingen getroffen worden sind, wird es in Städten mit guten klinischen Einrichtungen möglich sein, den nichtversicherten Hinterbliebenen für schwere Erkrankungen fachärztliche Beratung sicherzustellen.

8. Ein Heilverfahren (Badekur, Heilstättenbehandlung) kann nur dann eingeleitet und in Grenzen der für Kriegsbeschädigte gültigen Kurzeiten durchgeführt werden, wenn es auf Grund ärztlicher Zeugnisse für unbedingt nötig erachtet wird und mit größter Wahrscheinlichkeit Heilung oder eine ins Gewicht fallende Besserung der bestehenden

Beschwerden erwarten läßt. Dabei ist dafür Sorge zu tragen, daß die Unterbringung rasch erfolgt, damit eine Verschlechterung des Gesundheitszustandes verhütet wird. Je früher die Heilfürsorge einsetzt, um so günstiger sind die Aussichten für einen guten und schnellen Heilerfolg, und um so geringer werden infolgedessen die Kosten sein. Erfolgversprechende Kuren sind möglichst bis zur Erreichung des Heilerfolgs durchzuführen.

9. Bei der Unterbringung erkrankter Witwen ist vor allem dafür Sorge zu tragen, daß die Kranken den Kuraufenthalt möglichst ohne Sorge um ihre Familien genießen können. Es ist daher für geeignete Unterbringung oder Beaufsichtigung der Kinder, für die Sicherstellung der Haushaltsausgaben während der Abwesenheit der Mutter Sorge zu tragen. Hierauf wird bei der Heranziehung der Mutter zu den Kosten des Heilverfahrens Bedacht zu nehmen sein.

10. Bei versicherten Hinterbliebenen ist die Einleitung des Heilverfahrens zunächst bei den Trägern der Versicherung (Krankenkasse, Landesversicherungsanstalt, Reichsversicherungsanstalt für Angestellte) zu beantragen.

11. Nach Beendigung des Heilverfahrens ist dafür Sorge zu tragen, daß der erreichte Heilerfolg möglichst erhalten bleibt. Die Fürsorge wird auf diese Fälle besonders zu achten und den Wohn- und Ernährungsverhältnissen dieser Hinterbliebenen besondere Aufmerksamkeit zu schenken haben. Durch Zuschüsse zur Sicherstellung guter Pflege, zur Beschaffung von Milch und Stärkungsmitteln, nötigenfalls durch Beihilfen, die es den Hinterbliebenen ermöglichen, sich noch einige Zeit Schonung aufzuerlegen sowie durch Beratung in allen Fragen der Gesundheitspflege kann viel erreicht werden. Bei Lungenkranken ist unter allen Umständen dafür zu sorgen, daß der Kranke ein eigenes Bett erhält. Häufig verfügen die Fürsorgestellen für Lungenkranke über Mittel, aus denen Zuschüsse zur

Beschaffung von Betten gegeben werden können. Enge Zusammenarbeit mit den Wohnungsämtern ist auf dem Gebiet der Tuberkulosefürsorge unerläßlich.

12. Der Allgemeine Deutsche Bäderverband hat sich damit einverstanden erklärt, Kriegshinterbliebenen, die auf Veranlassung und auf Kosten der Fürsorgestellen ein Heilverfahren in Kurorten durchmachen, auf die Kurgebühren und die Preise der natürlichen Kurmittel einen Abschlag von 25 v. H. zu gewähren. Auf medizinische Bäder und Heilmittel, die mit besonderen Selbstkosten verknüpft sind, werden keine Abschläge gewährt.

7. Für die Erziehung und Ausbildung von Kriegerwaisen und Kindern Kriegsbeschädigter gilt der nachstehende Auszug aus den Richtlinien für die Erziehung und Ausbildung von Kriegerwaisen und Kindern Kriegsbeschädigter.

a) Bei der Unterbringung von Waisen in Familienpflege müssen die Familien mit besonderer Vorsicht ausgesucht werden, damit neben einer guten körperlichen Pflege auch eine günstige sittliche und geistige Einwirkung durch die Pflegeeltern sichergestellt ist. Für die Kinder erwerbstätiger Witwen ist zur Verhütung der Verwahrlosung auf Unterbringung in Kinderbewahranstalten, Kindergärten und Horten hinzuwirken und zu diesem Zweck mit den in Betracht kommenden öffentlichen und privaten Einrichtungen Fühlung zu nehmen.

Auf das Glaubensbekenntnis der Kinder ist bei der Unterbringung Rücksicht zu nehmen.

b) Bei der Wahl der Schulgattung sind folgende Gesichtspunkte zu beachten: Der natürliche Ausgangspunkt für die Beurteilung sind die Anlagen und Fähigkeiten der Kinder; dabei soll jedoch auch die soziale und wirtschaftliche Lage der Familie eine angemessene Berücksichtigung finden. Kinder mit geringerer Begabung sollen nicht in höheren Schulen belassen oder höheren Schulen und damit sog. höheren Berufen zugeführt werden. Die Gewährung von Beihilfen ist in allen Fällen abzulehnen, in denen nach Gutachten der Schule, gegebenenfalls auch des Arztes, ein Belassen in der höheren Schule nicht angebracht erscheint.

c) Soweit möglich, sind die Kinder einem gelernten Berufe zuzuführen. Die gelernte Arbeit wird nicht nur besser entlohnt, sie ist auch befriedigender und vermindert die Gefahr der Arbeitslosigkeit auch für Zeiten höheren Alters und schlechterer Wirtschaftslage. Zu bevorzugen ist für Knaben und Mädchen eine Ausbildung in handwerksmäßigen Berufen; Vorurteilen gegenüber diesen Berufen, denen man vielfach begegnet, wäre entgegenzutreten. Neben der ordnungsmäßigen Lehrzeit ist die weitere technische Ausbildung durch Besuch von Fach- und Gewerbeschulen zu fördern. In geeigneten Fällen ist darauf hinzuwirken, daß nach Zurücklegung der Lehrzeit solche weitere technische Ausbildung durchgeführt wird.

d) Für Mädchen kommen neben den handwerksmäßigen Berufen namentlich die hauswirtschaftlichen, erzieherischen und pflegerischen Berufe in Betracht. Bei der Ausbildung in hauswirtschaftlichen Berufen soll auf Ergänzung der praktischen Ausbildung durch fachschulmäßige hingewirkt werden. Soweit sich dies nicht ermöglichen läßt, kann eine Ausbildung in einer Dienststelle dann als Berufsausbildung angesehen werden, wenn die Auswahl der Dienststelle nach sorgfältiger Prüfung erfolgt und für die Überwachung während der Ausbildung Sorge getragen ist. Im übrigen ist bei allen Mädchen jede Ausbildung zu fördern, die sie für den Beruf der Hausfrau und Mutter tüchtig macht.

e) Es wird im allgemeinen nicht zu solchen Berufen geraten werden können, die Mittel erfordern, die auch bei einer sich in mäßigen Grenzen haltenden Zuschußleistung über die Kräfte der Familie hinausgehen, es sei denn, daß ein Kind für derartige Berufe (wissenschaftliche, künstlerische Berufe) besonders begabt ist und deshalb eine Bereitstellung der erforderlichen Mittel angebracht erscheint. Ist bei Kriegerwaisen ein Wunsch des Vaters über ihre Ausbildung und Berufswahl bekannt, so ist er, soweit es nach Lage der Verhältnisse angebracht ist, zu berücksichtigen. Die Fortführung des väterlichen Betriebes durch die Kinder ist besonders anzustreben.

f) In ländlichen Bezirken und kleineren Städten ist der Neigung entgegenzutreten, Berufe zu ergreifen, die einen dauernden Aufenthalt in der Großstadt erfordern; der Landflucht ist nach Möglichkeit entgegenzuwirken. Die Überführung geeigneter Stadtkinder in landwirtschaftliche Berufe ist namentlich auch aus gesundheitlichen Rücksichten anzustreben.

g) Es ist auch für die Überwachung der Berufsausbildung Sorge zu tragen.

h) Es ist auch Sorge zu tragen, für die Berufsberatung der Kinder, die in Waisenhäusern untergebracht sind.

8. Laufende Geldbeihilfen sollen im allgemeinen nur gewährt werden, soweit trotz Rentenversorgung die Mittel zum Lebensunterhalt auch bei angemessener Anspannung der eigenen wie der Leistungsfähigkeit der für den Unterhalt mit in Betracht kommenden Personen nicht beschafft werden können. Dabei werden sich die Fürsorgestellen auch die Vermittlung von Geldunterstützungen aus anderen, insbesondere auch aus privaten Mitteln angelegen sein lassen. Doppelunterstützungen sind zu vermeiden. In geeigneten Fällen, insbesondere wenn es sich wie bei Ansiedlung oder Selbständigmachung um größere Geldbeträge handelt, sollen die Unterstützungen in Form von Darlehen gewährt oder vermittelt werden. Bei Bedarf können Vorschüsse auf Renten gewährt werden (§ 68 RVG.).

9. Die Fürsorgestellen sollen nicht abwarten, bis Kriegsbeschädigte oder Kriegshinterbliebene sich an sie wenden;

vielmehr sollen sie auch ohne Antrag eingreifen, wo hierfür eine Notwendigkeit besteht.

10. Das Eingreifen der Fürsorge soll **nicht** von der **vorherigen Bewilligung der Versorgungsgebührnisse** abhängig gemacht werden; vielmehr gelten die Antragsteller **während des schwebenden Rentenverfahrens** als Kriegsbeschädigte oder Kriegshinterbliebene, sofern nicht die Zubilligung eines Versorgungsanspruchs von vornherein aussichtslos erscheint.

11. Wenn nach den vorstehenden Leitsätzen ein Eingreifen der Fürsorgestellen an sich nicht begründet ist, so sind gleichwohl in einzelnen besonders gearteten Fällen, in denen sich bei einer starren Auslegung der Leitsätze außerordentliche Härten ergeben würden, die Fürsorgestellen nicht behindert, den Fürsorgebedürftigen vorübergehend in geeigneter Weise zu helfen, falls nicht andere verpflichtete Stellen eintreten.

Es ist hier namentlich an solche Fälle zu denken, in denen mangels Vorliegens einer Dienstbeschädigung der Versorgungsanspruch nicht anerkannt werden konnte und infolgedessen auch ein Eingreifen der sozialen Fürsorge im allgemeinen abgelehnt werden muß. Hier können in einzelnen Grenzfällen durch die Ablehnung der sozialen Fürsorge so große Härten entstehen, daß den Fürsorgestellen die Möglichkeit des Eingreifens auch in diesen Fällen gegeben werden muß. Die Fürsorgestellen sollen namentlich dann eintreten können, wenn durch eine vorübergehende gewährte Maßnahme voraussichtlich die Wiedergewinnung wirtschaftlicher Selbständigkeit erreicht werden kann.

12. Kriegsbeschädigte und Kriegshinterbliebene, die sich der Fürsorgearbeit mutwillig entziehen oder ihr ohne triftige Gründe zuwiderhandeln, die namentlich ohne Grund Arbeit verweigern, und dadurch unterstützungsbedürftig werden, können von der besonderen Fürsorge ausgeschlossen werden.

III. Besondere Bestimmungen über die Sozial- und Kleinrentnerfürsorge.

1. Die Fürsorgeverbände sind verpflichtet, bedürftigen deutschen Rentenempfängern der Invaliden- und Angestelltenversicherung sowie deutschen Kleinrentnern Fürsorge zu gewähren. Die Fürsorge für österreichische oder Danziger Rentenempfänger der Invaliden- oder Angestelltenversicherung richtet sich nach den Verordnungen vom 4. Februar 1922 (RGBl. I S. 204) und vom 14. Dezember 1923 (RGBl I S 1199), die als Bestimmungen über die Voraussetzung der Fürsorge weiter gelten.

2. Ob Bedürftigkeit vorliegt, soll ohne Engherzigkeit entschieden werden. Die Einkommens- und Vermögensverhältnisse des Fürsorgeempfängers, die ihm von dritter Seite zufließenden Unterhaltsbeträge und die Möglichkeiten, die ihm verbliebene Arbeitskraft zu verwerten, sind angemessen zu berücksichtigen. Bedürftigkeit soll nicht deshalb verneint werden, weil der Fürsorgeempfänger von Dritten unterstützt wird, die ihm gegenüber keine rechtliche oder sittliche Verpflichtung dazu haben.

3. Die Fürsorge muß sich den Umständen des Einzelfalls anpassen und aus der Eigenart des Notstandes heraus die Mittel zur Abhilfe wählen: sie kann in Geld- oder Sachleistungen bestehen. Geldunterstützungen können als einmalige oder laufende gewährt werden.

Dauert der Notstand voraussichtlich länger, so sollen die Unterstützungsbeträge für eine angemessene Zeit im Voraus festgesetzt werden, vorbehaltlich jeweiliger Nachprüfung mit Rücksicht auf die Veränderung der maßgebenden Verhältnisse, namentlich auch der Kosten der Lebenshaltung.

Neben reinen Geldunterstützungen kommen insbesondere die Beschaffung verbilligten Lebensbedarfs und Zuschüsse für Wohnzwecke (unter Beachtung der allgemeinen Steigerung der Mieten) sowie Beihilfen zum Ankauf von Lebensmittelvorräten und Heizstoffen und zur Beschaffung von Kleidung in

Betracht. In besonderen Fällen können auch Darlehen gewährt werden. Bei Erkrankungen soll für eine verbilligte Beschaffung ärztlicher Hilfe und von Arzneien und Heilbehandlung Sorge getragen werden.

4. Die Fürsorge erstreckt sich auf die im gemeinschaftlichen Haushalt mit dem Fürsorgeberechtigten lebenden Angehörigen, welche ihm gegenüber unterhaltsberechtigt und erwerbsunfähig oder durch die Haushaltführung am Erwerbe gehindert sind.

5. Die Fürsorge kann auch in der Form der Unterstützung von Einrichtungen erfolgen, die unmittelbar der Sozial- oder Kleinrentnerfürsorge dienen. Hierfür kommen unter anderem in Betracht Einrichtungen zur Arbeitsbeschaffung sowie Heime und Anstalten, die bedürftige oder kranke Sozial- oder Kleinrentner aufnehmen und verpflegen.

Sonderbestimmungen für die Kleinrentnerfürsorge.

6. Die Anerkennung eines Hilfsbedürftigen als Kleinrentner setzt insbesondere voraus, daß er bedürftig und alt oder bedürftig und erwerbsunfähig ist, und daß sein Lebensunterhalt für den Fall des Alters oder der Erwerbsunfähigkeit durch eigene oder fremde Vorsorge derart gesichert war, daß er ohne die eingetretene Geldentwertung oder sonstige Kriegsfolgen auf die öffentliche Fürsorge nicht angewiesen wäre.

7. Als erwerbsunfähig ist ein Fürsorgeempfänger dann anzusehen, wenn er infolge körperlicher oder geistiger Gebrechen nicht nur vorübergehend außerstande ist, durch Arbeit einen wesentlichen Beitrag zu den Kosten seiner Lebensführung zu verdienen.

8. Eigene oder fremde Vorsorge ist nicht nur dann anzunehmen, wenn Rechtsansprüche des Rentenempfängers zum Zwecke seiner künftigen Versorgung begründet worden sind, sondern auch dann. wenn die künftige Versorgung auf Grund einer längeren tatsächlichen Versorgung als gesichert erscheinen konnte.

9. Bei der Gewährung laufender Unterstützungen ist gleichzeitig dafür zu sorgen, daß auch die Erträge des Vermögens zur Bestreitung des Lebensunterhalts in geeigneter Weise verwendet werden. Der Stamm des Vermögens darf bei Lebzeiten des Fürsorgeempfängers nur ausnahmsweise und nur insoweit in Anspruch genommen werden, als es dem Vermögen und Alter des Fürsorgeempfängers und seinen sonstigen Verhältnissen entspricht und die Heranziehung billigerweise verlangt werden kann. Dies trifft insbesondere dann zu, wenn die Freilassung besonders wertvoller, für die Lebensführung auch bei entgegenkommender Beurteilung entbehrlicher Gegenstände nicht zu vertreten ist (z. B. Luxusgegenstände, Schmuckstücke). Dagegen ist es durchaus billig, unter Berücksichtigung der Bildungs- und bisherigen Lebensverhältnisse des Fürsorgeempfängers Gegenstände, die zur Befriedigung geistiger Bedürfnisse, insbesondere wissenschaftlicher und künstlerischer Art dienen, sowie Familienstücke freizulassen.

Die Heranziehung des Vermögens für den laufenden Lebensunterhalt kann auch durch den Abschluß von Rentenverträgen erfolgen.

Das Verlangen nach Erstattung aus dem Nachlaß des Fürsorgeempfängers ist bei laufenden und sonstigen Unterstützungen, die nicht als größere außerordentliche Hilfsmaßnahmen (Ziffer 10) anzusehen sind, nur zulässig, wenn und insoweit das Vermögen über den jeweiligen vermögenssteuerfreien Betrag hinausgeht oder der Verzicht auf die Erstattung sich nach den gesamten Verhältnissen nicht rechtfertigen läßt.

10. Bei größeren außerordentlichen Hilfsmaßnahmen zugunsten des Fürsorgeempfängers, deren Kosten den Betrag der durchschnittlichen Fürsorgeleistungen eines zweimonatigen Zeitraumes übersteigen, ist regelmäßig Vorsorge zu treffen, daß das Vermögen mit herangezogen wird, und daß insbesondere eine Erstattung aus dem Nachlaß des Fürsorgeempfängers festgelegt wird. Sind geeignete Ver-

mögenswerte, die schon bei Lebzeiten des Fürsorgeempfängers herangezogen werden können, nicht vorhanden, so wird lediglich eine Festlegung der Erstattung aus dem Nachlaß vorzusehen sein.

11. Bei der Heranziehung des Vermögens oder des Nachlasses (Ziffer 9 und 10) sind die bei der Vermögenssteuer zugelassenen Ausnahmen bezüglich des Barvermögens, des Hausrats usw. zu berücksichtigen.

Bei der Heranziehung des Vermögens ist im Einzelfalle mit wirtschaftlicher Voraussicht zu verfahren. Kleine Vermögen sollen nicht aufgebraucht, vielmehr soll auf ihre Erhaltung im wirtschaftlich gerechtfertigten Umfange nach Möglichkeit hingewirkt werden. Andernfalls würde das Bestreben der Fürsorgeempfänger, durch äußerste Sparsamkeit für die Sicherung ihres Lebensbedarfs zu sorgen, ausgeschaltet werden.

Auf unterhaltsberechtigte Angehörige, die beim Tode des Fürsorgeempfängers selbst der öffentlichen Fürsorge anheimfallen würden, ist bei der Heranziehung des Vermögens oder des Nachlasses Rücksicht zu nehmen. Ebenso sind Geschwister und andere Personen zu berücksichtigen, mit denen der Fürsorgeempfänger in häuslicher Gemeinschaft lebt oder die ihn ohne Rechtspflicht oder über eine solche hinaus und ohne entsprechende Gegenleistung, wenn auch vielleicht in Erwartung einer Zuwendung von Todeswegen, unterstützen oder pflegen.

Hat der Fürsorgeempfänger Grundbesitz, so wird in der Regel die Erstattung aus dem Nachlaß festzulegen sein, es sei denn, daß es sich um kleine Hausgrundstücke handelt, die der Fürsorgeempfänger zusammen mit bedürftigen Angehörigen bewohnt, und die nach seinem Tode diesen Angehörigen weiter als Wohnung dienen sollen. Besitzt der Fürsorgeempfänger Aktien oder andere Wertpapiere, die zwar einen hohen Wert darstellen, aber keinen entsprechenden Ertrag abwerfen, so wird, falls dem Fürsorgeempfänger ein Verkauf nicht zugemutet werden kann, auch hier im allgemeinen eine Erstattung aus dem Nachlaß festzulegen sein.

Von der Erstattung kann überhaupt abgesehen werden, wenn sie eine offensichtliche Härte bedeutet, insbesondere wenn bedürftige Abkömmlinge und sonstige nach Abs 3 zu berücksichtigende Personen vorhanden sind; auch ist von der Festlegung der Erstattung abzusehen, wenn nicht ein einigermaßen entsprechender Nachlaß zu erhoffen ist.

Soweit Fürsorgeleistungen einem Fürsorgeverband erstattet werden, ist der Ertrag von ihm wieder für Zwecke der Kleinrentnerfürsorge zu verwenden.

12. In welcher Form die Erstattung festzulegen ist, bleibt dem verständigen Ermessen der Fürsorgestellen überlassen. Es kommen unter anderem in Betracht: Bestellung von Hypotheken, Verpfändung von Wertpapieren oder sonst geeigneten Gegenständen, Bürgschaften durch taugliche Bürgen. Die Erstattung soll in möglichst einfachen und wenig drückenden rechtlichen Formen festgelegt werden und zwar so, daß eine Schädigung des Fürsorgeempfängers tunlichst vermieden wird. Die Erstattung darf nicht in einem Umfange und in Formen verlangt werden, die weite Kreise der Fürsorgeberechtigten davon zurückhalten, die ihnen zukommende Fürsorge in Anspruch zu nehmen.

11. Reichsgesetz über den Unterstützungswohnsitz in der Fassung vom 30. Mai 1908 (RGBl. S. 381), §§ 37 bis 57, 58 Abs. 2.

§ 37. Streitigkeiten zwischen verschiedenen **Fürsorgeverbänden** über die öffentliche Unterstützung[1]) Hilfsbedürftiger werden, wenn die streitenden Teile einem und demselben Bundesstaat angehören, auf dem durch die Landesgesetze vorgeschriebenen Wege entschieden.

Gehören die streitenden **Fürsorgeverbände** verschiedenen Bundesstaaten an, so finden die nachfolgenden Vorschriften der §§ 38 bis 51 dieses Gesetzes Anwendung.

[1]) Nur Streitigkeiten zwischen Fürsorgeverbänden über die öffentliche Unterstützung Hilfsbedürftiger gehören hierher, nicht etwa Streitigkeiten zwischen Gemeinden eines Fürsorgeverbandes über Fragen, die sich aus der FV. ergeben, vgl. BAH 18/138; 29/136.

§ 38. Lehnt ein **Fürsorgeverband** den gegen ihn erhobenen Anspruch auf Erstattung der Kosten oder auf Übernahme eines Hilfsbedürftigen[1])[2])[3]) ab, so wird auf Antrag desjenigen **Fürsorgeverbandes**, welcher die öffentliche Unterstützung vorläufig zu gewähren genötigt ist, über den erhobenen Anspruch im Verwaltungswege durch diejenige Spruchbehörde entschieden, welche dem in Anspruch genommenen **Fürsorgeverband** vorgesetzt ist.

Die Zuständigkeit, den Instanzenzug sowie das Verfahren regelt innerhalb jedes Bundesstaats, vorbehaltlich der Vorschriften dieses Gesetzes, die Landesgesetzgebung.

[1]) Die Klage muß sich stets auf Erstattung der Kosten oder auf Übernahme eines Hilfsbedürftigen richten; eine Klage, die lediglich auf Anerkennung des gewöhnlichen Aufenthalts gerichtet ist, ist unzulässig, vgl. BAH. 29/79: 42/162.

[2]) Es ist auch eine Klage auf Erstattung fernerhin entstehender Kosten zulässig, vgl. BAH. 23/76.

[3]) Eine Widerklage ist zulässig, vgl. BAH. 26/77.

§ 39. Die zur Entscheidung zuständigen Landesbehörden sind befugt, Untersuchungen an Ort und Stelle zu veranlassen, Zeugen und Sachverständige zu laden und eidlich zu vernehmen, überhaupt den angetretenen Beweis in vollem Umfange zu erheben.

§ 40. Die Entscheidung erfolgt durch schriftlichen, mit Gründen versehenen Beschluß[1]); sofern dabei für den in Anspruch genommenen Fürsorgeverband eine Verpflichtung zur Übernahme eines Hilfsbedürftigen[2]) (§ 31) begründet ist, muß dies in dem Beschluß ausdrücklich ausgesprochen werden[3]).

[1]) Vgl. BAH. 11/126: Es kann, ohne daß es einer ausdrücklichen speziell für dieses Verwaltungsstreitverfahren gegebenen Vorschrift bedürfte, im Interesse der öffentlichen

Ordnung nicht für zulässig erachtet werden, daß derselbe Streitgegenstand zwischen denselben Parteien und aus demselben Klagegrund, aus welchem er bereits einmal zur Entscheidung des zuständigen Verwaltungsgerichts gebracht worden ist, unter Ignorierung dieser früheren Entscheidung nochmals vor das Verwaltungsgericht gebracht werde.

[2]) Ein die Übernahmepflicht aussprechendes Urteil verliert von selbst seine Wirksamkeit, sobald das Unterstützungsbedürfnis aufhört und sobald, dem entsprechend, der durch das Urteil entschiedene Armenpflegefall seine Erledigung gefunden hat (BAH. 17/146). Im Falle erneuter Hilfsbedürftigkeit wäre gegebenenfalls eine neue Klage anzustrengen.

[3]) Die Kosten des Verfahrens fallen dem unterliegenden Teile zur Last. Vgl. BAH. 16/155: Die durch Erfüllung der Anmeldungspflicht dem vorläufig unterstützenden Armenverband entstehenden Porto- usw. Kosten fallen als Kosten des Verfahrens dem unterliegenden Teile zur Last, nicht aber die behufs Ermittlung des erstattungspflichtigen Armenverbandes aufgewendeten Kosten.

§ 41. Soweit die Organisation oder örtliche Abgrenzung der einzelnen Fürsorgeverbände Gegenstand des Streites ist, bewendet es endgültig bei der Entscheidung der höchsten landesgesetzlichen Instanz [1]). Im übrigen [2]) findet gegen deren Entscheidung nur die Berufung an das Bundesamt für das Heimatwesen [3]) statt.

[1]) Nach § 2 FV. bestimmt das Land, wer Landesfürsorgeverband und wer Bezirksfürsorgeverband ist. Es ist daher auch nur das Land berechtigt, über die Organisation oder örtliche Abgrenzung der einzelnen Fürsorgeverbände zu entscheiden und zwar endgültig. Eine Berufung gegen eine Entscheidung der höchsten landesgesetzlichen Instanz in diesen Fragen ist unmöglich.

[2]) In allen übrigen Fragen dagegen ist zwar zunächst der Instanzenzug, den nach § 3 Abs 2 FV. das Land regelt, zu durchlaufen, gegen die Entscheidung der höchsten landesgesetzlichen Instanz aber ist die Berufung an das Bundesamt für Heimatwesen möglich.

[3]) Das Bundesamt ist nach wie vor zuständig zur Entscheidung von Rechtsstreitigkeiten zwischen Fürsorgeverbänden des Saargebiets und anderen deutschen Fürsorgeverbänden (BAH. 59/1).

§ 42. Das Bundesamt für das Heimatwesen ist eine ständige und kollegiale Behörde, welche ihren Sitz in Berlin hat.

Es besteht aus einem Vorsitzenden und mindestens vier Mitgliedern. Der Vorsitzende sowie die letzteren werden auf Vorschlag des Bundesrats vom Bundespräsidium auf Lebenszeit ernannt. Der Vorsitzende sowohl, als auch mindestens die Hälfte der Mitglieder muß die Qualifikation zum höheren Richteramt im Staate ihrer Angehörigkeit besitzen.

§ 43. Bezüglich der Rechtsverhältnisse der Mitglieder des Bundesamts gelten bis zum Erlasse besonderer bundesgesetzlicher Vorschriften die Bestimmungen der §§ 23 bis 26 des Gesetzes, betreffend die Errichtung eines obersten Gerichtshofs für Handelssachen, vom 12. Juni 1869 mit der Maßgabe, daß

1. an Stelle des Plenums des Oberhandelsgerichts das Plenum des Bundesamts tritt, und daß im Falle des § 25 a. a. O. die Verrichtungen des Staatsanwalts und des Untersuchungsrichters von je einem Mitgliede des Preußischen Kammergerichts zu Berlin, welches der Bundeskanzler ernennt, wahrgenommen werden;

2. bezüglich der Höhe der Pensionen die Vorschriften in Anwendung kommen, welche darüber in demjenigen Bundesstaate gelten, aus dessen Dienste das Mitglied des Bundesamts berufen ist.

§ 44. Zur Abfassung einer gültigen Entscheidung des Bundesamts gehört die Anwesenheit von mindestens drei Mitgliedern, von denen mindestens eines die im § 42 vorgeschriebene richterliche Qualifikation haben muß.

Die Zahl der Mitglieder, welche bei der Fassung eines Beschlusses eine entscheidende Stimme führen, muß in allen Fällen eine ungerade sein. Ist die Zahl der bei der Erledigung einer Sache mitwirkenden Mitglieder eine gerade, so führt dasjenige Mitglied, welches zuletzt ernannt ist, und bei gleichem Dienstalter dasjenige, welches der Geburt nach das jüngere ist, nur eine beratende Stimme.

§ 45. Der Geschäftsgang bei dem Bundesamte wird durch ein Regulativ[1]) geordnet, welches das Bundesamt zu entwerfen und dem Bundesrate zur Bestätigung einzureichen hat.

In dem Geschäftsregulative sind insbesondere auch die Befugnisse des Vorsitzenden festzustellen.

[1]) Vgl. das Regulativ vom 6. Januar 1873 (Zentralbl. f. d. Deutsche Reich S. 4) und die Abänderung vom 14. August 1914 (Zentralbl. f. d. Deutsche Reich S. 469).

§ 46. Die Berufung an das Bundesamt ist bei Verlust des Rechtsmittels binnen vierzehn Tagen[1]), von der Behändigung der angefochtenen Entscheidung an gerechnet, bei derjenigen Behörde[2]), gegen deren Entscheidung sie gerichtet ist, schriftlich anzumelden[3]).

Die Angabe der Beschwerden sowie die Rechtfertigung der Berufung kann entweder zugleich mit der Anmeldung der letzteren oder innerhalb vier Wochen nach diesem Termine derselben Behörde eingereicht werden.

Von sämtlichen Schriftsätzen sowie von den etwaigen Anlagen derselben sind Duplikate beizufügen.

[1]) Die Berufung kann zwar vor der Behändigung, nicht aber vor Erlassung des Urteils angemeldet werden (BAH. 12/139).

[2]) Die Anmeldung hat stets bei der Behörde zu erfolgen, gegen deren Entscheidung sie gerichtet ist, eine Anmeldung etwa unmittelbar bei dem Bundesamte wahrt nicht die Frist (BAH. 22/169 u. a.).

[3]) Die Entscheidung darüber, ob die Anmeldung rechtzeitig erfolgt ist, steht nur dem Bundesamte zu (BAH. 22/169). Dabei gelten über die Fristberechnung die Bestimmungen der Zivilprozeßordnung (BAH. 17/156).

§ 47. Die eingegangenen Duplikate werden von der zuständigen Behörde der Gegenpartei zur schriftlichen, binnen vier

Wochen nach der Behändigung in zwei Exemplaren einzureichenden Gegenerklärung zugefertigt.

§ 48. Nach Ablauf dieser Frist legt die nämliche Behörde die sämtlichen Verhandlungen nebst ihren Akten dem Bundesamte vor.

§ 49. Erachtet das Bundesamt vor Fällung der Entscheidung noch eine Aufklärung über das Sach- und Rechtsverhältnis für nötig, so ist dieselbe unter Vermittelung der zuständigen Landesbehörde vorzunehmen.

§ 50. Die Entscheidung des Bundesamts erfolgt gebührenfrei in öffentlicher Sitzung nach erfolgter Ladung und Anhörung der Parteien.

Das Erkenntnis wird schriftlich, mit Gründen versehen, den Parteien durch Vermittelung derjenigen Behörde (§ 46) zugefertigt, gegen deren Beschluß es ergangen ist.

§ 51. Gegen die Entscheidung des Bundesamts ist ein weiteres Rechtsmittel nicht zulässig[1]).

[1]) Gegen rechtskräftige Entscheidungen findet in Streitsachen unter Fürsorgeverbänden eine Restitutionsklage nicht statt (BAH. 14/123).

§ 52. Bis zu anderweitiger, von Bundes wegen erfolgender Regelung der Kompetenz des Bundesamts für das Heimatwesen kann durch die Landesgesetzgebung eines Bundesstaats bestimmt werden, daß die Vorschriften der §§ 38 bis 51, 56 Abs. 2 dieses Gesetzes für die Streitsachen zwischen **Fürsorgeverbänden** des betreffenden Bundesstaats in Wirksamkeit treten sollen.

§ 53. In den Streitsachen über die durch dieses Gesetz geregelte öffentliche Unterstützung Hilfsbedürftiger ist die Entscheidung der ersten Instanz, ausgenommen in dem Falle des § 57, sofort vollstreckbar.

Im übrigen findet die Exekution statt:

a) auf Grund und in den Grenzen eines von dem in Anspruch genommenen **Fürsorgeverband** ausgestellten Anerkenntnisses (§ 55);

b) auf Grund der endgültigen Entscheidung.

Die Vollstreckung der Exekution liegt der zur Entscheidung in erster Instanz zuständigen Behörde des verpflichteten **Fürsorgeverbandes** ob und ist bei derselben unter Beifügung der bezüglichen Urkunden zu beantragen.

§ 54. Wird die bereits vollstreckte Entscheidung der ersten landesgesetzlichen Instanz durch endgültige Entscheidung höherer Landesinstanzen oder in Gemäßheit §§ 38 bis 51 dieses Gesetzes wieder aufgehoben, so hat die zur Entscheidung in erster Instanz zuständige Behörde desjenigen **Fürsorgeverbandes**, welcher die Vollstreckung der Exekution erwirkt hatte, die erforderlichen Anordnungen zu treffen, um die Exekution und deren Folgen wieder rückgängig zu machen.

§ 55. Den zur vorläufigen Unterstützung (§ 7 **FV.**) und bzw. zur Übernahme (§ 14 **FV.**) eines Hilfsbedürftigen verpflichteten **Fürsorgeverbänden** ist es unbenommen, die tatsächliche Vollstreckung der Ausweisung (§ 5 des Gesetzes über die Freizügigkeit vom 1. November 1867) durch eine unter sich zu treffende Einigung über das Verbleiben der auszuweisenden Person oder Familie in ihrem bisherigen Aufenthaltsorte gegen Gewährung eines bestimmten Unterstützungsbetrags von Seiten des letztgedachten **Fürsorgeverbandes** dauernd oder zeitweilig auszuschließen.

Die erstinstanzlichen Behörden (§§ 38, 39, 40) sind verpflichtet, auf Anrufen eines oder des anderen Beteiligten, zwecks tunlicher Herstellung einer solchen Einigung, vermittelnd einzuschreiten.

Ist die Einigung urkundlich in Form eines Anerkenntnisses[1]) festgestellt, so findet auf Grund derselben die administrative Exekution statt (§ 53).

[1]) Rücktritt von einer solchen Vereinbarung ist ohne veränderte Umstände nicht zulässig (BAH. 33/112; 44/157).

§ 56[1]). Wenn mit der Ausweisung Gefahr für Leben oder Gesundheit des Auszuweisenden oder seiner Angehörigen verbunden sein würde, oder wenn die Ursache der Erwerbs- oder Arbeitsunfähigkeit des Auszuweisenden durch eine im

Bundeskriegsdienst oder bei Gelegenheit einer Tat persönlicher Selbstaufopferung erlittene Verwundung oder Krankheit herbeigeführt ist, oder endlich, wenn sonst die Wegweisung vom Aufenthaltsorte mit erheblichen[2]) Härten oder Nachteilen für den Auszuweisenden verbunden sein sollte, kann auch bei nicht erreichter Einigung[3]) das Verbleiben der auszuweisenden Person oder Familie in dem Aufenthaltsorte, gegen Festsetzung eines von dem verpflichteten **Fürsorgeverbande** zu zahlenden Unterstützungsbetrags, durch die zur Entscheidung in erster Instanz zuständige Behörde des **Bezirksfürsorgeverbandes** des Aufenthaltsorts angeordnet werden.

Gegen diese Anordnung, welche, wenn die Voraussetzungen fortfallen, unter welchen sie erlassen ist, jederzeit zurückgenommen werden kann[4]), steht innerhalb vierzehn Tagen nach der Zustellung beiden Teilen die Berufung zu. Dieselbe erfolgt, wenn die streitenden **Fürsorgeverbände** einem und demselben Bundesstaate angehören, an die nächsthöhere landesgesetzliche Instanz, sofern die streitenden Teile verschiedenen Bundesstaaten angehören, an das Bundesamt für das Heimatwesen. Bei der hierauf ergehenden Entscheidung bewendet es endgültig.

Dasselbe findet statt, wenn der Antrag des verpflichteten **Fürsorgeverbandes** auf Erlaß einer solchen Anordnung zurückgewiesen ist.

[1]) Vgl. § 14 Abs. 4 FV. und Anm.

[2]) Das Gewicht liegt auf „erheblich". Wann eine solche erhebliche Härte vorliegt, ist im Einzelfall zu entscheiden. Vgl. dazu BAH. 26/146; 27/171, 174 u. a.

[3]) Die Bestimmung des § 56 tritt erst dann ein, wenn ein Antrag auf Einigung von einem der beteiligten Fürsorgeverbände vorgelegen hat, eine Einigung aber nach § 55 nicht zustande gekommen ist. Auf die Beschwerde des Hilfsbedürftigen allein kann sein Verbleiben am Aufenthaltsorte nicht angeordnet werden (BAH 20/188; 29/143, 145).

[4]) Eine Zurücknahme einer Anordnung aus § 56 ist nicht nur möglich, wenn die Voraussetzungen weggefallen sind,

unter denen sie erlassen worden ist, sondern auch dann, wenn Tatsachen, die bei dem Erlaß der Anordnung bereits vorhanden, aber unbekannt geblieben sind, nachträglich ermittelt werden und die Voraussetzungen der Anordnung in erheblichen Punkten sich als hinfällig ergeben (BAH. 36/142); die Abänderung ist jedoch unzulässig, wenn der Antrag sich auf Umstände stützt, welche dem Antragsteller schon vor dem Erlaß der Anordnung bekannt waren, aber von ihm nicht geltend gemacht worden sind (BAH. 37/172); beweispflichtig ist der den Antrag auf Abänderung stellende Fürsorgeverband (BAH. 55/127).

§ 57. Solange das Verfahren, betreffend den Versuch einer Einigung nach § 55, oder betreffend den Erlaß der im § 56 bezeichneten Anordnung, schwebt, bleibt die Vollstreckbarkeit der Entscheidung erster Instanz ausgesetzt (§ 53).

§ 58. Abs. 2. Entsteht über die Notwendigkeit des Transports oder die Art der Ausführung desselben Streit, so erfolgt die Entscheidung hierüber endgültig durch die in erster Instanz in der Hauptsache zuständige Behörde des **Fürsorgeverbandes** des Aufenthaltsorts (§ 7 **FV.**).

12. Gesetz über die Freizügigkeit vom 1. November 1867 (Bundes-Gesetzbl. S. 55).

§ 1. Jeder Deutsche hat das Recht, innerhalb des Reichs:

1. an jedem Orte sich aufzuhalten oder niederzulassen, wo er eine eigene Wohnung oder ein Unterkommen sich zu verschaffen imstande ist;
2. an jedem Orte Grundeigentum aller Art zu erwerben;
3. umherziehend oder an dem Orte des Aufenthalts bzw. der Niederlassung Gewerbe aller Art zu betreiben, unter den für Einheimische geltenden gesetzlichen Bestimmungen.

In der Ausübung dieser Befugnisse darf der Deutsche, soweit nicht das gegenwärtige Gesetz Ausnahmen zuläßt, weder durch die Obrigkeit seiner Heimat noch durch die

Obrigkeit des Ortes, in welchem er sich aufhalten oder niederlassen will, gehindert oder durch lästige Bedingungen beschränkt werden.

Keinem Deutschen darf um des Glaubensbekenntnisses willen oder wegen fehlender Landes- oder Gemeindeangehörigkeit der Aufenthalt, die Niederlassung, der Gewerbebetrieb oder der Erwerb von Grundeigentum verweigert werden.

§ 2. Wer die aus der Reichsangehörigkeit folgenden Befugnisse in Anspruch nimmt, hat auf Verlangen den Nachweis seiner Reichsangehörigkeit und, sofern er unter elterlicher Gewalt oder unter Vormundschaft steht, den Nachweis der Genehmigung des gesetzlichen Vertreters zu erbringen.

Eine Ehefrau bedarf der Genehmigung des Ehemannes.

§ 3. Insoweit bestrafte Personen nach den Landesgesetzen Aufenthaltsbeschränkungen durch die Polizeibehörde unterworfen werden können, behält es dabei sein Bewenden.

Solchen Personen, welche derartigen Aufenthaltsbeschränkungen in einem Bundesstaate unterliegen, oder welche in einem Bundesstaate innerhalb der letzten zwölf Monate wegen wiederholten Bettelns oder wegen wiederholter Landstreicherei bestraft worden sind, kann der Aufenthalt in jedem anderen Bundesstaate von der Landespolizeibehörde verweigert werden.

Die besonderen Gesetze und Privilegien einzelner Ortschaften und Bezirke, welche Aufenthaltsbeschränkungen gestatten, werden hiermit aufgehoben.

§ 4. Die Gemeinde ist zur Abweisung eines neu Anziehenden nur dann befugt, wenn sie nachweisen kann, daß derselbe nicht hinreichende Kräfte besitzt, um sich und seinen nicht arbeitsfähigen Angehörigen den notdürftigen Lebensunterhalt zu verschaffen, und wenn er solchen weder aus eigenem Vermögen bestreiten kann, noch von einem dazu verpflichteten Verwandten erhält. Den Landesgesetzen bleibt vorbehalten, diese Befugnis der Gemeinden zu beschränken.

Die Besorgnis vor künftiger Verarmung berechtigt den Gemeindevorstand nicht zur Zurückweisung

§ 5. Einem Hilfsbedürftigen, dem Armenfürsorge gewährt wird, kann die Fortsetzung des Aufenthalts in einer Gemeinde versagt werden, wenn diese nicht im Bezirke des endgültig verpflichteten Fürsorgeverbandes liegt und die Übernahme durch den endgültig verpflichteten Fürsorgeverband verlangt werden kann (§ 14 der Verordnung über die Fürsorgepflicht vom 13. Februar 1924, RGBl. I S. 103). Die Versagung muß sich zugleich gegen die Personen richten, deren gleichzeitige Übergabe oder Übernahme nach der angeführten Verordnung verlangt werden muß.

Dies gilt nicht für uneheliche, vollverwaiste oder getrennt von beiden Elternteilen untergebrachte eheliche Minderjährige.

§ 6. Ist in den Fällen, wo die Aufnahme oder die Fortsetzung des Aufenthalts versagt werden darf, die Pflicht zur Übernahme der Fürsorge zwischen verschiedenen Gemeinden eines und desselben Bundesstaates streitig, so erfolgt die Entscheidung nach den Landesgesetzen.

Die tatsächliche Ausweisung aus einem Orte darf niemals erfolgen, bevor nicht entweder die Annahmeerklärung der in Anspruch genommenen Gemeinde oder eine wenigstens einstweilen vollstreckbare Entscheidung über die Fürsorgepflicht erfolgt ist.

§ 7 fällt weg seit 1. Januar 1916. Über die Pflicht zur Übernahme Auszuweisender vgl. FV. § 14.

§ 8. Die Gemeinde ist nicht befugt, von neu Anziehenden wegen des Anzugs eine Abgabe zu erheben. Sie kann dieselben, gleich den übrigen Gemeindeeinwohnern, zu den Gemeindelasten heranziehen. Übersteigt die Dauer des Aufenthalts nicht den Zeitraum von drei Monaten, so sind die neu Anziehenden diesen Lasten nicht unterworfen.

§ 9. Was vorstehend von den Gemeinden bestimmt ist, gilt an denjenigen Orten, wo die Last der öffentlichen Armenpflege verfassungsmäßig nicht der örtlichen Gemeinde, sondern anderen gesetzlich anerkannten Verbänden (Armenkommunen) obliegt, auch von diesen, sowie von denjenigen Gutsherrschaften, deren Gutsbezirk sich nicht in einem Gemeindeverbande befindet.

§ 10. Die Vorschriften über die Anmeldung der neu Anziehenden bleiben den Landesgesetzen mit der Maßgabe vorbehalten, daß die unterlassene Meldung nur mit einer Polizeistrafe, niemals aber mit dem Verluste des Aufenthaltsrechts (§ 1) geahndet werden darf.

§ 11. Durch den bloßen Aufenthalt oder die bloße Niederlassung, wie sie das gegenwärtige Gesetz gestattet, werden andere Rechtsverhältnisse, namentlich die Gemeindeangehörigkeit, das Ortsbürgerrecht, die Teilnahme an den Gemeindenutzungen und der Armenpflege nicht begründet.

Wenn jedoch nach den Landesgesetzen durch den Aufenthalt oder die Niederlassung, wenn solche eine bestimmte Zeit hindurch ununterbrochen fortgesetzt worden, das Heimatsrecht (Gemeindeangehörigkeit, Unterstützungswohnsitz) erworben wird, behält es dabei sein Bewenden.

§ 12. Die polizeiliche Ausweisung Deutscher aus dem Orte ihres dauernden oder vorübergehenden Aufenthalts in anderen, als den durch dieses Gesetz vorgesehenen Fällen ist unzulässig.

Im übrigen werden die Bestimmungen über die Fremdenpolizei durch dieses Gesetz nicht berührt.

§ 13. Dies Gesetz tritt am 1. Januar 1868 in Kraft.

13. Reichs- und Staatsangehörigkeitsgesetz vom 22. Juli 1913 (RGBl. S. 583).

Erster Abschnitt.

Allgemeine Vorschriften.

§ 1. Deutscher ist, wer die Staatsangehörigkeit in einem Bundesstaat (§§ 3 bis 32) oder die unmittelbare Reichsangehörigkeit (§§ 33 bis 35) besitzt.

§ 2. Elsaß-Lothringen gilt im Sinne dieses Gesetzes als Bundesstaat.

Die Schutzgebiete gelten im Sinne dieses Gesetzes als Inland.

Zweiter Abschnitt.

Staatsangehörigkeit in einem Bundesstaate.

§ 3. Die Staatsangehörigkeit in einem Bundesstaate wird erworben

1. durch Geburt (§ 4),
2. durch Legitimation (§ 5),
3. durch Eheschließung (§ 6),
4. für einen Deutschen durch Aufnahme (§§ 7, 14, 16),
5. für einen Ausländer durch Einbürgerung (§§ 8 bis 16).

§ 4. Durch die Geburt erwirbt das eheliche Kind eines Deutschen die Staatsangehörigkeit des Vaters, das uneheliche Kind einer Deutschen die Staatsangehörigkeit der Mutter.

Ein Kind, das in dem Gebiet eines Bundesstaats aufgefunden wird (Findelkind) gilt bis zum Beweise des Gegenteils als Kind eines Angehörigen dieses Bundesstaats.

§ 5. Eine nach den deutschen Gesetzen wirksame Legitimation durch einen Deutschen begründet für das Kind die Staatsangehörigkeit des Vaters.

§ 6. Durch die Eheschließung mit einem Deutschen erwirbt die Frau die Staatsangehörigkeit des Mannes.

§ 7. Die Aufnahme muß einem Deutschen von jedem Bundesstaat, in dessen Gebiet er sich niedergelassen hat, auf seinen Antrag erteilt werden, falls kein Grund vorliegt, der nach den §§ 3 bis 5 des Gesetzes über die Freizügigkeit vom 1. November 1867 (Bundes-Gesetzbl S 55) die Abweisung eines Neuanziehenden oder die Versagung der Fortsetzung des Aufenthalts rechtfertigt.

Der Antrag einer Ehefrau bedarf der Zustimmung des Mannes; die fehlende Zustimmung kann durch die Vormundschaftsbehörde ersetzt werden. Für eine unter elterlicher Gewalt oder unter Vormundschaft stehende Person wird, wenn sie das sechzehnte Lebensjahr noch nicht vollendet hat, der Antrag von dem gesetzlichen Vertreter gestellt; hat sie das sechzehnte Lebensjahr vollendet, so bedarf ihr Antrag der Zustimmung des gesetzlichen Vertreters.

§ 8. Ein Ausländer, der sich im Inland niedergelassen hat, kann von dem Bundesstaat, in dessen Gebiete die Niederlassung erfolgt ist, auf seinen Antrag eingebürgert werden, wenn er

1. nach den Gesetzen seiner bisherigen Heimat unbeschränkt geschäftsfähig ist oder nach den deutschen Gesetzen unbeschränkt geschäftsfähig sein würde oder der Antrag in entsprechender Anwendung des § 7 Abs. 2 Satz 2 von seinem gesetzlichen Vertreter oder mit dessen Zustimmung gestellt wird,
2. einen unbescholtenen Lebenswandel geführt hat,
3. an dem Orte seiner Niederlassung eine eigene Wohnung oder ein Unterkommen gefunden hat, und
4. an diesem Orte sich und seine Angehörigen zu ernähren imstande ist.

Vor der Einbürgerung ist über die Erfordernisse unter Nr. 2 bis 4 die Gemeinde des Niederlassungsorts und, sofern diese keinen selbständigen Armenverband bildet, auch der Armenverband zu hören.

§ 9. Die Einbürgerung in einen Bundesstaat darf erst erfolgen, nachdem durch den Reichskanzler festgestellt worden ist, daß keiner der übrigen Bundesstaaten Bedenken dagegen erhoben hat; erhebt ein Bundesstaat Bedenken, so entscheidet der Bundesrat. Die Bedenken können nur auf Tatsachen gestützt werden, welche die Besorgnis rechtfertigen, daß die Einbürgerung des Antragstellers das Wohl des Reichs oder eines Bundesstaats gefährden würde.

Die Vorschriften des Abs. 1 finden keine Anwendung

1. auf ehemalige Angehörige des Bundesstaats, bei dem der Antrag gestellt wird, auf deren Kinder und Enkel sowie auf Personen, die von einem Angehörigen des

Staates an Kindes Statt angenommen sind, es sei denn, daß der Antragsteller einem ausländischen Staate angehört,

2. auf Ausländer, die im Deutschen Reiche geboren sind, wenn sie sich in dem Bundesstaate, bei dem der Antrag gestellt wird, bis zur Vollendung des einundzwanzigsten Lebensjahrs dauernd aufgehalten haben und die Einbürgerung innerhalb zweier Jahre nach diesem Zeitpunkt beantragen.

§ 10. Die Witwe oder geschiedene Ehefrau eines Ausländers, die zur Zeit ihrer Eheschließung eine Deutsche war, muß auf ihren Antrag von dem Bundesstaat, in dessen Gebiete sie sich niedergelassen hat, eingebürgert werden, wenn sie den Erfordernissen des § 8 Abs. 1 Nr. 1, 2 entspricht. Über das Erfordernis unter Nr. 2 ist vor der Einbürgerung die Gemeinde des Niederlassungsorts zu hören.

§ 11. Ein ehemaliger Deutscher, der als Minderjähriger die Reichsangehörigkeit durch Entlassung verloren hat, muß auf seinen Antrag von dem Bundesstaat, in dessen Gebiet er sich niedergelassen hat, eingebürgert werden, wenn er den Erfordernissen des § 8 Abs. 1 entspricht und den Antrag innerhalb zweier Jahre nach der Volljährigkeit stellt. Die Vorschrift des § 8 Abs. 2 findet Anwendung.

§ 12. Ein Ausländer, der mindestens ein Jahr wie ein Deutscher im Heere oder in der Marine aktiv gedient hat, muß auf seinen Antrag von dem Bundesstaat, in dessen Gebiet er sich niedergelassen hat, eingebürgert werden, wenn er den Erfordernissen des § 8 Abs. 1 entspricht und die Einbürgerung nicht das Wohl des Reichs oder eines Bundesstaats gefährden würde. Die Vorschriften des § 8 Abs. 2 und des § 9 Abs. 1 finden Anwendung.

§ 13. Ein ehemaliger Deutscher, der sich nicht im Inland niedergelassen hat, kann von dem Bundesstaate, dem er früher angehört hat, auf seinen Antrag eingebürgert werden, wenn er den Erfordernissen des § 8 Abs. 1 Nr. 1, 2 entspricht; dem ehemaligen Deutschen steht gleich, wer von einem solchen abstammt oder an Kindes Statt angenommen ist. Vor der Einbürgerung ist dem Reichskanzler Mitteilung zu machen; die Einbürgerung unterbleibt, wenn der Reichskanzler Bedenken erhebt.

§ 14. Die von der Regierung oder der Zentral- oder höheren Verwaltungsbehörde eines Bundesstaats vollzogene oder bestätigte Anstellung im unmittelbaren oder mittelbaren Staatsdienst, im Dienste einer Gemeinde oder eines Gemeindeverbandes, im öffentlichen Schuldienst oder im Dienste einer von dem Bundesstaat anerkannten Religionsgesellschaft gilt für einen Deutschen als Aufnahme, für einen Ausländer als Einbürgerung, sofern nicht in der Anstellungs- oder Bestätigungsurkunde ein Vorbehalt gemacht wird.

Diese Vorschrift findet keine Anwendung auf die Anstellung als Offizier oder Beamter des Beurlaubtenstandes.

§ 15. Die im Reichsdienst erfolgte Anstellung eines Ausländers, der seinen dienstlichen Wohnsitz in einem Bundesstaate hat, gilt als Einbürgerung in diesen Bundesstaat, sofern nicht in der Anstellungsurkunde ein Vorbehalt gemacht wird.

Hat der Angestellte seinen dienstlichen Wohnsitz im Ausland und bezieht er ein Diensteinkommen aus der Reichskasse, so muß er von dem Bundesstaate, bei dem er den Antrag stellt, eingebürgert werden; bezieht er kein Diensteinkommen aus der Reichskasse, so kann er mit Zustimmung des Reichskanzlers eingebürgert werden.

§ 16. Die Aufnahme oder Einbürgerung wird wirksam mit der Aushändigung der von der höheren Verwaltungsbehörde hierüber ausgefertigten Urkunde oder der Urkunde über die unter den Voraussetzungen des § 14 oder des § 15 Abs. 1 erfolgte Anstellung.

Die Aufnahme oder Einbürgerung erstreckt sich, insofern nicht in der Urkunde ein Vorbehalt gemacht wird, zugleich auf die Ehefrau und auf diejenigen Kinder, deren gesetzliche

Vertretung dem Aufgenommenen oder Eingebürgerten kraft elterlicher Gewalt zusteht. Ausgenommen sind Töchter, die verheiratet sind oder verheiratet gewesen sind.

§ 17. Die Staatsangehörigkeit geht verloren

1. durch Entlassung (§§ 18 bis 24),
2. durch den Erwerb einer ausländischen Staatsangehörigkeit (§ 25),
3. durch Nichterfüllung der Wehrpflicht (§§ 26, 29),
4. durch Ausspruch der Behörde (§§ 27 bis 29),
5. für ein uneheliches Kind durch eine von dem Angehörigen eines anderen Bundesstaats oder von einem Ausländer bewirkte und nach den deutschen Gesetzen wirksame Legitimation,
6. für eine Deutsche durch Eheschließung mit dem Angehörigen eines anderen Bundesstaats oder mit einem Ausländer.

§ 18. Die Entlassung einer Ehefrau kann nur von dem Manne und, sofern dieser ein Deutscher ist, nur zugleich mit seiner Entlassung beantragt werden. Der Antrag bedarf der Zustimmung der Frau.

§ 19. Die Entlassung einer Person, die unter elterlicher Gewalt oder unter Vormundschaft steht, kann nur von dem gesetzlichen Vertreter und nur mit Genehmigung des deutschen Vormundschaftsgerichts beantragt werden. Gegen die Entscheidung des Vormundschaftsgerichts steht auch der Staatsanwaltschaft die Beschwerde zu; gegen den Beschluß des Beschwerdegerichts ist die weitere Beschwerde unbeschränkt zulässig.

Die Genehmigung des Vormundschaftsgerichts ist nicht erforderlich, wenn der Vater oder die Mutter die Entlassung für sich und zugleich kraft elterlicher Gewalt für ein Kind beantragt und dem Antragsteller die Sorge für die Person dieses Kindes zusteht. Erstreckt sich der Wirkungskreis eines der Mutter bestellten Beistandes auf die Sorge für die Person des Kindes, so bedarf die Mutter zu dem Antrag auf Entlassung des Kindes der Genehmigung des Beistandes.

§ 20. Die Entlassung aus der Staatsangehörigkeit in einem Bundesstaate bewirkt gleichzeitig die Entlassung aus der Staatsangehörigkeit in jedem anderen Bundesstaate, soweit sich der Entlassene nicht die Staatsangehörigkeit in einem anderen Bundesstaate durch eine Erkärung gegenüber der zuständigen Behörde des entlassenden Staates vorbehält. Dieser Vorbehalt muß in der Entlassungsurkunde vermerkt werden.

§ 21. Die Entlassung muß jedem Staatsangehörigen auf seinen Antrag erteilt werden, wenn er die Staatsangehörigkeit in einem anderen Bundesstaate besitzt und sich diese gemäß § 20 vorbehält.

§ 22. Fehlt es an den Voraussetzungen des § 21, so wird die Entlassung nicht erteilt

1. Wehrpflichtigen, über deren Dienstverpflichtung noch nicht endgültig entschieden ist, sofern sie nicht ein Zeugnis der Ersatzkommission darüber beibringen, daß nach der Überzeugung der Kommission die Entlassung nicht in der Absicht nachgesucht wird, die Erfüllung der aktiven Dienstpflicht zu umgehen,
2. Mannschaften des aktiven Heeres, der aktiven Marine oder der aktiven Schutztruppen,
3. Mannschaften des Beurlaubtenstandes, der im § 56 Nr. 2 bis 4 des Reichsmilitärgesetzes bezeichneten Art, sofern sie nicht die Genehmigung der Militärbehörde erhalten haben,
4. sonstigen Mannschaften des Beurlaubtenstandes, nachdem sie eine Einberufung zum aktiven Dienste erhalten haben,
5. Beamten und Offizieren, mit Einschluß derer des Beurlaubtenstandes, bevor sie aus dem Dienste entlassen sind.

Aus anderen als den in Abs. 1 bezeichneten Gründen darf in Friedenszeiten die Entlassung nicht versagt werden. Für die Zeit eines Krieges oder einer Kriegsgefahr bleibt dem Kaiser der Erlaß besonderer Anordnungen vorbehalten.

§ 23. Die Entlassung wird wirksam mit der Aushändigung einer von der höheren Verwaltungsbehörde des Heimatsstaats ausgefertigten Entlassungsurkunde. Die Urkunde wird nicht ausgehändigt an Personen, die verhaftet sind oder deren Verhaftung oder Festnahme von einer Gerichts- oder Polizeibehörde angeordnet ist.

Soll sich die Entlassung zugleich auf die Ehefrau oder die Kinder des Antragstellers beziehen, so müssen auch diese Personen in der Entlassungsurkunde mit Namen aufgeführt werden.

§ 24. Die Entlassung gilt als nicht erfolgt, wenn der Entlassene beim Ablauf eines Jahres nach Aushändigung der Entlassungsurkunde seinen Wohnsitz oder seinen dauernden Aufenthalt im Inlande hat.

Diese Vorschrift findet keine Anwendung, wenn der Entlassene sich die Staatsangehörigkeit in einem anderen Bundesstaate gemäß § 20 vorbehalten hat.

§ 25. Ein Deutscher, der im Inland weder seinen Wohnsitz noch seinen dauernden Aufenthalt hat, verliert seine Staatsangehörigkeit mit dem Erwerb einer ausländischen Staatsangehörigkeit, wenn dieser Erwerb auf seinen Antrag oder auf den Antrag des Ehemanns oder des gesetzlichen Vertreters erfolgt, die Ehefrau und der Vertretene jedoch nur, wenn die Voraussetzungen vorliegen, unter denen nach §§ 18, 19 die Entlassung beantragt werden könnte.

Die Staatsangehörigkeit verliert nicht, wer vor dem Erwerbe der ausländischen Staatsangehörigkeit auf seinen Antrag die schriftliche Genehmigung der zuständigen Behörde seines Heimatstaats zur Beibehaltung seiner Staatsangehörigkeit erhalten hat. Vor der Erteilung der Genehmigung ist der deutsche Konsul zu hören.

Unter Zustimmung des Bundesrats kann von dem Reichskanzler angeordnet werden, daß Personen, welche die Staatsangehörigkeit in einem bestimmten ausländischen Staate erwerben wollen, die im Abs. 2 vorgesehene Genehmigung nicht erteilt werden darf.

§ 26. Ein militärpflichtiger Deutscher, der im Inland weder seinen Wohnsitz noch seinen dauernden Aufenthalt hat, verliert seine Staatsangehörigkeit mit der Vollendung des einunddreißigsten Lebensjahrs, sofern er bis zu diesem Zeitpunkt noch keine endgültige Entscheidung über seine Dienstverpflichtung herbeigeführt hat, auch eine Zurückstellung über diesen Zeitpunkt hinaus nicht erfolgt ist.

Ein fahnenflüchtiger Deutscher, der im Inlande weder seinen Wohnsitz noch seinen dauernden Aufenthalt hat, verliert seine Staatsangehörigkeit mit dem Ablauf von zwei Jahren nach Bekanntmachung des Beschlusses, durch den er für fahnenflüchtig erklärt worden ist (§ 360 der Militärstrafgerichtsordnung). Diese Vorschrift findet keine Anwendung auf Mannschaften der Reserve, der Land- oder Seewehr und der Ersatzreserve, die für fahnenflüchtig erklärt worden sind, weil sie einer Einberufung zum Dienste keine Folge geleistet haben, es sei denn, daß die Einberufung nach Bekanntmachung der Kriegsbereitschaft oder nach Anordnung der Mobilmachung erfolgt ist.

Wer auf Grund der Vorschriften des Abs. 1 oder 2 seine Staatsangehörigkeit verloren hat, kann von einem Bundesstaate nur nach Anhörung der Militärbehörde eingebürgert werden. Weist er nach, daß ihm ein Verschulden nicht zur Last fällt, so darf ihm die Einbürgerung von dem Bundesstaate, dem er früher angehörte, nicht versagt werden.

§ 27. Ein Deutscher, der sich im Ausland aufhält, kann seiner Staatsangehörigkeit durch Beschluß der Zentralbehörde seines Heimatstaats verlustig erklärt werden, wenn er im Falle eines Krieges oder einer Kriegsgefahr einer vom Kaiser angeordneten Aufforderung zur Rückkehr keine Folge leistet.

Gehört er mehreren Bundesstaaten an, so verliert er durch den Beschluß die Staatsangehörigkeit in allen Bundesstaaten.

§ 28. Ein Deutscher, der ohne Erlaubnis seiner Regierung in ausländische Staatsdienste getreten ist, kann seiner Staatsangehörigkeit durch Beschluß der Zentralbehörde seines Heimatstaats verlustig erklärt werden, wenn er einer Aufforderung zum Austritt nicht Folge leistet.

Gehört er mehreren Bundesstaaten an, so verliert er durch den Beschluß die Staatsangehörigkeit in allen Bundesstaaten.

§ 29. Der Verlust der Staatsangehörigkeit in den Fällen des § 26 Abs. 1, 2 und der §§ 27, 28 sowie der Wiedererwerb der Staatsangehörigkeit in den Fällen des § 26 Abs. 3 Satz 2 erstreckt sich zugleich auf die Ehefrau und auf diejenigen Kinder, deren gesetzliche Vertretung dem Ausgeschiedenen oder dem Wiedereingebürgerten kraft elterlicher Gewalt zusteht, soweit sich die Ehefrau oder die Kinder mit ihm in häuslicher Gemeinschaft befinden. Ausgenommen sind Töchter, die verheiratet sind oder verheiratet gewesen sind.

§ 30. Ein ehemaliger Deutscher, der vor dem Inkrafttreten dieses Gesetzes die Reichsangehörigkeit durch Entlassung verloren hat, aber bei Anwendung der Vorschrift des § 24 Abs. 1 als nicht entlassen gelten würde, muß auf seinen Antrag von dem Bundesstaat, in dessen Gebiet er sich niedergelassen hat, eingebürgert werden, wenn er seit dem im § 24 Abs. 1 bezeichneten Zeitpunkt seinen Wohnsitz im Inland behalten hat und den Erfordernissen des § 8 Abs. 1 entspricht, auch den Antrag innerhalb eines Jahres nach dem Inkrafttreten dieses Gesetzes stellt. Die Vorschrift des § 8 Abs. 2 findet Anwendung.

§ 31. Ein ehemaliger Deutscher, der vor dem Inkrafttreten dieses Gesetzes die Reichsangehörigkeit nach § 21 des Gesetzes über die Erwerbung und den Verlust der Bundes- und Staatsangehörigkeit vom 1. Juni 1870 (Bundes-Gesetzbl. S. 355) durch zehnjährigen Aufenthalt im Ausland verloren hat, muß von dem Bundesstaat, in dessen Gebiet er sich niedergelassen hat, eingebürgert werden, wenn er keinem Staate angehört.

Das gleiche gilt von dem ehemaligen Angehörigen eines Bundesstaats oder eines in einen solchen einverleibten Staates, der bereits vor dem Inkrafttreten des Gesetzes vom 1. Juni 1870 nach Landesrecht seine Staatsangehörigkeit durch Aufenthalt außerhalb seines Heimatstaats verloren hat.

§ 32. Ein militärpflichtiger Deutscher, der zur Zeit des Inkrafttretens dieses Gesetzes im Inland weder seinen Wohnsitz noch seinen dauernden Aufenthalt hat und vor diesem Zeitpunkt das neunundzwanzigste, aber noch nicht das dreiundvierzigste Lebensjahr vollendet hat, verliert seine Staatsangehörigkeit mit dem Ablauf zweier Jahre, sofern er innerhalb dieser Frist keine endgültige Entscheidung über seine Dienstverpflichtung herbeigeführt hat.

Ein fahnenflüchtiger Deutscher der im § 26 Abs. 2 bezeichneten Art, der zur Zeit des Inkrafttretens dieses Gesetzes im Inland weder seinen Wohnsitz noch seinen dauernden Aufenthalt hat und vor diesem Zeitpunkt das dreiundvierzigste Lebensjahr noch nicht vollendet hat, verliert seine Staatsangehörigkeit mit dem Ablauf zweier Jahre, sofern er sich nicht innerhalb dieser Frist vor den Militärbehörden gestellt.

Die Vorschriften des § 26 Abs. 3 und des § 29 finden entsprechende Anwendung.

Dritter Abschnitt.
Unmittelbare Reichsangehörigkeit.

§ 33. Die unmittelbare Reichsangehörigkeit kann verliehen werden

1. einem Ausländer, der sich in einem Schutzgebiete niedergelassen hat, oder einem Eingeborenen in einem Schutzgebiete;
2. einem ehemaligen Deutschen, der sich nicht im Inland niedergelassen hat; dem ehemaligen Deutschen steht gleich, wer von ihm abstammt oder an Kindes Statt angenommen ist.

§ 34. Einem Ausländer, der im Reichsdienst angestellt ist und seinen dienstlichen Wohnsitz im Ausland hat, muß auf seinen Antrag die unmittelbare Reichsangehörigkeit verliehen werden, wenn er ein Diensteinkommen aus der Reichskasse bezieht; sie kann ihm verliehen werden, wenn er ein solches Einkommen nicht bezieht.

§ 35. Auf die unmittelbare Reichsangehörigkeit finden die Vorschriften dieses Gesetzes über die Staatsangehörigkeit in einem Bundesstaate mit Ausnahme der Vorschriften des § 4 Abs. 2, des § 8 Abs. 2, des § 10 Satz 2, des § 11 Satz 2, des § 12 Satz 2 und der §§ 14, 21 mit der Maßgabe entsprechende Anwendung, daß an die Stelle der Zentralbehörde der Reichskanzler und an die Stelle der höheren Verwaltungsbehörde der Reichskanzler oder die von ihm bezeichnete Behörde treten.

Vierter Abschnitt.
Schlußbestimmungen.

§ 36. Unberührt bleiben die Staatsverträge, die von Bundesstaaten mit ausländischen Staaten vor dem Inkrafttreten dieses Gesetzes geschlossen sind.

§ 37. Soweit in Reichsgesetzen oder in Landesgesetzen auf Vorschriften des Gesetzes über die Erwerbung und den Verlust der Bundes- und Staatsangehörigkeit vom 1. Juni 1870 oder des Gesetzes, betreffend die Naturalisation von Ausländern, welche im Reichsdienst angestellt sind, vom 20. Dezember 1875 verwiesen ist, treten an deren Stelle die entsprechenden Vorschriften dieses Gesetzes.

§ 38. In den Fällen des § 7, der §§ 10, 11, 12, 30, 31 und des § 34 erster Halbsatz werden die Aufnahme- oder Einbürgerungsurkunden kostenfrei erteilt. Das gleiche gilt für die Erteilung von Entlassungsurkunden in den Fällen des § 21.

Für die Erteilung von Entlassungsurkunden in anderen Fällen als den im § 21 bezeichneten Fällen dürfen an

Stempelabgaben und Ausfertigungsgebühren zusammen nicht mehr als drei Mark erhoben werden.

§ 39. Der Bundesrat erläßt Bestimmungen über die Aufnahme-, Einbürgerungs- und Entlassungsurkunden sowie über die Urkunden, die zur Bescheinigung der Staatsangehörigkeit dienen.

Die Landeszentralbehörden bestimmen, welche Behörden im Sinne dieses Gesetzes als höhere Verwaltungsbehörden und als Militärbehörden anzusehen sind.

§ 40. Gegen die Ablehnung des Antrags auf Aufnahme gemäß § 7, auf Einbürgerung in den Fällen der §§ 10, 11, 15, des § 26 Abs. 3, der §§ 30, 31, des § 32 Abs. 3 oder des Antrags auf Entlassung in den Fällen der §§ 21, 22 ist der Rekurs zulässig.

Die Zuständigkeit der Behörden und das Verfahren bestimmen sich nach den Landesgesetzen und, soweit landesgesetzliche Vorschriften nicht vorhanden sind, nach den §§ 20, 21 der Gewerbeordnung.

§ 41. Dieses Gesetz tritt am 1. Januar 1914 gleichzeitig mit einem Gesetze zur Abänderung des Reichsmilitärgesetzes sowie des Gesetzes, betreffend Änderungen der Wehrpflicht, vom 11. Februar 1888 in Kraft.

II. Landesgesetzliche Bestimmungen.

1. Preußen.

a) Ausführungsverordnung zur Verordnung über die Fürsorgepflicht vom 13. Februar 1924 (RGBl. I S. 100) vom 17. April 1924 (Gesetzsamml. S. 210).

Das Staatsministerium erläßt gemäß Artikel 55 der Verfassung in Übereinstimmung mit dem ständigen Ausschusse des Landtages die folgende Verordnung mit Gesetzeskraft:

§ 1. (1) Bezirksfürsorgeverbände sind die Stadt- und Landkreise[1]) (Amtsbezirke in Hohenzollern) und die Stadtgemeinde Berlin, Landesfürsorgeverbände sind die Provinzialverbände[2]), und zwar in Schleswig-Holstein einschließlich der Insel Helgoland, in der Provinz Hessen-Nassau die Bezirksverbände Wiesbaden und Cassel, der Landeskommunalverband der Hohenzollernschen Lande und die Stadtgemeinde Berlin.

(2) Die Provinzialverbände Nieder- und Oberschlesien bilden bis zu der gemäß § 5 des Gesetzes vom 14. Oktober 1919 (Gesetzsamml. S. 169) vorzunehmenden Auseinandersetzung einen gemeinsamen Landesfürsorgeverband.

(3) Der Lauenburgische Landeskommunalverband hat bis zu seiner Vereinigung mit dem Provinzialverbande der Provinz Schleswig-Holstein die Rechte und Pflichten eines Landesfürsorgeverbandes.

[1]) „Bei der erheblichen Vermehrung der Fürsorgebedürftigen kann ein großer Teil der Einzelgemeinden sowohl finanziell wie auch nach ihrem behördlichen Aufbau nicht mehr als leistungsfähig für die Erfüllung der Aufgaben der Fürsorge angesprochen werden. Als Träger der Fürsorge kommt vielmehr insbesondere in ländlichen Gegenden der Kreis in Betracht, dessen breiterer Bezirk auch zum Lastenausgleich geeignet ist, und der durch die Entwicklung seiner Kreiswohlfahrtsämter und die ihm schon bisher obliegende Durchführung größerer Fürsorgezweige (Kriegsbeschädigten- und Kriegshinterbliebenen-, Sozial- und Kleinrentnerfürsorge) auch sachlich befähigter erscheint, zumal ihm auch die Errichtung der Jugendämter übertragen wird" (Begründung).

[2]) Grundsätzlich sind die bisherigen Landarmenverbände zu Landesfürsorgeverbänden gemacht worden, nur einige Sonderregelungen sind weggefallen. Nicht Landesfürsorgeverband sind geworden: der Landarmenverband der Insel Helgoland, der im Landesfürsorgeverband Schleswig-Holstein, der Landarmenverband der ostpreußischen Kreise, der im Landesfürsorgeverband Ostpreußen und der Landarmenverband der Stadt Breslau, der im Landesfürsorgeverband Nieder- und Oberschlesien aufgeht.

Es bestehen nunmehr also folgende Landesfürsorgeverbände:

1. Landesfürsorgeverband Ostpreußen, Sitz Königsberg;
2. Landesfürsorgeverband Pommern, Sitz Stettin;
3. Landesfürsorgeverband Grenzmark, Sitz Meseritz;
4. Landesfürsorgeverband Schlesien, Sitz Breslau;
5. Landesfürsorgeverband Brandenburg, Sitz Berlin;
6. Landesfürsorgeverband Berlin, Sitz Berlin;
7. Landesfürsorgeverband Schleswig-Holstein, Sitz Kiel;
8. Landesfürsorgeverband Westfalen, Sitz Münster;
9. Landesfürsorgeverband Rheinprovinz, Sitz Aachen;
10. Landesfürsorgeverband Provinz Sachsen, Sitz Merseburg;
11. Landesfürsorgeverband Hannover, Sitz Hannover;
12. Landesfürsorgeverband Bez. Wiesbaden, Sitz Wiesbaden;
13. Landesfürsorgeverband Bez Cassel, Sitz Cassel;
14. Landesfürsorgeverband der Hohenzollernschen Lande, Sitz Sigmaringen; und bis auf weiteres
15. Landesfürsorgeverband Lauenburg, Sitz Ratzeburg i. Lbg.

§ 2. Die Aufgaben der Landes- und Bezirksfürsorgeverbände werden von den durch die Gemeindeverfassungsgesetze bestimmten Organen der Gemeinden und Gemeindeverbände als Selbstverwaltungsangelegenheiten[1]) durchgeführt.

[1]) Vgl. die Einleitung.

§ 3. Soweit in dieser Verordnung nichts anderes[1]) bestimmt ist, sind die aus der Verordnung über die Fürsorgepflicht vom 13. Februar 1924 (RGBl. I S. 100) sich ergebenden öffentlich-rechtlichen Fürsorgeaufgaben hinsichtlich der Personen, für die ein Bezirksfürsorgeverband endgültig verpflichtet[2]) ist, endgültig von diesem, sonst von dem Landesfürsorgeverbande zu erfüllen.

[1]) Vgl. §§ 6, 7, 9 AB.

[2]) Vgl. §§ 7, 8, 11, 12 FB.

§ 4. (1) Sind Preußen[1]) oder staatlose ehemalige Preußen[2]) bei freiwilligem oder erzwungenem Übertritt[3]) aus dem Auslande[4]) hilfsbedürftig oder werden sie es binnen einem Monat nachher[5]) und ist ein Bezirksfürsorgeverband, in dem der Hilfsbedürftige innerhalb des letzten Jahres vor dem Austritt aus dem Reichsgebiete[6]) zuletzt seinen gewöhnlichen Aufenthalt[7]) gehabt hat, nicht zu ermitteln oder hat die Abwesenheit aus dem Reichsgebiete länger als ein Jahr gedauert[8]), so ist der Landesfürsorgeverband zur Fürsorge endgültig verpflichtet, innerhalb dessen der hilfsbedürftige Preuße oder der hilfsbedürftige staatlose ehemalige Preuße oder sein letzter nachweisbarer preußischer Vorfahre geboren ist; ist ein solcher Landesfürsorgeverband nicht zu ermitteln, so ist der Landesfürsorgeverband endgültig verpflichtet, in dessen Bezirk der Hilfsbedürftige sich bei Eintritt der Hilfsbedürftigkeit befindet. Die endgültige Verpflichtung zur Fürsorge gilt für Ehefrauen und minderjährige Kinder, auch wenn diese die preußische Staatsangehörigkeit nicht besessen haben[9]).

(2) Sind Personen, für die das Land Preußen durch die Reichsregierung oder die von ihr bestimmte Stelle für endgültig verpflichtet erklärt worden ist, bei freiwilligem oder erzwungenem Übertritt aus dem Auslande hilfsbedürftg oder werden sie es binnen einem Monate nachher und ist ein Bezirksfürsorgeverband, in dem der Hilfsbedürftige innerhalb des letzten Jahres vor dem Austritt aus dem Reichsgebiete zuletzt seinen gewöhnlichen Aufenthalt gehabt hat, nicht zu ermitteln oder hat die Abwesenheit aus dem Reichsgebiete länger als ein Jahr gedauert, so ist der Landesfürsorgeverband endgültig verpflichtet, in dessen Bezirk der Hilfsbedürftige sich bei Eintritt der Hilfsbedürftigkeit befindet. Die Verpflichtung zur Fürsorge für staatlose ehemalige Deutsche gilt für Ehefrauen und minderjährige Kinder, auch wenn diese die Reichsangehörigkeit nicht besessen haben, diejenige für staatlose Personen deutscher Abkunft auch für Ehefrauen nichtdeutscher Abkunft. Der Minister für Volkswohlfahrt erläßt die Bestimmungen über die Anforderung der vom Reiche zu erstattenden Kosten.

(3) Eine vorschußweise Zahlung der aufzuwendenden Kosten findet durch den Landesfürsorgeverband, dem der vorläufige fürsorgepflichtige Bezirksfürsorgeverband angehört, im Falle des Abs. 1 Satz 1 nicht statt.

1) Vgl. FV. § 7 Anm. 3.
2) Vgl. FV. § 12 Anm. 2.
3) Vgl. FV. § 12 Anm. 4.
4) Als Ausland gelten auch die im Versailler Friedensvertrag abgetretenen ehemaligen deutschen Gebiete, nicht aber das Saarland.
5) Der Tag des Übertritts ist nicht mitzurechnen (BGB. § 187 Abs. 1).
6) Vgl. FV. § 12 Anm. 8.
7) Vgl. FV. § 7 Anm. 7.
8) Vgl. FV. § 12 Anm. 10.
9) Vgl. Ausführungsbestimmungen II 1.

§ 5. Hinsichtlich der endgültigen Verpflichtung zur Fürsorge finden die Bestimmungen der Verordnung über die Fürsorgepflicht auch auf Ausländer Anwendung. Tritt die Hilfsbedürftigkeit binnen einem Monate nach dem Übertritt aus dem Auslande hervor, so ist der Landesfürsorgeverband endgültig verpflichtet in dessen Bezirk der Hilfsbedürftige sich bei Eintritt der Hilfsbedürftigkeit befindet.

§ 6. (1) Die Landesfürsorgeverbände sind verpflichtet, für Bewahrung, Kur und Pflege der hilfsbedürftigen Geisteskranken [1]), Idioten, Epileptischen, Taubstummen, Blinden und Krüppel [2]), soweit sie der Anstaltspflege [3]) bedürfen, in geeigneten Anstalten Fürsorge zu treffen. Bei Minderjährigen umfaßt diese Fürsorge auch die Erziehung und die Erwerbsbefähigung [4]) [5]) [6]).

(2) Verpflichtet zur Aufnahme und Bewahrung, zur Gewährung der Kur und Pflege ist zunächst derjenige Landesfürsorgeverband, welchem der vorläufig fürsorgepflichtige Bezirksfürsorgeverband [7]) angehört.

(3) Dieser Landesfürsorgeverband kann die Übernahme des Hilfsbedürftigen sowie den Ersatz der aufgewendeten

Verpflegungs- und Überführungskosten von demjenigen Landesfürsorgeverband verlangen, dem der endgültig fürsorgepflichtige Bezirksfürsorgeverband angehört[8]).

[1]) Ein gemeingefährlicher Geisteskranker ist als hilfsbedürftig im Sinne des UWG nicht anzusehen, wenn er in der Freiheit imstande wäre, sich seinen Unterhalt selbst zu verdienen, und seine Internierung lediglich mit Rücksicht auf die öffentliche Sicherheit erfolgt (BAH. 38/81).

[2]) Krüppelfürsorgegesetz vom 6. Mai 1920 (Gesetzsamml. S. 280) § 9: „Eine Verkrüppelung im Sinne dieses Gesetzes liegt vor, wenn eine Person (Krüppel) infolge eines angeborenen oder erworbenen Knochen-, Gelenk-, Muskel- oder Nervenleidens oder Fehlens eines wichtigen Gliedes oder von Teilen eines solchen in dem Gebrauch ihres Rumpfes oder ihrer Gliedmaßen nicht nur vorübergehend derart behindert ist, daß ihre Erwerbsfähigkeit auf dem allgemeinen Arbeitsmarkte voraussichtlich wesentlich beeinträchtigt wird."

[3]) Zur Frage der Anstaltsbedürftigkeit vgl. BAH. 29/107; 30/134, 136 u. a.; bei Krüppeln besonders BAH. 59/128 und Ausführungsbestimmungen II 2.

[4]) Bisher umfaßte in Preußen die Fürsorge für hilfsbedürftige Minderjährige nicht auch Erziehung und Erwerbsbefähigung. Nach § 49 Abs. 1 und 2 RJWG. ist Minderjährigen im Falle der Hilfsbedürftigkeit der notwendige Lebensunterhalt einschließlich der Erziehung und Erwerbsbefähigung zu gewähren.

[5]) Diese Bestimmung gilt nicht nur für deutsche Minderjährige sondern in gleicher Weise auch für ausländische, AB. § 5.

[6]) Die Kosten, die durch die Unterbringung blinder und taubstummer Kinder auf Grund des Gesetzes, betreffend die Beschulung blinder und taubstummer Kinder, vom 7. August 1911 (Gesetzsamml. S. 168) entstehen, sind nicht immer Armenkosten, vgl. BAH. 50/46: Die Unterbringung eines blinden Kindes in eine Blindenanstalt ist in Preußen nur dann eine armenrechtliche Maßnahme, wenn das Kind, abgesehen von seiner Erziehung und Ausbildung, zum Zwecke der Heilung oder zum Zwecke der Bewahrung vor Gefahren und Be-

schädigungen der Anstaltspflege bedarf. Dabei kann die Blindheit allein die Anstaltsbedürftigkeit nicht rechtfertigen.

[7]) Die Kosten der Überführung eines hilfsbedürftigen Geisteskranken usw., soweit er der Anstaltspflege bedarf, in die Pflege des Landesfürsorgeverbandes fallen dem vorläufig verpflichteten Bezirksfürsorgeverband zur Last (BAH. 27/140).

[8]) Diese Regelung gilt nur zwischen preußischen Fürsorgeverbänden, handelt es sich um außerpreußische Fürsorgeverbände, so kann ein Anspruch nur an den nach den Bestimmungen der FV. endgültig verpflichteten Bezirksfürsorgeverband gerichtet werden.

§ 7. (1) Die allgemeinen Verwaltungskosten[1]) der Anstalten und die Kosten der von der Anstalt selbst bewirkten Beerdigung trägt der Landesfürsorgeverband.

(2) Der Landesfürsorgeverband ist berechtigt, vorbehaltlich anderweitiger Vereinbarung Ersatz der sonstigen Kosten von dem endgültig fürsorgepflichtigen Bezirksfürsorgeverband zu verlangen.

(3) Unberührt bleiben alle auf besonderen gesetzlichen Bestimmungen oder Titeln beruhenden Verpflichtungen.

[1]) Vgl. FV § 16 Anm. 3.

§ 8. Die Bestimmungen über die Aufnahme und Entlassung der Anstaltspflegebedürftigen sowie über die Höhe der zu erstattenden Kosten werden in Reglements getroffen, welche der Genehmigung der zuständigen Minister unterliegen.

§ 9. Die Landesfürsorgeverbände sind ferner befugt, die Fürsorge für Sieche unmittelbar zu übernehmen.

§ 10. (1) Die Aufgaben der Hauptfürsorgestellen und Fürsorgestellen nach der Verordnung über die soziale Fürsorge für Kriegsbeschädigte und Kriegshinterbliebene vom 8. Februar 1919 (RGBl. S. 187)[1]) werden von den Behörden der Landes- und Bezirksfürsorgeverbände wahrgenommen.

(2) Die nach dem Gesetz über die Beschäftigung Schwerbeschädigter in der Fassung vom 12. Januar 1923 (RGBl. I S. 57)[2]) den Hauptfürsorgestellen übertragenen Aufgaben werden den Landesfürsorgeverbänden übertragen. Diese

können besondere Schwerbeschädigtenausschüsse bei den Bezirksfürsorgeverbänden bilden. Die zurzeit bestehenden Schwerbeschädigtenausschüsse bleiben bestehen. In Zukunft sind für die Berufung ihrer Mitglieder, soweit ihre Bestellung auf Vorschlag des Beirats der Hauptfürsorgestellen oder Fürsorgestellen oder der Gruppenvertreter im Beirat erfolgte, die von den Wirtschaftsorganisationen der Unternehmer sowie von den Kriegsbeschädigten- und Kriegshinterbliebenenvereinigungen eingereichten Vorschlagslisten maßgebend.

(3) Die von den Kriegsbeschädigten- und Kriegshinterbliebenenvereinigungen eingereichten Vorschlagslisten sind auch maßgebend, soweit nach dieser Verordnung sonst die Heranziehung von Kriegsbeschädigten und Kriegshinterbliebenen zu erfolgen hat.

[1]) Vgl. Anhang S. 81 ff.
[2]) Vgl. Anhang S. 101 ff.

§ 11. (1) Die Landesfürsorgeverbände sind befugt, die ihrer Fürsorge gesetzlich anheimfallenden Personen demjenigen Bezirksfürsorgeverbande gegen Entschädigung[1]) zu überweisen, welcher nach § 7 der Verordnung über die Fürsorgepflicht vom 13. Februar 1924 zur vorläufigen Fürsorge verpflichtet ist.

(2) Die Landesfürsorgeverbände sind verpflichtet, in ihren, für die Unterkunft Hilfsbedürftiger bestimmten Häusern, soweit es der Raum gestattet, gegen Entschädigung[1]) die der Fürsorge der Bezirksfürsorgeverbände gesetzlich anheimfallenden Personen auf Antrag dieser Verbände aufzunehmen.

[1]) Über die Höhe der Entschädigung vgl. AB. § 12.

§ 12. Der Minister für Volkswohlfahrt ist berechtigt, für solche bei der öffentlichen Fürsorge häufiger vorkommenden Aufwendungen, deren täglicher oder wöchentlicher Betrag sich in Pauschsätzen feststellen läßt, nach Anhörung des Verwaltungsorgans der Landesfürsorgeverbände Tarife aufzustellen und öffentlich bekannt zu machen. Die Erstattungsforderungen eines Fürsorgeverbandes dürfen die Tarifsätze nicht übersteigen. Bei den gegenwärtig in Geltung stehenden Tarifen bewendet es, bis sie in vorgedachter Weise abgeändert werden.

§ 13. (1) Die Landesfürsorgeverbände sind verpflichtet, denjenigen ihrem Bezirk angehörigen Bezirksfürsorgeverbänden eine Beihilfe zu gewähren, welche den ihnen obliegenden Verpflichtungen zu genügen unvermögend sind.

(2) Die Beihilfe kann in Geld oder mittels Bereitstellung von Pflegeanstalten oder in sonst geeigneter Weise erfolgen.

§ 14. Die Landesfürsorgeverbände und die Bezirksfürsorgeverbände sind befugt, den durch die Fürsorgepflicht entstehenden Aufwand nach den Vorschriften des Kommunalabgabenrechts auf die Glieder des Verbandes unterzuverteilen, soweit der Aufwand nicht durch eigene Einnahmen des Fürsorgeverbandes gedeckt wird.

§ 15. (1) Die Durchführung der den Landkreisen als Bezirksfürsorgeverbände obliegenden Fürsorgeaufgaben, insbesondere die Annahme der Anträge, die Entscheidung über die Anträge und die Durchführung der Fürsorgemaßnahmen sowie die einstweiligen Maßnahmen in dringenden Notfällen, kann durch Beschluß des Kreisausschusses den kreisangehörigen Gemeinden und engeren Gemeindeverbänden (rheinischen Landbürgermeistereien, westfälischen Ämtern und Kirchspiellandgemeinden in den Kreisen Norderdithmarschen, Süderdithmarschen und Husum) ganz oder teilweise übertragen werden.

(2) Kreisangehörige Gemeinden und engere Gemeindeverbände von mehr als 10000 Einwohnern und in der Provinz Hannover die selbständigen Städte (§ 27 Abs. 1 der Kreisordnung für die Provinz Hannover) sowie die Bezirke der Stadtgemeinde Berlin können die Übertragung der Durchführung von Fürsorgeaufgaben beantragen. Dem Antrag ist zu entsprechen, soweit nicht die Durchführung durch den Bezirksfürsorgeverband selbst für eine wirtschaftlich gesunde Erfüllung der Fürsorgeaufgaben erforderlich ist. Im Streitfall entscheidet der Bezirksausschuß endgültig

darüber, ob und in welchem Umfange die Durchführung von Fürsorgeaufgaben zu übertragen ist.

(3) Die Durchführung der kreisangehörigen Gemeinden oder engeren Gemeindeverbänden übertragenen Fürsorgeaufgaben liegt den durch die Gemeindeverfassungsgesetze bestimmten Organen ob.

(4) Die im Abs. 2 genannten Gemeinden und engeren Gemeindeverbände können beanspruchen, daß sie die ihnen zur Durchführung übertragenen Fürsorgeaufgaben selbständig unter eigener Verantwortung verwalten. Im übrigen wird die Verantwortung des Landkreises für die Erfüllung der Fürsorgeaufgaben durch die Übertragung der Durchführung nicht berührt.

§ 16. (1) Im Falle der Übertragung der Durchführung gemäß § 15 kann zur Sicherung einer einheitlichen Durchführung der Fürsorgeaufgaben innerhalb des Bezirksfürsorgeverbandes der Kreisausschuß im Rahmen der gemäß § 6 der Verordnung über die Fürsorgepflicht erlassenen Bestimmungen des Landes Richtlinien aufstellen, die für die kreisangehörigen Gemeinden und engeren Gemeindeverbände verbindlich sind.

(2) Der Kreisausschuß ist befugt, den für die Durchführung der Fürsorgeaufgaben in den einzelnen Gemeinden und engeren Gemeindeverbänden zuständigen Organen Weisungen hinsichtlich der Art und Weise der Durchführung zu erteilen. Steht die von den zuständigen Organen der Gemeinde oder des engeren Gemeindeverbandes erlassene Entscheidung mit einer solchen Weisung in Widerspruch, so kann der Kreisausschuß die Entscheidung abändern; er muß sie abändern, wenn sie das Gesetz verletzt.

(3) In den Fällen des § 15 Abs. 4 findet Abs. 2 keine Anwendung.

(4) Wird den Gemeinden oder den engeren Gemeindeverbänden die Durchführung von Fürsorgeaufgaben übertragen, so hat der Bezirksfürsorgeverband ihnen einen Betrag zur

Verfügung zu stellen, welcher nach den bisherigen Erfahrungen zur Deckung von drei Vierteln der durch die übertragenen Aufgaben entstehenden Ausgaben ausreicht. Dieser Betrag wird bis zum 1. April 1925 halbjährlich, vom 1. April 1925 ab für jedes Rechnungsjahr festgesetzt. Kommt eine Vereinbarung nicht zustande, so entscheidet der Bezirksausschuß endgültig. Die durch den zur Verfügung gestellten Betrag nicht gedeckten Kosten der übertragenen Fürsorgeaufgaben sind von den Gemeinden und engeren Gemeindeverbänden selbst aufzubringen.

§ 17. Auf die selbständigen Gutsbezirke finden die Vorschriften für Landgemeinden Anwendung.

§ 18. (1) Bei der Aufstellung von Grundsätzen und Richtlinien, die die Durchführung der sozialen Fürsorge für Kriegsbeschädigte und Kriegshinterbliebene und die ihnen auf Grund der Versorgungsgesetze Gleichstehenden zum Gegenstande haben, haben die Fürsorgeverbände einen Beirat zuzuziehen. Diesem müssen mindestens zwei Vertreter der Kriegsbeschädigten und Kriegshinterbliebenen angehören, ihre Zahl muß gleich der der übrigen Mitglieder sein.

(2) Inwieweit im übrigen bei der Festsetzung von Art und Höhe der Fürsorgeleistungen Personen aus dem Kreise der Fürsorgeempfänger heranzuziehen sind, richtet sich nach den bisherigen Bestimmungen [1].

[1]) Es gelten auch solche Bestimmungen weiter, die von den Gemeinden oder Gemeindeverbänden herausgegeben sind, also nicht allein die Bestimmungen der Verordnung über die soziale Kriegsbeschädigten- und Kriegshinterbliebenenfürsorge vom 8. Februar 1919. Vgl. Ausführungsbestimmungen IV 3.

§ 19. Die Verbände und Einrichtungen der freien Wohlfahrtspflege sind in möglichst weitem Umfange bei der Fürsorge zu beteiligen [1]).

[1]) Vgl. FV. § 5 Anm. 1, 7, 10—12.

§ 20. (1) Anträge auf Fürsorge können nur nach Maßgabe der nachstehenden Bestimmungen verfolgt werden. Anträge können sowohl bei dem Gemeindevorstande des Aufenthaltsorts als auch bei dem Bezirksfürsorgeverbande schriftlich oder mündlich gestellt werden. Die den Antrag entgegennehmende Stelle hat ihn an die für die Entscheidung über den Antrag zuständige Stelle unverzüglich weiter zu leiten.

(2) Gegen Verfügungen von Bezirksfürsorgeverbänden, auch im Falle des § 16 Abs. 2, darüber, ob, in welcher Höhe und in welcher Weise Fürsorge zu gewähren ist, steht den Fürsorgesuchenden der Einspruch zu. Der Einspruch ist bei derjenigen Stelle anzubringen, die die Verfügung erlassen hat. Gegen die Zurückweisung des Einspruchs steht dem Fürsorgesuchenden binnen zwei Wochen die Beschwerde an den Bezirksausschuß zu, welcher endgültig beschließt.

(3) Gegen Verfügungen von Gemeinden oder engeren Gemeindeverbänden, denen die Entscheidung über die Anträge oder die Durchführung der Fürsorge gemäß § 15 übertragen ist, darüber, ob, in welcher Höhe und in welcher Weise Fürsorge zu gewähren ist, steht den Fürsorgesuchenden der Einspruch zu. Gegen die Zurückweisnng des Einspruchs steht dem Fürsorgesuchenden binnen zwei Wochen die Beschwerde an das zuständige Organ des Bezirksfürsorgeverbandes zu, welches endgültig beschließt. Falls es sich um eine Stadt von mehr als 10000 Einwohnern oder in der Provinz Hannover um eine der selbständigen Städte (§ 27 Abs 1 der Kreisordnung für die Provinz Hannover) handelt, ist für die Entscheidung über die Beschwerde der Bezirksausschuß zuständig, welcher endgültig beschließt.

(4) Gegen Verfügungen der Landesfürsorgeverbände Stadtgemeinde Berlin und Landeskommunalverband Lauenburg darüber, ob, in welcher Höhe und in welcher Weise Fürsorge zu gewähren ist, steht den Fürsorgesuchenden der Einspruch zu. Gegen die Zurückweisung des Einspruchs steht dem Fürsorgesuchenden binnen zwei Wochen die Beschwerde an den Bezirksausschuß zu, der endgültig beschließt.

(5) Gegen Verfügungen der sonstigen Landesfürsorgeverbände darüber, ob, in welcher Höhe und in welcher Weise Fürsorge zu gewähren ist, steht nur, sofern es sich um eine Maßnahme der sozialen Fürsorge für Kriegsbeschädigte und Kriegshinterbliebene und der ihnen auf Grund der Versorgungsgesetze Gleichstehenden handelt, den Fürsorgesuchenden der Einspruch zu, über den der Landesdirektor (Landeshauptmann), in den Hohenzollernschen Landen der Vorsitzende des Landesausschusses, unter Zuziehung mindestens zweier Vertreter der Kriegsbeschädigten und Kriegshinterbliebenen und der gleichen Anzahl Mitglieder des Provinzial- (Landes-) Ausschusses endgültig beschließt. Sämtliche an der Entscheidung Mitwirkenden haben volles Stimmrecht.

(6) Der Einspruch ist in allen Fällen bei derjenigen Stelle anzubringen, die die Verfügung erlassen hat. Der zurückweisende Bescheid ist mit Gründen zu versehen.

(7) Sofern es sich um eine Maßnahme der sozialen Fürsorge für Kriegsbeschädigte und Kriegshinterbliebene oder ihnen auf Grund der Versorgungsgesetze Gleichstehende handelt, haben mindestens zwei Vertreter der Kriegsbeschädigten oder Kriegshinterbliebenen mit vollem Stimmrechte mitzuwirken bei der Entscheidung

1. über den Einspruch gegen Verfügungen
   a) der Bezirksfürsorgeverbände (Abs. 2),
   b) der Städte mit mehr als 10000 Einwohnern oder der selbständigen Städte in der Provinz Hannover,
   c) der Landesfürsorgeverbände Stadtgemeinde Berlin und Landeskommunalverband Lauenburg (Abs. 4),
2. über die Beschwerde gegen Verfügungen von Gemeinden oder engeren Gemeindeverbänden, denen die Entscheidung über die Anträge oder die Durchführung der Fürsorge gemäß § 16 übertragen ist (Abs. 3 Satz 1), soweit es sich nicht um eine Stadt von mehr als 10000 Einwohnern oder eine selbständige Stadt der Provinz Hannover handelt.

§ 21. (1) Wer infolge seines sittlichen Verschuldens[1]) der öffentlichen Fürsorge selbst anheimfällt oder einen Unterhaltsberechtigten[2]) im Sinne des § 20 der Verordnung über die Fürsorgepflicht anheimfallen läßt, kann, wenn er Arbeit beharrlich[3]) ablehnt oder sich der Unterhaltspflicht beharrlich[3]) entzieht, auch gegen seinen Willen auf Antrag des vorläufig oder endgültig verpflichteten Fürsorgeverbandes[4]) durch Beschluß des Bezirksausschusses für die Dauer seiner oder des Unterhaltsberechtigten Fürsorgebedürftigkeit in einer öffentlichen Arbeitsanstalt oder in einer staatlich als geeignet anerkannten Privatanstalt untergebracht werden. Der Untergebrachte ist verpflichtet, für Rechnung des Fürsorgeverbandes die ihm angewiesenen Arbeiten nach dem Maße seiner Kräfte zu verrichten. Die Unterbringung erfolgt nicht:

1. wenn die Fürsorgebedürftigkeit nur durch vorübergehende Umstände verursacht ist;
2. wenn der Unterzubringende nicht arbeits- oder erwerbsfähig ist;
3. wenn er entsprechend seiner Arbeits- und Erwerbsfähigkeit zum Unterhalt von Verwandten beiträgt, die vor dem der Fürsorge Anheimgefallenen unterhaltsberechtigt sind;
4. wenn die Unterbringung mit erheblichen, den Umständen nach nicht gerechtfertigten Härten[5]) oder Nachteilen für das Fortkommen des Unterzubringenden verbunden sein würde.

(2) Anstatt der Unterbringung in einer Arbeitsanstalt kann auch die Einweisung in eine Erziehungs- oder Heilanstalt (insbesondere auch Trinkerheilanstalt) angeordnet werden, in welcher Gelegenheit gegeben ist, den Eingewiesenen mit angemessener Arbeit zu beschäftigen.

[1]) Vgl. § 20 Anm. 3 FV.
[2]) Vgl. § 20 Anm. 4 FV.
[3]) Vgl. § 20 Anm. 8 FV.

[4]) Nach FV. § 20 ist nicht allein der vorläufig oder der endgültig verpflichtete Fürsorgeverband zur Stellung des Antrages berechtigt, sondern auch derjenige, der dem Fürsorgeverband die Kosten der Unterstützung zu ersetzen hat. Diese Berechtigung ist hier nicht aufgeführt, sie findet sich in § 31, allerdings mit der Einschränkung, daß der Ersatzpflichtige nicht unmittelbar beim Bezirksausschuß den Antrag stellen kann sondern den Fürsorgeverband dazu veranlassen muß.

[5]) Vgl. § 20 Anm. 11 FV.

§ 22. Zuständig für den Erlaß der Beschlüsse gemäß § 21 ist die für den Aufenthaltsort des Unterzubringenden oder eines unterstützten Unterhaltsberechtigten zuständige Beschlußbehörde. Ist zur Fürsorge für den Unterzubringenden ein Landesfürsorgeverband endgültig verpflichtet, so kann die Beschlußbehörde die Entscheidung an die für den Sitz des Landesfürsorgeverbandes zuständige Behörde überweisen. Sie ist hierzu auf Antrag des Landesfürsorgeverbandes verpflichtet.

§ 23. (1) Die Entscheidung des Bezirksausschusses ergeht auf Grund mündlicher Verhandlung. Sie ist mit Gründen zu versehen. Vor der Entscheidung ist der Unterzubringende, gegen den das Verfahren sich richtet, zu hören, soweit dies nicht durch besondere Umstände[1]) ausgeschlossen ist. Das Beschlußverfahren kann solange ausgesetzt werden, bis über die Klage des Unterzubringenden, der seine Unterhaltspflicht bestreitet, im ordentlichen Rechtswege rechtskräftig entschieden ist. Im übrigen finden auf das Verfahren die Vorschriften der §§ 52, 115, 116, 119 bis 126 des Gesetzes über die allgemeine Landesverwaltung vom 30. Juli 1883 (Gesetzsamml. S. 195 ff.) sinngemäße Anwendung.

(2) Gegen den Beschluß des Bezirksausschusses findet innerhalb zweier Wochen der Antrag auf mündliche Verhandlung im Verwaltungsstreitverfahren statt. Die Entscheidung des Bezirksausschusses im Verwaltungsstreitverfahren ist endgültig.

(3) Der Antrag auf mündliche Verhandlung hat keine aufschiebende Wirkung. Der Bezirksausschuß kann indessen

die Vollstreckung der Anordnung auf Antrag oder von Amtswegen bis zur endgültigen Entscheidung aussetzen. Vor der Aussetzung ist der Fürsorgeverband zu hören.

[1]) Vgl. Ausführungsbestimmungen VI 2.

§ 24. (1) Die Vollstreckung des Beschlusses liegt dem antragstellenden Fürsorgeverbande ob. Der vorläufig fürsorgepflichtige Fürsorgeverband ist berechtigt, sie dem Erstattungspflichtigen zu überweisen.

(2) Die Fürsorgeverbände sind berechtigt, die einer Arbeitsanstalt überwiesenen Personen in Anstalten außerhalb ihres Bezirkes unterzubringen oder ihnen Arbeiten auch ohne Aufnahme in eine geschlossene Arbeitsanstalt anzuweisen.

§ 25. (1) Die Entlassung aus der Arbeitsanstalt ist von dem Fürsorgeverbande zu verfügen, so bald die gesetzlichen Voraussetzungen der Unterbringung weggefallen sind.[1])

(2) Beantragt der Untergebrachte die Aufhebung des Unterbringungsbeschlusses mit der Behauptung, daß dessen Voraussetzungen weggefallen sind, so entscheidet über diesen Antrag der Bezirksausschuß, der den Beschluß erlassen hat; für das Verfahren gelten die Vorschriften des § 23.

[1]) Die gesetzlichen Voraussetzungen sind weggefallen, wenn die Hilfsbedürftigkeit des Untergebrachten oder des Unterhaltsberechtigten beseitigt ist, oder wenn der Untergebrachte Arbeit angenommen hat.

§ 26. (1) Der Fürsorgeverband kann den Untergebrachten für eine angemessene Zeit beurlauben. Bleibt der Beurlaubte oder ein Unterhaltsberechtigter während der Beurlaubung fürsorgebedürftig (§ 21), so kann auf Antrag des Fürsorgeverbandes durch Bescheid des Vorsitzenden des Bezirksausschusses, der den Unterbringungsbeschluß erlassen hat, die Wiedereinlieferung des Beurlaubten verfügt werden. In dem Bescheid ist den Beteiligten zu eröffnen, daß sie befugt sind, innerhalb zweier Wochen auf Beschlußfassung durch das Kollegium anzutragen. Dieses entscheidet endgültig. Im übrigen finden die Vorschriften des § 117 Abs. 4 und 5 des Landesverwaltungsgesetzes mit der Maßgabe Anwendung, daß der Antrag auf Beschlußfassung durch das Kollegium keine aufschiebende Wirkung hat.

(2) Wird während der Beurlaubung eine Wiedereinlieferung nicht verfügt, so gilt der Beurlaubte als endgültig entlassen.

(3) Wird der Antrag auf Beurlaubung von dem Untergebrachten nach Ablauf von drei Monaten seit der Unterbringung oder der Wiedereinlieferung oder der Ablehnung eines solchen Antrages gestellt, so hat, wenn der Fürsorgeverband dem Antrage nicht entsprechen will, der Vorsitzende des Bezirksausschusses, der den Unterbringungsbeschluß erlassen hat, einen Bescheid zu erteilen. Auf das Verfahren finden Satz 2 und 3 des Abs. 1 Anwendurg.

(4) Wenn die Unterbringung ein Jahr gedauert hat, muß der Untergebrachte auch ohne Antrag beurlaubt werden. Eine erneute Unterbringung darf alsdann erst nach Ablauf von drei Monaten beschlossen werden.

§ 27. Aus dem Arbeitsverdienste des Untergebrachten sind zunächst die Kosten der Unterbringung zu decken. Aus dem Überschuß sind die Kosten der Fürsorge, die den Angehörigen des Untergebrachten für die Zeit der Unterbringung gewährt wird, zu bestreiten. Der dann noch verbleibende Rest ist dem Untergebrachten bei der Entlassung auszuhändigen.

§ 28. Für jede Arbeitsanstalt ist eine Hausordnung[1]) aufzustellen, welche Vorschriften über die Aufnahme und Behandlung, die Art der Beschäftigung und Entlohnung sowie über die Berechnungsweise der Kosten der Unterbringung (§ 27) enthalten muß und der staatlichen Bestätigung bedarf. Dies gilt sinngemäß, wenn dem Untergebrachten ohne Aufnahme in eine geschlossene Arbeitsanstalt Arbeit angewiesen wird.

[1]) Vgl. Ausführungsbestimmungen VI 4.

§ 29. (1) Die Polizeiverwaltungen sind verpflichtet, die zur Vorbereitung des Unterbringungsverfahrens und zur

Durchführung der Vollstreckung etwa erforderliche Hilfe zu gewähren.

(2) Insbesondere haben sie auf Antrag des Fürsorge gewährenden Fürsorgeverbandes den gemäß § 21 Unterzubringenden, der einer Vorladung der Fürsorgebehörde nicht Folge leistet, an Stelle der Fürsorgebehörde zu vernehmen oder dieser vorzuführen.

(3) Die entstehenden Transportkosten fallen in allen Fällen dem endgültig fürsorgepflichtigen Fürsorgeverband zur Last.

§ 30. (1) Auf Antrag des die Fürsorge gewährenden Fürsorgeverbandes kann durch Beschluß des Kreis- (Stadt-) Ausschusses nach Anhören der Beteiligten den nach den Vorschriften des Bürgerlichen Gesetzbuches Unterhaltspflichtigen oder nach § 22 der Verordnung über die Fürsorgepflicht Ersatzpflichtigen auferlegt werden, dem Hilfsbedürftigen nach Maßgabe ihrer gesetzlichen Verpflichtung den erforderlichen Unterhalt zu gewähren oder dem Fürsorgeverband für die Kosten der Fürsorge Ersatz zu leisten. Auf den Vater eines unehelichen Kindes findet diese Vorschrift nur insoweit Anwendung, als er seine Vaterschaft nach § 1718 BGB. anerkannt hat oder seine Unterhaltspflicht in einem vollstreckbaren Titel festgestellt ist.

(2) Die Beschlußfassung steht dem Kreis- (Stadt-) Ausschuß, in welchem der in Anspruch genommene Unterhaltspflichtige oder Ersatzpflichtige seinen Wohnsitz hat, zu. Hat der Unterhaltspflichtige oder Ersatzpflichtige im Inland keinen Wohnsitz, so treten an die Stelle der Behörden des Wohnsitzes die Behörden des Aufenthaltsortes. Die Vorschriften des § 59 des Gesetzes über die allgemeine Landesverwaltung vom 30. Juli 1883 finden keine Anwendung. Der Beschluß ist mit Gründen zu versehen. Gegen den Beschluß ist nur der Rechtsweg zulässig.

(3) Der Beschluß des Kreis- (Stadt-) Ausschusses ist vorläufig und nur solange vollstreckbar, bis mittels rechts-

kräftigen gerichtlichen Urteils eine abändernde Entscheidung erfolgt ist. Im letzteren Falle hat der antragstellende Fürsorgeverband dem in Anspruch genommenen Unterhaltspflichtigen oder Ersatzpflichtigen das bis dahin Geleistete oder das zu viel Geleistete zu erstatten. Im Weigerungsfalle ist er hierzu im Aufsichtswege anzuhalten.

(4) Im übrigen kann ein Fürsorgeverband in allen Fällen, soweit nicht die Vorschriften, betreffend das Verfahren in Streitsachen zwischen Fürsorgeverbänden, zur Anwendung kommen, die Erstattung bereits verausgabter Fürsorgekosten nur im gerichtlichen Verfahren beanspruchen.

§ 31. Ein Unterhalts- und Ersatzpflichtiger kann bei dem vorläufig oder endgültig verpflichteten Fürsorgeverband beantragen,[1]) daß dieser gemäß den Vorschriften des § 21 die Unterbringung des Hilfsbedürftigen oder der Person, die den Hilfsbedürftigen durch Verletzung der Unterhaltspflicht der öffentlichen Fürsorge hat anheimfallen lassen, betreibt. Gegen die Ablehnung des Antrages steht die Beschwerde beim Bezirksausschuß zu, der endgültig entscheidet.

[1]) Vgl. § 21 Anm. 4.

§ 32. Das Gesetz über die Zuständigkeit der Verwaltungs- und Verwaltungsgerichtsbehörden vom 1. August 1883 (Gesetzsamml. S. 237) wird wie folgt geändert:

1. Im 6. Titel wird die Überschrift „Armenangelegenheiten" durch die Worte „Angelegenheiten der öffentlichen Fürsorge" ersetzt;
2. § 39 erhält folgende Fassung:

Streitigkeiten zwischen Fürsorgeverbänden wegen öffentlicher Fürsorge für Hilfsbedürftige werden im Verwaltungsstreitverfahren entschieden.

Zuständig in erster Instanz ist der Bezirksausschuß. Dieser entscheidet endgültig, soweit die Organisation oder die örtliche Abgrenzung der einzelnen Fürsorgeverbände Gegenstand des Streites ist. Im übrigen findet gegen dessen Entscheidung unter Ausschluß aller sonstigen Rechtsmittel die Berufung an das Bundesamt für das Heimatwesen statt und behält es bei den Bestimmungen des Reichsgesetzes über den Unterstützungswohnsitz in der Fassung vom 30. Mai 1908 (RGBl. S. 381) sein Bewenden;

3. Im § 40 sind die Worte „9, 10 und 12" und die Worte „und in den Gesamtarmenverbänden sowie über die Genehmigung zur Wiederauflösung von Gesamtarmenverbänden (§ 14 a. a. O.)" zu streichen;
4. § 41 wird aufgehoben;
5. Im § 42 ist das Wort „Ortsarmenverbänden" durch „Bezirksfürsorgeverbänden", das Wort „Landarmenverbände" durch „Landesfürsorgeverbände" zu ersetzen. Die Worte „(§ 36 des Gesetzes vom 8. März 1871)" durch die Worte „(§ 13 der Ausführungsverordnung vom 17. April 1924 zur Verordnung über die Fürsorgepflicht vom 13. Februar 1924 — RGBl. I S. 100 —)" zu ersetzen;
6. § 43 wird aufgehoben;
7. An die Stelle des § 44 Abs. 1 und 2 tritt folgender Abs. 1:

   Auf Beschwerden und Einsprüche, betreffend die Verpflichtung zur Teilnahme an den Lasten der Armenpflege in Gutsbezirken (§ 8 des Gesetzes vom 8. März 1871), beschließt der Gutsvorsteher. Gegen den Beschluß findet innerhalb zwei Wochen die Klage im Verwaltungsstreitverfahren statt. Zuständig ist in erster Instanz der Kreisausschuß.

   § 44 Abs. 4 Satz 2 wird gestrichen;
8. Im § 161 wird die Zahl 41 gestrichen.

§ 33. (1) Die §§ 6, 8, 38, 57, 58 und 59 des Gesetzes, betreffend die Ausführung des Bundesgesetzes über den Unterstützungswohnsitz, vom 8. März 1871 (Gesetzsamml. S. 130) in der Fassung des Gesetzes vom 11. Juli 1891

(Gesetzsamml. S. 300) und des Gesetzes vom 23. Juli 1912 (Gesetzsamml. S. 195), das im übrigen aufgehoben wird, finden entsprechende Anwendung [1]).

(2) § 1 des Gesetzes über die öffentliche Krüppelfürsorge vom 6. Mai 1920 (Gesetzsamml. S. 280) wird aufgehoben.

[1]) Die weiter Gültigkeit behaltenden Bestimmungen lauten:

§ 6. Die Vorsteher von Korporationen und anderen juristischen Personen sind verpflichtet, den Gemeindebehörden auf deren Erfordern Auskunft über den Betrag der Unterstützungen zu erteilen, welche einem Hilfsbedürftigen des Gemeindebezirks aus den unter ihrer Verwaltung stehenden, einem Zwecke der Wohltätigkeit gewidmeten Fonds gewährt werden. Vorsteher, welche diese Auskunft innerhalb einer vierzehntägigen Frist, von Empfang der seitens der Gemeindebehörden ergangenen Aufforderung an gerechnet, zu erteilen unterlassen, werden mit einer Geldstrafe bis zu zehn Taler bestraft.

§ 8. Die Gutsbesitzer haben in den Gutsbezirken die Kosten der öffentlichen Armenpflege gleich den Gemeinden zu tragen.

Steht der Gutsbezirk nicht ausschließlich im Eigentum des Gutsbesitzers, so ist auf dessen Antrag ein Statut zu erlassen, welches die Aufbringung der Kosten der öffentlichen Armenpflege in dem Gutsbezirke anderweitig regelt und den mit heranzuziehenden Grundbesitzern oder Einwohnern eine entsprechende Beteiligung bei der Verwaltung der Armenpflege einräumt. Das Statut wird, wenn sich die Beteiligten nicht vereinigen, nach Anhörung derselben durch den Kreistag festgestellt und muß hinsichtlich der Regelung der Beitragspflicht den gesetzlichen Bestimmungen über die Verteilung der Kommunallasten in den ländlichen Gemeinden folgen. Dasselbe unterliegt der Bestätigung der Bezirksregierung.

§ 38. Die **Landesfürsorgeverbände** sind verpflichtet, die in ihrem Bezirke festgenommenen, auf Grund der Bestimmungen des **Strafgesetzbuches für das Deutsche Reich vom 15. Mai/26. Februar 1876 § 361 Nr. 3 bis** 8 verurteilten und nach verbüßter Strafe der Landespolizeibehörde überwiesenen Personen, auf dahingehenden Beschluß dieser

Behörde in ein Arbeitshaus unterzubringen. Die Kosten des Transportes der vorgedachten Personen aus dem Gerichtsgefängnis in das Arbeitshaus, sowie der ihnen etwa behufs dieses Transportes zu gewährenden unentbehrlichen Bekleidung fallen dem Staate zur Last, wogegen die **Landesfürsorgeverbände** die Kosten der Verpflegung in der Anstalt, der bei der Entlassung aus dieser, wenn nötig, zu gewährenden Bekleidung und entstehendenfalls der Beerdigung insoweit zu tragen haben, als diese Kosten durch den aufkommenden Arbeitsverdienst nicht gedeckt werden.

§ 57. Soweit die Organisation oder die örtliche Abgrenzung der einzelnen Fürsorgeverbände Gegenstand des Streites ist, bewendet es endgültig bei der Entscheidung des **Bezirksausschusses.** Im übrigen findet gegen dessen Entscheidung, unter Ausschluß aller sonstigen Rechtsmittel, die Berufung an das Bundesamt für das Heimatwesen statt.

§ 58. In allen Streitsachen zwischen preußischen **Fürsorgeverbänden** ist die unterliegende Partei verpflichtet, der Gegenpartei die ihr in der Berufungsinstanz entstandenen baren Auslagen, sowie die Gebühren eines sie in der öffentlichen Sitzung des Bundesamtes vertretenden Rechtsverständigen zu erstatten.

§ 59. Gegen die im § 56 des Gesetzes über den Unterstützungswohnsitz erwähnten Anordnungen (s. Anhang I S. 147) findet die Berufung an das Bundesamt für das Heimatwesen auch in denjenigen Fällen statt, in denen ein Streit zwischen zwei preußischen **Fürsorgeverbänden** besteht.

Ist ein **Fürsorgeverband** zur Zahlung und Erstattung der ihm endgültig auferlegten Kosten und Gebühren ganz oder teilweise außerstande (§ 59 des Gesetzes über den Unterstützungswohnsitz), so bleiben die Kosten des Verfahrens außer Ansatz und für die Erstattung der Auslagen und Gebühren muß der betreffende **Landesfürsorgeverband** aufkommen.

§ 34. Die Bezirksfürsorgeverbände sind Rechtsnachfolger der durch diese Verordnung aufgehobenen Gesamtarmenverbände [1]).

[1]) Vgl. Erlaß des preuß. Ministers f. Volkswohlfahrt III E. Nr. 839: Die Frage, welchen Einfluß die Fürsorgepflicht-

verordnung auf die Ansprüche hat, die aus der Zeit vor dem Inkrafttreten den bisherigen Armenverbänden gegeneinander zustehen, unterliegt der Entscheidung der für die Verfolgung dieser Ansprüche zuständigen Gerichte.

Ohne deren Entscheidung vorzugreifen, bin ich jedoch der Ansicht, daß die Bezirksfürsorgeverbände nicht Rechtsnachfolger der in ihrem Bezirk bisher belegenen Ortsarmenverbände geworden sind. Die Pr.AV. zur FV. sieht im § 34 nur hinsichtlich der Gesamtarmenverbände eine Rechtsnachfolge der Bezirksfürsorgeverbände vor.

Die Ortsarmenverbände dagegen sind, wie das Oberverwaltungsgericht im Band 45 S. 108/112 ausgesprochen hat, keine von der Ortsgemeinde verschiedene besondere selbständige juristische Person. Die Worte „Ortsarmenverband" einerseits „Stadt- und Landgemeinde" andererseits fassen, wenn sie auf dieselbe Gemeinde anzuwenden sind, nur die verschiedenen Beziehungen zusammen, in denen dasselbe einheitliche Rechtssubjekt, die Gemeinde, als Träger von Rechten und Pflichten in Betracht kommt. Soweit es sich daher um Ansprüche von mehr als 10 Goldmark handelt, werden diese von den Gemeinden, die die bisherigen Träger der Ortsarmenverbände waren, weiter verfolgt werden können. Dem steht auch die Reichsverordnung nicht entgegen. Vielmehr spricht sie im § 36 Abs. 1 davon, daß Erstattungsansprüche von Armen- pp. Verbänden auf Grund der bisherigen Bestimmungen *derartigen* Verbänden gegenüber nicht mehr geltend gemacht werden können, *wenn ihr Betrag weniger als 10 Goldmark* beträgt. Aus dieser Fassung geht hervor, daß nach dem 1. April 1924 die Armenverbände oder besser ihre bisherigen Träger die Ansprüche weiter geltend machen können.

Die Ansicht des Bundesamts für das Heimatwesen in der Entscheidung vom 9. Mai 1924 (Fürsorge S. 33), daß eine Vereinigung von Forderung und Schuld eingetreten und der Klageanspruch demgemäß erloschen ist, wenn die bisherigen Ortsarmenverbände den Bezirksfürsorgeverbänden angehören, vermag ich daher auch nicht zu teilen. Die dieser Ansicht zugrundeliegende Auffassung einer Rechtsnachfolge kann auch nicht auf § 37 der AV. gestützt werden, der lediglich anordnet, daß für die Zeit nach dem 1. April 1924 und mit Wirkung von diesem Tage die Landes- und Bezirksfürsorgeverbände an die Stelle der Armenverbände auch insoweit treten, als diesen durch andere Gesetze als dem Unterstützungswohnsitzgesetz und dem AG. zu diesem Rechte und Pflichten zustehen. Vgl. auch Friedrichs (Zeitschrift f. d. Heimatwesen Bd. 29 S. 329ff.) und Wittelshöfer (a. a. O. S. 426ff.).

§ 35. Die Landkreise haben an dem Gemeindeanteil an der Hauszinssteuer, den sie gemäß § 12 der Preußischen Steuernotverordnung vom 1. April 1924 (Gesetzsamml. S. 191) erhalten, die Gemeinden (Gutsbezirke, engeren Gemeindeverbände) zu beteiligen, denen die Durchführung von Fürsorgeaufgaben übertragen ist. Die näheren Bestimmungen treffen die zuständigen Minister, wobei der Teil des nicht vom Kreise zu tragenden Fürsorgeaufwandes angemessen zu berücksichtigen ist[1]).

[1]) Vgl. Ausführungsbestimmungen III 10.

§ 36. (1) Nach Erlaß der Grundsätze gemäß § 6 der Verordnung über die Fürsorgepflicht vom 13. Februar 1924 (RGBl. I S. 100) ist der Minister für Volkswohlfahrt berechtigt, Bestimmungen über Voraussetzung, Art und Maß der zu gewährenden Fürsorge zu erlassen.

(2) Bis zum Erlasse dieser Bestimmungen bleiben die Bestimmungen der §§ 1[1]) und 64[2]) zu a des Gesetzes, betreffend die Ausführung des Bundesgesetzes über den Unterstützungswohnsitz, vom 8. März 1871 (Gesetzsamml. S. 130) in Kraft.

(3) Das Staatsministerium hat sechs Monate nach der Aufstellung der endgültigen, gemäß § 6 der Verordnung über die Fürsorgepflicht vom 13. Februar 1924 von der Reichsregierung erlassenen Grundsätze einen Gesetzentwurf über Voraussetzung, Art und Maß der zu gewährenden Fürsorge dem Landtage vorzulegen.

[1]) § 1: Jedem hilfsbedürftigen Deutschen (§ 69) ist von dem zu seiner Unterstützung verpflichteten (Armenverband) **Fürsorgeverbande** Obdach, der unentbehrliche Lebensunter-

halt, die erforderliche Pflege in Krankheitsfällen und im Falle seines Ablebens ein angemessenes Begräbnis zu gewähren.

Die Unterstützung kann geeignetenfalls, solange dieselbe in Anspruch genommen wird, mittels Unterbringung in einem Armen- oder Krankenhause sowie mittels Anweisung der den Kräften des Hilfsbedürftigen entsprechenden Arbeiten außerhalb oder innerhalb eines solchen Hauses gewährt werden.

Gebühren für die einem Unterstützungsbedürftigen geleisteten geistlichen Amtshandlungen sind die (Armenverbände) **Fürsorgeverbände** zu entrichten nicht verpflichtet.

Diese Bestimmungen werden dann noch durch § 49 Abs. 1 und 2 RJWG. für Minderjährige ergänzt, vgl. Anh S. 115 ff.

[2]) § 64. Jeder Ausländer ist, solange ihm der Aufenthalt im Inlande gestattet wird, a) in bezug auf die Art und das Maß der im Falle der Hilfsbedürftigkeit zu gewährenden öffentlichen Unterstützung . . . einem Deutschen gleich zu behandeln (vgl. § 5).

§ 37. Soweit in sonstigen Gesetzen oder Verordnungen Landarmenverbände oder Ortsarmenverbände erwähnt sind, treten an deren Stelle die nach dieser Verordnung verpflichteten Landes- oder Bezirksfürsorgeverbände.

§ 38. Bis zum 30. April 1924 haben die nach den bisherigen Bestimmungen verpflichteten Gemeinden und Gemeindeverbände die Fürsorgeleistungen vorschußweise für die nach dieser Verordnung verpflichteten Fürsorgeverbände zu gewähren.

§ 39. Diese Verordnung tritt mit Wirkung vom 1. April 1924 in Kraft.

b) Ausführungsbestimmungen zur Verordnung über die Fürsorgepflicht vom 13. Februar 1924 — RGBl. I S. 100 — (FV.) und zur Preußischen Ausführungsverordnung zur Verordnnng über die Fürsorgepflicht vom 17. April 1924 — Gesetzsamml. S. 210 — (AV.). Vom 31. Mai 1924 („Volkswohlfahrt" 1924 Nr. 12).

I. Die Fürsorgeverbände.

Zu § 1 AV. (1) Entsprechend dem bisherigen Aufbau der Armenverbände ist grundsätzlich der Provinzialverband zum Landesfürsorgeverband bestimmt worden (vgl. im einzelnen § 1 AV.).

(2) Die Gesamtheit der durch § 1 FV. überwiesenen Fürsorgeaufgaben erfordert einen so erheblichen finanziellen Aufwand, daß als Träger der Bezirksfürsorgeverbände nur größere kommunale Gebietskörperschaften in Betracht kommen können, deren Leistungsfähigkeit im allgemeinen außer Zweifel steht. Die Ausführungsverordnung hat demgemäß vornehmlich unter dem Gesichtspunkt des Lastenausgleichs ausnahmslos die Stadt- und Landkreise zu Bezirksfürsorgeverbänden erklärt. An Stelle der Einzelgemeinde oder des engeren örtlichen Verbandes soll die Gesamtheit der in den Landkreisen vereinigten Gemeinden und Gemeindeverbände die finanziellen Lasten der Fürsorge tragen.

II. Abgrenzung der Aufgaben der Fürsorgeverbände. Verhältnis der Fürsorgeverbände zueinander.

(1) Die Verteilung der Fürsorgepflichten zwischen dem Landesfürsorgeverband und dem Bezirksfürsorgeverband ergibt sich aus den Zuständigkeitsvorschriften der Reichsverordnung. Nach diesen werden die Fürsorgeaufgaben für diejenigen Personen, für die ein Bezirksfürsorgeverband endgültig verpflichtet ist, von diesem, sonst von dem Landesfürsorgeverband erfüllt (vgl. §§ 7 bis 15 FV.). Dieser Grundsatz, der dem Grundgedanken des Unterstützungswohnsitzgesetzes entspricht, ist mit Rücksicht auf § 2 Abs. 1 FV. im § 3 AV. noch einmal ausdrücklich ausgesprochen. Von ihm sieht die Ausführungsverordnung Ausnahmen für die aus dem Ausland zurückkehrenden Preußen und staatlosen ehemaligen Preußen und diejenigen Personen deutscher Abkunft, für die das Land durch die Reichsregierung gemäß § 12 der Reichsverordnung für endgültig verpflichtet erklärt wird, vor. Für diese Personen bestimmt § 4 AV., unter welchen Voraussetzungen sie als landeshilfsbedürftig gelten, auch wenn sie bereits einen gewöhnlichen Aufenthalt in

Zu § 3 AV.

Zu §§ 4, 5 AV.

Preußen begründet haben, und welcher Landesfürsorgeverband endgültig fürsorgepflichtig ist. Entsprechend regelt § 5, der grundsätzlich gemäß dem bisherigen Recht die Ausländer den Inländern hinsichtlich der Zuständigkeit gleichstellt, daß auch Ausländer landeshilfsbedürftig bleiben, wenn sie binnen einem Monat nach dem Übertritt aus dem Ausland hilfsbedürftig werden, obwohl sie bereits einen gewöhnlichen Aufenthalt begründet haben. Diese Bestimmungen befreien entsprechend dem bisherigen preußischen Grundsatz das Land Preußen von jeder unmittelbaren Fürsorgelast und bewirken gleichzeitig die Entlastung der an der Grenze belegenen Landes- und Bezirksfürsorgeverbände.

Zu § 6 AB. (2) Entsprechend dem bisherigen Recht ist die Verpflichtung der Landesfürsorgeverbände, die Bewahrung, Kur und Pflege hilfsbedürftiger Geisteskranken, Idioten, Epileptischen, Taubstummen und Krüppel, soweit sie der Anstaltspflege bedürfen, den Bezirksfürsorgeverbänden abzunehmen, bestehen geblieben. Bei Minderjährigen umfaßt diese Verpflichtung auch die Erziehung und Erwerbsbefähigung. Dies bedeutet für die Minderjährigen mit Ausnahme der Krüppel eine Ausdehnung der Verpflichtung über den bisherigen preußischen Rechtszustand die der durch das Jugendwohlfahrtsgesetz eingetretenen Erweiterung der Fürsorge auf Erziehung und Erwerbsbefähigung Rechnung trägt. Die Ausdehnung soll verhindern, daß bei Minderjährigen, die wegen ihrer geistigen oder körperlichen Gebrechen der Anstaltspflege bedürfen, die Erziehung und Erwerbsbefähigung anderen Trägern der Fürsorge obliegt, und bedeutet insoweit lediglich eine Verteilung bereits vorliegender Aufgaben. Darüber hinaus wird aber entsprechend der durch das Preußische Krüppelfürsorgegesetz geschaffenen Rechtslage (vgl. Ausführungsanweisung zum Gesetz über die Krüppelfürsorge zu V 2 — VMBl. 1920 S. 179 —) die Tatsache, daß die Erziehung und Erwerbsbefähigung infolge des Gebrechens außerhalb von Anstalten nicht gewährt werden kann, die Verpflichtung zur Anstaltspflege auch dann begründen, wenn sie sonst nicht geboten wäre.

(3) Eine weitere Zusammenfassung der Fürsorgetätigkeit ist bei der Fürsorge für Schwerbeschädigte durch Arbeitsbeschaffung erfolgt, die bisher die bei den Provinzialverwaltungen eingerichteten Hauptfürsorgestellen einheitlich mit dem Recht der Übertragung auf die Fürsorgestellen ausgeübt haben. Diese Fürsorge ist den Landesfürsorgeverbänden übertragen mit der Befugnis, die bisher zulässigen Übertragungen auf die Bezirksfürsorgeverbände vorzunehmen. Diese Regelung war mit Rücksicht auf das unverändert gebliebene Gesetz über die Beschäftigung Schwerbeschädigter vom 12. Januar 1923 (RGBl. I S. 57) erforderlich. Zu § 10 AB.

(4) Auf dem Gebiet der sozialen Kriegsbeschädigten- und Kriegshinterbliebenenfürsorge haben die Landesfürsorgeverbände gemäß § 7 der Verordnung über die soziale Kriegsbeschädigten- und Kriegshinterbliebenenfürsorge vom 8. Februar 1919 (RGBl. S. 187) die Befugnis, über grundsätzliche Fragen ihres Bezirks zu beschließen und Richtlinien aufzustellen. Soweit sie im übrigen grundsätzlich auf die Wohlfahrtspflege in ihrem Bezirk Einfluß nehmen wollen, ist die Möglichkeit hierzu durch § 5 FV. ausdrücklich betont. Ein Recht steht ihnen jedoch nicht zu, vielmehr wird es hierzu einer Vereinbarung mit den Bezirksfürsorgeverbänden bedürfen, zu der die Anregung von den Landesfürsorgeverbänden ausgehen kann. § 5 FV., der den Fürsorgestellen für ihren Bereich die Stellung eines Mittelpunkts der öffentlichen Wohlfahrtspflege und eines Bindeglieds zwischen öffentlicher und freier Wohlfahrtspflege einräumt, soll auch die Behörden der Landesfürsorgeverbände zu umfassender Tätigkeit und die der Bezirksfürsorgeverbände zur gemeinsamen Arbeit mit jenen und den Verbänden und Einrichtungen der freien Wohlfahrtspflege anregen. Es ist den Fürsorgeverbänden daher unbenommen, durch Vereinbarung die Verteilung einzelner Fürsorgeaufgaben und der aus ihnen

erwachsenden Lasten abweichend zu regeln. Insbesondere erscheint es durchaus wünschenswert, daß die Landesfürsorgeverbände im Einvernehmen mit den Bezirksfürsorgeverbänden die Entsendung erholungs- und heilungsbedürftiger Kinder Kriegsbeschädigter und Kriegerwaisen und die von den Hauptfürsorgestellen mehrfach übernommenen Wirtschaftsstellen bei den Landesfürsorgeverbänden fortführen.

III. Durchführung der Fürsorgeaufgaben. Verhältnis der Bezirksfürsorgeverbände zu den ihnen angehörigen Gemeinden und Gemeindeverbänden.

(1) Die Aufgaben der Fürsorgeverbände sind als Angelegenheiten der Selbstverwaltung von den durch die Gemeideverfassungsgesetze bestimmten Organen durchzuführen. Verwaltungsorgane sind daher in der Regel in den Landesfürsorgeverbänden die Provinzial- oder Landesausschüsse, in den Bezirksfürsorgeverbänden, soweit sie Landkreise sind, die Kreisausschüsse, in den Stadtkreisen der Magistrat oder Bürgermeister sowie die etwa besonders eingerichteten Verwaltungsausschüsse (Deputationen) oder Stellen (Bezirksvorsteher).

(2) Im Verhältnis zwischen Kreis und kreisangehörigen Gemeinden war die tatsächliche Durchführung der Fürsorgeaufgaben nach dem Gesichtspunkt größtmöglicher Zweckmäßigkeit zu verteilen. Hierbei war insbesondere zu berücksichtigen, daß bisher erhebliche Teile der Fürsorgebedürftigen durch kreisangehörige Städte und durch leistungsfähige Gemeinden und engere Gemeindeverbände, insbesondere der westlichen Provinzen, vom Standpunkt der Fürsorge einwandfrei betreut worden sind, so daß diesen auch in Zukunft die Durchführung überlassen werden kann, zum Teil sogar wird überlassen werden müssen. Aus diesem Grunde ist die Möglichkeit zu einer weitgehenden Übertragung der Durchführung der Fürsorge-
Zu § 15 AV. aufgaben vorgesehen. Unter gewissen Voraussetzungen ist die Übertragung vorgeschrieben.

(3) Über die Übertragung der Durchführung von Fürsorgeaufgaben auf kreisangehörige Gemeinden und engere Gemeindeverbände befindet in der Regel der Kreisausschuß nach freiem Ermessen. Die Übertragung kann auf einzelne Maßnahmen der Durchführung beschränkt werden, wie z. B. die Annahme und Bearbeitung der Anträge und die Auszahlung der vom Kreisausschuß festgesetzten Unterstützungen. Sie kann sich aber auch auf die gesamte Erledigung aller Fürsorgeaufgaben oder eines Teiles derselben erstrecken, also auch auf die Entscheidung über Voraussetzung, Art und Maß.

(4) Kreisangehörige Gemeinden und engere Gemeindeverbände von mehr als 10000 Einwohnern und die selbständigen Städte der Provinz Hannover können grundsätzlich eine derartige Übertragung der gesamten Erledigung von Fürsorgeaufgaben beanspruchen. Dieser Anspruch entfällt nur dann, wenn die Durchführung durch den Kreis selbst für eine wirtschaftlich gesunde Erfüllung der Fürsorgeaufgaben, und zwar sowohl in den die Übertragung begehrenden Gemeinden und Gemeindeverbänden als auch in dem übrigen Teil des Kreises erforderlich ist. Dies wird insbesondere dann der Fall sein, wenn durch die Übertragung die einheitliche Durchführung für das Kreisgebiet in Frage gestellt und eine unwirtschaftliche Zersplitterung der Kräfte eintreten würde. Über die Frage, ob die Gefährdung der wirtschaftlich gesunden Erfüllung der Fürsorgeaufgaben der Übertragung entgegensteht, entscheidet der Bezirksausschuß endgültig.

(5) Im Falle der Übertragung liegt die Durchführung den durch die Gemeindeverfassungsgesetze bestimmten Organen der Einzelgemeinde oder des engeren Gemeindeverbandes ob, und zwar in den Gemeinden und Gemeindeverbänden von mehr als 10000 Einwohnern sowie den selbständigen Städten der Provinz Hannover auf deren Verlangen als Gegenstand selbständiger Verwaltung, in den übrigen Gemeinden Zu § 16 AB.
und Gemeindeverbänden als Beauftragten des Kreises, der auch die Kosten zu tragen hat. Die Übertragung zur

selbständigen Verwaltung unter eigener Verantwortung hat zur Folge, daß die den übrigen Gemeinden und Gemeindeverbänden gegenüber zustehende Befugnis des Kreises, Weisungen hinsichtlich der Art und Weise der Durchführung zu geben und die Entscheidungen, die mit solchen Weisungen in Widerspruch stehen, abzuändern, fortfällt. Allen kreisangehörigen Gemeinden und Gemeindeverbänden gegenüber jedoch ist der Kreis befugt, im Rahmen der gemäß § 6 der Verordnung über die Fürsorgepflicht erlassenen Bestimmungen des Landes allgemeinverbindliche Richtlinien zu erlassen, insbesondere Regel- oder Höchstsätze für die Unterstützungsleistungen aufzustellen.

(6) Die Auswahl der zu übertragenden Fürsorgeaufgaben steht im Ermessen des Kreises. Sie braucht sich nicht an die bisherigen Gruppen von Fürsorgeempfängern oder Fürsorgezweige anzuschließen, insbesondere nicht vornehmlich die Armenpflege zum Gegenstand der Übertragung nehmen. Vielmehr kann sie auch nach anderen Gesichtspunkten erfolgen, beispielsweise dem der geschlossenen oder offenen, der fortlaufenden oder der nur vorübergehenden Fürsorge, der Altersfürsorge oder der für minderjährige Hilfsbedürftige.

(7) Gegenstand der Übertragung bilden in allen Fällen nur die unmittelbaren Aufgaben gegenüber dem Fürsorgebedürftigen. Die übrigen Aufgaben des Kreises als Bezirksfürsorgeverband, insbesondere im Verhältnis zu anderen Fürsorgeverbänden, sind nicht übertragbar. Der Kreis bleibt als Bezirksfürsorgeverband daher alleiniger Gläubiger und Schuldner von Erstattungsforderungen. Er bleibt allein zur Heranziehung der Unterhalts- und Ersatzpflichtigen berechtigt. Wieweit er im Einzelfall oder in Gruppen von Fällen die kreisangehörigen Gemeinden und engeren Gemeindeverbände mit der Wahrnehmung dieser Rechte beauftragen und bevollmächtigen will, bleibt seinem Ermessen überlassen.

(8) Eine Erstattung zwischen Gemeinden und Gemeindeverbänden desselben Bezirksfürsorgeverbands ist in der FV.

nicht mehr vorgesehen. Gegen unzulässige Abschiebungen (§ 17 FV.) innerhalb eines Bezirksfürsorgeverbandes hat entweder der Kreisausschuß auf Grund seiner Weisungsbefugnis oder, insbesondere bei Übertragung zur selbständigen Verwaltung, die zuständige Kommunalaufsichtsbehörde Abhilfe zu schaffen.

(9) Wird die Durchführung aller Fürsorgeaufgaben oder eines Teiles derselben den Gemeinden oder engeren Gemeindeverbänden zur gesamten Erledigung übertragen, so hat der Kreis ihnen einen Betrag zur Verfügung zu stellen, welcher nach den bisherigen Erfahrungen zur Deckung von drei Vierteln der durch die übertragenen Aufgaben entstehenden Ausgaben ausreicht. Mit Rücksicht darauf, daß zurzeit vielfach eine genaue Schätzung noch nicht möglich sein wird, soll dieser Betrag bis zum 1. April 1925 nur halbjährlich, von dann ab für jedes Rechnungsjahr festgesetzt werden. Es bleibt den Bezirksfürsorgeverbänden und Gemeinden unbenommen, durch Vereinbarung die Festsetzung auf kürzere Zeiträume zu beschränken. Der festgesetzte Betrag, über dessen Höhe im Streitfall der Bezirksausschuß zu entscheiden hat, wird den Gemeinden und engeren Gemeindeverbänden in angemessenen Zeiträumen vorschußweise zur Verfügung zu stellen zu sein. Um sicherzustellen, daß die in dieser Weise mit der Durchführung von Fürsorgeaufgaben betrauten Gemeinden und Gemeindeverbände mit der gebotenen Sparsamkeit verfahren, ist in § 16 Abs. 4 AV. vorgesehen, daß sie die durch den vom Kreis zur Verfügung gestellten Betrag nicht gedeckten Kosten der übertragenen Fürsorgeaufgaben selbst aufzubringen haben. Jedoch gewährt ihnen § 35 AV. zu diesen ungedeckten Kosten noch eine Beihilfe durch Beteiligung an dem Teil des Aufkommens der Hauszinssteuer, welcher dem Landkreis gemäß § 12 der Preußischen Steuernotverordnung vom 1. April 1924 (Gesetzsamml. S. 191) zufließt, also an dem Teil, den die Landkreise nicht zur Förderung der Neubautätigkeit zu verwenden haben (vgl. hierüber Erlaß

des Preußischen Ministers des Innern und des Finanzministers vom 25. April 1924 — IV St 745 bzw. II A 2. 687 —, MinBl. f. d. i. Verw. S. 492).

(10) Auf Grund des § 35 letzter Satz bestimmen wir hierdurch folgendes:

Der der Gemeinde zu überweisende Teil der Hauszinssteuer hat sich zu dem gesamten, dem Kreise gemäß § 12 der Preußischen Steuernotverordnung zugeflossenen Gemeindeanteil an der Hauszinssteuer zu verhalten wie ein Drittel des der Gemeinde gemäß § 16 Abs. 4 überwiesenen Betrages zu dem gesamten im Kreis entstandenen Fürsorgeaufwand. Er darf niemals höher als ein Drittel des überwiesenen Betrages sein.

Bei der Berechnung des gesamten im Kreise entstandenen Fürsorgeaufwandes ist der in den Gemeinden entstandene Aufwand für die übertragenen Fürsorgeaufgaben mit dem Betrage anzusetzen, der dem nach § 16 Abs. 4 zur Verfügung gestellten Betrag zugrunde gelegt wurde.

Beispiel:

Es wird der Gemeinde A. die bisherige Armenpflege übertragen, der hierfür erforderliche Aufwand mit 20000 M. festgesetzt und der Gemeinde demgemäß ein Betrag von 15000 M. zur Verfügung gestellt. Der dem Kreis zufließende Gemeindeanteil an der Hauszinssteuer beträgt 100000 M. Der gesamte Aufwand für Fürsorgeaufgaben im Kreise 150000 M. Es ergibt sich für die Beteiligung der Gemeinde an dem Gemeindeanteil der Hauszinssteuer folgende Formel:

$$\frac{x}{100000} = \frac{5000}{150000} \text{ oder } x = \frac{5000 \cdot 100000}{150000} = 3333{,}33 \text{ M.}$$

Bei der Berechnung des Fürsorgeaufwandes im Kreise darf für die Armenpflege in der Gemeinde A. niemals mehr als 20000 M. angesetzt werden, auch wenn sich herausstellt, daß der Aufwand 25000 M. betragen haben sollte. — Be=

trüge z. B. in obigem Beispiel der dem Kreise zufließende Gemeindeanteil an der Hauszinssteuer 175000 M., so würde die Formel sich folgendermaßen stellen:

$$\frac{x}{175000} = \frac{5000}{150000} \text{ oder } x = \frac{5000 \cdot 175000}{150000} = 5833{,}33 \text{ M.}$$

Dennoch darf der Gemeinde nicht mehr als 5000 M. zugeteilt werden, auch wenn der Aufwand für die Armenpflege tatsächlich 25000 M. betragen hat, sie also aus eigenen Mitteln 10000 M. aufgebracht hätte.

(11) Der hiernach nicht den Gemeinden oder engeren Gemeindeverbänden zur Last fallende Fürsorgeaufwand ist vom Kreis als Kreislast zu tragen.

(12) Mit den Verwaltungskosten bleibt diejenige Gemeinde und derjenige Gemeindeverband, bei dem sie entstehen, belastet, und zwar auch, wenn nur die Durchführung einzelner Maßnahmen übertragen oder die Gemeinde nur tätig geworden ist, um den Bezirksfürsorgeverband auf Fälle eingetretener Hilfsbedürftigkeit aufmerksam zu machen.

IV. Beteiligung der Fürsorgeempfänger und der freien Wohlfahrtspflege.

(1) Die Beteiligung der Fürsorgebedürftigen ist hinsichtlich der Aufstellung von Grundsätzen und Richtlinien lediglich für die Kriegsbeschädigten und Kriegshinterbliebenen vorgeschrieben. Beschränken sich die Fürsorgeverbände darauf, den Beirat lediglich aus Vertretern dieser Gruppe von Fürsorgebedürftigen zu bilden, so ist deren Stellung insofern gestärkt, als den bisherigen Beiräten auch Vertreter anderer Personengruppen (Unternehmer, Arbeitnehmer und sozial erfahrene Personen) angehören mußten. Soweit die Fürsorgeverbände jedoch darüber hinaus auch andere Personenkreise in den Beirat einbeziehen, müssen, wie bisher, die Kriegsbeschädigten und Kriegshinterbliebenen die gleiche Anzahl Stimmen wie die übrigen Beiratsmitglieder haben. Zu § 18 AB.

(2) Die Zusammensetzung der Schwerbeschädigtenausschüsse ist die bisherige geblieben. Sie richtet sich nach dem Gesetz über die Beschäftigung Schwerbeschädigter in Verbindung mit Artikel 21 VII der Personalabbauverordnung vom 27. Oktober 1923 (RGBl. I S. 943). Die Vorschriften über die Auswahl der Mitglieder der Schwerbeschädigtenausschüsse sind nur insoweit geändert, als durch den Fortfall der Beiräte der Hauptfürsorge- und Fürsorgestellen auch deren Vorschlagsrecht weggefallen ist.

(3) Die Beteiligung von Personen aus den Kreisen der Fürsorgeempfänger hat sich im übrigen nach den bisherigen Bestimmungen, d. h. nach den bis zum 1. April 1924 gültigen zu richten, auch wenn sie als Verfahrensvorschriften gemäß § 32 FV. aufgehoben oder als aufgehoben zu betrachten sind. Unter den bisherigen Bestimmungen sind nicht lediglich reichs- und landesrechtliche, sondern auch solche der Kreise und Gemeinden zu verstehen, insbesondere Beschlüsse der Gemeinde- oder Kreisorgane, die die Vertretung der Hilfsbedürftigen in den Ausschüssen, Deputationen oder Wohlfahrtsämtern vorschrieben. Für die Kleinrentner war bisher die Heranziehung von Personen aus dem Kreise der Fürsorgeempfänger durch Sollvorschrift angeordnet (vgl. Richtlinien vom 9. Mai 1923 — RGBl. I S. 289 — Nr. 4 zu § 1). Für die Sozialrentner war nach den Richtlinien zur Preußischen Ausführungsanweisung („Volkswohlfahrt" 1922 S. 182) die Hinzuziehung von Personen aus dem Kreise der Versicherten oder Rentenempfänger als Beisitzer vorgeschrieben, soweit Ausschüsse zur Entscheidung über die Unterstützungsanträge eingerichtet waren. Diese Ausschüsse oder bei deren Fehlen Personen aus dem gleichen Kreise sind wie bisher vor einer Entscheidung, durch die ein Antrag auf Unterstützung abgelehnt oder Einkommen auf die Unterstützung angerechnet werden soll, gutachtlich zu hören.

Zu § 19 RV. (4) Neben Hinzuziehung von Personen aus dem Kreise der Hilfsbedürftigen sollen die Verbände und Einrichtungen der freien Wohlfahrtspflege in möglichst weitem Umfange bei der Fürsorge beteiligt werden. Dies ist zur zweckmäßigen Ergänzung der gegenseitigen Arbeit (§ 5 Abs. 4 FV.) dringend erforderlich. Die Beteiligung der freien Wohlfahrtspflege wird sich nicht auf die Beteiligung an Einzelfällen beschränken dürfen, sondern auch bei der Aufstellung von Grundsätzen und Richtlinien und bei der Beratung allgemeiner Maßnahmen stattzufinden haben. Dagegen werden sie bei der Entscheidung über die Höhe der Unterstützungen, soweit diese den Fürsorgeträgern zur Last fallen und sie nicht ohnehin schon in den Ausschüssen, Deputationen oder Wohlfahrtsämtern vertreten sein sollten, nicht mitzuwirken haben.

V. Anträge und Beschwerden.

(1) Durch § 20 Abs. 1 AV. ist das Verfahren für die Durchsetzung von gestellten Anträgen unter Ausschluß des Rechtswegs geregelt. Im Bedürfnisfall haben die Fürsorgebehörden auch ohne Antrag einzugreifen. Es ist daher auch jedermann berechtigt, ihnen die Kenntnis eingetretener Hilfsbedürftigkeit zu vermitteln, folglich auch Anträge auf Fürsorge für andere Personen zu stellen. Insbesondere steht diese Befugnis den Verbänden der Hilfsbedürftigen und der freien Wohlfahrtspflege zu, ohne daß von ihnen eine Vollmacht erfordert zu werden braucht. Zu § 20 AV.

(2) Einspruch und Beschwerde stehen dagegen lediglich den Fürsorgeverbänden zu. Soweit die vergenannten Verbände das Einspruch- und Beschwerdeverfahren betreiben wollen, wird es von den sonstigen Bestimmungen und dem Ermessen der Behörden abhängen, ob sie den Nachweis einer Vertretungsbefugnis fordern.

(3) Der Einspruch ist bei der Stelle, die die Entscheidung getroffen hat, anzubringen. Der Gemeindevorstand oder der Kreisausschuß kann, falls er diese Stelle nicht selbst ist, die Entscheidung über den Einspruch an sich ziehen. Gegen die Zurückweisung des Einspruches findet die Beschwerde statt.

Diese geht, falls der Einspruch von den Organen des Bezirksfürsorgeverbandes (bei Landkreisen der Kreisausschuß) oder von einer Stadt mit mehr als 10000 Einwohnern oder einer selbständigen Stadt der Provinz Hannover zurückgewiesen ist, zur endgültigen Entscheidung an den Bezirksausschuß, im übrigen an den Kreisausschuß.

(4) Rechtsmittel gegen Verfügungen der Landesfürsorgeverbände sind, wie bisher, in der Armenpflege nur in den Fällen gegeben, in denen der Landesfürsorgeverband nur aus einem Kreise besteht, d. h. nur gegen Verfügungen der Stadt Berlin und des Landeskommunalverbandes Lauenburg.

Zu § 20 Abs. 5 AB. (5) Eine besondere Regelung des Rechtsmittelverfahrens ist mit Rücksicht auf § 34 FV. dahin getroffen, daß bei Fällen der sozialen Fürsorge für Kriegsbeschädigte und Kriegshinterbliebene auch gegen Verfügungen der sonstigen Landesfürsorgeverbände der Einspruch stattfindet, über den der Landesdirektor (Landeshauptmann), in den Hohenzollernschen Landen der Vorsitzende des Landesausschusses unter Zuziehung von mindestens zwei Vertretern der Kriegsbeschädigten- und Kriegshinterbliebenenfürsorge und der gleichen Anzahl Mitglieder des Provinzialausschusses beschließt. Die gleiche Anzahl Vertreter der Kriegsbeschädigten und Kriegshinterbliebenen hat bei der Entscheidung über den Einspruch, wenn die Beschwerde an den Bezirksausschuß, und bei der Entscheidung über die Beschwerde, wenn diese an den Kreisausschuß geht, mitzuwirken.

(6) Inwieweit die sonstigen Gruppen von Hilfsbedürftigen im Einspruchverfahren mitwirken, hängt davon ab, ob sie bei der Verfügung, gegen die sich der Einspruch richtet, mitgewirkt haben und ob in diesem Falle die Stelle, die die Verfügung erlassen hat, selbst über den Einspruch entscheidet.

(7) Das in dem Gesetze über die Beschäftigung Schwerbeschädigter vom 12. Januar 1923 (RGBl. I S. 58) und der dazu erlassenen Ausführungsverordnung vom 13 Februar 1924 (RGBl. I S. 73) geregelte Rechtsmittelverfahren wird

durch die Bestimmung des § 20 der Ausführungsverordnung nicht berührt.

VI. Die Unterbringung Arbeitsscheuer und säumiger Unterhaltspflichtiger.

(1) Die durch das Preußische Gesetz vom 23. Juli 1912 (Gesetzsamml. S. 195) getroffene Regelung zur Unterbringung Arbeitsscheuer und säumiger Unterhaltspflichtiger zur Arbeit ist in die §§ 21 bis 29 mit den durch die FV. notwendig gewordenen Änderungen im wesentlichen übernommen worden. Neu ist die Einführung des Begriffs des sittlichen Verschuldens als Voraussetzung für die Unterbringung. Der Kreis der säumigen Unterhaltspflichtigen ist ferner erweitert auf denjenigen, der sich einem unehelichen Kind gegenüber in öffentlicher Urkunde zur Unterhaltszahlung verpflichtet hat oder rechtskräftig dazu verurteilt ist, und auf sämtliche sonstige Unterhaltspflichtige (§ 20 FV.). Die Ausdehnung auf diese letzteren ist dadurch wieder eingeschränkt worden, daß eine Unterbringung nicht erfolgen darf, wenn der Unterzubringende entsprechend seiner Arbeits- und Erwerbsfähigkeit zum Unterhalt von Verwandten beiträgt, die vor dem der Fürsorge Anheimgefallenen unterhaltsberechtigt sind. Zu §§ 21 ff. AV.

(2) Die Verfahrensvorschriften sind insofern geändert, als der Bezirksausschuß sowohl im Beschlußverfahren wie auch im Verwaltungsstreitverfahren endgültig entscheidet. Der Schutz des Unterzubringenden ist insofern verstärkt, als er in Zukunft zu hören ist, *soweit dies nicht durch besondere Umstände ausgeschlossen ist.* Unter solche Umstände wird besonders die Unauffindbarkeit fallen, dagegen nicht mehr die Tatsache, daß der Sitz der Beschlußbehörde von dem Aufenthaltsort des Unterzubringenden weit entfernt ist. Im letzteren Falle wird demnach die Anordnung des persönlichen Erscheinens nicht mehr genügen, vielmehr die vorherige Anhörung durch Ersuchen der Fürsorge- oder Polizeibehörde des Aufenthaltsorts erforderlich sein. Zu § 23 AV.

(3) Im übrigen gelten die Ausführungsbestimmungen des Ministers des Innern vom 5. August 1912 (MinBl. f. d. i. Verw. S. 228) zu dem Gesetz vom 23. Juli 1912 (Gesetzsamml. S. 195) entsprechend weiter, insbesondere auch hinsichtlich der staatlichen Anerkennung geeigneter Privatanstalten und der Genehmigung der Hausordnungen.

(4) Als in den Hausordnungen zur Aufrechterhaltung der Disziplin vorzusehende Zwangsmittel können in Zukunft in Betracht kommen:

1. Verweis,
2. Schmälerung der Kost durch Entziehung der warmen Morgen- oder Mittags- oder Abendkost oder durch Beschränkung der Kost auf Wasser und Brot. Die Schmälerung der Kost darf nicht über eine Woche hinaus verhängt werden; sie ist nur ein um den andern Tag, also nur an vier Tagen der Woche zulässig,
3. Bei fortgesetzter Unverträglichkeit oder bei groben Vergehen gegen die Hausordnung Unterbringung in ein Einzelzimmer,
4. einsame Einsperrung in einem hellen Raum bis zur Dauer von vier Wochen mit oder ohne Schmälerung der Kost wie zu 2 sowie mit harter Lagerstätte. An jedem dritten Tage sind Strohsack, Kopfkissen und Lagerdecke auf der Pritsche zu gewähren.

Der Vollzug der Anordnungen zu 2 und 4 erfordert die Zustimmung des Anstaltsarztes.

VII. Heranziehung Unterhalts- oder Ersatzpflichtiger.

Die Verfahrensvorschriften über die Heranziehung Unterhaltspflichtiger im Verwaltungswege entsprechen den bisherigen. Sie sind nunmehr auch ausgedehnt worden auf die Heranziehung der Unterhaltspflichtigen und derjenigen Personen, die unterhaltspflichtig wären, wenn ihr standesmäßiger Unterhalt nicht gefährdet würde (§ 22 FV.), zum Ersatz der Kosten der Fürsorge. Der ordentliche Rechtsweg ist daher in Zukunft nur ausschließlich vorgeschrieben für die Fälle, in denen die Ersatzpflicht nicht auf der durch das Verwandtschaftsverhältnis begründeten Unterhaltspflicht beruht. Nach dem bisherigen Recht war der Armenverband von der Verpflichtung, das von dem Unterhaltspflichtigen vor der Klage Geleistete zurückzuerstatten, befreit, falls die Klage nicht innerhalb sechs Monaten erhoben wurde. Diese Befreiung ist mit Rücksicht auf § 23 Abs. 5 aufgehoben worden.

VIII. Übergangsbestimmungen.

(1) Nach § 33 AV. ist der § 8 des Ausführungsgesetzes zum Unterstützungswohnsitzgesetz entsprechend anwendbar erklärt worden. Die Befugnis des Gutsvorstehers zur Umlegung der Lasten der Armenpflege ist dadurch auf sämtliche dem Gutsbezirk entstehenden Fürsorgelasten ausgedehnt. Dies wird nicht dadurch ausgeschlossen, daß § 44 des Zuständigkeitsgesetzes in Verbindung mit § 32 der Verordnung nur von den Lasten der Armenpflege handelt. Die Fassung der letzteren Bestimmung war dadurch bedingt, daß der Wortlaut des § 8 des Ausführungsgesetzes zum Unterstützungswohnsitzgesetz nicht geändert worden ist.

(2) Die Gesamtverbände sind durch die Aufhebung der sie betreffenden Vorschriften des Ausführungsgesetzes zum Unterstützungswohnsitzgesetz beseitigt. Ihre Rechtsnachfolger sind die Bezirksfürsorgeverbände, die damit sowohl die Rechte wie auch die Verpflichtungen, insbesondere hinsichtlich der Beschäftigung und Besoldung der Beamten und Angestellten übernehmen.

2. Bayern.

a) Vorläufige Ausführungsverordnung zur Reichsverordnung über die Fürsorgepflicht vom 27. März 1924 Nr. 4110 d 61 (Staatszeitung 1924 Nr. 74).

Zur Ausführung der Reichsverordnung über die Fürsorgepflicht vom 13. 2. 24 — RFV. — (RGBl. 100) wird auf

Grund des § 31 dieser Verordnung mit Wirkung vom 1. April 1924 an bis zur gesetzlichen Regelung vorläufig folgendes verordnet:

I. Fürsorgeverbände.

Art. 1. Die Aufgaben der öffentlich-rechtlichen Fürsorge nach der RFV. werden durch den Landesfürsorgeverband, Bezirksfürsorgeverbände und Ortsfürsorgeverbände erfüllt.

Art. 2. Landesfürsorgeverband im Sinne der RFV. ist für die ihm zugewiesenen Aufgaben der Kreis, im übrigen der Staat.

Art. 3. I. Bezirksfürsorgeverbände im Sinne der RFV. sind die Bezirke und kreisunmittelbaren Städte.

II. An Stelle der Bezirke sind für die Armenfürsorge einschl. der Fürsorge für hilfsbedürftige Minderjährige die nicht kreisunmittelbaren Gemeinden Bezirksfürsorgeverbände (Ortsfürsorgeverbände).

Art. 4. I. Die Bildung eines Gesamtfürsorgeverbandes durch Zusammenschluß mehrerer Bezirksfürsorgeverbände (Art. 3 Abs. I) oder Ortsfürsorgeverbände (Art. 3 Abs. II) bedarf der Genehmigung der Staatsaufsichtsbehörde. Gleiches gilt für die Teilung eines Bezirksfürsorgeverbandes oder Ortsfürsorgeverbandes.

II. Bei dringendem öffentlichen Bedürfnis, insbes. zur Sicherung der Leistungsfähigkeit, kann die Regierung, K. d. J., Bezirksfürsorgeverbände und Ortsfürsorgeverbände auch ohne deren Zustimmung zu einem Gesamtfürsorgeverband vereinigen oder andere Änderungen hinsichtlich der Bezirke der Bezirksfürsorgeverbände treffen.

II. Aufgaben der Fürsorgeverbände.

Art. 5. I. Aufgaben der Bezirksfürsorgeverbände (Art. 3 Abs. I) sind alle in der RFV. den Bezirksfürsorgeverbänden zugewiesenen Aufgaben der Fürsorge, insbes. die Fürsorge in Einzelfällen, soweit sie nicht in dieser Verordnung anderen Verbänden zugewiesen sind.

II. Die nach Art. 3 Abs. II den Ortsfürsorgeverbänden obliegende Armenfürsorge bemißt sich nach den für die Ortsarmenverbände geltenden Bestimmungen des Armengesetzes v. 21. 8. 14.

Art. 6. I. Aufgaben der Kreise sind:

a) die Fürsorge für hilfsbedürftige Geisteskranke, Geistesschwache, Blöde, Epileptische, Blinde, Taubstumme, Krüppelhafte und unheilbare abschreckend oder ansteckend kranke Sieche, soweit sie der Anstalspflege bedürfen;

b) die Fürsorge für die Erziehung und Ausbildung hilfsbedürftiger, blöder, blinder, taubstummer und krüppelhafter Kinder, soweit sie bildungsfähig sind und der Unterbringung in Anstalten bedürfen;

c) die Übernahme und Kostenerstattung in den Fällen, in denen der Landesfürsorgeverband nach der RFV. als endgültig pflichtiger Fürsorgeverband einzutreten hat;

d) die dem Lande nach § 12 Abs. II mit IV und § 13 RFV. obliegende Fürsorge;

e) die Gewährung von Zuschüssen an Bezirks- und Ortsfürsorgeverbände, soweit sie mit Fürsorgelasten unverhältnismäßig belastet sind.

II. Die Kreise können mit Genehmigung der zuständigen Staatsministerien noch andere Aufgaben der Fürsorgeverbände übernehmen.

III. Der endgültig verpflichtete Bezirks- oder Ortsfürsorgeverband hat in den Fällen des Abs. I a und b ein Fünftel und in den Fällen des Abs. II mindestens ein Viertel des Fürsorgeaufwandes dem Kreise zu ersetzen.

IV. Der Staat ersetzt vier Fünftel des Fürsorgeaufwandes nach Abs. I d.

Art. 7. Aufgabe des Staates ist:

a) die Förderung allgemeiner Einrichtungen der Fürsorge;

b) die Beteiligung an der sozialen Kriegsbeschädigten- und Kriegshinterbliebenenfürsorge, insbes. an der Erziehungs-, Berufs- und Gesundheitsfürsorge für

Kriegerwaisen und Kinder Schwerkriegsbeschädigter, an der Siechenfürsorge und der Fürsorge für sonstige Schwerstbeschädigte;

c) die Beteiligung an der Arbeitsfürsorge für Schwerbeschädigte und Schwererwerbsbeschränkte im Sinne des § 1 Abs. I der RFV.;

d) die Gewährung von Zuschüssen an Fürsorgeverbände, soweit sie mit Fürsorgelasten unverhältnismäßig belastet sind.

III. Behörden und Verfahren.

Art. 8. I. Die Durchführung der Fürsorgeaufgaben obliegt den nach den bisherigen Vorschriften zuständigen Stellen. Dies gilt auch für die Armenfürsorge.

II. Für das Verfahren sind die bisherigen Vorschriften vorbehaltlich des § 29 Satz 2 RFV. maßgebend.

IV. Umfang der Fürsorge.

Art. 9. I. Voraussetzung, Art und Maß der zu gewährenden Fürsorge richtet sich bis zum Erlaß neuer Vorschriften nach den bisherigen Vorschriften über die Fürsorge für Kriegsbeschädigte und Kriegshinterbliebene, Sozialrentner und Kleinrentner sowie über die Wochenfürsorge.

II. Für die Armenfürsorge einschl. der Fürsorge für hilfsbedürftige Minderjährige gelten entsprechend die Bestimmungen des Armengesetzes vom 21. 8. 14.

b) Armengesetz vom 21. August 1914 (Ges. u. VBl. S. 551).

Abschnitt I. Armenwesen.

A. Allgemeine Vorschriften.

Art. 1. Die öffentliche Armenpflege hat die Aufgabe:

1. hilfsbedürftige Personen zu unterstützen,
2. dem Eintritt der Hilfsbedürftigkeit entgegenzuwirken.

Art. 2. Hilfsbedürftig ist, wer sich wegen Mangels eigener Mittel und Kräfte oder infolge eines besonderen Notstandes den Notbedarf nicht verschaffen und ihn auch weder von dem Unterhalts- oder Unterstützungspflichtigen noch von der freiwilligen Armenpflege erlangen kann.

Der Notbedarf besteht in dem, was zur Erhaltung des Lebens und der Gesundheit sowie zur Erziehung und Ausbildung unentbehrlich ist.

Wird eine Ehefrau oder werden noch nicht 16 Jahre alte Kinder unterstützt, so gilt der unterhaltspflichtige Ehemann oder der unterhaltspflichtige Elternteil — bei unehelichen Kindern die Mutter — als unterstützt, auch wenn die Unterstützung ohne oder gegen den Willen der Unterhaltspflichtigen gewährt ist.

Art. 3. Die öffentliche Armenunterstützung (Art. 1 Ziff. 1) beschränkt sich auf den Notbedarf.

Die öffentliche Unterstützung, die jedem hilfsbedürftigen Deutschen im Rahmen des Abs. 1 zu leisten ist, umfaßt die Pflicht:

1. den erforderlichen Lebensunterhalt, insbesondere Obdach, Nahrung, Kleidung, Pflege, zu gewähren,
2. die erforderliche Krankenhilfe zu leisten,
3. für die erforderliche Erziehung und Ausbildung der Kinder zu sorgen.

Soweit nötig, ist die öffentliche Unterstützung durch Unterbringung in einer Anstalt zu gewähren. Im Falle des Abs. 2 Ziff. 3 ist auf das Glaubensbekenntnis des Kindes bei der Auswahl der Familie oder der Anstalt Rücksicht zu nehmen.

Außerdem hat die öffentliche Armenpflege für die einfache Beerdigung mittelloser Verstorbener zu sorgen; zur Bezahlung von Stolgebühren ist sie nicht verpflichtet.

In Fällen dringender Not ist auch arbeitsfähigen Personen die Hilfe zu gewähren, die aus Gründen der Sicherheit oder Sittlichkeit augenblicklich unentbehrlich ist.

Art. 4. Wer öffentliche Armenunterstützung genießt, ist verpflichtet, sich nach Anordnung der Armenverbände zu einer seinen Kräften angemessenen Arbeit innerhalb oder außerhalb einer Beschäftigungsanstalt verwenden zu lassen.

Die Armenverbände sind berechtigt, arbeitsfähigen Personen, die trotz ernstlicher Bemühung keinen Erwerb finden, Arbeit zu ermitteln und anzuweisen.

Art. 5. Die Armenverbände sind berechtigt, die Unterstützung (Art. 3 Abs. 2, 3) durch Übereinkommen an andere Armenverbände, an Gemeinden, Anstalten, Vereine oder dgl., an Ärzte oder sonstige geeignete Einzelpersonen zu übertragen und zu diesem Zwecke Hilfsbedürftige unbeschadet der gesetzlichen Aufenthaltsbeschränkungen auch auswärts unterzubringen. Beim Abschlusse des Übereinkommens darf nicht lediglich der Betrag der Entschädigung den Ausschlag geben; das Ausbieten der Hilfsbedürftigen ist verboten.

Art. 6. Es ist verboten, Hilfsbedürftige in der Weise zu verköstigen, daß sie die Kost bei den Einwohnern der Reihe nach einnehmen müssen (Umkost).

Die Aufsichtsbehörde kann für Landgemeinden auf Antrag des Gemeindeausschusses und des Armenrats (Art. 21) in widerruflicher Weise Ausnahmen bewilligen. Die Bewilligung darf sich nicht erstrecken auf werktagsschulpflichtige Kinder, auf Kranke, gebrechliche, trunksüchtige, sicherheits- oder sittlichkeitsgefährliche Personen, ferner auf Personen über 70 Jahre, wenn diese nicht zustimmen.

Im Falle des Abs. 2 obliegt die Verköstigung nach näherer Festsetzung des Gemeindeausschusses und des Armenrats den Einwohnern mit eigenem Haushalt in bestimmter Reihenfolge nach einem billigen Maßstabe.

Art. 7. Setzt jemand den allgemeinen oder besonderen Anordnungen des Armenverbandes, insbesondere über die Ermittlung der Hilfsbedürftigkeit, die Verabreichung von

Unterstützungen, die Leistung der zugewiesenen Arbeit, die Einhaltung einer bestimmten Lebensweise oder den Aufenthalt in einer Armenanstalt, ungerechtfertigten Ungehorsam entgegen, so kann ihm der Armenverband auf die Dauer des Ungehorsams jede Unterstützung versagen.

Ungerechtfertigter Ungehorsam (Abs. 1) liegt insbesondere dann nicht vor, wenn mit dem Gehorsam Gefahr für Leben oder Gesundheit des Hilfsbedürftigen oder eines Angehörigen oder sonstige unverhältnismäßige Härten oder Nachteile für diese Personen verbunden wären.

Wenn die Eltern oder ihre Stellvertreter die Erziehung von Kindern, für welche die öffentliche Armenpflege Unterstützung gewährt, offenbar vernachlässigen, so kann der Armenverband die Fortsetzung der Unterstützung davon abhängig machen, daß solche Kinder ihm zur Unterbringung und Erziehung überlassen werden.

Den Mitgliedern und den besonders beauftragten Vollzugspersonen des Armenrats, den Armenpflegern, den Beauftragten des Landarmenverbandes sowie den Vertretern der Staatsaufsichtsbehörde darf der Eintritt in die Wohnung der unterstützten Hilfsbedürftigen nicht verwehrt werden.

Art. 8. Die Armenverbände können die Entmündigung wegen Verschwendung oder wegen Trunksucht beantragen, wenn zu befürchten ist, daß der zu Entmündigende oder seine Angehörigen der öffentlichen Armenpflege zur Last fallen werden.

Art. 9. Alle öffentlichen Behörden, Stiftungsverwaltungen, Religionsdiener, Ärzte und Einrichtungen der privaten Wohltätigkeit haben innerhalb ihres Wirkungskreises den Armenverbänden auf Verlangen die zur Lösung ihrer Aufgaben erforderlichen Aufschlüsse zu erteilen.

Für öffentliche Behörden besteht diese Pflicht nicht, soweit besondere dienstliche Rücksichten entgegenstehen.

3. Sachsen.

a) Notverordnung zur Ausführung der Reichsverordnung über die Fürsorgepflicht vom 13. Februar 1924 (RGBl. I S. 100) und zum Reichsgesetz für Jugendwohlfahrt vom 9. Juli 1922 (RGBl. I S. 633). Vom 29. März 1924 (GBl. 215).

Vorbehaltlich künftiger gesetzlicher Regelung wird auf Grund des § 31 der Reichsverordnung über die Fürsorgepflicht vom 13. Februar 1924 und Art. 40 der Verfassung des Freistaates Sachsen verordnet:

§ 1. (1) Landesfürsorgeverband ist der Freistaat Sachsen, Bezirksfürsorgeverbände sind die bezirksfreien Städte und die Bezirksverbände.

(2) Soweit Pflegebezirke auf Grund des Gesetzes über die Wohlfahrtspflege vom 30. Mai 1918 (GVBl. S. 145) gebildet und keine bezirksfreien Gemeinden oder Bezirksverbände sind, haben sie bis zu ihrem Wegfall für ihren Bezirk die den Bezirksfürsorgeverbänden zustehenden Aufgaben zu erfüllen.

(3) Soweit Bezirksverbände oder zusammengesetzte Pflegebezirke Bezirksfürsorgeverbände sind, haben diese die Bezirksgemeinden zur Mitarbeit heranzuziehen. Die Bezirksgemeinden sind zur Mitarbeit verpflichtet.

§ 2. Außer der Erfüllung der Aufgaben des Gesetzes über die Wohlfahrtspflege vom 30. Mai 1918 haben die Bezirksfürsorgeverbände durchzuführen

a) die Fürsorge gemäß § 1 der Reichsverordnung über die Fürsorgepflicht vom 13. Februar 1924, soweit nicht die Arbeitsfürsorge für Schwerbeschädigte und Schwererwerbsbeschränkte anderen Stellen vorbehalten ist;

b) die Jugendwohlfahrtspflege, soweit diese gemäß dem Reichsgesetz für Jugendwohlfahrt vom 9. Juli 1922 den Jugendämtern obliegt.

§ 3. (1) Die Bezirksfürsorgeverbände (Pflegebezirke) werden ermächtigt, den Aufbau des örtlichen Jugend- und Wohlfahrtsamtes durch Ortsgesetz oder Satzung des Selbstverwaltungskörpers zu regeln, wobei die Mitarbeit der in der Gemeinde oder dem Bezirke in der Wohlfahrtspflege, Schule, Jugendfürsorge und Jugendbewegung wirkenden amtlichen Stellen und freien Vereinigungen, insbesondere der Kriegsbeschädigten und Kriegshinterbliebenen, durch Heranziehung der dort tätigen erfahrenen und bewährten Männer und Frauen aller Volksschichten sicher zu stellen ist.

(2) Bei der Durchführung der Fürsorge sollen Personen aus den Kreisen der Hilfsbedürftigen herangezogen werden.

(3) Bei jedem Amt ist ein Beschwerdeausschuß zu bilden, der über Beschwerden in Einzelfällen, vorbehaltlich der Zuständigkeit des Vormundschaftsgerichts entscheidet. Zu diesen Beschwerdeausschüssen sind die Vertreter der Hilfsbedürftigen oder ihrer Verbände heranzuziehen. Die weitere Beschwerde richtet sich nach den Vorschriften über die Rechtsmittel im Verwaltungsverfahren.

(4) Jeder Bezirksfürsorgeverband (Pflegebezirk) hat durch Ortsgesetz oder Satzung des Selbstverwaltungskörpers zu bestimmen: Richtsätze als Maßstäbe für die Unterstützung gemäß § 2a, Grundsätze für die Heranziehung von Arbeitsverdienst und Renten, sowie die Belassung von Vermögen der Unterstützten.

§ 4. Der Bezirksfürsorgeverband kann Kostenerstattung vom Landesfürsorgeverband verlangen,

a) wenn dieser nach § 7 der Reichsverordnung über die Fürsorgepflicht endgültig verpflichtet ist;
b) für Unterstützungen von Ausländern;
c) für Unterstützungen an Deutsche sächsischer oder ehemaliger sächsischer Staatsangehörigkeit gemäß § 12 Abs. 2 der Reichsverordnung über die Fürsorgepflicht.

§ 5. (1) Ist der Bezirksfürsorgeverband ein Bezirksverband oder ein zusammengesetzter Pflegebezirk, so hat die

Gemeinde des Aufenthaltes des Unterstützten ein Drittel der Kosten der Unterstützung zu tragen.

(2) Für strittige Rückerstattungsansprüche aus den §§ 4 und 5 sind die Verwaltungsgerichte zuständig.

(3) Die Sätze des Ortsgesetzes oder der Satzung des Selbstverwaltungskörpers gelten als Tarifsätze nach § 16 Abs. 2 der Reichsverordnung über die Fürsorgepflicht.

§ 6. (1) Die Kosten, die durch die Unterstützung eines Hilfsbedürftigen oder durch die Beschaffung außerordentlicher Hilfs- und Heilmittel erwachsen, sind dem Pflegebezirk auf sein Verlangen aus dem pfändbaren Vermögen oder Einkommen des Hilfsbedürftigen oder derjenigen, die ihm gegenüber nach dem Bürgerlichen Gesetzbuch unterhaltspflichtig sind, zu erstatten. Der Erstattungsanspruch erlischt mit Ablauf von zwei Jahren nach Abschluß einer Unterstützungsleistung, es sei denn, daß er vorher rechtshängig geworden ist. Auf Antrag des Pflegebezirks kann in bezirksfreien Städten durch Beschluß der Stadtverwaltung (Stadtrat), sonst durch Beschluß des Amtshauptmanns nach Anhören der Beteiligten, den nach den Vorschriften des Bürgerlichen Gesetzbuches Unterhaltsverpflichteten auferlegt werden, nach Maßgabe ihrer gesetzlichen Verpflichtungen, laufende Unterhaltsbeiträge an den Hilfsbedürftigen zu gewähren. Der Beschluß ist mit Gründen zu versehen. Der Beschluß kann vom Unterhaltspflichtigen im Wege der Klage vor den ordentlichen Gerichten angefochten werden. Wird er durch ein Urteil aufgehoben oder abgeändert, so hat nach Eintritt der Rechtskraft der Pflegebezirk dem Dritten das Geleistete oder Zuvielgeleistete zurückzuerstatten. Ist die Klage erst nach Ablauf von sechs Monaten nach Zustellung des angefochtenen Beschlusses erhoben worden, so kann nur der seit Erhebung der Klage geleistete Betrag zurückgefordert werden.

Wird gegen den Beschluß der Verwaltungsbehörde Klage erhoben, so findet auf die Vollstreckung des Beschlusses die

Vorschrift in § 707 der Zivilprozeßordnung entsprechende Anwendung.

(2) Die zu erstattenden Beträge werden nach den Vorschriften über die Zwangsvollstreckung wegen Geldleistungen in Verwaltungssachen vom 18. Juli 1902 (GVBl. S. 294) eingezogen. Die Vorschrift in § 12 dieses Gesetzes findet auf die Haftung Dritter entsprechend Anwendung. In diesen Angelegenheiten kann sich der Pflegebezirk der für die Zwangsvollstreckung zuständigen Verwaltungsbehörden bedienen.

(3) Die eingegangenen Beträge sind dem Bezirksfürsorgeverband (Pflegebezirk) und der Bezirksgemeinde, im Falle des § 4 Abs. 1 dem Landesfürsorgeverband entsprechend den Anteilen ihrer Beiträge anzurechnen.

§ 7. Bis zur Errichtung eines Landesjugendamtes trifft das Landeswohlfahrtsamt die dem Landesjugendamt zustehenden Entscheidungen.

§ 8. Die Staatsaufsicht über die Bezirksfürsorgeverbände (Pflegebezirke) regelt sich nach den Vorschriften der Gemeindeordnung, doch tritt an die Stelle der Gemeindekammer das für die Durchführung dieser Verordnung zuständige Ministerium.

§ 9. Hat ein Bezirksverband oder eine Gemeinde auf Grund von § 37 des Ausführungsgesetzes vom 18. Juni 1898 zum BGB. (GVBl. S. 191) in der Fassung des Gesetzes vom 5. Juni 1918 (GVBl. S. 148) die gesetzliche Vormundschaft eingeführt, so gehen bei den Bezirksverbänden und den Gemeinden, die für sich einen Bezirksfürsorgeverband (Pflegebezirk) bilden, die gesetzlichen Vormundschaften auf das Jugendamt über; ist die Gemeinde Bezirksgemeinde eines Bezirksfürsorgeverbandes (Pflegebezirk), so gilt deren gesetzlicher Vormund bis zum Übergang der Vormundschaften auf dessen Jugendamt als beauftragte Stelle gemäß § 32 des Reichsgesetzes für Jugendwohlfahrt.

§ 10. (1) Die Vorschriften der §§ 7 bis 16 des Gesetzes über die Fürsorgeerziehung vom 1. Februar 1909 (GVBl. S. 63) in der Fassung der Gesetze vom 1. Juni 1912 (GVBl.

S. 291) und vom 12. August 1920 § 29 (GVBl. S. 311) sind, unbeschadet der Bestimmung in Art. 4 des Einführungsgesetzes zum Reichsgesetze für Jugendwohlfahrt bis auf weiteres anzuwenden.

(2) Das Jugendamt ist berechtigt, die Erziehung eines Minderjährigen auf Antrag des Erziehungsberechtigten mit Zustimmung des Landesjugendamtes auf öffentliche Kosten zu übernehmen, wenn die Entfernung des Minderjährigen aus seiner bisherigen Umgebung zur Verhütung der Verwahrlosung erforderlich ist, eine geeignete anderweite Unterbringung nicht erfolgen kann und zu erwarten ist, daß sich die Zwecke der Fürsorgeerziehung schon durch die Übernahme der Erziehung ohne Beschluß des Vormundschaftsgerichts erreichen lassen. Von dem Beschluß ist das Vormundschaftsgericht zu benachrichtigen. § 72 Abs. 4 des Reichsgesetzes für Jugendwohlfahrt findet auf die Aufhebung entsprechende Anwendung.

§ 11. (1) Aufgehoben werden die §§ 37 bis 39 und 41 des Ausführungsgesetzes zum BGB. vom 18. Juni 1898 (GVBl. S. 191) sowie §§ 37 bis 47 der Ausführungsverordnung vom 6. Juli 1899 (GVBl. S. 203).

(2) § 40 Abs. 1 des Ausführungsgesetzes zum BGB. vom 18. Juni 1898 (GVBl. S. 191) erhält folgende Fassung:

„Beamte und Geistliche bedürfen zur Übernahme einer Vormundschaft sowie zur Fortführung einer vor dem Eintritt in das Amt übernommenen Vormundschaft der Genehmigung der Dienstbehörde. Das gleiche gilt für die Übernahme oder Fortführung des Amtes als Gegenvormund, Pfleger, Beistand. Die Genehmigung darf nur versagt oder zurückgenommen werden, wenn ein wichtiger dienstlicher Grund vorliegt."

§ 12. Zur Durchführung dieser Verordnung werden den Bezirksfürsorgeverbänden Vorschüsse aus den von dem Reich für diesen Zweck zur Überweisung gelangenden Mitteln gewährt. Diese Vorschüsse sind innerhalb eines halben Jahres an die sächsische Landeshauptkasse zurückzuerstatten.

§ 13. Das für die Durchführung dieser Verordnung zuständige Ministerium wird gemäß § 31 der Reichsverordnung über die Fürsorgepflicht ermächtigt, festzustellen, welche von der Reichsverordnung über die Fürsorgepflicht und von dieser Ausführungsverordnung berührten landesrechtlichen Vorschriften noch Geltung besitzen sowie die zur Ausführung dieser Verordnung erforderlichen weiteren Ausführungsbestimmungen im Einvernehmen mit dem Justizministerium zu erlassen.

§ 14. Diese Verordnung tritt am 1. April 1924 in Kraft.

b) Ausführungsverordnung zur Notverordnung vom 29. März 1924 zur Ausführung der Reichsverordnung über die Fürsorgepflicht vom 13. Februar 1924 (RGBl. I S. 100) und zum Reichsgesetz für Jugendwohlfahrt vom 9. Juli 1922 (RGBl. I S. 633). Vom 31. März 1924 (Bl. f. Wohlfahrtspflege 1924 Heft 3/4).

Auf Grund von § 13 der Notverordnung vom 29. März 1924 (GBl. S. 215) wird folgendes bestimmt:

§ 1. (Zu §§ 57, 65 RJWG.) (1) Alle Behörden und amtlichen Stellen haben die ihnen bei ihrer Tätigkeit bekannt gewordenen Tatsachen, die eine Fürsorgeerziehung oder eine Schutzaufsicht angezeigt erscheinen lassen können, unverzüglich dem zuständigen Jugendamt oder dem Vormundschaftsgericht anzuzeigen.

(2) Insbesondere gilt dies für die Staatsanwaltschaften, die Polizei-, Gemeinde- und Schulbehörden, für die Organe der Bezirksfürsorgeverbände und die Vorsteher von Gefängnissen, in denen Minderjährige Strafen verbüßen, sowie für Lehrer und, soweit nicht die Verpflichtung zur Wahrung des Berufsgeheimnisses entgegensteht, für Geistliche und beamtete Ärzte.

(3) In der Anzeige sollen die einschlagenden Tatsachen näher bezeichnet, auch soweit möglich die erforderlichen Beweismittel angegeben werden.

§ 2. (1) In dem Antrag auf Anordnung der Fürsorgeerziehung oder der Schutzaufsicht hat das Jugendamt alle bei den vorläufigen Erörterungen ermittelten Tatsachen anzugeben sowie die Beweismittel, insbesondere etwaige Zeugen und Auskunftspersonen zu benennen, auch zu bemerken, ob und aus welcher Gründen eine vorläufige Erziehung nach § 67 des RJWG. beanzeigt erscheine.

(2) Dem Antrag sind die Akten beizufügen.

(3) Vor Stellung des Antrags soll das Jugendamt eines zusammengesetzten Pflegebezirks oder eines Bezirksverbandes die Ortsbehörde hören.

§ 3. (Zu § 58 RJWG.) (1) Das Amt eines Helfers ist ein unentgeltliches Ehrenamt.

(2) Notwendige Auslagen und entgangener Arbeitsverdienst können dem Helfer vom Jugendamt ersetzt werden.

§ 4. (Zu § 60 RJWG.) Wird die Ausübung der Schutzaufsicht nicht dem Jugendamt übertragen, so ist bei der Wahl des Helfers darauf zu achten, daß dieser am Aufenthaltsorte des Minderjährigen oder doch so nahe wohnt, daß die persönliche Aufsicht nicht erschwert wird.

§ 5. (1) Das Vormundschaftsgericht hat dem Helfer einen Ausweis zu erteilen, der Namen und Zeit der Geburt des Minderjährigen sowie den Namen des Helfers und den Umfang des ihm übertragenen Wirkungskreises zu enthalten hat.

(2) Der Helfer hat nach Beendigung seines Amtes den Ausweis dem Vormundschaftsgericht zurückzugeben.

§ 6. (Zu § 65 RJWG.) Das Vormundschaftsgericht hat den Tag, an dem das Fürsorgeerziehungsverfahren eingeleitet wird, zu den Akten zu vermerken (vgl. § 76 RJWG.). Es hat durch Einsicht in die bei ihm verwahrten standesamtlichen Nebenregister, nötigenfalls durch Anfrage bei dem Standesamte den Tag der Geburt des Kindes sowie dessen religiöses Bekenntnis festzustellen und auch hierüber einen Vermerk zu den Akten zu bringen.

§ 7. (Zu § 65 Abs. 2 RJWG.) Unterbleibt die Anhörung des Minderjährigen oder seiner Eltern oder seines gesetzlichen Vertreters, so ist der Grund aktenkundig zu machen. Die Anhörung kann unterbleiben, wenn sie bereits durch das Jugendamt erfolgt ist.

§ 8. Bei Mitteilung der Akten an die Vollzugsbehörde soll sich das Vormundschaftsgericht in geeigneten Fällen gutachtlich darüber äußern, welche Art der Unterbringung (§ 69) nach dem Ergebnisse der Erörterungen beanzeigt erscheint. Das Vormundschaftsgericht kann auch während der Dauer der Fürsorgeerziehung jederzeit Anregungen und Wünsche über die Art der Durchführung an die Vollzugsbehörde gelangen lassen.

§ 9. Alle die Anordnung und Durchführung der Fürsorgeerziehung und der Schutzaufsicht im einzelnen Falle betreffenden Angelegenheiten sind als Eilsachen zu behandeln und zu bezeichnen.

§ 10. Hinsichtlich der kirchlichen Beaufsichtigung des Religionsunterrichts und der sittlich-religiösen Erziehung der in den Fürsorgeerziehungsanstalten untergebrachten schulpflichtigen Kinder gelten die allgemeinen landesrechtlichen Vorschriften.

§ 11. (Zu § 36 RJWG.) (1) Der Standesbeamte hat auch die sonstigen nach § 48 des Reichsgesetzes über die Angelegenheit der freiwilligen Gerichtsbarkeit vom 17./20. Mai 1898 (RGBl. S. 771) dem Vormundschaftsgericht zu erstattenden Anzeigen dem Jugendamt zu übersenden.

(2) Das Jugendamt hat die Anzeige unverzüglich an das zuständige Amtsgericht weiterzusenden.

§ 12. Diese Verordnung tritt mit der Verkündung in Kraft.

c) Zweite Verordnung zur Ausführung der Reichsverordnung über die Fürsorgepflicht vom 5. Mai 1924 (Bl. f. Wohlfahrtspflege 1924 Heft 3/4).

I.

§ 1. Auf Grund von § 16 Abs. 2 der Reichsverordnung über die Fürsorgepflicht vom 13. Februar 1924 (RGBl. I

S. 100) wird für den Kostenersatz zwischen den Fürsorgeverbänden des Freistaates Sachsen, soweit eine solche Erstattung nicht auf Grund der nach § 5 Abs. 3 der Notverordnung zur Ausführung der Reichsverordnung über die Fürsorgepflicht vom 13. Februar 1924 und zum Reichsgesetz für Jugendwohlfahrt vom 9. Juli 1922, vom 29. März 1924 (GBl. S. 215) erlassenen Satzungen zu erfolgen hat, der aus der Anlage ersichtliche Tarif aufgestellt.

§ 2. Hinsichtlich des Maßes der in einzelnen Hilfsfällen erforderlichen Unterstützungen ist der Tarif ohne Einfluß und es darf insbesondere ein Bezirksfürsorgeverband die ihm gesetzlich obliegende vorläufige Unterstützung eines Hilfsbedürftigen nicht unter Hinweis auf den Tarif unter das im Einzelfalle notwendige Maß herabsetzen.

§ 3. Die vierte Ausführungsverordnung zu § 30 Abs. 4 des UWG. vom 12. Juli 1923 (GBl. S. 226) wird aufgehoben. Es bleibt jedoch bei der in § 3 dieser Verordnung ausgesprochenen Aufhebung der früheren Ausführungsverordnung zu § 30 Abs. 4 des UWG. vom 31. August 1921 (GBl. S. 308) und von § 5 der Verordnung vom 15. Juni 1876 (G. u. VOBl. S. 268).

II.

Auf Grund von § 13 der Notverordnung vom 29. März 1924 (GBl. S. 215) werden §§ 3 Abs. 3, 4 bis 8 des Gesetzes über die Wohlfahrtspflege vom 30. Mai 1918 (G. u. VOBl. S. 145) als durch § 3 der Verordnung vom 29. März 1924 erledigt aufgehoben.

III.

Die in § 10 Abs. 2 der Notverordnung zur Ausführung der Reichsverordnung über die Fürsorgepflicht vom 29 März 1924 (GBl. S. 215) vorbehaltene Zustimmung des Landesjugendamtes wird den Jugendämtern der Bezirksfürsorgeverbände allgemein erteilt.

IV.

Diese Verordnung tritt rückwirkend ab 1. April 1924 in Kraft.

4. Württemberg.

Verordnung des Staatsministeriums zur Ausführung der Reichsverordnung über die Fürsorgepflicht (Landesfürsorgeverordnung — LFV.). Vom 31. März 1924 (Regierungsblatt S. 247ff.).

Auf Grund des § 31 der Verordnung über die Fürsorgepflicht vom 13. Februar 1924 (RGBl. I S. 100) — im nachstehenden als Reichsfürsorgeverordnung (RFV.) bezeichnet — werden folgende Ausführungsbestimmungen erlassen:

I. Landesfürsorgeverband.

Art. 1. Der Landesfürsorgeverband, dem die in § 1 der Reichsfürsorgeverordnung genannten Aufgaben nach Maßgabe der folgenden Bestimmungen obliegen, wird aus den Amtskörperschaften des Landes gebildet. Die Stadtgemeinde Stuttgart gilt in dieser Beziehung als Amtskörperschaft.

Art. 2. (1) Zur Verwaltung des Landesfürsorgewesens wird eine Landesfürsorgebehörde bestellt. Die Landesfürsorgebehörde besteht aus einem ersten und einem zweiten Vorsitzenden und dreißig Mitgliedern.

(2) Die Vorsitzenden sind Staatsbeamte im Sinne des Art. 1 des Beamtengesetzes und werden vom Staatspräsidenten ernannt. Die erforderlichen Stellvertreter der Vorsitzenden werden vom Ministerium des Innern im Einvernehmen mit dem Arbeitsministerium berufen.

(3) Vierundzwanzig Mitglieder und für jedes Mitglied ein Stellvertreter werden von den Amtsversammlungen auf 6 Jahre gewählt. Wie viele Mitglieder und Stellvertreter von der einzelnen Amtsversammlung zu wählen sind, richtet sich nach dem Verhältnis, in dem die Amtskörperschaft zu dem Bedarf des Landesfürsorgeverbands beiträgt (vgl. Art. 9).

(4) Wählbar sind alle Personen, denen die Wahl- und Wählbarkeitsrechte für die Gemeindewahlen zustehen.

(5) Bezüglich der Verpflichtung zur Annahme der Wahl und der Befreiung von dieser Verpflichtung sowie bezüglich

des Ausscheidens der gewählten Mitglieder aus der Landesfürsorgebehörde finden die Bestimmungen der Bezirksordnung für die Wahl in die Amtsversammlung und in den Bezirksrat entsprechende Anwendung.

(6) Scheidet ein Mitglied vor dem Ablauf der Wahlperiode aus, so ist für den Rest eine Neuwahl vorzunehmen.

(7) Sechs Mitglieder und die erforderliche Anzahl von Stellvertretern werden vom Ministerium des Innern im Einvernehmen mit dem Arbeitsministerium aus den Kreisen der freien Wohlfahrtspflege und der Fürsorgebedürftigen auf die gleiche Zeitdauer berufen.

Art. 3. (1) Der Landesfürsorgebehörde liegt die Leitung des gesamten Landesfürsorgewesens und die Beschlußfassung über alle es betreffenden Maßnahmen ob, soweit hierzu nicht gemäß Art. 4 der Ausschuß oder die Vorsitzenden für sich allein berufen sind.

(2) Insbesondere hat die Landesfürsorgebehörde

1. den Haushaltplan über die Einnahmen und Ausgaben des Landesfürsorgeverbands und die Höhe der Gesamtumlage festzustellen;
2. die Jahresrechnung abzunehmen und über die Entlastung des Rechners Beschluß zu fassen;
3. über die Errichtung und über wesentliche Veränderungen von Landesfürsorgeanstalten zu beschließen;
4. die Beamten und Angestellten für die Verwaltung des Landesfürsorgewesens und der Landesfürsorgeanstalten anzustellen und zu entlassen, soweit dies nicht dem Ausschuß oder den Vorsitzenden überlassen wird.

Art. 4. (1) Zur Besorgung der laufenden Geschäfte der Landesfürsorgebehörde wird ein Ausschuß bestellt. Er besteht aus dem ersten und dem zweiten Vorsitzenden und vier weiteren Mitgliedern. Die vier weiteren Mitglieder und ebensoviele Stellvertreter werden von der Landesfürsorgebehörde aus ihrer Mitte gewählt.

(2) Der Ausschuß ist beschlußfähig, wenn einer der Vorsitzenden und mindestens zwei der weiteren Mitglieder anwesend sind. Bei Stimmengleichheit gibt die Stimme des Vorsitzenden den Ausschlag.

(3) Dem Ausschuß liegt insbesondere ob:

1. die Entscheidung über die Verpflichtung des Landesfürsorgeverbands zur Übernahme der Fürsorge für einen Hilfsbedürftigen und über die Art der zu gewährenden Fürsorge;
2. die Aufstellung des Entwurfs für den Haushaltplan, die Prüfung der Jahresrechnung und die Berichterstattung über deren Ergebnis an die Landesfürsorgebehörde;
3. die Anweisung der Einnahmen und Ausgaben auf Grund des Haushaltplans und der Beschlüsse der Landesfürsorgebehörde;
4. die Vertretung des Landesfürsorgeverbands in Streitsachen;
5. die Leitung der Landesfürsorgeanstalten und die Beaufsichtigung ihres Dienstpersonals;
6. die Erledigung aller sonstigen Geschäfte, die durch den Beschluß der Landesfürsorgebehörde dem Ausschuß zugewiesen sind.

(4) In dringenden Fällen haben die Vorsitzenden allein an Stelle des Ausschusses die erforderliche Verfügung zu treffen, von deren Inhalt jedoch in der nächsten Sitzung dem Ausschuß Kenntnis zu geben und die künftigen Maßnahmen seiner Beschlußfassung zu unterstellen.

(5) Die Landesfürsorgebehörde kann zur Entlastung des Ausschusses aus dessen Mitte einen oder mehrere Unterausschüsse bilden, die an Stelle des Ausschusses bestimmte Geschäfte erledigen.

Art. 5. Die Mitglieder der Landesfürsorgebehörde und der Ausschüsse sowie die zugezogenen Vertreter aus den Kreisen der freien Wohlfahrtspflege und der Fürsorgebedürftigen erhalten für die Teilnahme an den Sitzungen Entschädigungen aus der Kasse des Landesfürsorgeverbands nach den für die Mitglieder der Amtsversammlungen geltenden allgemeinen Vorschriften.

Art. 6. Der Landesfürsorgeverband kann sich zur Bewirkung der von ihm zu leistenden Zahlungen der unentgeltlichen Vermittlung der Oberamtspflegen bedienen.

Art. 7. Die Oberamtsärzte sind verpflichtet, innerhalb ihres Geschäftskreises die Landesfürsorgebehörde und deren Ausschüsse nach näherer Bestimmung des Ministeriums des Innern zu beraten.

Art. 8. Die näheren Bestimmungen über die Verteilung der Sitze in der Landesfürsorgebehörde auf die einzelnen Amtskörperschaften, über die Wahl der Mitglieder der Landesfürsorgebehörde und der Ausschüsse sowie über die Geschäftsführung dieser Verwaltungsorgane und der Vorsitzenden der Landesfürsorgebehörde werden vom Ministerium des Innern im Einvernehmen mit dem Arbeitsministerium getroffen.

Art. 9. Der Aufwand des Landesfürsorgeverbands wird, soweit er nicht aus seinem Vermögen gedeckt werden kann oder aus der Staatskasse ersetzt wird, nach demselben Verhältnis auf die Amtskörperschaften ausgeteilt und von diesen in gleicher Weise zur Umlage gebracht, wie ihr Bedarf auf die dem Oberamtsbezirk angehörigen Gemeinden umgelegt wird.

Art. 10. (1) Die Besoldung der Vorsitzenden und die Belohnung ihrer Stellvertreter mit Ausnahme der Kosten für auswärtige Dienstverrichtungen werden von der Staatskasse getragen.

(2) Weiterhin wird dem Landesfürsorgeverband ein Beitrag zu dem Verwaltungsaufwand und zu dem auf gesetzlicher Verpflichtung beruhenden ordentlichen Aufwand für die Armenfürsorge (§ 1 Abs. 2 der Reichsfürsorgeverordnung) aus der Staatskasse gewährt, dessen Höhe jeweils durch den Staatshaushaltplan bestimmt wird.

Art. 11. Der Landesfürsorgeverband hat die dem Lande nach § 12 der Reichsfürsorgeverordnung obliegende endgültige Fürsorgepflicht zu erfüllen.

Art. 12. Der Landesfürsorgeverband kann Aufgaben, die den Bezirksfürsorgeverbänden endgültig obliegen, übernehmen. Die Verpflichtung der Bezirksfürsorgeverbände nach § 7 Abs. 1 der Reichsfürsorgeverordnung wird hierdurch nicht berührt.

Art. 13. (1) Der Landesfürsorgeverband kann die seiner Fürsorge gesetzlich anheimfallenden Personen dem Bezirksfürsorgeverband gegen Entschädigung überweisen, der nach § 7 Abs. 1 der Reichsfürsorgeverordnung zu ihrer vorläufigen Unterstützung verpflichtet ist.

(2) Der Landesfürsorgeverband ist verpflichtet, in den Landesfürsorgeanstalten, soweit es der Raum gestattet, gegen Entschädigung die der Fürsorge der Bezirksfürsorgeverbände gesetzlich anheimfallenden, zur Aufnahme in die Landesfürsorgeanstalten sich eignenden Personen auf Antrag der Be- Bezirksfürsorgeverbände aufzunehmen.

(3) In Streitfällen entscheidet endgültig die Ministerialabteilung für Bezirks- und Körperschaftsverwaltung.

II. Bezirksfürsorgeverbände für die in § 1 Abs. 1 der Reichsfürsorgeverordnung genannten Aufgaben.

Art. 14. (1) Bezirksfürsorgeverband für die in § 1 Abs. 1 der Reichsfürsorgeverordnung genannten Aufgaben ist jede Amtskörperschaft. Die Stadtgemeinde Stuttgart gilt in dieser Beziehung als Amtskörperschaft.

(2) Abweichende Regelungen bedürfen der Genehmigung der beteiligten Ministerien.

Art. 15. (1) Die Verwaltung der Aufgaben, die dem nach Art. 14 gebildeten Bezirksfürsorgeverband obliegen, kommt den durch die Bezirks- und Gemeindeordnung bestimmten Organen der Amtskörperschaften zu.

(2) Die laufenden Geschäfte dieser Bezirksfürsorgeverbände werden von Fürsorgestellen (Bezirksfürsorgebehörden) wahrgenommen.

(3) Bei der Durchführung der Fürsorge ist zur Beratung über allgemeine Fürsorgemaßnahmen und zur Entscheidung über einzelne Gesuche ein Fürsorgeausschuß zu bilden, der aus einem Vorsitzenden und zwei Mitgliedern besteht. Auf den Fürsorgeausschuß finden im übrigen vorbehältlich der Bestimmungen des Art. 30 der gegenwärtigen Verordnung die in Art. 36 Abs. 1 und 3 der Bezirksordnung — in Stuttgart die in Art. 89 Abs. 1 bis 3 der Gemeindeordnung — über Kommissionen getroffenen Bestimmungen Anwendung. Der die Fürsorgestelle leitende Beamte nimmt mit beratender Stimme an den Verhandlungen teil, sofern ihm nicht der Vorsitz übertragen ist.

III. Bezirksfürsorgeverbände für die Armenfürsorge (§ 1 Abs. 2 der Reichsfürsorgeverordnung) — Ortsfürsorgeverbände —.

Art. 16. Bezirksfürsorgeverband für die Armenfürsorge (§ 1 Abs. 2 der Reichsfürsorgeverordnung) — im folgenden als Ortsfürsorgeverband bezeichnet — ist jede Gemeinde, in zusammengesetzten Gemeinden die Gesamtgemeinde.

Art. 17. (1) Die Verwaltung der öffentlichen Armenfürsorge (Art. 16) kommt dem Gemeinderat mit der Maßgabe zu, daß bei den Verhandlungen und Beschlußfassungen des Gemeinderats der erste Ortsgeistliche oder sein Stellvertreter stimmberechtigtes Mitglied dieser Behörde (Ortsfürsorgebehörde) ist. In den Gemeinden, wo Ortsgeistliche verschiedener religiöser Bekenntnisse angestellt sind, ist von jedem Bekenntnis der erste Ortsgeistliche oder sein Stellvertreter zur Mitwirkung berufen.

(2) Bestehen innerhalb einer und derselben Gemeinde mehrere Kirchengemeinden, so hat der erste Ortsgeistliche jeder Kirchengemeinde, deren Pfarrsitz innerhalb der Ge-

meinde ist, oder sein Stellvertreter mitzuwirken. Im übrigen findet Art. 72 Abs. 4 der Gemeindeordnung Anwendung.

(3) Hat in einer Gemeinde keiner der für sie bestellten Geistlichen seinen Pfarrsitz, so ist zu den auf die Armenfürsorge sich beziehenden Verhandlungen und Beschlüssen des Gemeinderats der Geistliche mit Stimmrecht beizuziehen, dessen Kirchengemeinde die Gesamtheit oder die Mehrzahl der Einwohner angehört. Die Leitung der Sitzungen der Ortsfürsorgebehörde steht dem Ortsvorsteher und dem ersten Ortsgeistlichen oder seinem Stellvertreter gemeinschaftlich zu; dem Geistlichen gebührt die erste ordentliche, dem Ortsvorsteher im Falle der Stimmengleichheit die entscheidende Stimme. Im übrigen kommt die Führung der Geschäfte dem Ortsvorsteher zu. Wenn Geistliche verschiedener Bekenntnisse in der Ortsfürsorgebehörde mitwirken, so kommt der Anteil am Vorsitz dem Geistlichen des in der Gemeinde überwiegenden Bekenntnisses zu. Andernfalls ist ein geeigneter Wechsel festzustellen. Unter Geistlichen desselben Bekenntnisses entscheidet bei gleicher dienstlicher Stellung das Dienstalter.

Art. 18. (1) Auf Grund eines Beschlusses der Ortsfürsorgebehörde können besondere, ihr untergeordnete Fürsorgeausschüsse aus ihrer Mitte, geeignetenfalls unter Zuziehung anderer Ortseinwohner, für die Verwaltung der gesamten öffentlichen Armenfürsorge und ebenso Unterausschüsse für die Verwaltung einzelner Zweige oder Anstalten der Armenfürsorge gebildet, auch für einzelne Bezirke der Gemeinde Armenpfleger bestellt werden.

(2) Die näheren Bestimmungen über den Geschäftskreis und die Geschäftsführung der Fürsorgeausschüsse und Unterausschüsse werden durch Beschluß der Ortsfürsorgebehörde festgesetzt.

(3) Der erste Ortsgeistliche eines jeden religiösen Bekenntnisses oder sein Stellvertreter ist mit der in Art. 17 vorgesehenen Stellung stimmberechtigtes Mitglied des Fürsorgeausschusses.

Art. 19. (1) Die bisher von den Ortsarmenbehörden verwalteten Stiftungen, die ausschließlich für die öffentliche Armenfürsorge bestimmt sind, gehen in die Verwaltung der Ortsfürsorgebehörde über. Soweit das Vermögen dieser Stiftungen bisher zu bestimmten Zwecken zu verwenden war, ist es auch fernerhin in gleicher Weise zu verwenden.

(2) Die Verwaltungen anderer öffentlicher Stiftungen sind verpflichtet, aus dem Ertrage ihres Vermögens alljährlich der Ortsfürsorgebehörde die für die öffentliche Armenunterstützung stiftungsgemäß zu verwendenden Mittel für die den Gemeinden obliegende Armenfürsorge zur Verfügung zu stellen, sofern sie nicht vorziehen, mit der Gemeinde sich durch Überlassung eines bestimmten Anteils an dem Stiftungsvermögen ein für allemal auseinanderzusetzen.

(3) Soweit diese Stiftungen im Besitze von Vermögen oder von Einrichtungen sind, die bisher ausschließlich oder teilweise für die öffentliche Armenunterstützung gedient haben, wie Kranken-, Armen-, Siechenhäuser, Spitäler usw., sind sie verbunden, solche künftig der Ortsfürsorgebehörde für die öffentliche Armenfürsorge im bisherigen Umfange zu überlassen. Hiervon kann im Wege der Übereinkunft abgewichen werden.

Art. 20. Soweit die Einnahmen aus Armenfonds, Armenstiftungen u. dgl. und die Ersatzleistungen von Versicherungsträgern und dritten Personen zur Deckung der Kosten für die öffentliche Armenfürsorge nicht ausreichen, sind die von den Ortsfürsorgeverbänden aufgewendeten Kosten von den Gemeinden zu bestreiten.

IV. Gemeinsame Bestimmungen für den Landesfürsorgeverband, die Bezirksfürsorgeverbände und die Ortsfürsorgeverbände.

Art. 21. (1) Soweit diese Verordnung nichts anderes bestimmt, finden auf die Verwaltung des Landesfürsorgeverbands (Art. 1), der Bezirksfürsorgeverbände (Art. 14) und der Ortsfürsorgeverbände (Art. 16) die für die Amtskörperschaften und Gemeinden geltenden Vorschriften sinngemäße Anwendung.

(2) Die näheren Bestimmungen hierüber sowie über die Geschäftsführung der Bezirksfürsorgebehörden und der Ortsfürsorgebehörden werden vom Ministerium des Innern im Einvernehmen mit dem Arbeitsministerium getroffen.

Art. 22. (1) Dem Landesfürsorgeverband und den Bezirksfürsorgeverbänden (Art. 14) wird ein Viertel des ihnen endgültig verbleibenden sachlichen Fürsorgeaufwands für die ihnen nach § 1 Abs. 1 der Reichsfürsorgeverordnung obliegenden Aufgaben aus der Staatskasse ersetzt.

(2) Über die dem Landesfürsorgeverband und den Bezirksfürsorgeverbänden hiernach zu gewährenden Leistungen entscheidet endgültig das Ministerium des Innern im Einvernehmen mit dem Arbeitsministerium.

(3) Die Bezirksfürsorgeverbände (Art. 14) können von den Gemeinden, in denen ein Hilfsbedürftiger seinen gewöhnlichen Aufenthaltsort hat, Ersatz bis zur Höhe von 30 v. H. des nach Abs. 1 der Berechnung des Staatsanteils zugrunde zu legenden Fürsorgeaufwands für diesen Hilfsbedürftigen beanspruchen.

Art. 23. Soweit die Kosten, die den Ortsfürsorgeverbänden (Art. 16) durch die Fürsorge für Geisteskranke, für Geistesschwache oder an Epilepsie oder ähnlichen Krankheiten leidende Personen sowie für Taubstumme und Blinde erwachsen, nicht von dem Landesfürsorgeverband getragen werden (Art. 12), können sie durch Beschluß der Amtsversammlung auf den Bezirksfürsorgeverband übernommen werden.

Art. 24. Die Fürsorgeverbände sind verpflichtet, die für die Durchführung der Fürsorge notwendigen Einrichtungen zu treffen.

Art. 25. (1) Die Fürsorgebehörden sind ermächtigt, mit Genehmigung der Aufsichtsbehörde für ihre Fürsorgeanstalten

Hausordnungen zu erlassen, durch die den Vorgesetzten eine Disziplinarstrafgewalt bis zu zwei Tagen Haft übertragen werden kann. Gegen solche Straferkenntnisse kann Beschwerde erhoben werden, über die das Oberamt, in dessen Bezirk die Anstalt ihren Sitz hat, — in Stuttgart das Polizeipräsidium — endgültig entscheidet. Die Beschwerde ist bei der Behörde, die das Erkenntnis eröffnet oder erlassen hat, binnen zweimal 24 Stunden einzureichen.

(2) Die Beschwerde hat aufschiebende Wirkung, jedoch kann eine erkannte Haftstrafe sofort bis zu 24 Stunden vollzogen werden, wenn die Aufrechterhaltung der Ordnung die ungesäumte Bestrafung erfordert.

(3) Wiederholte Übertretung der Hausordnung kann mit Haftstrafe bis zu acht Tagen bestraft werden. Das Oberamt und die Ortspolizeibehörden haben die im § 362 Abs. 1 des Reichsstrafgesetzbuchs enthaltenen Befugnisse.

Art. 26. Die für Ersatzforderungen der württembergischen Fürsorgeverbände maßgebenden Tarife (§ 16 Abs. 2 der Reichsfürsorgeverordnung) werden von dem Ministerium des Innern aufgestellt.

Art. 27. (1) Der Landesfürsorgeverband ist verpflichtet, den Bezirksfürsorgeverbänden (Art. 14) und den Ortsfürsorgeverbänden (Art. 16), die durch Erfüllung der ihnen obliegenden Verpflichtungen überbürdet werden, eine Beihilfe zu gewähren sowie die Zahlung und Erstattung der ihnen auferlegten Kosten, die sie ganz oder teilweise zu tragen außerstande sind, zu übernehmen.

(2) Gegen den Bescheid der Landesfürsorgebehörde steht den Bezirksfürsorgeverbänden und den Ortsfürsorgeverbänden Beschwerde an die Ministerialabteilung für Bezirks- und Körperschaftsverwaltung und gegen deren Entscheidung Beschwerde an das Ministerium des Innern, in den Fällen von § 1 Abs. 1 a, b, d und f der Reichsfürsorgeverordnung an das Arbeitsministerium zu. Die Entscheidung des Ministeriums ist endgültig.

Art. 28. In dringenden Fällen sind die Ortsfürsorgebehörden verpflichtet, auch die in § 1 Abs. 1 der Reichsfürsorgeverordnung genannten Fürsorgebedürftigen, die sich bei Eintritt der Hilfsbedürftigkeit in ihrer Gemeinde aufhalten, vorläufig zu unterstützen. Die vorläufige Unterstützung erfolgt vorbehältlich des Anspruchs auf Erstattung der Kosten und auf Übernahme des Hilfsbedürftigen gegen den hierzu verpflichteten Bezirksfürsorgeverband (Art. 14), dem ohne Verzug Anzeige zu erstatten ist.

Art. 29. (1) Auf dem Gebiet der öffentlich-rechtlichen Fürsorge führt das zuständige Ministerium die Aufsicht darüber, daß die für die Fürsorgeträger bindenden Vorschriften (Gesetz, Richtlinien, Geschäftsordnung u. dgl.) so beobachtet werden, wie der Zweck der Fürsorge dies erfordert.

(2) Im übrigen stehen den beteiligten Ministerien die Aufsichtsrechte gegenüber den Fürsorgeverbänden und Fürsorgebehörden nach Maßgabe der Bestimmungen der Bezirks- und Gemeindeordnung über die staatliche Beaufsichtigung der Amtskörperschafts- und der Gemeindeverwaltung in entsprechender Weise zu, wobei in sachlichen Angelegenheiten an die Stelle der Ministerialabteilung für Bezirks- und Körperschaftsverwaltung und des Ministeriums des Innern das beteiligte Ministerium tritt.

(3) Über die Durchführung des Gesetzes über die Beschäftigung Schwerbeschädigter in der Fassung der Bekanntmachung vom 12. Januar 1923 (RGBl. I S. 57) werden vom Arbeitsministerium im Einvernehmen mit dem Ministerium des Innern die erforderlichen Ausführungsbestimmungen erlassen.

Art. 30. Über die Zuziehung von Vertretern aus den Kreisen der freien Wohlfahrtspflege und der Fürsorgebedürftigen bei der Beratung über allgemeine Fürsorgemaßnahmen und bei der Entscheidung über Einzelgesuche bestimmen die beteiligten Ministerien das Nähere.

V. Unterstützung hilfsbedürftiger Ausländer.

Art. 31. Die Bestimmungen über die Fürsorgepflicht finden hinsichtlich der endgültigen Verpflichtung zur Fürsorge auch auf Ausländer Anwendung (§ 13 der Reichsfürsorgeverordnung).

VI. Umfang der Fürsorge.

Art. 32. Die beteiligten Ministerien werden ermächtigt, im Rahmen der reichsrechtlichen Vorschriften nähere Bestimmungen über Voraussetzung, Art und Maß der Fürsorge zu erlassen.

Art. 33. Dritten Personen, die, ohne dazu rechtlich verpflichtet zu sein, einem im Sinne der Reichsfürsorgeverordnung Hilfsbedürftigen eine dringend nötige Hilfe leisten, steht ein Anspruch auf Ersatz des durch die Umstände gebotenen Aufwands aus Mitteln der öffentlichen Fürsorge an den nach § 7 Abs. 1 der Reichsfürsorgeverordnung verpflichteten Fürsorgeverband zu, jedoch nur, wenn die Fürsorgebehörde dieses Verbands von der Hilfeleistung innerhalb 24 Stunden oder, sofern diese Frist nicht eingehalten werden konnte, sobald als möglich in Kenntnis gesetzt worden ist.

Art. 34. (1) Die Bestimmungen des Art. 33 finden auch Anwendung auf Ärzte hinsichtlich ihres Anspruchs auf die ihnen zustehenden Gebühren für ärztliche Hilfe in Fällen, in denen für die Fürsorgeverbände andere Ärzte zur Behandlung der Hilfsbedürftigen der betreffenden Verbände aufgestellt sind.

(2) Sind öffentliche Ärzte für die Behandlung der Hilfsbedürftigen nicht bestellt, so haben die Ärzte Anspruch auf die ihnen zustehenden Gebühren für ihre Dienstleistungen an den zunächst verpflichteten Fürsorgeverband. Der Anspruch muß jedoch binnen eines Monats, von dem Beginn der Hilfeleistung an gerechnet, erhoben werden.

(3) Unter den gleichen Voraussetzungen haben auch Hebammen Anspruch auf die ihnen zustehenden Gebühren.

Art. 35. Apotheker haben Anspruch auf die Bezahlung der für Hilfsbedürftige auf ärztliche Verordnung abgegebenen

Arzneimittel durch den zunächst verpflichteten Fürsorgeverband, wenn

1. die Abgabe
   a) auf Verordnung des bestellten Fürsorgearztes,
   b) in Notfällen (vgl. Art. 33 und 34) auf Verordnung eines anderen Arztes erfolgt, und
2. der Anspruch binnen eines Monats von der Abgabe an bei dem zunächst verpflichteten Fürsorgeverband erhoben worden ist.

VII. Arbeits- und Unterhaltspflicht.

Art. 36 Als geeignete Anstalten zur Unterbringung von Hilfsbedürftigen im Sinne des § 20 der Reichsfürsorgeverordnung werden die Landesfürsorgeanstalten sowie die von den Amtskörperschaften und Gemeinden hierfür geschaffenen Einrichtungen bezeichnet.

Art. 37. (1) Die Unterbringung in einer Anstalt sowie die Zuweisung von Arbeit in einer sonstigen Einrichtung wird auf Antrag der unterstützenden Fürsorgebehörde durch das Oberamt, in dessen Bezirk der Betroffene zur Zeit der Antragstellung sich aufhält, — in Stuttgart durch das Stadtschultheißenamt — verfügt.

(2) Gegen die Anordnung der Unterbringung hat der Hilfsbedürftige das Beschwerderecht an die Ministerialabteilung für Bezirks- und Körperschaftsverwaltung, die endgültig entscheidet.

(3) Die Beschwerde ist bei Vermeidung des Verlustes des Beschwerderechts binnen einer Woche nach Eröffnung der angefochtenen Verfügung bei der Behörde, die sie erlassen oder eröffnet hat, oder bei der Ministerialabteilung für Bezirks- und Körperschaftsverwaltung, anzubringen.

(4) Der Ministerialabteilung für Bezirks- und Körperschaftsverwaltung steht es nach der besonderen Gestalt des Falles zu, den Vollzug der Auflage auf Antrag oder von Amts wegen bis zur Entscheidung über die Beschwerde auszusetzen.

(5) Die Verhängung des Arbeitszwangs kann vom Oberamt — in Stuttgart vom Stadtschultheißenamt — auf Antrag des Betroffenen oder der Fürsorgebehörde sowie von Amts wegen wieder aufgehoben werden, wenn die fernere Aufrechterhaltung des Zwangs als unzweckmäßig erscheint.

(6) Im Falle der Abweisung eines auf die Wiederaufhebung der Arbeitsauflage gerichteten Antrags finden vorstehende Bestimmungen entsprechende Anwendung.

Art. 38. Aus dem Arbeitsverdienst sind zunächst die Kosten der Unterbringung zu decken.

Art. 39. Auf Antrag der unterstützenden Fürsorgebehörde kann durch Beschluß des Oberamts, in dessen Bezirk sich der Ersatzpflichtige zur Zeit der Antragstellung aufhält, — in Stuttgart durch das Stadtschultheißenamt — den Unterhalts- oder Ersatzpflichtigen die Auflage gemacht werden, den Fürsorgebedürftigen nach Maßgabe ihrer gesetzlichen Unterhaltspflicht die erforderliche Unterstützung zu gewähren oder dem Fürsorgeverband die erwachsenden Kosten zu ersetzen.

VIII. Beschwerde.

Art. 40. (1) Gegen die Festsetzung oder die Ablehnung von Fürsorgemaßnahmen durch die Landesfürsorgebehörde oder die Bezirksfürsorgebehörden (Art. 15) ist, soweit nicht in Abs. 2 etwas anderes bestimmt ist, Beschwerde an die Ministerialabteilung für Bezirks- und Körperschaftsverwaltung zulässig, die endgültig entscheidet.

(2) In Angelegenheiten der Kriegsbeschädigten- und Kriegshinterbliebenen- sowie der Schwerbeschädigten-, Sozialrentner- und Wochenfürsorge geht die Beschwerde an das Arbeitsministerium, das endgültig entscheidet.

(3) Über das Beschwerdeverfahren, insbesondere über die Zuziehung von Vertretern aus den Kreisen der freien Wohlfahrtspflege und der Fürsorgebedürftigen bei der Entscheidung über derartige Beschwerden, treffen die beteiligten Ministerien nähere Bestimmungen.

Art. 41. Gegen die Festsetzung oder Ablehnung von Fürsorgemaßnahmen durch die Ortsfürsorgebehörde (Art. 17) ist Beschwerde an den Bezirksrat zulässig (Art. 42 Nr. 7 der Bezirksordnung), der endgültig entscheidet.

IX. Übergangs- und Schlußbestimmungen.

Art. 42. (1) Die auf Grund des Gesetzes vom 2. Juli 1889, betreffend die Abänderung einiger Bestimmungen des Gesetzes vom 17. April 1873, gebildeten vier Landarmenverbände werden auf 1. April 1924 aufgelöst. Ihr Vermögen geht mit diesem Zeitpunkt auf den Landesfürsorgeverband über. Die durch den Vollzug der Auflösung der vier Landarmenverbände weiter erforderlichen Anordnungen werden vom Ministerium des Innern getroffen.

(2) Die bisherige Hauptfürsorgestelle für Kriegsbeschädigten- und Kriegshinterbliebenenfürsorge wird vom Landesfürsorgeverband als besondere Abteilung fortgeführt.

(3) Der Landesfürsorgeverband hat, soweit die gegenwärtige Verordnung nichts anderes bestimmt, die Aufgaben zu erfüllen, die seither von der Hauptfürsorgestelle wahrgenommen worden sind. Der Landesfürsorgeverband kann eine andere Regelung treffen; die Beschlüsse bedürfen der Zustimmung des Arbeitsministeriums.

Art. 43. Die auf Grund von Art. 10 Abs. 1 des Gesetzes vom 2. Juli 1889 in Verbindung mit Art. 27 Abs. 2 des Gesetzes vom 17. April 1873 vor dem Inkrafttreten dieser Verordnung vom Staat für einen Fürsorgefall anerkannte Ersatzpflicht bleibt bis zur Beendigung der Hilfsbedürftigkeit bestehen.

Art. 44. (1) Der Landesfürsorgeverband ersetzt bis zur endgültigen Regelung durch die Landesfürsorgebehörde den Ortsfürsorgeverbänden die Hälfte des Aufwands, der ihnen durch die Fürsorge für Geisteskranke, für Geistesschwache oder an Epilepsie oder ähnlichen Krankheiten leidende Personen sowie für Taubstumme oder Blinde erwächst.

(2) Der Landesfürsorgeverband übernimmt, soweit er nicht bereits zur Tragung der gesamten Lasten verpflichtet ist, vier Fünftel der Lasten der Armenfürsorge, die erforderlich wird für die einer Gemeinde aus den Flüchtlingslagern auf Grund der Reichsverordnung über die Auflösung der Flüchtlingslager vom 17. Dezember 1923 (RGBl. I S. 1202) zugewiesenen Personen.

Art. 45. (1) Diese Verordnung tritt gleichzeitig mit der Reichsfürsorgeverordnung in Kraft.

(2) Mit dem gleichen Tage verlieren alle mit der gegenwärtigen Verordnung in Widerspruch stehenden gesetzlichen Vorschriften ihre Geltung.

(3) Insbesondere werden

1. aufgehoben:
   a) das Gesetz vom 17. April 1873 (RegBl. S. 109) zur Ausführung des Reichsgesetzes vom 6. Juni 1870/30. Mai 1908 über den Unterstützungswohnsitz,
   b) das Gesetz vom 2. Juli 1889 (RegBl. S. 217)/ 18. August 1907 (RegBl. S. 379), betreffend die Abänderung einiger Bestimmungen des Gesetzes vom 17. April 1873 zur Ausführung des Reichsgesetzes vom 6. Juni 1870 über den Unterstützungswohnsitz,
   c) die Verfügung des Ministeriums des Innern, betreffend Einwirkungen der Flüchtlingsfürsorge auf das Armenrecht, vom 20. Juli 1918 Nr. I 3423 (Amtsbl. S. 147),
   d) die Verfügung des Ministeriums des Innern vom 1. November 1923 (RegBl. S. 487) zur Ausführung des Reichsgesetzes über Kleinrentnerfürsorge vom 4. Februar 1923,
   e) der Art. 5 des Gesetzes vom 9. August 1923 (RegBl. S. 355) zur vorläufigen Ausführung des Reichsgesetzes für Jugendwohlfahrt,
   f) die Vollzugsverfügung des Arbeitsministeriums über die soziale Kriegsbeschädigten- und Kriegshinter-

bliebenenfürsorge vom 6. Mai 1919 (RegBl. S. 77) in der Fassung vom 12. Mai 1921 (RegBl. S. 203),

g) die Verordnung des Staatsministeriums über Kriegsbeschädigten- und Kriegshinterbliebenenfürsorge vom 25. März 1922 (RegBl. S. 171),

h) die Vollzugsverfügung des Arbeitsministeriums zu dem Gesetz über Notstandsmaßnahmen zur Unterstützung von Rentenempfängern der Invaliden- und Angestelltenversicherung vom 30. Januar 1922 (RegBl. S. 45);

2. abgeändert folgende Bestimmungen:

a) In Art. 10 Abs. 2 der Gemeindeordnung ist an Stelle des Wortes „Armenpflege" zu setzen: „Armenfürsorge" und an Stelle von „Art. 9 des Gesetzes vom 17. April 1873 zur Ausführung des Reichsgesetzes vom 6. Juni 1870 über den Unterstützungswohnsitz (RegBl. S. 109)": „Art. 17 der Landesfürsorgeverordnung vom 31. März 1924 (RegBl. S. 247)".

b) Der Art. 31 Abs. 3 der Gemeindeordnung erhält folgende Fassung:

„Der Vollzug des Beschlusses über die Errichtung eines Fürsorgeausschusses nach Art. 18 der Landesfürsorgeverordnung vom 31 März 1924 (RegBl. S. 247) kann vom Bezirksrat gemäß Art. 8 Abs. 3 untersagt werden."

c) In Art. 152 der Gemeindeordnung ist an Stelle des Wortes „Ortsarmenbehörde" zu setzen: „Ortsfürsorgebehörde".

d) In Art. 16 Abs. 3 letzter Satz der Bezirksordnung ist statt „Art. 13 des Gesetzes vom 2. Juli 1889, betreffend die Abänderung einiger Bestimmungen des Gesetzes vom 17. April 1873 (RegBl. S. 217) hinsichtlich der öffentlichen Armenfürsorge" zu setzen: „Art. 23 der Landesfürsorgeverordnung vom 31. März

1924 (RegBl. S. 247) hinsichtlich der öffentlichen Armenfürsorge".

e) Art. 42 Nr. 7 der Bezirksordnung erhält folgende Fassung:

„Die Entscheidung von Beschwerden wegen verweigerter oder ungenügender Armenfürsorge durch die Ortsfürsorgeverbände (Art. 16 in Verbindung mit Art. 41 der Landesfürsorgeverordnung vom 31. März 1924 (RegBl. S. 247);".

f) In Art 67 Abs. 2 der Bezirksordnung ist an Stelle des Wortes „Landarmenbehörden" zu setzen: „Landesfürsorgebehörde" und an Stelle des Wortes „Landarmenverbände" „Landesfürsorgeverband".

g) In Art. 10 des Gesetzes über die Verwaltungsrechtspflege vom 16. Dezember 1876 (RegBl. S. 485) erhalten die Nr. 2 und 3 folgende Fassung:

Nr. 2: „Ansprüche, die gegen einen württembergischen Fürsorgeverband von einem anderen württembergischen Fürsorgeverband auf Grund der Verordnung über die Fürsorgepflicht vom 13. Februar 1924 (RGBl. I S. 100) erhoben werden;".

Nr. 3: „Die Anwendung der Bestimmungen der Art. 33—35 der Landesfürsorgeverordnung vom 31. März 1924 (RegBl. S. 247);".

Die Nr. 13 und 15 des Art. 10 fallen weg.

h) Art. 11 Nr. 1 des Gesetzes über die Verwaltungsrechtspflege vom 16. Dezember 1876 (RegBl. S. 485) erhält folgende Fassung:

„Streitigkeiten über Ansprüche, die von einem nichtwürttembergischen Fürsorgeverband gegen einen württembergischen Fürsorgeverband auf Grund der Verordnung über die Fürsorgepflicht vom 13. Februar 1924 (RGBl. I S. 100) erhoben werden;".

i) In Art. 174 Abs. 4 des Ausführungsgesetzes zum Bürgerlichen Gesetzbuch und dessen Nebengesetzen vom 28 Juli 1899 (RegBl. S. 423) ist an die Stelle des Wortes „Armenkasse" zu setzen: „Kasse der Ortsfürsorgebehörde".

5. Baden.

Ausführungsverordnung zur Reichsverordnung über die Fürsorgepflicht vom 29. März 1924 (G. u. VBl. S. 59).

Auf Grund des § 31 der Verordnung der Reichsregierung über die Fürsorgepflicht vom 13. Februar 1924 (RGBl. I S. 100) in Verbindung mit § 42 der dritten Steuernotverordnung vom 14. Februar 1924 (RGBl. I S. 74) verordnet das Staatsministerium im Namen des badischen Volkes, was folgt:

I. Fürsorgeverbände.

§ 1. 1. Landesfürsorgeverband im Sinne des § 1 Abs. 1 der Reichsverordnung über die Fürsorgepflicht ist das Land Baden.

2. Zu Bezirksfürsorgeverbänden zwecks Erfüllung der Fürsorgeaufgaben für die in § 1 Abs. 1 der Reichsverordnung genannten Hilfsbedürftigen werden die Gemeindeverbände und die verbandsfreien Städte im Sinne des Gesetzes zur Ausführung des Wohnungsabgabegesetzes vom 6. Oktober 1921 (G. u. VBl. S. 331) und der Verordnung vom 24. November 1921, den Vollzug des Gesetzes zur Ausführung des Wohnungsabgabegesetzes betreffend (G. u. VBl. S. 451), erklärt.

§ 2. 1. Durch die Vollzugsbestimmungen wird bestimmt, inwieweit der Landesfürsorgeverband beteiligt ist an:

a) der Tragung der Kosten gemeinsamer Einrichtungen aller oder einzelner Bezirksfürsorgeverbände,

b) der Gewährung von Zuschüssen an nicht leistungsfähige Bezirksfürsorgeverbände.

2. Der Landesfürsorgeverband hat ferner die Aufgabe, die dem Lande nach § 12 der Reichsverordnung obliegende endgültige Fürsorgepflicht und die ihm nach § 13 der Reichsverordnung obliegende Ersatzpflicht zu erfüllen, soweit eine Fürsorge nach § 1 Abs. 1 der Reichsverordnung in Frage kommt.

§ 3. Die Bezirksfürsorgeverbände haben die Aufgabe, die in § 1 Abs. 1 der Reichsverordnung bezeichneten öffentlich-rechtlichen Fürsorgepflichten unmittelbar zu erfüllen. Das Staatsministerium kann den Bezirksfürsorgeverbänden weitere Fürsorgeaufgaben übertragen.

§ 4. Soweit sich aus dieser Verordnung nicht etwas anderes ergibt, erfolgt die Verwaltung der Angelegenheiten der Bezirksfürsorgeverbände in den Gemeindeverbänden durch die Bezirksversammlung, den Bezirksausschuß und den Oberamtmann in entsprechender Anwendung der für die Wohnungsverbände geltenden Bestimmungen, in den verbandsfreien Städten nach den Vorschriften der Gemeindeordnung.

§ 5. 1. Die Gemeindeverbände bestimmen durch Satzung:

a) die nähere Zusammensetzung des Bezirksausschusses (§§ 4, 10),

b) ob den Mitgliedern des Bezirksausschusses und der Sonderausschüsse (§ 10) für die Teilnahme an den Sitzungen Ersatz von baren Auslagen und entgangenem Arbeitsverdienst gewährt werden soll.

2. Die Satzung kann weitere Bestimmungen über Einrichtungen des Gemeindeverbandes enthalten.

3. Zum Erlaß der Satzung ist ein Beschluß der Bezirksversammlung und die Genehmigung des Arbeitsministeriums erforderlich. Die für den Erlaß von Gemeindesatzungen geltenden Bestimmungen finden im übrigen entsprechende Anwendung.

§ 6. 1. Die Ausgaben der Bezirksfürsorgeverbände bestehen in Verwaltungsaufwand und Fürsorgeaufwand. Der Verband hat beiderlei Aufwand zunächst zu tragen.

2. Das Land erstattet dem Verband bis auf weiteres ein Drittel des aus der Fürsorge nach § 1 Abs. 1 der Reichsverordnung sich ergebenden Fürsorgeaufwands entsprechend den im Staatsvoranschlag zur Verfügung gestellten Mitteln.

3. Für die übrigen zwei Drittel des Fürsorgeaufwandes und für den gesamten Verwaltungsaufwand kommt der Bezirksfürsorgeverband auf. Die Gemeindeverbände sind berechtigt, ein Drittel des durch den Einzelfall verursachten Fürsorgeaufwandes von der Gemeinde zurückzufordern, in der sich der Hilfsbedürftige beim Eintritt der Hilfsbedürftigkeit befindet; der verbleibende Rest des Gesamtaufwandes wird durch eine Umlage auf sämtliche Verbandsgemeinden nach dem Verhältnis ihrer Steuerwerte zur Grund- und Gewerbesteuer aufgebracht.

4. Als sonstige Einnahmen des Verbandes kommen insbesondere in Betracht:

a. Erträgnisse aus Verbandsvermögen,

b. Erträgnisse der für Fürsorgezwecke etwa vorhandenen Stiftungen,

c. etwaige Staatszuwendungen an leistungsschwache Verbände,

d. sonstige Zuschüsse öffentlicher oder privater Art, Schenkungen, oder durch Verfügung von Todes wegen zufließende Mittel,

e. Ersatzleistungen und Rückzahlungen.

§ 7. Der Bezirksfürsorgeverband hat den für die Erfüllung der öffentlich-rechtlichen Fürsorgeaufgaben nötigen Voranschlag getrennt von dem Voranschlag für die Wohnungsfürsorge aufzustellen und getrennt Rechnung zu legen.

§ 8. Zwei oder mehrere Bezirksfürsorgeverbände können sich durch übereinstimmend erlassene Satzungen zu einem gemeinsamen Bezirksfürsorgeverband zusammenschließen. Das Nähere regelt das Arbeitsministerium.

II. Fürsorgebehörden.

§ 9. 1. Die Aufgaben, die dem Lande Baden als Landesfürsorgeverband obliegen, erledigt das Arbeitsministerium.

2. Dem Arbeitsministerium steht zur Beratung in allgemeinen Fragen aus dem Gebiet der öffentlich-rechtlichen Fürsorge ein Landesausschuß für soziale Fürsorge zur Seite, dessen Zusammensetzung durch die Vollzugsbestimmungen geregelt wird.

§ 10. 1. Die Aufgaben der Bezirksfürsorgeverbände werden erledigt in den Gemeindeverbänden durch den Bezirksausschuß, soweit nicht die Zuständigkeit der Bezirksversammlung oder des Oberamtmanns (Bezirksfürsorgestelle) gegeben ist, und in den verbandsfreien Städten durch die Gemeindebehörden.

2. In den Gemeindeverbänden wird zur Beratung und Entscheidung über Fürsorgeangelegenheiten der Bezirksausschuß ergänzt durch Zuwahl von Vertretern der Verbände der freien Wohlfahrtspflege und der Vereinigungen der Hilfsbedürftigen. Die Zuwahl dieser Vertreter erfolgt durch die Bezirksversammlung auf Grund von Vorschlagslisten der Verbände der freien Wohlfahrtspflege und der Vereinigungen der Hilfsbedürftigen. Die zugewählten Vertreter sind stimmberechtigte Mitglieder des Bezirksausschusses und üben ihr Amt ehrenamtlich aus; unter ihnen sollen sich Frauen befinden. Für jeden Vertreter ist ein Stellvertreter zu wählen. Die Stellvertretung des Oberamtmanns regelt sich nach den allgemeinen Bestimmungen.

Der Bezirksausschuß kann bei Bedarf für die verschiedenen Zweige der sozialen Fürsorge Sonderausschüsse nach näherer Bestimmung der Satzung bilden. Auch in diesen ist die Mitwirkung der Verbände der freien Wohlfahrtspflege und der Vereinigungen der Hilfsbedürftigen in derselben Weise vorzusehen. Die Zahl der Mitglieder des Sonderausschusses soll in der Regel 3—7 betragen.

3. In den verbandsfreien Städten ist bei der Beratung und Entscheidung über Fürsorgeangelegenheiten die Mitwirkung der Verbände der freien Wohlfahrtspflege und der Vereinigungen der Hilfsbedürftigen in sinngemäßer Anwendung der Vorschriften der §§ 51 und 52 der Gemeindeordnung durch Gemeindesatzung zu regeln.

4. Die Bewilligungen der Bezirksfürsorgebehörden müssen sich im Rahmen der Voranschläge halten.

§ 11. Die laufenden Geschäfte besorgt in den Gemeindeverbänden der Oberamtmann als Bezirksfürsorgestelle. Der Oberamtmann führt in der Bezirksversammlung, in dem Bezirksausschuß und in den Sonderausschüssen den Vorsitz, er bereitet die Beschlüsse der Bezirksversammlung und der Ausschüsse vor, beruft deren Versammlungen, bringt die Gegenstände zum Vortrag, sorgt für den Vollzug der gefaßten Beschlüsse, gibt auf Grund derselben namens des Verbands die erforderlichen Erklärungen ab und unterzeichnet die ergehenden Verfügungen. Der Beschluß ermächtigt den Vorsitzenden zu allen gesetzmäßigen Handlungen, die erforderlich sind, um den Willen des Verbandes zu verwirklichen. Die Bestimmungen des § 19 der Verordnung, den Vollzug des Gesetzes zur Ausführung des Wohnungsabgabegesetzes betreffend, vom 24 November 1921 (Gesetz- und Verordnungsblatt S. 451) finden entsprechende Anwendung.

§ 12. 1. Die Bezirksfürsorgestellen bedienen sich bei der Durchführung der Fürsorge der Hilfe der Gemeindeverwaltungen und der Verbände der freien Wohlfahrtspflege. Die Gemeinden sind verpflichtet, den an sie ergehenden Ersuchen zu entsprechen.

2. Die Verbandsgemeinden sind ferner verpflichtet, einem Hilfsbedürftigen im Bedarfsfall sofortige Hilfe zu leisten vorbehaltlich der Abrechnung mit dem Fürsorgeverband.

3. Zur Übertragung von öffentlich-rechtlichen Fürsorgeaufgaben an die Verbände oder Einrichtungen der freien

Wohlfahrtspflege ist die Zustimmung des Arbeitsministeriums erforderlich.

4. Auf Antrag kann die Bezirksversammlung nach Anhören des Bezirksausschusses einer großen Gemeinde im Sinne der Gemeindeordnung die Ausübung der Fürsorge innerhalb des Bezirks der Gemeinde gemäß den allgemeinen Anordnungen des Verbandes widerruflich übertragen. Die Bezirksversammlung beschließt über die Höhe der an die Gemeinde zu überweisenden Mittel. Der über diesen Betrag hinaus entstehende Aufwand und die Verwaltungskosten fallen der Gemeinde zur Last. In der Gemeinde ist vom Bezirksausschuß ein besonderer Ausschuß unter Berücksichtigung der Bestimmungen des § 10 Abs. 2 zu bilden.

§ 13. 1. Die verbandsfreien Städte richten städtische Fürsorgestellen (Fürsorgeämter) ein.

2. § 12 dieser Verordnung gilt entsprechend.

III. Aufsicht und Beschwerde.

§ 14. Dem Arbeitsministerium liegt die Überwachung der gesamten in § 1 Abs. 1 der Reichsverordnung bezeichneten öffentlich-rechtlichen Fürsorge ob. Es stellt für die Durchführung der Fürsorge Richtlinien auf.

§ 15. 1. Gegen die Entscheidungen der Fürsorgebehörden steht dem Hilfsbedürftigen im Einzelfall das Beschwerderecht zu.

2. Die Fürsorgebehörde, deren Verfügung angefochten wird, hat Beschwerden sachlicher Art zu prüfen und sie dann weiter zu geben, wenn sie die angefochtene Entscheidung aufrecht erhält.

3. Zur endgültigen Entscheidung der Beschwerden ist das Arbeitsministerium zuständig, soweit die Beschwerde sachlicher Art ist, im übrigen die Dienstaufsichtsbehörde.

IV. Verfahren vor den Fürsorgestellen.

§ 16. 1. Der Antrag auf Gewährung von Fürsorge ist in den verbandsfreien Städten bei dem Fürsorgeamt (§ 13), bei den Gemeindeverbänden in der Regel beim Bürgermeisteramt zu stellen. Im letzteren Fall gibt die Gemeinde den Antrag, soweit nicht die Not ein selbständiges Eingreifen nach § 12 Abs. 2 fordert, der Bezirksfürsorgestelle mit ihrer Stellungnahme weiter. Der Antrag kann auch bei der Bezirksfürsorgestelle gestellt werden.

2. Die Fürsorgestellen und die Gemeinde sollen in geeigneten Fällen auch ohne Antrag eingreifen und Hilfsbedürftige, die aus Unkenntnis oder Scheu vor der Fürsorge keinen Antrag gestellt haben, zur Stellung des Antrages veranlassen.

§ 17. 1. Die Aufnahme des Antrags und seine Erledigung soll in schonender Weise erfolgen. Dabei ist von der Mitwirkung der freien Wohlfahrtspflege und der Vereinigungen der Hilfsbedürftigen weitgehend Gebrauch zu machen. Auf die Mitarbeit ehrenamtlich tätiger Personen ist besonderer Wert zu legen.

2. Sofern einem Antrag nicht oder nur zu einem Teil entsprochen wird, in ein schriftlicher mit Gründen versehener Bescheid zu erteilen.

V. Rückerstattung.

§ 18. 1. Die Verpflichtung zur Rückerstattung für die in § 1 Abs. 1 der Reichsverordnung bezeichneten Hilfsbedürftigen kommt nur in Frage, wenn der Unterstützte Vermögen besitzt oder später zu Vermögen oder Einkommen gelangt ist, das ihn nach den allgemeinen Steuergesetzen vermögens- und aus dem Vermögen auch einkommensteuerpflichtig macht, es sei denn, daß ihm die Beihilfe als Darlehn gewährt worden ist. Die einem Hilfsbedürftigen vor Vollendung seines 18. Lebensjahres sowie die nach § 21 des Reichsversorgungsgesetzes gewährten Beihilfen werden nicht rückerstattet.

2. Die rückerstatteten Beträge verbleiben dem Fürsorgeverband.

VI. Besondere Vorschriften für Schwererwerbsbeschränkte, Kriegsbeschädigte und Kriegshinterbliebene.

§ 19. 1. Die in dem Gesetz über die Beschäftigung Schwerbeschädigter in der Fassung vom 12. Januar 1923 (RGBl. I S. 52) den Hauptfürsorgestellen übertragenen Aufgaben übernimmt das Arbeitsministerium. Die Vorschriften über den Schwerbeschädigtenausschuß bleiben unberührt.

2. Die in der Verordnung des Arbeitsministers vom 12. März 1923 (Gesetz- und Verordnungsblatt S. 49) zum Vollzug des Gesetzes über die Beschäftigung Schwerbeschädigter bezeichneten Schwerbeschädigtenabteilungen bleiben bestehen. Sie werden einer Fürsorgestelle ihres Bereiches angegliedert. Die beteiligten Bezirksfürsorgeverbände haben gemeinsam für die Kosten aufzukommen. Das Nähere regeln die Vollzugsbestimmungen.

§ 20. 1. Die Aufgaben der Kriegsbeschädigten- und Kriegshinterbliebenenfürsorge, die bisher Aufgabe der Hauptfürsorgestelle der Kriegsbeschädigten- und Kriegshinterbliebenenfürsorge waren, werden dem Arbeitsministerium übertragen.

2. Die Vorschriften der §§ 6 und 7 der Verordnung der Reichsregierung vom 8. Februar 1919 (RGBl. S. 187) über den Beirat bleiben unberührt.

§ 21. 1. Die Aufgaben der amtlichen Fürsorgestellen der Kriegsbeschädigten- und Kriegshinterbliebenenfürsorge gehen mit dem Inkrafttreten dieser Verordnung auf die zuständigen Bezirks- und städtischen Fürsorgestellen über.

2. Die Vorschriften des § 8 Abs. 2 der Verordnung vom 8. Februar 1919 über die Beiräte bleiben unberührt. Die Beiräte gelten als Sonderausschüsse im Sinne des § 10 Abs. 2 und 3.

VII. Armenfürsorge.

§ 22. 1. Die Bestimmungen dieser Verordnung gelten nicht für die in § 1 Abs. 2 der Reichsverordnung bezeichnete Armenfürsorge. Im Wege der Armenfürsorge werden bis auf weiteres auch die im Familienverband lebenden ehelichen hilfsbedürftigen Minderjährigen versorgt, wenn die Eltern oder der Elternteil, bei dem sie untergebracht sind, Armenunterstützung empfangen.

2. Auf die Armenfürsorge finden bis zur anderweitigen gesetzlichen Regelung die bisherigen Bestimmungen auch weiterhin Anwendung, soweit sich nicht aus der Reichsverordnung etwas anderes ergibt.

3. Für die Armenfürsorge erfüllen insolange die Aufgaben der Landesfürsorgeverbände die Kreise, diejenigen der Bezirksfürsorgeverbände die Gemeinden.

§ 23. 1. Solange ein Hilfsbedürftiger nicht von einem Fürsorgeverband des § 1 dieser Verordnung als Hilfsbedürftiger gemäß § 1 Abs. 1 der Reichsverordnung betreut wird, sind die in § 22 Abs 3 genannten Fürsorgeverbände verpflichtet, die öffentlich-rechtlichen Fürsorgeaufgaben nach den Grundsätzen der Armenfürsorge für ihn zu erfüllen. Dasselbe gilt, wenn ein Fürsorgeverband des § 1 dieser Verordnung die Ausübung der Fürsorge für einen Hilfsbedürftigen ganz oder teilweise ablehnt.

2. In Streitfällen kann die Entscheidung des Arbeitsministeriums angerufen werden, ohne daß die Gewährung der Fürsorge hierdurch von dem nach Abs. 1 verpflichteten Verband aufgeschoben werden darf; der Rechtsweg ist ausgeschlossen. Das Arbeitsministerium entscheidet im Benehmen mit dem Ministerium des Innern endgültig.

§ 24. Die dem Lande nach § 12 der Reichsverordnung obliegende endgültige Fürsorgepflicht für Deutsche oder staatenlose ehemalige Deutsche liegt in Armensachen demjenigen Kreis, innerhalb dessen der Hilfsbedürftige in Baden zuletzt seinen gewöhnlichen Aufenthalt gehabt hat, und falls ein solcher nicht zu ermitteln ist, dem Lande ob.

VIII. Übergangs- und Schlußbestimmungen.

§ 25. Um die Bezirksfürsorgeverbände (Gemeindeverbände) in die Lage zu versetzen, ihre Aufgaben vom Tage des Inkrafttretens der Reichsverordnung an zu erfüllen, ist auf den 1. April 1924 eine vorschüßliche Umlage von den Verbandsgemeinden in Höhe des voraussichtlichen Bedarfs eines Monats zur Erfüllung der Aufgaben nach § 3 und § 6 bereit zu stellen. Die Beihilfen des Landes nach § 6 Abs. 2 sind zu berücksichtigen. Diese Umlage verteilt sich auf die Verbandsgemeinden nach der Bevölkerungszahl. Sie haben den Vorschuß bis spätestens 30. März 1924 an die Kasse des Fürsorgeverbandes einzubezahlen; er wird später mit den Verbandsgemeinden verrechnet.

§ 26. 1. Die §§ 1 bis 3 des Landesgesetzes vom 14. März 1872, die Einführung des Gesetzes des Norddeutschen Bundes vom 6. Juni 1870 über den Unterstützungswohnsitz betreffend, werden aufgehoben.

2. Aufgehoben werden ferner die §§ 1, 2 und 6 der Verordnung des Arbeitsministeriums vom 1. August 1919, die soziale Kriegsbeschädigten- und Kriegshinterbliebenenfürsorge betreffend (G. u. VBl. S. 435).

§ 27. Der Arbeitsminister und, soweit die Armenfürsorge in Frage kommt, der Minister des Innern werden mit dem Vollzug dieser Verordnung beauftragt.

§ 28. Diese Verordnung tritt gleichzeitig mit der Verordnung der Reichsregierung über die Fürsorgepflicht vom 13. Februar 1924 (RGBl. I S. 100) in Kraft. Der § 25 tritt sofort in Kraft.

6. Thüringen.

Ausführungsverordnung zur Reichsverordnung über die Fürsorgepflicht vom 1. April 1924.

Auf Grund des § 31 der Verordnung über die Fürsorgepflicht vom 13. Februar 1924 (RGBl. I S. 100) wird vorbehaltlich künftiger gesetzlicher Regelung verordnet was folgt:

I. Träger der Fürsorge.

A. Allgemeines.

§ 1. I. Landesfürsorgeverband ist das Land Thüringen.

II. Bezirksfürsorgeverbände sind die Kreise. Mehrere Kreise können sich zur Erfüllung aller oder einzelner Fürsorgeaufgaben zu gemeinsamen Bezirksfürsorgeverbänden zusammenschließen.

§ 2. Die Aufgaben, die der Hauptfürsorgestelle und den Amtlichen Fürsorgestellen nach den reichsrechtlichen Vorschriften obliegen, werden hinsichtlich der Hauptfürsorgestelle dem Landesfürsorgeverband, hinsichtlich der Amtlichen Fürsorgestellen den Bezirksfürsorgeverbänden übertragen.

§ 3. Trifft nach § 12 Abs. 2 der Reichsverordnung die endgültige Verpflichtung zur Fürsorge für Thüringer, staatlose ehemalige Thüringer oder staatlose Personen deutscher Abkunft das Land, so wird sie vom Landesfürsorgeverband erfüllt.

§ 4. Im Rahmen der Armenfürsorge (§ 1 Abs. 2 der Reichsverordnung) werden hinsichtlich der endgültigen Verpflichtung zur Fürsorge Ausländer den Inländern gleichgestellt.

B. Der Landesfürsorgeverband.

§ 5. Die Aufgaben des Landesfürsorgeverbandes führt das Ministerium für Inneres und Wirtschaft durch.

§ 6. I. Der Landesfürsorgeverband hat innerhalb der gesetzlichen Grenzen den gesamten Unterstützungsaufwand Hilfsbedürftiger in den Fällen der §§ 7 Abs. 2, 8, 12 Abs. 2 und § 36 Abs. 3 der Reichsverordnung zu bestreiten; im Falle des § 13 der Reichsverordnung nur nach Maßgabe des § 4 dieser Verordnung.

II. Der Landesfürsorgeverband ist befugt, die nach der Reichsverordnung seiner Fürsorge anheimfallenden hilfsbedürftigen Personen gegen volle Erstattung des Fürsorgeaufwandes, jedoch unter Ausschluß der allgemeinen Verwaltungskosten, dem Bezirksfürsorgeverbande zu überweisen, der nach § 7 Abs. 1 der Reichsverordnung zu ihrer vorläufigen Fürsorge verpflichtet ist. Im Falle des § 12 Abs. 2 der Reichsverordnung kann die Überweisung auch an den Bezirksfürsorgeverband erfolgen, innerhalb dessen der Hilfsbedürftige oder sein letzter nachweisbarer Vorfahre geboren ist.

§ 7. Der Landesfürsorgeverband erstattet den Bezirksfürsorgeverbänden ein Drittel des Gesamtaufwands, den sie in Erfüllung der im § 1 Abs. 1 der Reichsverordnung verzeichneten Fürsorgeaufgaben nachgewiesen haben. Allgemeine Verwaltungskosten sind nicht erstattungsfähig. Auf den voraussichtlichen Staatsbeitrag können in Fällen dringenden Bedürfnisses Vorschüsse geleistet werden.

§ 8. I. Der Landesfürsorgeverband erstattet den Bezirksfürsorgeverbänden ein Drittel der Gesamtkosten, die in Erfüllung der Armenfürsorge für die Unterbringung von hilfsbedürftigen Krüppeln und Siechen, Geisteskranken, Geistesschwachen, Idioten, Epileptischen, Taubstummen und Blinden, soweit sie der Anstaltspflege bedürfen, in dazu bestimmten oder anerkannten öffentlichen oder privaten Heil- oder Pflegeanstalten erwachsen und nachgewiesen sind.

II. Zu den Kosten der Unterbringung gehören die Kosten der Ausstattung, Einlieferung und Unterhaltung. Bei Krüppeln und Blinden umfaßt diese Fürsorge auch ihre Erwerbsbefähigung.

III. Für den Zuschuß unberücksichtigt bleiben Aufwendungen, welche aus öffentlichen Mitteln, durch Privatpersonen, Stiftungen oder sonstige Einrichtungen erstattet werden, desgleichen Aufwendungen, wegen deren den Bezirksfürsorgeverbänden Erstattungsansprüche zustehen, sofern ihre Verfolgung nicht offenbar aussichtslos ist oder zu keinem Erfolge geführt hat. Ferner bleiben unberücksichtigt die allgemeinen Verwaltungskosten und Aufwendungen, welche über den Umfang der gesetzlichen Fürsorge hinausgehen.

IV. Vor der Unterbringung in einer Anstalt ist die Genehmigung des Ministeriums für Inneres und Wirtschaft nachzusuchen. Die Notwendigkeit der Unterbringung ist durch Vorlage eines ärztlichen Gutachtens und einer Mitteilung über den Krankheitsbefund zu belegen. Hat die Unterbringung bei Gefahr im Verzuge keinen Aufschub geduldet, so ist die Genehmigung unter Beifügung des Zeugnisses des Anstaltsarztes nachzuholen.

§ 9. I. Bezirksfürsorgeverbänden, welche nachweisen, daß sie infolge Überlastung durch die Fürsorgepflicht den ihnen obliegenden Verpflichtungen zu genügen ganz oder teilweise außerstande sind, wird nach Maßgabe der im Haushaltsplane hierfür verfügbaren Mittel eine Beihilfe vom Landesfürsorgeverband gewährt, über deren Bewilligung das Ministerium für Inneres und Wirtschaft endgültig entscheidet.

II. Die Beihilfe kann in Geld, in Anstaltspflege oder in sonst geeigneter Weise gewährt werden.

C. Die Bezirksfürsorgeverbände.

§ 10. Die Aufgaben der Bezirksfürsorgeverbände werden von den Kreis(Stadt)direktoren erfüllt, soweit sich nicht aus § 12 dieser Verordnung etwas anderes ergibt. Die Durchführung obliegt unter ihrer Verantwortung den Wohlfahrtsämtern.

§ 11. Die Fürsorgeaufwendungen der Bezirksfürsorgeverbände werden, soweit sie nicht durch Zuschüsse und Beihilfen aus Mitteln des Landesfürsorgeverbandes oder nach § 12 dieser Verordnung durch die Gemeinden gedeckt werden, durch die Kreise aufgebracht.

§ 12. I. In den Landkreisen wird die Durchführung

1. der Fürsorge für Rentenempfänger der Invaliden- und Angestelltenversicherung, soweit sie nicht den Versicherungsträgern obliegt,
2. der Fürsorge für die Kleinrentner und die ihnen Gleichstehenden,

3. der Fürsorge für hilfsbedürftige Minderjährige,
4. der Wochenfürsorge,
5. der Armenfürsorge

den Gemeinden übertragen, deren Zuständigkeit sich aus sinngemäßer Anwendung der Bestimmungen in §§ 7 ff. der Reichsverordnung ergibt. Der Bezirksfürsorgeverband kann jedoch diese Aufgaben im ganzen oder im Einzelfalle unmittelbar auf sich übernehmen, wenn festgestellt wird, daß die Gemeinden die ihnen übertragenen Aufgaben nicht ordnungsmäßig durchführen oder durchführen können.

II. Die Durchführung dieser Aufgaben steht dem Gemeindevorsteher zu, soweit durch die Gemeindeverfassungsgesetze nichts anderes bestimmt ist.

III. Die Gemeinden haben die nach Abs. 1 aufzuwendenden Fürsorgekosten zu verlegen und ein Drittel davon, soweit sie nicht anderweit gedeckt werden, endgültig zu tragen. Im übrigen erstattet der Bezirksfürsorgeverband die von ihm oder dem Landesfürsorgeverband endgültig zu tragenden Anteile.

D. Das Aufsichtsrecht der Landesregierung.

§ 13. I. Der Landesregierung steht die Aufsicht über die Verwaltung der Fürsorgeverbände zu. Sie wird durch das Ministerium für Inneres und Wirtschaft ausgeübt.

II. Für den Kostenersatz zwischen Thüringischen Fürsorgeverbänden kann das Ministerium Tarife nach § 16 Abs. 2 der Reichsverordnung aufstellen. Ansprüche auf Erstattung von Fürsorgeaufwendungen sind zur Wahrung des Erstattungsanspruches gemäß § 18 Abs. 3 der Reichsverordnung bei ihm anzumelden.

II. Verfahren.

A. Anträge und Beschwerden.

§ 14. Anträge auf Fürsorge können von dem Fürsorgesuchenden nur nach Maßgabe der nachstehenden Bestimmungen verfolgt werden:

1. Die Anträge sind bei dem Gemeindevorsteher des Aufenthaltsortes schriftlich oder mündlich zu stellen und unverzüglich an die für die Entscheidung zuständige Stelle weiterzuleiten. Anträge auf Fürsorge nach § 1 Abs. 1a und d der Reichsverordnung können auch bei dem Bezirksfürsorgeverband unmittelbar eingereicht werden.

Die Entscheidung darüber, ob, in welcher Höhe und in welcher Weise Fürsorge zu gewähren ist, steht bei den Fürsorgeaufgaben, die nach § 12 dieser Verordnung den Gemeinden zur Durchführung übertragen sind, dem Gemeindevorsteher zu, bei den Fürsorgeaufgaben, die der Bezirksfürsorgeverband unmittelbar zu erfüllen hat, dem Kreis(Stadt)direktor, im übrigen dem Landesfürsorgeverbande.

Die Entscheidungen sind mit Gründen zu versehen und dem Fürsorgesuchenden zu behändigen. Bei der Armenfürsorge genügt, falls der Fürsorgesuchende nicht ausdrücklich schriftlichen Bescheid nachsucht, mündliche Eröffnung.

2. Gegen die Entscheidungen der Gemeinden oder Bezirksfürsorgeverbände nach Ziffer 1 steht dem Fürsorgesuchenden binnen 2 Wochen nach Behändigung oder Eröffnung des ablehnenden Bescheides die Beschwerde zu.

Die Beschwerde ist bei verfügender Stelle einzulegen, die ihr abhelfen kann. Andernfalls ist sie mit Vorgängen und einer Erklärung dazu an die zuständige Stelle unverzüglich weiterzuleiten.

Über die Beschwerde entscheidet, soweit sie sich gegen den Bescheid einer Gemeinde richtet, der Bezirksfürsorgeverband endgültig; richtet sich die Beschwerde gegen den Bescheid eines Bezirksfürsorgeverbandes, so liegt die endgültige Entscheidung beim Landesfürsorgeverband.

3. Für das Beschwerdeverfahren in Fürsorgefällen nach § 1 Abs. 1a bis c der Reichsverordnung gelten die vorstehenden Bestimmungen unter Ziffer 1 und 2 mit der Maßgabe, daß die zunächst verfügende Stelle, sofern sie der Beschwerde nicht selbst abhelfen kann, unter Zuziehung eines Vertreters aus dem Kreise der betroffenen Fürsorgesuchenden und einer auf sozialem Gebiete erfahrenen Persönlichkeit als Beschwerdeausschuß entscheidet.

Gegen diese Entscheidung ist binnen 2 Wochen weitere Beschwerde an den Bezirksfürsorgeverband oder, wenn ein Bescheid des Beschwerdeausschusses beim Bezirksfürsorgeverband angefochten wird, an den Landesfürsorgeverband zulässig. Sie steht außer dem Fürsorgesuchenden auch der verfügenden Stelle zu und hat in diesem Falle aufschiebende Wirkung. Für das Verfahren sind die gleichen Grundsätze maßgebend, die in solchen Fürsorgefällen bei der Beschwerde gelten (Abs. 1); jedoch sind, sofern die weitere Beschwerde einen Fall der Fürsorge für Kriegsbeschädigte, Kriegshinterbliebene oder die ihnen Gleichstehenden betrifft, je 2 der bezeichneten Vertreter zuzuziehen. Die Entscheidungen auf die weitere Beschwerde sind endgültig.

Sämtliche an Entscheidungen nach Abs. 1 und 2 Mitwirkenden haben volles Stimmrecht. Die Berufung der Vertreter erfolgt nach den bisherigen Grundsätzen.

4. Die Zuständigkeit der Dienstaufsichtsbehörden in Verwaltungsangelegenheiten bleibt unberührt.

B. Erstattungsverfahren gegen Unterhalts- und Ersatzpflichtige.

§ 15. I. Auf Antrag des Fürsorgeverbandes, der einen Hilfsbedürftigen vorläufig oder endgültig zu unterstützen hat, können durch einen mit Gründen versehenen Beschluß nach

Gehör der Beteiligten die nach bürgerlich=rechtlichen Vorschriften zum Unterhalte Verpflichteten oder die nach § 22 der Reichsverordnung Ersatzpflichtigen angehalten werden, dem Hilfsbedürftigen ihrer gesetzlichen Verpflichtung entsprechend die erforderliche laufende Unterstützung zu gewähren oder dem Fürsorgeverbande für die Kosten der Fürsorge Ersatz zu leisten. Auf den Vater eines unehelichen Kindes findet diese Vorschrift nur dann Anwendung, wenn er seine Vaterschaft nach § 1718 BGB. anerkannt hat oder wenn seine Unterhaltspflicht in einem vollstreckbaren Titel festgestellt ist.

II. Die Beschlußfassung steht dem Kreis(Stadt)direktor zu, in dessen Amtsbereiche der in Anspruch genommene Unterhalts= oder Ersatzpflichtige seinen Wohnsitz hat. Hat ein solcher im Lande Thüringen keinen Wohnsitz, so treten an die Stelle der Behörden des Wohnsitzes die Behörden des Aufenthaltsortes. Gegen den Beschluß ist nur der ordentliche Rechtsweg zulässig.

III. Die Entscheidung ist vorläufig und solange vollstreckbar, bis sie durch rechtskräftiges gerichtliches Urteil abgeändert wird. In diesem Falle hat der antragstellende Fürsorgeverband dem in Anspruch genommenen seine Leistungen oder Mehrleistungen alsbald zurückzuerstatten.

III. Übergangs- und Schlußbestimmungen.

§ 16. Die §§ 24 und 25 des Ausführungsgesetzes vom 4. August 1923 (GS. S. 593) zum Reichsgesetz über den Unterstützungswohnsitz finden auf das Streitverfahren zwischen Fürsorgeverbänden bis zur Neuregelung des Rechtsverfahrens nach § 29 der Reichsverordnung entsprechende Anwendung. Im übrigen wird das Ausführungsgesetz aufgehoben, soweit sich aus § 17 dieser Verordnung nichts anderes ergibt.

§ 17. I. Bis zum Erlaß der Grundsätze nach § 6 der Reichsverordnung bleiben die Vorschriften

a) der Ausführungsanweisung zum Reichsgesetz über Notstandsmaßnahmen zur Unterstützung von Renten=

empfängern der Invaliden- und Angestelltenversicherung vom 24. November 1922 (A.- u. Nachr.-Bl. I S. 568),

b) der Ausführungsanordnung und Erläuterungen zum Reichsgesetz über Kleinrentnerfürsorge und den Richtlinien dazu vom 24. Juli 1923 (GS. S. 509),

c) des Ausführungsgesetzes vom 4. August 1923 (GS. S. 893) zum Reichsgesetz über den Unterstützungswohnsitz,

soweit sie Voraussetzung, Art und Maß der zu gewährenden Fürsorge betreffen, in Kraft. Im übrigen werden die Bestimmungen unter a) und b) aufgehoben.

II. Nach dem Erlaß der Grundsätze ist das Ministerium für Inneres und Wirtschaft berechtigt, Bestimmungen über Voraussetzung, Art und Maß der Fürsorge zu erlassen.

§ 18. Die durch diese Verordnung erforderliche organisatorische Überleitung der Geschäfte der bisherigen amtlichen Fürsorgestellen für Kriegsbeschädigte und Kriegshinterbliebene auf die Bezirksfürsorgeverbände ist bis spätestens den 30. Juni 1924 durchzuführen. Bis zur Durchführung im einzelnen bleiben insoweit und solange die Bestimmungen der Verordnung über die soziale Kriegsbeschädigten- und Kriegshinterbliebenenfürsorge vom 28. Februar 1922 (GS. S. 57) und der Nachtrag dazu vom 9. September 1923 (GS. S. 657) in Kraft. Im übrigen werden sie aufgehoben. Der Zeitpunkt der Aufhebung der Ausführungsbestimmungen zu der Verordnung über die soziale Kriegsbeschädigten- und Hinterbliebenenfürsorge vom 27. November 1923 (GS. S. 769) wird vom Ministerium für Inneres und Wirtschaft festgesetzt.

§ 19. Bestimmungen über die Anstaltsunterbringung Unterhaltsberechtigter und -verpflichteter nach § 20 der Reichsverordnung sowie den Kostenersatz nach § 25 der Reichsverordnung bleiben künftiger Regelung vorbehalten.

§ 20. Die erforderlichen Ausführungsbestimmungen zu dieser Verordnung erläßt das Ministerium für Inneres und Wirtschaft.

§ 21. Diese Verordnung tritt am 1. April 1924 in Kraft.

7. Hessen.

Ausführungsverordnung zur Reichsverordnung über die Fürsorgepflicht. Vom 29. März 1924 (RegBl. S. 241).

Auf Grund des § 31 der Verordnung der Reichsregierung über die Fürsorgepflicht vom 13. Februar 1924 (RGBl. I S. 100ff.) wird folgende Verordnung erlassen:

I. Träger der Fürsorge (Fürsorgeverbände).

§ 1. Landesfürsorgeverband ist das Land, Bezirksfürsorgeverbände sind die Kreise. In den Kreisen Darmstadt, Mainz, Gießen, Offenbach und Worms bilden die genannten Städte und die Landgemeinden des Kreises je einen besonderen Bezirksfürsorgeverband.

Durch Beschluß des Kreisausschusses, der der Genehmigung der Ministerien des Inneren und für Arbeit und Wirtschaft bedarf, können noch weitere Städte zu Bezirksfürsorgeverbänden erklärt werden.

§ 2. Einzelne Bezirksfürsorgeverbände können sich, unbeschadet ihrer Selbständigkeit im übrigen, zur Erfüllung einzelner gemeinsamer Aufgaben zusammenschließen.

II. Aufgaben der Fürsorgeverbände.

§ 3. Der Landesfürsorgeverband hat die Aufgaben zu erfüllen, die ihm durch § 7 Abs. 2 und § 8 der Reichsverordnung über die Fürsorgepflicht übertragen worden sind.

Der Landesfürsorgeverband hat ferner die Aufgabe, die dem Lande nach § 12 der Reichsverordnung obliegende endgültige Fürsorgepflicht und die ihm nach § 13 der Reichsverordnung zugewiesene Ersatzpflicht zu erfüllen.

Soweit der Landesfürsorgeverband nach Abs. 1 und 2 endgültig fürsorgepflichtig ist, werden die Kosten zunächst von demjenigen Bezirksfürsorgeverband vorgelegt, in dessen Bezirk sich der Unterstützte bei Eintritt der Hilfsbedürftigkeit befand oder, falls er in hilfsbedürftigem Zustande aus einer der in

§ 9 der Reichsverordnung genannten Anstalten entlassen wurde, von demjenigen Bezirksfürsorgeverband, aus dem seine Einlieferung in die Anstalt erfolgt ist. Der Landesfürsorgeverband erstattet diesem Bezirksfürsorgeverband die Kosten zur Hälfte.

Der Landesfürsorgeverband beteiligt sich an dem Aufwand der Bezirksfürsorgeverbände nach Maßgabe der Bestimmungen in § 9.

§ 4. Die Bezirksfürsorgeverbände haben die Aufgaben zu erfüllen, die ihnen durch die Reichsverordnung zugewiesen sind.

III. Fürsorgestellen.

§ 5. Die Aufgaben des Landesfürsorgeverbandes haben als Landesfürsorgestelle

1. das Ministerium des Innern auf dem Gebiete der Armenfürsorge (§ 1 Abs. 2 der Reichsverordnung), sowie der Fürsorge für hilfsbedürftige Minderjährige (§ 1 Abs. 1 e der Reichsverordnung),
2. das Ministerium für Arbeit und Wirtschaft auf den Fürsorgegebieten des § 1 Abs. 1 a—d und f der Reichsverordnung

durchzuführen.

Die durch die Reichsverordnung über die soziale Kriegsbeschädigten- und Kriegshinterbliebenenfürsorge vom 8. Februar 1919 (RGBl. S. 187), das Reichsversorgungsgesetz in der Fassung vom 30. Juni 1923 (RGBl. I S. 523), sowie durch das Gesetz über die Beschäftigung Schwerbeschädigter in der Fassung vom 12. Januar 1923 (RGBl. I S. 57) den Hauptfürsorgestellen übertragenen Aufgaben werden auch weiterhin von der Hauptfürsorgestelle der Kriegsbeschädigten- und Kriegshinterbliebenenfürsorge durchgeführt.

Der Hauptfürsorgestelle steht der gemäß § 6 der Verordnung über die soziale Kriegsbeschädigten- und Kriegshinterbliebenenfürsorge vom 8. Februar 1919 (RGBl. S. 187) zu bildende Beirat zur Seite, der berufen ist, als sachverständiges Organ bei der allgemeinen Durchführung der sozialen Kriegsbeschädigten- und Kriegshinterbliebenenfürsorge mitzuwirken.

Die Vorschriften über den Schwerbeschädigtenausschuß der Hauptfürsorgestelle bleiben unberührt.

§ 6. Die laufenden Geschäfte der Bezirksfürsorgeverbände haben die Kreisdirektoren als Vorsitzende der Kreisausschüsse und die Oberbürgermeister der Städte sowie die Bürgermeister der nach § 1 Abs. II etwa zu Bezirksfürsorgeverbänden erklärten Städte als Bezirksfürsorgestellen unmittelbar durchzuführen. In den Kreisen als Bezirksfürsorgeverbänden liegt die Durchführung der Armenfürsorge den Gemeinden ob.

Durch Kreissatzung können auch die in § 1 Abs. 1 b, c und f der Reichsverordnung genannten Fürsorgeaufgaben sämtlichen oder einzelnen Gemeinden des Kreises zur unmittelbaren Durchführung übertragen werden.

Den Bezirksfürsorgestellen werden auch die Aufgaben der sozialen Kriegsbeschädigten- und Kriegshinterbliebenfürsorge, sowie die Fürsorge für Schwerbeschädigte und Schwererwerbsbeschränkte nach Maßgabe des Gesetzes über die Beschäftigung Schwerbeschädigter übertragen, soweit nicht die Zuständigkeit der Hauptfürsorgestelle begründet ist. Diese Aufgaben können von den Kreisen nicht an die Gemeinden ihres Bezirksfürsorgeverbandes zur Durchführung übertragen werden.

§ 7. Soweit nach § 6 die Durchführung von Fürsorgeaufgaben den Gemeinden übertragen ist, bestimmt sich ihre Zuständigkeit nach den Vorschriften der §§ 7ff. der Reichsverordnung, die entsprechende Anwendung finden.

In Zweifelsfällen oder bei Streitigkeiten zwischen Gemeinden des gleichen Fürsorgeverbandes über die Zuständigkeit bestimmt die Bezirksfürsorgestelle, welche Gemeinde die Fürsorge durchzuführen hat. Das gleiche gilt, wenn ein Streit darüber entsteht, in welches Fürsorgegebiet der einzelne Fürsorgefall gehört.

Gegen die Entscheidung der Bezirksfürsorgestelle findet Klage an den Kreisausschuß im Verwaltungsstreitverfahren statt. Der Kreisausschuß entscheidet endgültig.

Die Fürsorge für diejenigen Personen, die der Landesfürsorgeverband zu unterstützen endgültig verpflichtet ist, hat der nach § 3 Abs. 3 mit dem Fürsorgefall befaßte Bezirksfürsorgeverband durchzuführen.

Er vertritt den Landesfürsorgeverband auch bei der Verfolgung von Ersatzansprüchen und in Streitigkeiten zwischen Fürsorgeverbänden nach § 29 der Reichsverordnung.

IV. Aufbringung der Mittel und Kostenverteilung.

§ 8. Den Fürsorgeaufwand des städtischen Bezirksfürsorgeverbandes, insoweit er nicht von dem Landesfürsorgeverband ersetzt wird, trägt die Stadt.

Den Fürsorgeaufwand des Kreises als Bezirksfürsorgeverband, insoweit er nicht von den Gemeinden getragen und von dem Landesfürsorgeverband ersetzt wird, trägt der Kreis.

Ihren Verwaltungsaufwand haben die Bezirksfürsorgeverbände allein zu tragen.

§ 9. Die gesamten Leistungen des Landesfürsorgeverbands werden durch die im Staatsvoranschlag bewilligten Mittel begrenzt. Der Betrag, der zur Durchführung der gesetzlichen Aufgaben des Landesfürsorgeverbandes erforderlich ist, kann mit dem Betrag, der zu Zuschüssen an die Bezirksfürsorgeverbände verwendet werden soll, in einer Summe bewilligt werden.

Bei Verteilung der Zuschüsse an die einzelnen Bezirksfürsorgeverbände soll den Verhältnissen der Bezirksfürsorgeverbände und der Gemeinden Rechnung getragen werden.

Die Zuschüsse werden durch die Ministerien des Innern und für Arbeit und Wirtschaft festgesetzt und in monatlichen Raten an die Bezirksfürsorgeverbände abgeführt.

Den Bezirksfürsorgeverbänden können von dem Landesfürsorgeverband im Rahmen der verfügbaren Mittel Vorschüsse gewährt werden.

§ 10. Ihren Verwaltungsaufwand haben die Gemeinden allein zu tragen.

Von dem Fürsorgeaufwand tragen die Gemeinden die Hälfte der Kosten des einzelnen Fürsorgefalles endgültig. Die Kosten der Armenfürsorge fallen ihnen in vollem Umfange zur Last.

An dem Fürsorgeaufwand des Bezirksfürsorgeverbandes nach § 3 Abs. 3 dieser Verordnung werden die Gemeinden nicht beteiligt.

§ 11. Durch Kreissatzung können bestimmte Fürsorgeaufgaben bezeichnet werden, bei deren Durchführung von einer Beteiligung der Gemeinde an den Kosten des einzelnen Fürsorgefalles abzusehen ist (z. B. Fürsorge für Geisteskranke, Blinde, Taubstumme, Krüppel, die in § 50 des Reichsgesetzes für Jugendwohlfahrt genannten Gruppen von hilfsbedürftigen Minderjährigen, Wochenfürsorge). Die Kosten der sozialen Fürsorge für Kriegsbeschädigte und Kriegshinterbliebene und die ihnen auf Grund der Versorgungsgesetze Gleichstehenden werden von den Bezirksfürsorgeverbänden allein getragen.

§ 12. Ist eine Gemeinde außerstande, den ihr obliegenden Verpflichtungen insbesondere auf dem Gebiet der Armenfürsorge zu genügen, so muß ihr der Bezirksfürsorgeverband zu den Kosten ihres Fürsorgeaufwandes einen Zuschuß gewähren. Im Streitfall entscheidet der Provinzialausschuß im Verwaltungsstreitverfahren endgültig, ob und in welcher Höhe ein Zuschuß zu leisten ist.

V. Mitwirkung der freien Wohlfahrtspflege und der Hilfsbedürftigen.

§ 13. Die dem Land nach § 5 der Reichsverordnung zustehenden Befugnisse werden durch die Ministerien des Innern und für Arbeit und Wirtschaft wahrgenommen.

Zur Übertragung öffentlich-rechtlicher Fürsorgeaufgaben durch Fürsorgeverbände an Einrichtungen und Verbände der freien Wohlfahrtspflege bedarf es der Zustimmung der beiden Ministerien.

Die Fürsorgestellen sollen die Fürsorge in enger Fühlungnahme mit den Organen der freien Wohlfahrtspflege durchführen.

Bis zum Erlaß reichsrechtlicher Grundsätze für die Zusammenarbeit von öffentlicher und privater Wohlfahrtspflege auf dem Gebiet der öffentlichen Fürsorge können die Ministerien des Innern und für Arbeit und Wirtschaft hierfür Richtlinien aufstellen.

Insolange diese Richtlinien nicht erlassen sind, kann die Kreissatzung (Ortssatzung) Näheres über die Zusammenarbeit bestimmen.

§ 14. Die für die Aufgaben der sozialen Kriegsbeschädigten- und Kriegshinterbliebenenfürsorge gemäß § 9 Abs. 2 der Reichsverordnung vom 8. Februar 1919 errichteten Beiräte bleiben mit der Maßgabe bestehen, daß sie berufen sind, als sachverständige Organe der Bezirksfürsorgestellen bei der allgemeinen Durchführung der Aufgaben dieses Fürsorgegebietes mitzuwirken.

Für die übrigen Fürsorgegebiete sollen die Bezirksfürsorgeverbände durch die Satzung Bestimmungen über die Beteiligung von Personen aus dem Kreis der Hilfsbedürftigen bei der allgemeinen Durchführung der Fürsorge treffen. Insolange solche Bestimmungen nicht erlassen sind, behält es bei den bereits bestehenden Vertretungen der Hilfsbedürftigen sein Bewenden.

VI. Umfang der Fürsorge.

§ 15. Voraussetzung, Art und Maß der zu gewährenden Fürsorge bestimmen sich nach den von der Reichsregierung aufgestellten Grundsätzen vom 27. März 1924 (RGBl. I S. 379).

VII. Verfahren.

§ 16. Die Gewährung der Fürsorge kann mündlich oder schriftlich bei der Gemeinde oder der Bezirksfürsorgestelle beantragt werden. Personen, die die Vertretung von Fürsorgesuchenden gewerbsmäßig übernehmen, sollen von den Fürsorgebehörden zurückgewiesen werden. Die Zurückweisung ist den Fürsorgesuchenden unter Angabe des Grundes unverzüglich mitzuteilen.

§ 17. In Notfällen sollen die Fürsorgebehörden auch ohne Antrag eingreifen und Personen, die aus Unkenntnis oder Scheu vor der Fürsorge keinen Antrag gestellt haben, zur Antragstellung veranlassen. Wird ein Antrag von Verbänden oder Organen der freien Wohlfahrtspflege gestellt, so soll der Nachweis der Vertretungsbefugnis in der Regel nicht gefordert werden.

VIII. Beschwerde.

§ 18. Gegen die Entscheidungen der Fürsorgebehörde über Fürsorgeanträge ist Beschwerde zulässig. Die Beschwerde kann sowohl bei der Gemeinde wie bei der Bezirksfürsorgestelle eingelegt werden. Will die Stelle, deren Entscheidung angefochten wird, der Beschwerde nicht selbst abhelfen, so legt sie die Beschwerde dem Beschwerdeausschuß (§ 19) vor. Dieser entscheidet endgültig.

§ 19. Bei jeder Bezirksfürsorgestelle ist ein Beschwerdeausschuß zu bilden.

Der Beschwerdeausschuß besteht aus einem Vorsitzenden und vier Beisitzern. Vorsitzender ist der Leiter des Bezirksfürsorgeverbandes oder der von ihm bestellte Vertreter. Von den Beisitzern müssen zwei aus den Mitgliedern des Kreisausschusses entnommen bzw. von der Stadtverordnetenversammlung gewählt werden. Zwei Beisitzer sind dem bei der Durchführung der Fürsorge gemäß § 3 der Reichsverordnung und § 14 dieser Verordnung zu beteiligenden Personenkreis zu entnehmen.

Zur Entscheidung über Beschwerden von Sozial- und Kleinrentnern und ihnen Gleichstehenden sollen als Beisitzer neben den Vertretern des Kreisausschusses (bzw. der Stadtverordnetenversammlung) tunlichst Vertreter aus demjenigen Fürsorgegebiet zugezogen werden, dem der Fürsorgefall angehört. Zur Entscheidung über Beschwerden von Kriegsbeschädigten und Kriegshinterbliebenen müssen als Beisitzer Vertreter aus deren Reihen zugezogen werden.

Die näheren Bestimmungen über Bildung und Verfahren des Beschwerdeausschusses sind in der Kreissatzung (Ortssatzung) zu treffen.

IX. Aufsicht.

§ 20. Die fachliche Aufsicht über die Bezirksfürsorgeverbände führen die Ministerien des Innern und für Arbeit und Wirtschaft als Landesfürsorgestellen auf den ihnen nach § 5 zugewiesenen Gebieten. Die Aufsicht über die Durchführung der Fürsorge durch die Gemeinden führen die Bezirksfürsorgestellen.

X. Arbeits- und Unterhaltungspflicht.

§ 21. Welche Anstalten zur Unterbringung arbeitsfähiger Hilfsbedürftiger oder Unterhaltsverpflichteter gemäß § 20 der Reichsverordnung geeignet sind, bestimmt das Ministerium des Innern. Insbesondere kann auch die Einweisung in eine Heilanstalt, z. B. Trinkerheilanstalt, in der Gelegenheit gegeben ist, den Eingewiesenen mit angemessener Arbeit zu beschäftigen, angeordnet werden.

§ 22. Der Anordnung der Unterbringung hat eine Verwarnung mit vierwöchiger Frist vorauszugehen, in der anzugeben ist, in welchen Umständen das sittliche Verschulden des Hilfsbedürftigen oder des Unterhaltungspflichtigen erblickt wird.

§ 23. Der Antrag auf Unterbringung kann außer von den in § 20 der Reichsverordnung aufgeführten Antragsberechtigten auch von der für die Durchführung der Fürsorge zuständigen Gemeinde gestellt werden. Über den Antrag beschließt der Kreisausschuß des Kreises, zu dessen Bezirk der vorläufig oder endgültig verpflichtete Fürsorgeverband gehört. Vor der Entscheidung ist der Unterzubringende, gegen den das Verfahren sich richtet, zu hören, soweit dies ohne erhebliche Schwierigkeiten möglich ist. Ist der Landesfürsorgeverband zur Gewährung der Fürsorge endgültig verpflichtet, so ist der Antrag durch den nach § 3 Abs. 3 mit dem Fürsorgefall befaßten Bezirksfürsorgeverband zu stellen.

Gegen den Beschluß des Kreisausschusses findet innerhalb zweier Wochen Beschwerde mit dem Antrag auf mündliche Verhandlung im Verwaltungsstreitverfahren vor dem Provinzialausschuß statt. Dieser entscheidet endgültig. Die Beschwerde hat keine aufschiebende Wirkung. Sofern nicht gegen den Beschwerdeführer innerhalb der letzten 5 Jahre bereits einmal rechtskräftig gerichtlich auf Überweisung an die Landespolizeibehörde erkannt worden ist, kann der Kreisausschuß die Vollstreckung der Anordnung auf Antrag oder von Amts wegen nach Anhörung der mit der Durchführung der Fürsorge befaßten Stelle (Bezirksfürsorgestelle oder Gemeinde) bis zur endgültigen Entscheidung aussetzen.

Der Unterzubringende ist über die ihm zustehenden Rechtsmittel schriftlich zu belehren.

§ 24. Die Unterbringung erfolgt durch das Kreisamt; dieses kann die zwangsweise Verbringung anordnen und hat sie erforderlichenfalls mit polizeilicher Hilfe durchzuführen.

§ 25. Die Unterbringung im Verwaltungsweg darf erstmalig nicht für eine längere Zeit als drei Monate und im Wiederholungsfall nicht für eine längere Zeit als ein Jahr angeordet werden.

Eine erneute Unterbringung darf alsdann erst nach Ablauf von drei Monaten beschlossen werden.

§ 26. Macht ein in einer Anstalt untergebrachter Hilfsbedürftiger oder Unterhaltspflichtiger glaubhaft, daß sich ihm eine nicht nur vorübergehende Arbeits- oder Verdienstmöglichkeit bietet, oder daß er in anderer Weise sich zu unterhalten oder seiner Unterhaltspflicht zu genügen in der Lage ist, so kann er aus der Anstalt durch das Kreisamt widerruflich beurlaubt werden.

Wird der Antrag auf Beurlaubung nach Ablauf von drei Monaten seit der Unterbringung oder der Wiedereinlieferung oder der Ablehnung eines solchen Antrags gestellt, so steht dem Untergebrachten bei Ablehnung des Antrags das Recht des Einspruchs an den Kreisausschuß zu. Dieser beschließt endgültig.

§ 27. Aus dem Arbeitsverdienst des Untergebrachten sind die Kosten der Unterbringung zu decken.

Soweit die Kosten hierdurch nicht gedeckt werden, tragen sie die Stellen, denen der Fürsorgeaufwand endgültig zur Last fällt (Fürsorgeverband, Gemeinde).

§ 28. Ist die Unterbringung wegen Verletzung einer gemäß § 23 Abs. 2 der Reichsverordnung durch das Kreisamt festgestellten Unterhaltspflicht (§ 29) angeordnet, und hat der in Anspruch genommene den Rechtsweg beschritten, so darf die Unterbringung erst erfolgen, wenn ein im ordentlichen Rechtsweg ergangenes Urteil die Unterhaltspflicht rechtskräftig bejaht hat.

§ 29. Die Bezirksfürsorgestelle oder auf Antrag einer fürsorgepflichtigen Gemeinde das zuständige Kreisamt kann durch einen mit Gründen zu versehenden Beschluß den nach §§ 21, 22, 25 der Reichsverordnung Unterhalts- oder Ersatzpflichtigen zur Erfüllung seiner Unterhaltspflicht oder zum Kostenersatz anhalten. Der Betroffene soll vor der Entscheidung tunlichst gehört werden. Der Beschluß ist vorläufig vollstreckbar. In dem Beschluß ist die Ersatz- oder Unterhaltsleistung anzugeben. Der in Anspruch genommene kann innerhalb einer Ausschlußfrist von 2 Wochen gegen den Beschluß Klage mit dem Antrag auf mündliche Verhandlung im Verwaltungsstreitverfahren vor dem Kreisausschuß verfolgen. Der Kreisausschuß entscheidet vorbehaltlich des ordentlichen Rechtswegs endgültig.

Die Feststellung der Unterhaltspflicht gemäß § 23 Abs. 2 der Reichsverordnung erfolgt durch die Bezirksfürsorgestelle. Gegen deren Entscheidung ist Klage gemäß Abs. 1 zulässig.

Auf die Zwangsvollstreckung finden die Vorschriften des Gesetzes, betreffend die Zwangsvollstreckung im Verwaltungswege, vom 30. September 1893 mit Ausnahme der Art. 3 Abs. 1 Satz 2 und die Verordnung, betreffend das Verfahren der Zwangsvollstreckung im Verwaltungswege, vom 7. März 1894 mit Ausnahme des § 3 Abs. 2 Anwendung.

§ 30. Ein Hilfsbedürftiger, der zu hinreichendem Vermögen oder Einkommen gelangt ist, hat dem endgültig verpflichteten Fürsorgeverband die Aufwendungen wieder zu ersetzen. Auf die Geltendmachung der Ersatzansprüche finden die Vorschriften des Art. 73 des Gesetzes, die Ausführung des Bürgerlichen Gesetzbuchs betreffend, mit der Maßgabe Anwendung, daß für die Entscheidung der Kreisausschuß desjenigen Kreises zuständig ist, zu dessen Bezirk der vorläufig oder endgültig verpflichtete Bezirksfürsorgeverband oder die fürsorgepflichtige Gemeinde gehört.

XI. Übergangs- und Schlußbestimmungen.

§ 31. Diese Verordnung tritt gleichzeitig mit der Verordnung über die Fürsorgepflicht vom 13. Februar 1924 (RGBl. I S. 100) in Kraft und gilt bis zum 31. März 1925. Bis dahin hat eine gesetzliche Regelung zu erfolgen.

Mit dem Inkrafttreten dieser Verordnung verlieren alle mit ihr in Widerspruch stehenden gesetzlichen Vorschriften ihre Geltung. Insbesondere werden hierdurch aufgehoben:

1. das Gesetz vom 14. Juli 1871, die Ausführung des Reichsgesetzes über den Unterstützungswohnsitz betreffend (RegBl. 1871 S. 265 ff.). Es bestimmt sich jedoch bis zu anderweitiger Regelung
   a) die Zuständigkeit und das Verfahren bei der Durchführung der Armenfürsorge in den Gemeinden und

selbständigen Gemarkungen nach den Vorschriften der Art. 2 und 3;

b) das Verfahren in Streitsachen zwischen Fürsorgeverbänden nach den Vorschriften der Art. 8 bis 17;

2. das Gesetz, die Kosten der Landarmenpflege betreffend, vom 24. Mai 1893 (RegBl. 1893 S. 49);
3. die Verordnung zur Ausführung des Gesetzes über Kleinrentnerfürsorge vom 21. Februar 1923 (RegBl S. 41);
4. die Verordnung des Gesamtministeriums vom 11. Juni 1920 (RegBl. S. 352) über die Ausführung des Gesetzes über die Kosten der Kriegsbeschädigten- und Kriegshinterbliebenenfürsorge vom 8. Mai 1920 (RGBl. S. 1066);
5. die Bekanntmachung des Hessischen Landes-Arbeits- und Wirtschaftsamts, betreffend die Kosten der sozialen Kriegsbeschädigten- und Kriegshinterbliebenenfürsorge vom 16. Dezember 1920 (RegBl. S. 353);
6. die Bekanntmachung, betreffend die Einwirkung der Flüchtlingsfürsorge auf das Armenrecht vom 1. April 1919 (RegBl. 1919 S. 121);
7. Art. 133 Ziffer 7, 8, 9 und 11 des Gesetzes, die Verwaltungsrechtspflege betreffend, vom 8. Juli 1911. In Ziffer 10 tritt an die Stelle des Wortes „Ortsarmenverband" das Wort „Bezirksfürsorgeverband". In Art. 133 Abs. IV sind Satz 1 und die Worte „und 9", in Abs. V der 1. Halbsatz zu streichen.
8. In dem Gesetz, betreffend die innere Verwaltung und die Vertretung der Kreise und der Provinzen vom 8. Juli 1911 ist in Art. 31 an die Stelle der Ziffer 12 zu setzen: „die den Kreisen gemäß Art. 1 und 4 der Verordnung vom 31. März 1924 übertragene Verwaltung der Angelegenheiten des Bezirksfürsorgeverbands. Er wird hierbei in allen Angelegenheiten durch den Kreisausschuß vertreten, der ihm bei dem

nächsten Zusammentritt über seine Geschäftsführung Vorlage macht".

In Art. 48 ist an die Stelle der Ziffer 4 zu setzen: „die Verwaltung der Angelegenheiten des Bezirksfürsorgeverbands gemäß Art. 31 Ziffer 12".

§ 32. Mit dem Vollzug dieser Verordnung werden die Ministerien des Innern und für Arbeit und Wirtschaft beauftragt.

8. Hamburg.

Verordnung zur Ausführung der Verordnung über die Fürsorgepflicht vom 28. März 1924 (G. u. VBl. S. 233).

Auf Grund des § 31 der Verordnung über die Fürsorgepflicht vom 13. Februar 1924 (RGBl. I S. 100) — nachstehend mit „Reichsverordnung" bezeichnet — verordnet der Senat mit Gesetzeskraft folgendes:

§ 1. I. Es werden vier Bezirksfürsorgeverbände gebildet:

a) für die Stadt Hamburg,
b) für die Stadt Cuxhaven und die Gemeinden der Landherrenschaft Ritzebüttel,
c) für die Städte Bergedorf und Geesthacht sowie die Gemeinden der Landherrenschaft Bergedorf,
d) für die Gemeinden der Landherrenschaften der Geestlande und der Marschlande.

II. Das Staatsgebiet bildet einen Landesfürsorgeverband, dessen Obliegenheiten der Staat übernimmt.

§ 2. Soweit in dieser Verordnung nichts anderes bestimmt ist, sind die durch die Reichsverordnung geregelten öffentlich-rechtlichen Fürsorgeaufgaben von den Bezirksfürsorgeverbänden zu erfüllen.

§ 3. Die soziale Fürsorge für Kriegsbeschädigte und Kriegshinterbliebene und die ihnen auf Grund der Versorgungsgesetze Gleichstehenden sowie die Fürsorge für

Schwerbeschädigte und Schwererwerbsbeschränkte durch Arbeitsbeschaffung werden dem Landesfürsorgeverband übertragen.

Die amtliche Hauptfürsorgestelle für Kriegsbeschädigte und Kriegshinterbliebene bleibt bestehen.

§ 4. Der Landesfürsorgeverband ist verpflichtet, für Bewahrung, Kur und Pflege der hilfsbedürftigen Geisteskranken, Idioten, Epileptischen, Taubstummen, Blinden und Krüppel, soweit sie der Anstaltspflege bedürfen, in geeigneten Anstalten Sorge zu tragen. Hierunter fällt bei Krüppeln unter 18 Jahren auch jede Sonderfürsorge außerhalb der Anstalt aus Anlaß der körperlichen Behinderung.

Der endgültig fürsorgepflichtige Bezirksfürsorgeverband ist verpflichtet, dem Landesfürsorgeverband die Hälfte der erwachsenen Kosten zu ersetzen.

§ 5. Sonderfürsorgemaßnahmen, insbesondere allgemeine Notstandsmaßnahmen, die über den gewöhnlichen Rahmen der Einzelfürsorge hinausgehen, können dem Landesfürsorgeverband übertragen werden.

§ 6. Der Landesfürsorgeverband hat die Aufgabe, die dem Lande nach § 12 der Reichsverordnung obliegende endgültige Fürsorgepflicht und die ihm nach § 13 der Reichsverordnung obliegende Ersatzpflicht zu erfüllen.

§ 7. Ist der Landesfürsorgeverband zur Fürsorge endgültig verpflichtet, so kann der Bezirksfürsorgeverband von ihm nur Ersatz der Kosten, nicht aber Übernahme des Hilfsbedürftigen in eigene Fürsorge verlangen.

§ 8. Den Bezirksfürsorgeverband Stadt Hamburg verwaltet das Wohlfahrtsamt.

Zur Durchführung der Fürsorge in den übrigen Bezirksfürsorgeverbänden, die mit Hilfe der beteiligten Gemeinden zu erfolgen hat, sind auf Grund von Art. 52 der Hamburgischen Städteordnung und Art. 45 der Hamburgischen Landgemeindeordnung vom 2 Januar 1924 (Hamburgisches Gesetz- und Verordnungsblatt S. 21 ff.) Gemeindeverbände zu bilden. Bis zur Durchführung der Neuordnung üben die bisherigen

Stellen die öffentlich-rechtlichen Fürsorgeaufgaben für den Bezirksfürsorgeverband aus. Die bisherigen Fürsorgestellen des Landgebiets werden bis dahin durch die Landherrenschaften vertreten.

§ 9. Die Aufgaben des Landesfürsorgeverbandes erledigt das Wohlfahrtsamt in Hamburg. Es kann sich der Bezirksfürsorgeverbände zur Durchführung seiner Aufgaben bedienen. Zur Ausführung der Fürsorge im Staatsgebiet kann der Landesfürsorgeverband empfehlende Richtlinien aufstellen. Ferner soll er durch Beratung der Bezirksfürsorgeverbände, durch Vermittlung seiner Erfahrungen auf dem Gebiete der öffentlichen Fürsorge und auf sonstige Weise zur Förderung einer gleichmäßigen Erfüllung der den Bezirksfürsorgeverbänden obliegenden Aufgaben und zur Unterstützung ihrer Tätigkeit beitragen.

Die fachliche Aufsicht über die Bezirksfürsorgeverbände steht dem Landesfürsorgeverband nicht zu.

§ 10. Die Ausgaben des Bezirksfürsorgeverbandes, sowohl der Verwaltungsaufwand wie der Fürsorgeaufwand, werden auf die Glieder des Verbandes, soweit der Aufwand nicht durch eigene Einnahmen des Bezirksfürsorgeverbandes gedeckt wird, vorläufig nach dem Verhältnis der Bevölkerungszahl unterverteilt.

§ 11. Als hilfsbedürftig gilt, wer wegen Mangels eigener Mittel und Kräfte oder infolge eines besonderen Notstandes den unentbehrlichen Lebensunterhalt für sich oder seine unterhaltungsberechtigten Angehörigen nicht beschaffen kann, und ihn auch nicht von dritter Seite, insbesondere von Angehörigen, erhält.

Im übrigen entscheiden über Voraussetzung, Art und Maß der zu gewährenden Fürsorge im Rahmen der reichsrechtlichen und landesrechtlichen Vorschriften, insbesondere unter Beachtung der von der Reichsregierung gemäß § 6 der Reichsverordnung zu erlassenden Grundsätze, die Fürsorgeverbände.

§ 12. Das Verfahren regeln im Rahmen der reichsrechtlichen und landesrechtlichen Vorschriften die Fürsorgeverbände.

Für die Einführung eines geordneten Beschwerdeverfahrens haben sie Sorge zu tragen.

§ 13. Inwieweit bei der Festsetzung von Art und Höhe der Fürsorgeleistungen Personen aus den Kreisen der Fürsorgeberechtigten heranzuziehen sind, richtet sich nach den bisherigen Bestimmungen.

§ 14. § 21 Abs. 1 des Gesetzes über das Armenwesen vom 11. September 1907 (Amtsblatt S. 545) wird dahin abgeändert:

> Der Hilfsbedürftige oder derjenige, der den Hilfsbedürftigen durch Verletzung der Unterhaltspflicht der öffentlichen Fürsorge hat anheim fallen lassen, kann unter den in § 20 der Reichsverordnung über die Fürsorgepflicht vom 13. Februar 1924 bestimmten Voraussetzungen durch Beschluß der Kommission für das Arbeitswesen auch gegen seinen Willen in einer Arbeitsanstalt untergebracht werden. Der Untergebrachte ist verpflichtet, die ihm angewiesenen Arbeiten nach dem Maße seiner Kräfte zu verrichten. Die Unterbringung erfolgt nicht,
>
> 1. wenn die Hilfsbedürftigkeit nur durch vorübergehende Umstände verursacht ist,
> 2. wenn der Unterzubringende entsprechend seiner Arbeitsfähigkeit zum Unterhalt von Personen beiträgt, die vor dem der Fürsorge Anheimgefallenen unterhaltsberechtigt sind,
> 3. wenn die Unterbringung mit erheblichen, den Umständen nach nicht gerechtfertigten Härten oder Nachteilen für den Unterzubringenden, insbesondere wegen schwerer körperlicher Mängel desselben, verbunden sein würde.

Ein Unterhalts- und Ersatzpflichtiger kann den ihm nach § 20 der Reichsverordnung zustehenden Antrag bei dem vorläufig oder endgültig verpflichteten Fürsorgeverband stellen, damit dieser die Unterbringung betreibe.

Im übrigen finden, insbesondere auf das Verfahren und über die Dauer der Unterbringung, § 21 Abs. 2—6 des Gesetzes über das Armenwesen vom 11. September 1907 in der Fassung des Gesetzes, betreffend Änderung einiger Bestimmungen des Gesetzes über das Armenwesen, vom 21. September 1914 (Amtsblatt S. 505) und § 24 des Gesetzes über das Armenwesen in Verbindung mit dem Gesetze über Verwaltungsgerichtsbarkeit vom 2. November 1921 (Hamburgisches Gesetz- und Verordnungsblatt S. 585) sinngemäß Anwendung.

§ 15. Auf das Verwaltungsverfahren gegen den Unterhalts- oder Ersatzpflichtigen (§§ 22, 23 der Reichsverordnung) finden die Bestimmungen des § 20 Abs. 1, 2, 3 Satz 1- 3, Abs. 4 und § 24 des Gesetzes über das Armenwesen vom 11. September 1907 sinngemäß Anwendung.

§ 16. § 19 Abs. 1 Satz 2 des Gesetzes über das Armenwesen vom 11. September 1907 wird dahin abgeändert:

Die Angehörigen des Unterstützten sind verpflichtet, die Unterstützung in Höhe der für sie verwendeten Beträge zu erstatten.

Für die Rückerstattung der Unterstützung (§ 25 der Reichsverordnung) gelten im übrigen sinngemäß die Bestimmungen des § 19 Abs. 1 Satz 3, Abs. 2 und § 24 des Gesetzes über das Armenwesen vom 11. September 1907.

§ 17. Aufgehoben werden:

1. die Verordnung, betreffend die Ausführung des Bundesgesetzes über den Unterstützungswohnsitz, vom 23. Juni 1871 in der Fassung des § 69 des Gesetzes über Verwaltungsgerichtsbarkeit vom 2. November 1921 (Hamburgisches Gesetz- und Verordnungsblatt S. 598),
2. § 12 Abs. 1, § 19 Abs. 1 Satz 1, § 20 Abs. 3 Satz 4 des Gesetzes über das Armenwesen vom 11. September 1907.

§ 18. In den Gesetzen und Verordnungen sind die Worte „Armenverband", „Armenverbände", „Ortsarmenverband", „Ortsarmenverbände", „Landarmenverband" durch die Worte „Fürsorgeverband", „Fürsorgeverbände" zu ersetzen. Das gilt insbesondere für § 13 Ziffer 1 bis 3 des Gesetzes über Verwaltungsgerichtsbarkeit vom 2. November 1921 (Hamburgisches Gesetz- und Verordnungsblatt S. 585).

§ 19. Diese Verordnung tritt gleichzeitig mit der Reichsverordnung in Kraft.

9. Mecklenburg-Schwerin.

Ausführungsverordnung vom 3. April 1924 zur Reichsverordnung über die Fürsorgepflicht (RegBl. S. 136).

In Ausführung der Reichsverordnung über die Fürsorgepflicht vom 13. Februar 1924 (RGBl. I S. 100) wird bestimmt:

§ 1. Landesfürsorgeverband ist der Freistaat Mecklenburg-Schwerin.

Die Hauptfürsorgestelle der Kriegsbeschädigten- und Kriegshinterbliebenenfürsorge und das Landespflegeamt werden unter der Bezeichnung Landeswohlfahrtsamt (Landesfürsorgeverband) zu einer Behörde mit dem Sitze in Schwerin vereinigt.

Der Landarmenverband in Güstrow wird unter der Bezeichnung „Landeswohlfahrtsamt, Abteilung Armenfürsorge" dieser Behörde angegliedert. Die Abteilung Armenfürsorge hat ihren Sitz in Güstrow.

Das Landeswohlfahrtsamt hat die dem Landesfürsorgeverband in der Verordnung über die Fürsorgepflicht (FV.) und den Ausführungsvorschriften zugewiesenen Aufgaben zu erfüllen; ihm wird weiterhin die Bekämpfung der Geschlechtskrankheiten und der Unzucht übertragen.

§ 2. Bezirksfürsorgeverband sind die Ämter und selbständigen Stadtbezirke.

Dem Bezirksfürsorgeverband liegen die ihm in der FV. übertragenen Aufgaben ob. Diese Aufgaben werden durch das Wohlfahrtsamt durchgeführt.

Die gemeindlich nicht verfaßten Ortschaften mit Ausnahme von Sachsenberg, Gehlsheim und Dreibergen, gehören zu dem Bezirksfürsorgeverband, in dessen Bezirk sie liegen, die Enklaven Rossow und Netzeband zu dem Bezirksfürsorgeverband Amt Röbel.

Über die Zugehörigkeit der gemeindlich nicht verfaßten Ortschaften Sachsenberg, Dreibergen und Gehlsheim trifft das Ministerium, Abteilung für Sozialpolitik, Bestimmung.

§ 3. Die Gemeinden des Amtes haben dem Bezirksfürsorgeverband bei der Durchführung der Fürsorge Hilfe zu leisten, insbesondere die Anträge auf Fürsorge entgegenzunehmen und bis zur Entscheidung vorzubereiten.

Der Bezirksfürsorgeverband kann den Gemeinden mit Zustimmung des Ministeriums, Abteilung für Sozialpolitik, durch Satzung die Durchführung der Fürsorgeaufgaben ganz oder teilweise übertragen.

Er muß sie durch Satzung sämtlichen Gemeinden auf dem Gebiete der Armenfürsorge übertragen.

Durch die Übertragung von Fürsorgeaufgaben wird die Verantwortung des Bezirksfürsorgeverbandes für die Erfüllung der Aufgaben nicht berührt.

§ 4. An nicht leistungsfähige Bezirksfürsorgeverbände kann der Landesfürsorgeverband Zuschüsse gewähren.

Über Streitigkeiten der Bezirksfürsorgeverbände mit dem Landesfürsorgeverband wegen der Zuschußgewährung entscheidet das Ministerium, Abteilung für Sozialpolitik.

§ 5. Der Antrag auf Fürsorge kann auch bei der Gemeindebehörde (Rat, Gemeindevorstand) des Aufenthaltsorts gestellt werden und ist von dieser unverzüglich mit gutachtlicher Äußerung an die für Gewährung der Fürsorge zuständige Stelle weiterzugeben.

§ 6. Die Bezirksfürsorgeverbände und, soweit ihnen die Entscheidung übertragen ist, auch die Gemeinden, haben bei der Durchführung der im § 1 Abs. 1 b bis c FV. geregelten Fürsorge Personen aus dem Kreise der Hilfsbedürftigen zuzuziehen. Das Nähere wird durch die Satzung geregelt.

Für die Durchführung der Kriegsbeschädigten- und Kriegshinterbliebenenfürsorge sind bei dem Landesfürsorgeverband, den Bezirksfürsorgeverbänden und, soweit ihnen diese Aufgabe übertragen wird, den Gemeinden Beiräte nach Maßgabe der §§ 6 und 9 der Verordnung über die soziale Kriegsbeschädigten- und Kriegshinterbliebenenfürsorge vom 8. Februar 1919 (RGBl. S. 187) zu bilden.

Das Landeswohlfahrtsamt hat außerdem gemäß § 23 des Gesetzes über die Beschäftigung Schwerbeschädigter in der Fassung vom 12. Januar 1923 und Art. 21 Nr. VII der Personalabbauverordnung vom 27. Oktober 1923 einen Schwerbeschädigtenausschuß zu errichten.

§ 7. Über Einsprüche Hilfsbedürftiger gegen Verweigerung, Verzögerung, Art und Maß der Fürsorge der Gemeinde entscheidet der Bezirksfürsorgeverband.

Über Beschwerden gleicher Art gegen Entscheidungen des Bezirksfürsorgeverbandes entscheidet ein bei diesem durch Satzung zu bildender Beschwerdeausschuß, dem Personen aus dem Kreise der Hilfsbedürftigen angehören müssen.

Über Beschwerden gleicher Art gegen Entscheidungen des Landesfürsorgeverbandes entscheidet ein bei diesem nach Bestimmung des Ministeriums, Abteilung für Sozialpolitik, zu errichtender Beschwerdeausschuß, dem Personen aus dem Kreise der Hilfsbedürftigen angehören müssen.

In Angelegenheiten der Kriegsbeschädigten- und Kriegshinterbliebenenfürsorge werden die nach § 6 Abs. 2 dieser Bekanntmachung zu bildenden Ausschüsse Beiräte als Beschwerdeausschüsse tätig.

Die Entscheidungen der Beschwerdeausschüsse sind endgültig.

§ 8. Entsprechende Anwendung finden auf Grund
1. des § 7 Abs. 2 FV. die §§ 14, 15,
2. des § 20 Abs. 1 FV. die §§ 7—13,
3. des § 25 FV. die §§ 16, 17
der Ausführungsgesetze vom 15. Februar 1922 zum Reichsgesetz über den Unterstützungswohnsitz vom 30. Mai 1908 (RegBl. 1922 S. 147).

Die §§ 7—13 des Ausführungsgesetzes finden auch auf die Unterbringung Arbeitsfähiger in eigenen Anstalten der Bezirksfürsorgeverbände entsprechende Anwendung.

§ 9. Die dem Lande nach § 12 Abs. 2, 3 FV. obliegende Fürsorgepflicht hat der Landesfürsorgeverband endgültig zu erfüllen.

§ 10. Der Antrag des Fürsorgeverbandes auf Anhaltung des Unterhalts- oder Ersatzpflichtigen zum Kostenersatz oder zur Erfüllung seiner Unterhaltspflicht (§ 23 FV.) ist in den selbständigen Stadtbezirken bei dem Rate, im übrigen bei dem Amtsausschuß anzubringen, in dessen Bezirk der Unterstützungspflichtige seinen gewöhnlichen Aufenthalt hat. Die Entscheidung des Rates bzw des Amtsausschusses wird auf Antrag des Fürsorgeverbandes unter Vorlegung einer vollstreckbaren Ausfertigung der Entscheidung durch den Rat bzw. den Amtshauptmann vollstreckt.

Gegen die Entscheidung des Rates oder des Amtsausschusses findet Klage beim Landesverwaltungsgericht statt. Die Klage hat keine aufschiebende Wirkung, wenn es in der Entscheidung wegen Gefahr im Verzuge bestimmt ist.

§ 11. In Streitigkeiten der Gemeinden eines Bezirksfürsorgeverbandes untereinander über die Fürsorgepflicht und den Kostenersatz nach den §§ 16ff. FV. entscheidet der Bezirksfürsorgeverband.

Streitigkeiten der Bezirksfürsorgeverbände untereinander und mit dem Landesfürsorgeverbande über die Fürsorgepflicht und den Kostenersatz nach den §§ 16ff. FV. werden im Verwaltungsstreitverfahren entschieden.

Spruchbehörde ist das Landesverwaltungsgericht. Gegen die Entscheidung des Landesverwaltungsgerichts findet nur die Berufung an das Bundesamt für Heimatwesen statt.

§ 12. Die Verwaltungsgerichte können im Falle der Einstellung des Verfahrens gemäß § 36 Abs. 1 FV. die Kosten des Verfahrens niederschlagen.

§ 13. Das Ministerium, Abteilung für Sozialpolitik, ist oberste Landesbehörde im Sinne der FV. und übt die Dienstaufsicht über die Fürsorgeträger aus. Es ist insbesondere Aufsichtsbehörde der Fürsorgeträger im Sinne des § 18 Abs. 3 FV.

§ 14. Bis zum 30. April 1924 haben die nach den bisherigen Bestimmungen verpflichteten Gemeinden und Gemeindeverbände die Fürsorgeleistungen vorschußweise für die nach dieser Verordnung verpflichteten Fürsorgeverbände zu gewähren.

10. Braunschweig.

Erste Ausführungsverordnung zur Verordnung über die Fürsorgepflicht vom 13. Februar 1924 (RGBl. I S. 100) vom 29. März 1924 (Ges. u. Verordnungssamml. S. 135).

Auf Grund des § 31 der Verordnung über die Fürsorgepflicht vom 13. Februar 1924 (RGBl. I S. 100) — FV. — wird vorbehaltlich weiterer Ergänzung oder Abänderung und der künftigen gesetzlichen Regelung hiermit mit Gesetzeskraft verordnet:

§ 1. Landesfürsorgeverband ist das Land.

Bezirksfürsorgeverbände sind die Kreiskommunalverbände.

§ 2. Vom Landesfürsorgeverbande sind zu erfüllen die Aufgaben

1. der sozialen Fürsorge für Kriegsbeschädigte und Kriegshinterbliebene und die ihnen auf Grund der Versorgungsgesetze Gleichstehenden,

2. der Fürsorge für Schwerbeschädigte und Schwererwerbsbeschränkte durch Arbeitsbeschaffung.

§ 3. Vom Bezirksfürsorgeverbande sind, soweit nicht auf Grund anderer Vorschriften der Landesfürsorgeverband verpflichtet ist, zu erfüllen die Aufgaben

1. der Fürsorge für Rentenempfänger der Invaliden- und Angestelltenversicherung,
2. der Fürsorge für die Kleinrentner und die ihnen Gleichstehenden,
3. der Fürsorge für hilfsbedürftige Minderjährige und die übrigen Aufgaben der Jugendwohlfahrtspflege nach dem Reichsgesetze für Jugendwohlfahrt vom 9. Juli 1922 (RGBl. I S. 633) und der Verordnung vom 14. Februar 1924 (RGBl. I S. 110) mit Einschluß der vorbeugenden Krüppelfürsorge für Jugendliche nach dem Gesetze hierüber in der Fassung vom heutigen Tage,
4. der Wochenfürsorge,
5. der Armenfürsorge.

Hiernach ist auch die Fürsorgepflicht für Geisteskranke, soweit sie nach § 77 des Medizinalgesetzes vom 9. März 1903 (GuVS. Nr. 19) auf die Landespolizeibehörde übergeht, vom Bezirksfürsorgeverbande zu erfüllen.

§ 4. Die Bezirksfürsorgeverbände sind bei der Durchführung der Aufgaben des Landesfürsorgeverbandes, die Gemeinden bei der Durchführung der Aufgaben der Fürsorge verbände zu beteiligen und sind zur Mitarbeit verpflichtet.

Der Landesfürsorgeverband ist insbesondere berechtigt, wegen der seiner Fürsorge anheimfallenden Personen Anstalten der Bezirksfürsorgeverbände und Gemeinden gegen Entgelt in Anspruch zu nehmen. Das gleiche Recht haben die Bezirksfürsorgeverbände gegenüber den Gemeinden.

§ 5. Die Geschäfte des Landesfürsorgeverbandes werden von dem zuständigen Minister wahrgenommen. Die zu dem Zwecke bei dem Staatsministerium einzurichtende Dienststelle führt die Bezeichnung „Landesfürsorgeamt".

§ 6. Bei dem Landesfürsorgeamte wird zu seiner Unterstützung und Beratung unter Beteiligung der freien Wohlfahrtspflege ein Landesausschuß für Wohlfahrtspflege gebildet.

Die Mitglieder des Landesausschusses werden vom Minister berufen. Der Ausschuß gibt sich eine Geschäftsordnung, welche der Bestätigung durch den Minister bedarf.

§ 7. Die Bezirksfürsorgeverbände haben den Aufbau ihrer Fürsorgeämter nach den Vorschriften der Kreisordnung über Verwaltungsausschüsse (Kommissionen) durch Kreissatzung zu regeln. Auf eine Beteiligung der im Kreise tätigen freien Vereinigungen für Wohlfahrtspflege ist dabei Bedacht zu nehmen. Für das Fürsorgeamt (Wohlfahrtsamt) der Stadt Braunschweig gelten die entsprechenden Bestimmungen der Städteordnung.

Soweit innerhalb der Kreise gemeindliche Fürsorgeämter bestehen oder mit Zustimmung des Bezirksfürsorgeverbandes errichtet werden, soll der Bezirksfürsorgeverband sie als Organe der Gemeinde gemäß § 4 an der Durchführung der Fürsorge beteiligen, soweit das zur Erfüllung der Aufgaben der Wohlfahrtspflege im Gesamtkreise und in der Gemeinde förderlich ist. Bei Streit über die Zulassung oder Nichtzulassung eines örtlichen Fürsorgeamts entscheidet das Staatsministerium nach Anhörung des Landesausschusses für Wohlfahrtspflege.

§ 8. Bei der Durchführung der Fürsorge sollen Personen aus dem Kreise der Hilfsbedürftigen oder die zu ihrer Vertretung berufenen Verbände herangezogen werden.

Bei den Fürsorgeämtern ist nach Maßgabe der Satzung ein Beschwerdeausschuß zu bilden, der über Beschwerden in Einzelfällen entscheidet. Vor der Entscheidung ist ein Vertreter aus dem Kreise der Hilfsbedürftigen oder des in Betracht kommenden Verbandes zu hören. Die weitere Beschwerde regelt sich nach den Vorschriften über die Gemeinde- und Kreisaufsicht. Richtet sie sich gegen den Bezirksfürsorgeverband, so entscheidet das Landesfürsorgeamt.

§ 9. Im Rahmen der reichsrechtlichen Vorschriften können die Bezirksfürsorgeverbände Richtsätze als Maßstäbe für Fürsorgeleistungen durch Satzung bestimmen, in der Stadt Braunschweig durch Beschluß der städtischen Behörden.

§ 10. Den Verwaltungsaufwand ihrer Fürsorgeämter tragen die errichtenden Körperschaften selbst. Ausnahmen im Verhältnis zwischen den Bezirksfürsorgeverbänden und den Gemeinden mit eigenen Wohlfahrtsämtern (§ 7) regeln sich nach der Kreissatzung oder Übereinkunft der beteiligten Stellen.

§ 11. Soweit ein braunschweigischer Bezirksfürsorgeverband nach § 12 der Verordnung über die Fürsorgepflicht zur Fürsorge für einen Deutschen, staatlosen ehemaligen Deutschen oder eine staatlose Person endgültig verpflichtet ist, werden die entstehenden Kosten vom Landesfürsorgeverbande erstattet.

§ 12. Von den Leistungen der Fürsorge für Rentenempfänger der Invaliden- und Angestelltenversicherung sowie für Kleinrentner und ihnen gleichstehende Personen erstattet der Landesfürsorgeverband den Bezirksfürsorgeverbänden ein Sechstel. Ein weiteres Sechstel fällt in jedem Einzelfalle der Gemeinde zur Last, in der der Unterstützte seinen gewöhnlichen Aufenthalt hat.

Durch ein Staatshaushaltsgesetz kann die Verpflichtung des Landesfürsorgeverbandes gegenüber den Bezirksfürsorgeverbänden auch durch eine Pausch- oder Steueranteilsüberweisung abgegolten werden.

§ 13. Von den Leistungen der Armenfürsorge (§ 3 Ziffer 5) fällt der Gemeinde des gewöhnlichen Aufenthalts im Einzelfalle ein Drittel endgültig zur Last.

§ 14. Wegen der aus den §§ 12—13 sich ergebenden Ansprüche ist zwischen den Bezirksfürsorgeverbänden und Gemeinden Klage beim Verwaltungsgerichtshofe zulässig.

§ 15. Für die Unterbringung zur Arbeit wegen Nichterfüllung der Unterhaltspflicht (§ 20 FV.) ist die dem Bezirksfürsorgeverbande entsprechende Landespolizeibehörde zuständig.

Der Beschluß ist mit Gründen zu versehen und vorläufig vollstreckbar. Er ist innerhalb Monatsfrist mittels Klage beim Verwaltungsgerichtshof anfechtbar; dieser kann durch einstweilige Verfügung seines Vorsitzenden die vorläufige Vollstreckbarkeit aussetzen.

Auf Grund des rechtskräftigen Beschlusses der Landespolizeibehörde kann die Unterbringung jeweils bis zur Höchstdauer von drei Monaten stattfinden. Die Erstreckung auf weitere längstens drei Monate bedarf der Bestätigung durch das Landesfürsorgeamt.

Weitere Vorschriften nach § 20 Abs. 4 erläßt das Staatsministerium nach Anhörung des Landesausschusses für Wohlfahrtspflege.

§ 16. Der nach den Vorschriften des bürgerlichen Rechts zum Unterhalte eines Hilfsbedürftigen Verpflichtete sowie der im Sinne des § 22 FV. Ersatzpflichtige kann nach Anhörung der Beteiligten auf Antrag des Bezirksfürsorgeverbandes zur Erfüllung der Unterhaltspflicht und zu Leistungen an den Hilfsbedürftigen im Rahmen der Erstattungspflicht angehalten werden.

Der Beschluß, welcher mit Gründen zu versehen ist, soll sich, im Falle daß die Unterhaltspflicht bestritten war, unter Hinweis auf die Zulässigkeit des ordentlichen Rechtsweges in feststellender Formel über das Bestehen der Verpflichtung dem Grunde nach neben der etwaigen Anordnung von Leistungen aussprechen. Er ist in der Stadt Braunschweig vom Rate der Stadt, sonst von der Kreisdirektion zu erlassen.

In Unterstützungsfällen des Landesfürsorgeverbandes ist auch das Landesfürsorgeamt zuständig.

Die örtliche Zuständigkeit richtet sich nach dem unterstützenden Fürsorgeverbande. Daneben ist auch die nach dem gewöhnlichen Aufenthalte des Verpflichteten in Betracht kommende Stelle zuständig.

Die Leistungen sind im Verwaltungszwangsverfahren beitreibbar. Erstattete Beträge sind von der beitreibenden Stelle den mitbeteiligten Lastenträgern entsprechend ihrer Lastenbeteiligung anzurechnen.

§ 17. Die Bestimmungen des § 16 gelten sinngemäß für die Durchführung der Ansprüche der Fürsorgeverbände auf den Ersatz ihrer Aufwendungen gegen Unterhalts- und Ersatzverpflichtete.

§ 18. Vorbehaltlich reichsrechtlicher Vorschriften ist auch der Hilfsbedürftige selbst, der zu hinreichendem Vermögen oder Einkommen gelangt, dem Fürsorgeverbande gegenüber zum Ersatze der aufgewendeten Kosten verpflichtet.

Für die Geltendmachung gegenüber dem Fürsorgeempfänger ist im übrigen das Verfahren des § 16 anzuwenden; dem Erben gegenüber ist der ordentliche Rechtsweg zulässig.

Wegen der Leistungen der sozialen Fürsorge für Kriegsbeschädigte und Kriegshinterbliebene ist ein Ersatzanspruch nicht geltend zu machen.

§ 19. Die Aufgaben der Hauptfürsorgestelle auf dem Gebiete der sozialen Fürsorge für Kriegsbeschädigte und Kriegshinterbliebene werden vom Landesfürsorgeamte, die der Fürsorgestellen von den Wohlfahrtsämtern übernommen.

Die bestehenden Beiräte bleiben bestehen. Der Beirat der bisherigen Hauptfürsorgestelle ist im Landesausschusse für Wohlfahrtspflege zu beteiligen. Für das Beschwerdeverfahren gelten die bisherigen Bestimmungen.

§ 20. Die nach dem Gesetze über die Beschäftigung Schwerbeschädigter in der Fassung vom 12. Januar 1923 (RGBl. I S. 57) der Hauptfürsorgestelle und den Fürsorgestellen übertragenen Aufgaben werden dem Landesfürsorgeamte und den Wohlfahrtsämtern übertragen.

Die bisherige Mitwirkung der Beteiligten insbesondere durch den Schwerbeschädigtenausschuß bleibt aufrecht erhalten.

§ 21. Das Ausführungsgesetz zum Unterstützungswohnsitzgesetze vom 5. Juni 1871 (GuVS. Nr. 39) wird aufgehoben.

Die Ortsarmenverbände und Gesamtarmenverbände gehen im Sinne des § 36 Abs. 3 FV. in den Bezirksfürsorgeverbänden, in denen sie belegen sind, der Landarmenverband im Landesfürsorgeverbande auf.

Hinsichtlich des Anteils an den Fürsorgelasten der Bezirksfürsorgeverbände, welcher den Gemeinden zur Last fällt, besteht der Gesamtarmenverband als besonderer Gemeindeverband weiter, bis durch Satzung anders bestimmt wird.

§ 22. Insoweit und solange die Bestimmungen der §§ 37—57 und 58 Abs. 2 des Reichsgesetzes über den Unterstützungswohnsitz in der Fassung vom 30. Mai 1908 (RGBl. S. 381) für die Entscheidung von Streitigkeiten zwischen Fürsorgeverbänden weitergelten, gilt auch der § 50 des Gesetzes betreffend die Verwaltungsrechtspflege vom 5. März 1895 (GuVS. Nr. 26) mit der Maßgabe, daß

1. die Fürsorgeverbände sinngemäß an die Stelle der Armenverbände treten,
2. der Landesfürsorgeverband durch das Landesfürsorgeamt zu vertreten ist,
3. Klage und Entscheidung auch auf Übergabe eines Hilfsbedürftigen zulässig ist,
4. die örtliche Zuständigkeit der Kreisdirektion nach Abs. 4 sich nicht nach dem Ortsarmenverbande des Aufenthaltsorts, sondern nach dem Aufenthaltsorte richtet.

§ 23. Die der Verordnung über die Fürsorgepflicht und dieser Ausführungsverordnung entgegenstehenden sonstigen Bestimmungen werden aufgehoben.

Aufgehoben wird insbesondere die Verordnung zur Ausführung des Reichsgesetzes über Kleinrentnerfürsorge vom 30. Mai 1923 (GuVS. Nr. 107 S. 183); jedoch gelten die Bestimmungen über Bildung und Beteiligung von Kleinrentnerausschüssen weiter, bis sie von den zuständigen Selbstverwaltungskörpern im Sinne der §§ 7 und 8 dieser Verordnung ersetzt sind.

§ 24. Für den Kreiskomunalverband Thedinghausen kann die Bildung eines besonderen Fürsorgeamtes unterbleiben. Mit der Durchführung der Fürsorgeaufgaben können neben den Gemeinden durch Beschluß des Kreisausschusses einzelne Personen mit ihrer Zustimmung beauftragt werden; der Beschluß bedarf der Genehmigung des Landesfürsorgeamtes.

§ 25. Soweit in den Kreiskommunalverbänden zur weiteren Durchführung dieser Verordnung Satzungen erforderlich sind, können sie vorbehaltlich der Abänderung durch die zuständigen Organe von den Kreisausschüssen erlassen werden.

§ 26. Diese Verordnung tritt am 1. April 1924 in Kraft.

11. Oldenburg.

Verordnung für den Freistaat Oldenburg vom 22. März 1924 zur Ausführung der Verordnung über die Fürsorgepflicht vom 13. Februar 1924 (RGBl. S. 100) (GBl. S. 97).

Das Staatsministerium verordnet für den Freistaat Oldenburg auf Grund des § 31 der Reichsverordnung über die Fürsorgepflicht vom 13. Februar 1924 (RGBl. S. 100) was folgt:

§ 1. Bezirksfürsorgeverbände sind:

1. für die Fürsorgeaufgaben nach § 1 Abs. 1 Ziffer a—f der Verordnung über die Fürsorgepflicht vom 13. Februar 1924 (RGBl. S. 100) (im folgenden Reichsverordnung genannt), sowie
2. für die Unterbringung von Idioten und Blinden in Anstalten zum Zwecke ihrer Ausbildung und Erziehung und von Krüppeln zum Zwecke ihrer orthopädisch-chirurgischen Behandlung sowie ihrer Ausbildung und Erziehung

im Landesteil Oldenburg die Amtsverbände, im Landesteil Lübeck der Landesverband und im Landesteil Birkenfeld die

Bürgermeistereien und Stadtbürgermeistereien. Landesfürsorgeverband ist insoweit im Landesteil Oldenburg der Landesteil, in den Landesteilen Lübeck und Birkenfeld der Landesverband.

Für das Gebiet der Armenfürsorge sind Bezirksfürsorgeverbände in den Landesteilen Oldenburg und Lübeck die Gemeinden, im Landesteil Birkenfeld die Bürgermeistereien und Stadtbürgermeistereien, Landesfürsorgeverbände im Landesteil Oldenburg die Amtsverbände, in den Landesteilen Birkenfeld und Lübeck der Landesverband.

§ 2. Die Aufgaben der Landes- und Bezirksfürsorgeverbände werden von den nach der Gemeindeordnung für die Verwaltung der Gemeinden (Gemeindeverbände) bestellten Vorständen als Fürsorgebehörden und, soweit der Landesteil Oldenburg Landesfürsorgeverband ist, vom Ministerium der sozialen Fürsorge durchgeführt.

Die Aufsicht der Staatsbehörden über die Gemeinden und Gemeindeverbände als Fürsorgeverbände regelt sich nach den Bestimmungen der Gemeindeordnung.

§ 3. Soweit in dieser Verordnung nichts anderes bestimmt ist, sind die aus der Reichsverordnung sich ergebenden öffentlich-rechtlichen Fürsorgeaufgaben hinsichtlich der Personen, für die ein Bezirksfürsorgeverband endgültig verpflichtet ist, endgültig von diesem, sonst von dem Landesfürsorgeverband zu erfüllen.

§ 4. Die Landesfürsorgeverbände sind befugt, die ihrer Fürsorge gesetzlich anheimfallenden Personen demjenigen Bezirksfürsorgeverband gegen Entschädigung zu überweisen, welcher nach § 7 der Reichsverordnung zur vorläufigen Fürsorge verpflichtet ist.

§ 5. Die Bezirksfürsorgeverbände und Landesfürsorgeverbände tragen die Kosten ihres Fürsorgeaufwandes.

Die Gemeinden in den Landesteilen Oldenburg und Lübeck sind jedoch in den Fällen des § 1 Abs. 1 Ziffer 1 dieser Verordnung mit Ausnahme der sozialen Fürsorge für

Kriegsbeschädigte und Kriegshinterbliebene verpflichtet, den Bezirksfürsorgeverbänden fünf Zehntel des Fürsorgeaufwandes für die Fürsorgefälle vorweg zu erstatten, für die die Zuständigkeit der Gemeinde begründet sein würde, falls sie als Bezirksfürsorgeverband bestimmt wäre.

Bei Streitfällen zwischen Bezirksfürsorgeverband und Gemeinde über diese Verpflichtung einer Gemeinde entscheidet das Ministerium der sozialen Fürsorge endgültig.

Die Landesfürsorgeverbände nach § 1 Abs. 2 dieser Verordnung haben ihren Bezirksfürsorgeverbänden die Aufwendungen für Taubstumme, Idioten, Blinde und Geisteskranke zu erstatten.

§ 6. Die Durchführung der den Amtsverbänden und dem Landesverband Lübeck als Bezirksfürsorgeverband obliegenden Fürsorgeaufgaben mit Ausnahme der sozialen Fürsorge für Kriegsbeschädigte und Kriegshinterbliebene, insbesondere die Entgegennahme von Anträgen, die Entscheidung über die Anträge und die Durchführung der Fürsorgemaßnahmen kann durch Beschluß des Amtsvorstandes (Landesvorstandes) den Gemeinden des Amtsverbandes (Landesverbandes) ganz oder teilweise übertragen werden. Die Verteilung der Kostentragung wird dadurch nicht geändert. Die Übertragung ist jederzeit widerruflich. Vor der Übertragung soll im Landesteil Oldenburg der Wohlfahrtsausschuß oder ein Unterausschuß desselben, im Landesteil Lübeck das nach dem Gesetz vom 25. März 1922, betreffend die Bildung von Wohlfahrtsämtern und Pflegeausschüssen, gebildete Wohlfahrtsamt gehört werden.

Wird die Durchführung von Fürsorgeaufgaben den Gemeinden übertragen, so hat sie durch die nach der Gemeindeordnung bestimmten Organe zu erfolgen.

Die Gemeinden sind verpflichtet, die ihnen übertragenen Aufgaben zu erfüllen. Ein Anspruch auf Erstattung der Verwaltungskosten steht ihnen nicht zu.

§ 7. Die Fürsorge wird in der Regel nur auf Antrag gewährt. Die Fürsorgebehörden sollen jedoch in geeigneten Fällen auch ohne Antrag eingreifen und vor allem Hilfsbedürftige, die aus Unkenntnis oder Scheu vor der Fürsorge keinen Antrag gestellt haben, zur Stellung von Anträgen veranlassen.

Ein Anspruch auf die Fürsorge kann von den Hilfsbedürftigen gegen einen Fürsorgeverband nicht im Rechtswege, sondern nur im Wege des Einspruchs und der Beschwerde bei der vorgesetzten Verwaltungsbehörde geltend gemacht werden.

§ 8. Die Entscheidung über den Antrag auf Gewährung der Fürsorge durch den Bezirksfürsorgeverband kann im Landesteil Oldenburg auch der Vorsitzende des Amtsvorstandes und in den Städten I. Klasse der Bürgermeister, im Landesteil Lübeck der Vorsitzende des Landesvorstandes treffen.

Gegen die Entscheidung des Bezirksfürsorgeverbandes oder der nach § 6 dieser Verordnung an seine Stelle tretenden Gemeinde steht dem Fürsorgesuchenden zunächst der Einspruch zu. Der Einspruch ist bei derjenigen Stelle einzulegen, die die Verfügung erlassen hat. Über den Einspruch entscheidet die Fürsorgebehörde des Bezirksfürsorgeverbandes. Wird der Einspruch zurückgewiesen, so steht dem Fürsorgesuchenden binnen einer Woche die Beschwerde zu. Auf das Beschwerdeverfahren finden die Bestimmungen der Gemeindeordnung mit der Maßgabe Anwendung, daß anstelle des Ministeriums des Innern das Ministerium der sozialen Fürsorge tritt.

Für die soziale Fürsorge für Kriegsbeschädigte und Kriegshinterbliebene bleiben die Bestimmungen der Verordnung über die soziale Kriegsbeschädigten- und Kriegshinterbliebenenfürsorge vom 8. Februar 1919 (RGBl. S. 187) mit der Änderung maßgebend, daß die Entscheidung der Hauptfürsorgestelle endgültig ist.

§ 9. Vor einer Entscheidung im Beschwerdeverfahren nach § 8 Abs. 2 dieser Verordnung, mit Ausnahme der weiteren Beschwerde, ist im Landesteil Oldenburg ein Unterausschuß des Pflegeausschusses (Wohlfahrtsausschuß) des Bezirksfürsorgeverbandes zu hören. In diesem Ausschuß müssen außer bei Fällen nach § 1 Abs. 1 Ziffer e der Reichsverordnung Personen aus den Kreisen der im Einzelfalle Fürsorgeberechtigten vertreten sein. Sind solche Personen nicht in den Ausschuß gewählt, so ist der Ausschuß (Unterausschuß) berechtigt, sich insoweit zu ergänzen.

Im Landesteil Lübeck sind in gleicher Weise die nach dem Gesetz vom 25. März 1922, betreffend die Bildung von Wohlfahrtsämtern und von Pflegeausschüssen, errichteten Organe zu hören.

Im Landesteil Birkenfeld hat die Heranziehung von Personen aus den Kreisen der Fürsorgeberechtigten entsprechend zu erfolgen.

§ 10. Die Aufgaben der Hauptfürsorgestelle und der Fürsorgestellen nach der Verordnung über die soziale Fürsorge für Kriegsbeschädigte und Kriegshinterbliebene vom 8. Februar 1919 (RGBl. S. 187) werden den nach § 1 Abs. 1 dieser Verordnung gebildeten Landes- und Bezirksfürsorgeverbänden übertragen.

Die nach dem Gesetz über die Beschäftigung Schwerbeschädigter in der Fassung vom 12. Januar 1923 (RGBl. S. 57) den Hauptfürsorgestellen übertragenen Aufgaben werden von den nach § 1 Abs. 1 dieser Verordnung gebildeten Landesfürsorgeverbänden als Hauptfürsorgestelle ausgeführt.

§ 11. Die bestehenden landesrechtlichen Bestimmungen über die Armenfürsorge, insbesondere über die Armenkommission, bleiben in Kraft, soweit sie nicht mit den Bestimmungen der Reichsverordnung und den dazu erlassenen Ausführungsbestimmungen in Widerspruch stehen.

Voraussetzung, Art und Maß der zu gewährenden Fürsorge bestimmt im Rahmen des § 6 der Reichsverordnung das Staatsministerium.

§ 12. Die nach § 12 Abs. 4 der Reichsverordnung dem Freistaat Oldenburg obliegende Fürsorgepflicht ist endgültig von dem Landesfürsorgeverband zu erfüllen, in dessen Gebiet der Hilfsbedürftige zuletzt seinen Wohnsitz gehabt hat, oder, wenn er innerhalb des Freistaates Oldenburg keinen Wohnsitz hatte, in dessen Gebiet er geboren ist, oder, wenn er außerhalb des Freistaates geboren ist, in dessen Gebiet sein Vater geboren ist. Ist auch der Vater außerhalb des Freistaates geboren, so ist der Landesfürsorgeverband endgültig verpflichtet, dem der vorläufig fürsorgepflichtige Bezirksfürsorgeverband angehört. Soweit das Reich die Kosten erstattet, werden sie vom Ministerium der sozialen Fürsorge angefordert und dem endgültig fürsorgepflichtigen Landesfürsorgeverband überwiesen.

§ 13. Die Bestimmungen der Reichsverordnung finden hinsichtlich der endgültigen Verpflichtung zur Fürsorge auch auf jeden Ausländer Anwendung.

§ 14. Die Unterbringung nach § 20 der Reichsverordnung erfolgt durch Beschluß des Ministeriums des Innern. Vor Erlaß ist der Pflegeausschuß (Unterausschuß) der Gemeinde des Wohnorts oder des Aufenthaltsortes des Unterzubringenden zu hören und der Unterzubringende über seine Entschuldigungs- und Verteidigungsgründe zu vernehmen. Auf die Durchführung der Unterbringung finden im übrigen für den Landesteil Oldenburg die Art. 7ff. des Gesetzes für das Herzogtum Oldenburg vom 14. März 1870, betreffend die Zwangsarbeitsanstalt in Vechta, und für den Landesteil Lübeck der Art. 6ff. des Gesetzes für das Fürstentum Lübeck, betreffend die Benutzung der Zwangsarbeitsanstalt Vechta, vom 22. Januar 1873 entsprechende Anwendung.

Die Unterbringung darf nicht in einer Strafanstalt erfolgen. Die Kosten der Unterbringung fallen zunächst dem Untergebrachten und dessen gesetzlichen Unterhaltspflichtigen, bei deren Unvermögen dem Antragsteller zur Last.

§ 15. Verwaltungsbehörden nach § 23 der Reichsverordnung sind die Ämter, Magistrate der Städte I. Klasse und in den Landesteilen Lübeck und Birkenfeld die Regierungen, in deren Bezirk der in Anspruch genommene Unterhalts- oder Ersatzpflichtige seinen Wohnsitz und in Ermangelung eines Wohnsitzes seinen Aufenthaltsort hat. Die Entscheidung erfolgt nach Anhörung der Beteiligten durch einen mit Gründen versehenen Beschluß, der innerhalb 7 Tagen nach der Zustellung sowohl von dem in Anspruch genommenen Unterhalts- oder Ersatzpflichtigen, wie auch von dem antragenden Fürsorgeverband mit dem Rechtsmittel der Beschwerde angefochten werden kann. Über die Beschwerde entscheidet nach Anhörung des Antraggegners die vorgesetzte Verwaltungsbehörde im Verwaltungswege endgültig.

Beiden Teilen bleibt die Verfolgung ihres Rechts im gerichtlichen Verfahren vorbehalten.

Die Entscheidungen der Verwaltungsbehörden sind vorläufig vollstreckbar, bis auf erhobene Beschwerde im Verwaltungswege oder mittels rechtskräftigen gerichtlichen Urteils eine abändernde Entscheidung erfolgt ist.

Gegebenenfalls hat der Fürsorgeverband den in Anspruch genommenen Unterhalts- oder Ersatzpflichtigen das bis dahin Geleistete oder das zuviel Geleistete zu erstatten, im Weigerungsfalle ist er hierzu im Verwaltungswege anzuhalten.

§ 16. Jede einem Hilfsbedürftigen nach zurückgelegtem 18. Lebensjahr auf Grund der Reichsverordnung gewährte Unterstützung ist als vorschußweise geleistet anzusehen und kann von dem endgültig verpflichteten Fürsorgeverband, wenn der Unterstützte nach billigem Ermessen dazu imstande ist, zurückgefordert, auch aus dem Nachlaß der Unterstützten mit einfachen Zinsen ersetzt verlangt werden.

Die Erstattung kann nur im gerichtlichen Wege verfolgt werden.

§ 17. Bezirksfürsorgeverbände, welche trotz haushälterischer Durchführung der übertragenen Fürsorge durch die Kosten der Fürsorgeaufgaben überlastet sind, haben Anspruch auf Beihilfe seitens des Landesfürsorgeverbandes.

Wird der Anspruch eines Bezirksfürsorgeverbandes auf Beihilfe als begründet nicht anerkannt, so steht auf erhobene Beschwerde die Entscheidung darüber, ob und inwieweit sie zu gewähren ist, dem Staatsministerium zu.

§ 18. § 19 des Gesetzes für das Großherzogtum Oldenburg, betreffend die Verwaltungsgerichtsbarkeit, vom 9. Mai 1906, erhält folgende Fassung:

Der Entscheidung der Verwaltungsgerichte unterliegen Streitigkeiten zwischen Fürsorgeverbänden wegen öffentlich-rechtlicher Fürsorge für Hilfsbedürftige. Die Entscheidung erfolgt:

1. im Landesteil Oldenburg durch das Oberverwaltungsgericht,
2. in den Landesteilen Lübeck und Birkenfeld durch das Verwaltungsgericht zu Eutin und Birkenfeld.

Soweit die Organisation oder die örtliche Abgrenzung der einzelnen Fürsorgeverbände Gegenstand des Streites ist, bewendet es, vorbehaltlich der Berufung gegen die Entscheidung der Verwaltungsgerichte für die Landesteile an das Oberverwaltungsgericht, endgültig bei der Entscheidung der Verwaltungsgerichte.

Im übrigen findet gegen die Entscheidung des Oberverwaltungsgerichts und der Verwaltungsgerichte sowie gegen die im § 56 des Reichsgesetzes vom 6. Juni 1870 erwähnten Anordnungen die Berufung an das Bundesamt für das Heimatwesen statt.

§ 19. Diese Verordnung tritt gleichzeitig mit der Reichsverordnung über die Fürsorgepflicht vom 13. Februar 1924 (RGBl. S. 100) in Kraft.

§ 20. Die zur Ausführung dieser Verordnung erforderlichen Bestimmungen werden vom Ministerium der sozialen Fürsorge erlassen.

12. Anhalt.

a) Vorläufige Ausführungsverordnung zur Reichsverordnung über die Fürsorgepflicht vom 31. März 1924 (Staatsanz. Nr. 28).

Auf Grund des § 31 der Reichsverordnung über die Fürsorgepflicht vom 13. Februar 1924 (RGBl. I S. 100) wird nachstehende Verordnung veröffentlicht:

§ 1. Bis zum Erlaß der anhaltischen Ausführungsverordnung zur Verordnung über die Fürsorgepflicht vom 13. Februar 1924 (RGBl. I S. 100), längstens jedoch bis zum 30. Juni 1924, haben die nach den bisherigen Bestimmungen verpflichteten Gemeinden und Gemeindeverbände an Stelle der nach der Verordnung vom 13. Februar 1924 verpflichteten Fürsorgeverbände nachstehende Fürsorgeleistungen vorschußweise zu gewähren:

a) die soziale Fürsorge für Kriegsbeschädigte und Kriegshinterbliebene und die ihnen auf Grnnd der Versorgungsgesetze Gleichstehenden,

b) die Fürsorge für Rentenempfänger der Invaliden- und Angestelltenversicherung, soweit sie nicht den Versicherungsträgern obliegt,

c) die Fürsorge für die Kleinrentner und die ihnen Gleichstehenden,

d) die Fürsorge für Schwerbeschädigte und Schwererwerbsbeschränkte durch Arbeitsbeschaffung,

e) die Fürsorge für hilfsbedürftige Minderjährige,

f) die Armenfürsorge.

§ 2. In gleicher Weise haben bis zu dem in § 1 genannten Zeitpunkt die Gemeinden und Gemeindeverbände an Stelle der allgemeinen Ortskrankenkassen oder der Landkrankenkassen die Wochenfürsorge vorschußweise zu gewähren. Im übrigen ist die einzelne Krankenkasse befugt, auf Ansuchen der Gemeinde oder des Gemeindeverbandes die Wochenfürsorge einstweilen und vorschußweise zu übernehmen.

§ 3. Für die Voraussetzung, Art und Maß der vorschußweise zu gewährenden Fürsorge gelten vorläufig bis zum demnächstigen Erlaß besonderer reichs- oder landesrechtlicher Vorschriften die am 31. März 1924 in Anwendung stehenden Vorschriften unverändert weiter.

§ 4. Diese Verordnung tritt gleichzeitig mit der Verordnung über die Fürsorgepflicht vom 13. Februar 1924 (RGBl. I S. 100) in Kraft.

b) Ausführungsverordnung zur Reichsverordnung über die Fürsorgepflicht vom 20. August 1924 (Gesetzsamml. f. Anhalt S. 108).

Auf Grund des § 31 der Reichsverordnung über die Fürsorgepflicht vom 13. Februar 1924 (RGBl. I S. 100) in Verbindung mit § 42 der dritten Steuernotverordnung vom 14. Februar 1924 (RGBl. I S. 74) wird nachstehende Verordnung veröffentlicht:

I. Fürsorgeverbände und ihre Organe.

§ 1. Bezirksfürsorgeverbände sind

1. die Hauptstädte Dessau, Bernburg, Cöthen und Zerbst (§ 2),
2. der Kreiskommunalverband Ballenstedt (§ 2),
3. die Fürsorgezweckverbände Dessau-Land, Bernburg-Land, Cöthen-Land und Zerbst-Land (§§ 2 bis 8).

Landesfürsorgeverband ist der „Landesfürsorgeverband Anhalt" (§§ 9 bis 14).

§ 2. Die Aufgaben der Bezirksfürsorgeverbände werden als Selbstverwaltungsangelegenheiten bei den Hauptstädten durch die in der Gemeindeordnung, bei dem Kreiskommunalverbande Ballenstedt durch die in der Kreisordnung, bei den Fürsorgezweckverbänden durch die in § 4 dieser Verordnung bestimmten Organe durchgeführt.

§ 3. Die Fürsorgezweckverbände bestehen aus den Gemeinden und Gutsbezirken der Kreise Dessau, Bernburg,

Cöthen und Zerbst, mit Ausnahme der Hauptstädte. Sie haben ihren Sitz am Orte der betreffenden Kreiskommunalverwaltung.

§ 4. Organe des Fürsorgezweckverbandes sind die Verbandsvertretung, der Verbandsausschuß und der Verbandsvorsteher.

§ 5. Die Verbandsvertretung besteht aus dem Verbandsvorsteher als Vorsitzendem und nach Maßgabe näherer Ausführungsbestimmungen aus mindestens 8, höchstens 16 Abgeordneten, die aus der Zahl derjenigen Personen gewählt werden, die bei der Wahl zum Kreistage stimmberechtigt sind und im Bezirke des Fürsorgezweckverbandes ihren Wohnsitz haben.

Die Verbandsvertretung beschließt über den Verbandshaushalt, die Abnahme der Jahresrechnung, die Verbandsumlagen, die Veräußerung und Belastung von Verbandsvermögen, die Aufnahme von Anleihen sowie über die Anstellung von Verbandsbeamten und die Höhe ihrer Besoldung. Im übrigen gelten die §§ 33, 36, 37, § 38 Abs. 1 Satz 1, § 40 der Kreisordnung sinngemäß.

§ 6. Der Verbandsausschuß besteht aus dem Verbandsvorsteher als Vorsitzendem und nach Maßgabe der Verbandssatzung aus 2 bis 4 von der Verbandsvertretung aus der Zahl ihrer Abgeordneten nach den Grundsätzen der Verhältniswahl gewählten Mitgliedern.

Der Verbandsausschuß beschließt über die Verwaltung und die Aufgaben des Fürsorgezweckverbandes, soweit nicht die Zuständigkeit der Verbandsvertretung oder des Verbandsvorstehers begründet ist; insbesondere bereitet der Verbandsausschuß die Beschlüsse der Verbandsvertretung vor, wählt die Verbandsbeamten, deren Anstellung von der Verbandsvertretung beschlossen ist, und vertritt den Verband gerichtlich und außergerichtlich. Im übrigen sind die §§ 45 bis 47, § 48 Abs. 1 und 2, §§ 49, 50 der Kreisordnung entsprechend anzuwenden.

§ 7. Verbandsvorsteher ist der Kreisdirektor. Der Verbandsausschuß wählt einen Stellvertreter, der der Bestätigung durch die Aufsichtsbehörde bedarf.

Der Verbandsvorsteher führt die Geschäfte. Er hat Sitz und Stimme in der Verbandsvertretung und im Verbandsausschuß.

§ 8. Im Rahmen der vorstehenden Bestimmungen werden, soweit erforderlich, die sonstigen Verhältnisse der Fürsorgezweckverbände durch die Verbandsvertretung im Wege der Verbandssatzung geregelt. Diese bedarf der Genehmigung der Aufsichtsbehörde.

§ 9. Der Landesfürsorgeverband besteht aus der Gesamtheit der Fürsorgeverbände. Er hat seinen Sitz in Dessau.

Der Landesfürsorgeverband ist Rechtsnachfolger des durch diese Verordnung aufgehobenen Landarmenverbandes.

§ 10. Die Aufgaben des Landesfürsorgeverbandes werden als Selbstverwaltungsangelegenheiten durch die in § 11 bestimmten Organe durchgeführt.

§ 11. Organe des Landesfürsorgeverbandes sind die Verbandsversammlung und das Landesfürsorgeamt.

§ 12. Die Verbandsversammlung besteht aus den Mitgliedern des Landesfürsorgeamtes und je einem Abgeordneten der Bezirksfürsorgeverbände.

§ 13. Die Mitglieder des Landesfürsorgeamtes einschließlich des Vorsitzenden werden vom Staatsministerium ernannt, die Abgeordneten der Hauptstädte von den Gemeinderäten, der Abgeordnete des Kreiskommunalverbandes Ballenstedt vom Kreistage, die der Fürsorgezweckverbände von den Verbandsvertretungen auf die Dauer der Wahlzeit des betreffenden Wahlkörpers gewählt.

Bis zur Wahl der Abgeordneten der Fürsorgezweckverbände und des Kreiskommunalverbandes Ballenstedt sind die Verbandsvorsteher und der Kreisdirektor des Kreises Ballenstedt vorläufige Abgeordnete.

§ 14. Auf die Zuständigkeit der Verbandsversammlung findet der § 5, auf die des Landesfürsorgeamtes finden die §§ 6 und 7 sinngemäße Anwendung.

Im übrigen wird der Geschäftsgang bei den Organen des Landesfürsorgeverbandes durch eine von der Verbandsversammlung zu erlassende Geschäftsordnung geregelt, die der Genehmigung der Aufsichtsbehörde bedarf. Bis zu deren Erlaß gelten die sinngemäß anzuwendenden Vorschriften der Geschäftsordnung für die Landarmendirektion vom 14. Juli 1904.

§ 15. Aufsichtsbehörde für die Bezirksfürsorgeverbände ist die Regierung, Abteilung des Innern, für den Landesfürsorgeverband das Staatsministerium.

Die Fürsorgeverbände bedürfen der Genehmigung der Aufsichtsbehörde in folgenden Fällen:

1. Veräußerung und dingliche Belastung von Grundstücken oder diesen gleichstehenden Rechten; Schenkungen und sonstige außerhalb des Verbandszwecks liegende Zuwendungen an Dritte; Übernahme von Bürgschaften; Verzichte auf Rechte des Verbandes;
2. Aufnahme von Anleihen, es sei denn, daß sie nur zur vorübergehenden Aushilfe dienen und spätestens im folgenden Rechnungsjahre zurückgezahlt werden sowie Änderung der Tilgungspläne;
3. Veräußerung, Verpfändung oder wesentliche Veränderung von Gegenständen, die einen geschichtlichen oder Kunstwert besitzen.

Der § 55 der Kreisordnung findet sinngemäße Anwendung.

II. Zuständigkeit der Fürsorgeverbände.

§ 16. Soweit in dieser Verordnung nichts anderes bestimmt ist, sind die aus der Reichsverordnung über die Fürsorgepflicht sich ergebenden öffentlich-rechtlichen Fürsorgeaufgaben hinsichtlich der Personen, für die ein Bezirksfürsorgeverband endgültig verpflichtet ist, endgültig von diesem, sonst von dem Landesfürsorgeverbande zu erfüllen.

§ 17. Sind anhaltische Staatsangehörige oder staatlose ehemalige anhaltische Staatsangehörige oder Personen, für die das Land Anhalt durch die Reichsregierung oder die von ihr bestimmte Stelle für endgültig verpflichtet erklärt ist, bei freiwilligem oder erzwungenem Übertritt aus dem Auslande hilfsbedürftig oder werden sie es binnen einem Monat nachher und ist ein Bezirksfürsorgeverband, in dem der Hilfsbedürftige innerhalb des letzten Jahres vor dem Austritt aus dem Reichsgebiete zuletzt seinen gewöhnlichen Aufenthalt gehabt hat, nicht zu ermitteln oder hat die Abwesenheit aus dem Reichsgebiete länger als ein Jahr gedauert, so ist der Landesfürsorgeverband zur Fürsorge in dem durch § 12 der Reichsverordnung über die Fürsorgepflicht bestimmten Umfang endgültig verpflichtet. Das Staatsministerium erläßt die Bestimmungen über die Anforderung der vom Reiche zu erstattenden Kosten.

Eine vorschußweise Zahlung der aufzuwendenden Kosten an den vorläufig fürsorgepflichtigen Bezirksfürsorgeverband findet durch den Landesfürsorgeverband im Falle des Abs. 1 nicht statt.

§ 18. Hinsichtlich der endgültigen Verpflichtung zur Fürsorge finden die Bestimmungen der Reichsverordnung über die Fürsorgepflicht auch auf Ausländer Anwendung. Tritt die Hilfsbedürftigkeit binnen einem Monat nach dem Übertritt aus dem Auslande hervor, so ist der Landesfürsorgeverband endgültig verpflichtet.

§ 19. Der Landesfürsorgeverband ist verpflichtet, für Bewahrung, Kur und Pflege der hilfsbedürftigen Geisteskranken, Idioten, Epileptischen, Taubstummen, Blinden und Siechen, soweit sie der Anstaltspflege bedürfen, in geeigneten Anstalten Fürsorge zu treffen. Bei Minderjährigen umfaßt diese Fürsorge auch die Erziehung und Erwerbsbefähigung.

§ 20. Die allgemeinen Verwaltungskosten der Anstalten trägt der Landesfürsorgeverband. Hierzu rechnen nicht die Kosten der von der Anstalt bewirkten Beerdigung in den Fällen, in denen ein endgültig verpflichteter Bezirksfürsorgeverband vorhanden ist.

Der Landesfürsorgeverband ist berechtigt, vorbehaltlich anderweitiger Vereinbarung Ersatz der sonstigen Kosten von dem endgültig fürsorgepflichtigen Bezirksfürsorgeverbande zu verlangen.

Unberührt bleiben alle auf besonderen gesetzlichen Bestimmungen oder Titeln beruhenden Verpflichtungen.

§ 21. Die Bestimmungen über die Aufnahme und Entlassung der Anstaltspflegebedürftigen sowie über die Höhe der zu erstattenden Kosten werden durch den Landesfürsorgeverband in Satzungen getroffen.

§ 22. Der Landesfürsorgeverband ist bis zu einer anderweiten Regelung der öffentlichen Krüppelfürsorge ferner befugt, die Fürsorge für Krüppel zu übernehmen.

§ 23. Die Aufgaben der Hauptfürsorgestellen und Fürsorgestellen nach der Verordnung über die soziale Fürsorge für Kriegsbeschädigte und Kriegshinterbliebene vom 8. Februar 1919 (RGBl. S. 187) werden von den Verwaltungsorganen des Landesfürsorgeverbandes und der Bezirksfürsorgeverbände wahrgenommen.

Die nach dem Gesetz über die Beschäftigung Schwerbeschädigter in der Fassung vom 12. Januar 1923 (RGBl. I S. 57) der Hauptfürsorgestelle übertragenen Aufgaben werden den Verwaltungsorganen des Landesfürsorgeverbandes übertragen. Der zur Zeit bei der bisherigen Hauptfürsorgestelle bestehende Schwerbeschädigtenausschuß bleibt bestehen. In Zukunft sind für die Berufung seiner Mitglieder, soweit ihre Bestellung auf Vorschlag des Beirats der Hauptfürsorgestelle erfolgte, die von den Wirtschaftsorganisationen der Unternehmer sowie von den Kriegsbeschädigten- und Kriegshinterbliebenenvereinigungen eingereichten Vorschlagslisten maßgebend.

Die von den Kriegsbeschädigten- und Kriegshinterbliebenenvereinigungen eingereichten Vorschlagslisten sind auch maßgebend, soweit nach dieser Verordnung sonst die Heranziehung von Kriegsbeschädigten oder Kriegshinterbliebenen zu erfolgen hat.

§ 24. Der Landesfürsorgeverband ist befugt, die seiner Fürsorge gesetzlich anheimfallenden Personen demjenigen Bezirksfürsorgeverbande gegen Entschädigung zu überweisen, welcher nach § 7 der Reichsverordnung über die Fürsorgepflicht zur vorläufigen Fürsorge verpflichtet ist. Die Verpflichtung des Landesfürsorgeverbandes zur Anstaltspflege (§ 19) bleibt unberührt.

Der Landesfürsorgeverband ist verpflichtet, in seinen für die Unterkunft Hilfsbedürftiger bestimmten Anstalten, soweit es der Raum gestattet, gegen Entschädigung die der Fürsorge der Bezirksfürsorgeverbände gesetzlich anheimfallenden Personen auf Antrag dieser Verbände aufzunehmen.

§ 25. Der Landesfürsorgeverband ist berechtigt, für solche bei der öffentlichen Fürsorge häufiger vorkommenden Aufwendungen, deren täglicher oder wöchentlicher Betrag sich in Pauschsätzen feststellen läßt, Tarife aufzustellen und öffentlich bekannt zu machen. Die Erstattungsforderungen eines Fürsorgeverbandes dürfen die Tarifsätze nicht übersteigen. Bei den gegenwärtig in Geltung stehenden Tarifen bewendet es, bis sie in vorgedachter Weise abgeändert werden.

§ 26. Der Landesfürsorgeverband ist verpflichtet, demjenigen Bezirksfürsorgeverband eine Beihilfe zu gewähren, welcher nachweislich die ihm obliegenden Verpflichtungen zu erfüllen nicht in der Lage ist.

Die Beihilfe kann in Geld oder in sonst geeigneter Weise erfolgen.

Gegen die Entschließung des Landesfürsorgeverbandes steht dem Bezirksfürsorgeverbande der Antrag auf mündliche Verhandlung im Verwaltungsstreitverfahren vor dem Landesverwaltungsgerichte zu. Dieses entscheidet endgültig.

§ 27. Die Fürsorgeverbände sind berechtigt, den durch die Fürsorgepflicht entstehenden Aufwand, soweit er nicht durch eigene Einnahmen des Fürsorgeverbandes gedeckt wird, auf ihre Verbandsglieder umzulegen, auch für das erste Rechnungsjahr entsprechende Vorschüsse zu erheben.

Als Maßstab der Umlegung des ungedeckten Aufwandes dient das Soll der Reichseinkommensteuer; und zwar erfolgt während jedes Rechnungsjahres die Verteilung auf die einzelnen Verbandsglieder in der verhältnismäßigen Höhe, in der letztmalig vor Beginn des Rechnungsjahrs dieses Soll seitens der Finanzämter festgestellt ist. Für das Rechnungsjahr 1924 ist jedoch das Soll der Reichseinkommensteuer des Steuerjahrs 1922 nur vorläufig und so lange maßgebend, bis die Feststellung eines Steuersolls in Goldmark erfolgt ist.

Die Aufsichtsbehörde kann Abweichungen von diesem Maßstabe genehmigen.

Gegen die Heranziehung zur Umlage steht dem Verbandsgliede binnen einer Frist von 4 Wochen der Einspruch bei der Stelle zu, die den Umlagebescheid erlassen hat. Gegen die Zurückweisung des Einspruchs findet binnen einer Frist von 2 Wochen die Klage beim Landesverwaltungsgerichte statt, das endgültig entscheidet. Durch Einlegung des Einspruchs oder Erhebung der Klage wird die Verpflichtung zur Zahlung der Umlage nicht aufgeschoben.

§ 28. Die Durchführung der den Bezirksfürsorgeverbänden obliegenden Fürsorgeaufgaben, insbesondere die Entscheidung über die Anträge und die Durchführung der Fürsorgemaßnahmen sowie der einstweiligen Maßnahmen in dringenden Notfällen, können diese ihren Verbandsgliedern ganz oder teilweise übertragen. Die Durchführung solcher auf Gemeinden übertragenen Fürsorgeaufgaben liegt den in der Gemeindeordnung bestimmten Organen ob. Die Verantwortung des Bezirksfürsorgeverbandes für die Erfüllung der Fürsorgeaufgaben wird durch die Übertragung der Durchführung nicht berührt.

§ 29. Im Falle der Übertragung der Durchführung gemäß § 28 kann der Bezirksfürsorgeverband zur Sicherung einer einheitlichen Durchführung der Fürsorgeaufgaben im Rahmen der gemäß § 6 der Reichsverordnung über die Fürsorgepflicht erlassenen Bestimmungen des Landes Richtlinien aufstellen, die für die Gemeinden verbindlich sind.

Der Bezirksfürsorgeverband ist befugt, den für die Durchführung der Fürsorgeaufgaben in den einzelnen Gemeinden zuständigen Organen Weisungen hinsichtlich der Art und Weise der Durchführung zu erteilen. Steht die von den zuständigen Organen der Gemeinde erlassene Entscheidung mit einer solchen Weisung in Widerspruch, so kann der Bezirksfürsorgeverband die Entscheidung abändern; er muß sie abändern, wenn das Gesetz verletzt ist.

Wird den Gemeinden die Durchführung von Fürsorgeaufgaben übertragen, so hat der Bezirksfürsorgeverband ihnen einen Betrag zur Verfügung zu stellen, welcher nach den bisherigen Erfahrungen zur Deckung von drei Vierteln der durch die übertragenen Aufgaben entstehenden Ausgaben ausreicht. Dieser Betrag wird bis zum 1. April 1925 vierteljährlich, vom 1. April 1925 ab für jedes Rechnungsjahr festgesetzt. Gegen die Festsetzung steht der Gemeinde die Beschwerde an das Landesverwaltungsgericht zu, das endgültig entscheidet. Die Verwaltungskosten und die durch den zur Verfügung gestellten Betrag nicht gedeckten Kosten der übertragenen Fürsorgeaufgaben sind von den Gemeinden selbst aufzubringen.

§ 30. Auf selbständige Gutsbezirke finden die Vorschriften für Landgemeinden Anwendung.

§ 31. Bei der Aufstellung von Grundsätzen und Richtlinien, die die Durchführung der sozialen Fürsorge für Kriegsbeschädigte und Kriegshinterbliebene und die ihnen auf Grund der Versorgungsgesetze Gleichstehenden zum Gegenstande haben, haben die Fürsorgeverbände einen Beirat zuzuziehen. Diesem müssen mindestens 2 Vertreter der Kriegsbeschädigten und

Kriegshinterbliebenen angehören, ihre Zahl muß gleich der der übrigen Mitglieder des Beirats sein.

Inwieweit im übrigen bei der Festsetzung von Art und Höhe der Fürsorgeleistungen Personen aus dem Kreise der Fürsorgeempfänger heranzuziehen sind, richtet sich nach den bisherigen Bestimmungen.

§ 32. Die Verbände und Einrichtungen der freien Wohlfahrtspflege sind in möglichst weitem Umfange bei der Fürsorge zu beteiligen.

III. Verfahren.

§ 33. Anträge auf Fürsorge können nur nach Maßgabe der nachstehenden Bestimmungen verfolgt werden.

Die Anträge sind bei dem Gemeindevorstande des Aufenthaltsortes schriftlich oder mündlich zu stellen und von diesem mit gutachtlicher Stellungnahme unverzüglich an die für die Entscheidung über den Antrag zuständige Stelle weiterzuleiten. In Notfällen sollen die Fürsorgeverbände und ihre Verbandsglieder auch ohne Antrag eingreifen.

Gegen Verfügungen von Fürsorgeverbänden darüber, ob, in welcher Höhe und in welcher Weise Fürsorge zu gewähren ist, steht dem Fürsorgesuchenden binnen 2 Wochen der Einspruch zu. Der Einspruch ist bei derjenigen Stelle anzubringen, die die Verfügung erlassen hat.

Über den Einspruch entscheidet, auch im Falle des § 28, das satzungsgemäß zuständige Organ des Fürsorgeverbandes.

Sofern es sich um eine Maßnahme der sozialen Fürsorge für Kriegsbeschädigte oder eine auf Grund der Versorgungsgesetze gleichstehende handelt, haben bei der Entscheidung über den Einspruch mindestens 2 Vertreter der Kriegsbeschädigten oder Kriegshinterbliebenen mit vollem Stimmrechte mitzuwirken.

Gegen die Zurückweisung des Einspruchs steht dem Fürsorgesuchenden binnen 2 Wochen die Beschwerde an das Landesverwaltungsgericht zu. Dieses beschließt endgültig.

§ 34. Wenn jemand infolge seines sittlichen Verschuldens der öffentlichen Fürsorge selbst anheimfällt oder einen Unterhaltsberechtigten im Sinne des § 20 der Reichsverordnung über die Fürsorgepflicht anheimfallen läßt, so kann, falls er Arbeit beharrlich ablehnt oder sich der Unterhaltspflicht beharrlich entzieht, auch gegen seinen Willen die Unterbringung in einer öffentlichen Arbeitsanstalt oder in einer staatlich als geeignet anerkannten Privatanstalt auf Antrag des vorläufig oder endgültig verpflichteten Fürsorgeverbandes durch Verfügung der Regierung, Abteilung des Innern, für die Dauer seiner oder des Unterhaltsberechtigten Fürsorgebedürftigkeit angeordnet werden. Der Untergebrachte ist verpflichtet, für Rechnung des Fürsorgeverbandes die ihm angewiesenen Arbeiten nach dem Maße seiner Kräfte zu verrichten. Die Unterbringung erfolgt nicht:

1. wenn die Fürsorgebedürftigkeit nur durch vorübergehende Umstände verursacht ist;
2. wenn der Unterzubringende nicht arbeits- oder erwerbsfähig ist;
3. wenn er entsprechend seiner Arbeits- oder Erwerbsfähigkeit zum Unterhalte von Verwandten beiträgt, die vor dem der Fürsorge Anheimgefallenen unterhaltsberechtigt sind;
4. wenn die Unterbringung mit erheblichen, den Umständen nach nicht gerechtfertigten Härten oder Nachteilen für das Fortkommen des Unterzubringenden verbunden sein würde.

Anstatt der Unterbringung in einer Arbeitsanstalt kann auch die Einweisung in eine Erziehungs- oder Heilanstalt (insbesondere auch Trinkerheilanstalt) angeordnet werden, in welcher Gelegenheit gegeben ist, den Eingewiesenen mit angemessener Arbeit zu beschäftigen.

§ 35. Die Verfügung der Regierung, Abteilung des Innern, ist mit Gründen zu versehen. Vor der Entscheidung ist der Unterzubringende, gegen den das Verfahren sich richtet, zu hören, soweit dies nicht durch besondere Umstände ausgeschlossen ist. Das Verfahren kann so lange ausgesetzt werden, bis über die Klage des Unterzubringenden, der seine Unterhaltspflicht bestreitet, im ordentlichen Rechtswege rechtskräftig entschieden ist.

Gegen die Verfügung der Regierung, Abteilung des Innern, findet innerhalb 2 Wochen der Antrag auf mündliche Verhandlung im Verwaltungsstreitverfahren vor dem Landesverwaltungsgerichte statt. Die Entscheidung des Landesverwaltungsgerichts ist endgültig.

Der Antrag auf mündliche Verhandlung hat keine aufschiebende Wirkung. Das Landesverwaltungsgericht kann indessen die Vollstreckung der Anordnung auf Antrag oder von Amts wegen bis zur endgültigen Entscheidung aussetzen. Vor der Aussetzung ist der Fürsorgeverband zu hören.

§ 36. Die Vollstreckung der Anordnung liegt dem antragstellenden Fürsorgeverband ob. Der vorläufig fürsorgepflichtige Fürsorgeverband ist berechtigt, sie dem Erstattungspflichtigen zu überweisen.

Die Fürsorgeverbände sind berechtigt, die einer Arbeitsanstalt überwiesenen Personen in Anstalten außerhalb ihres Bezirkes unterzubringen oder ihnen Arbeiten auch ohne Aufnahme in eine geschlossene Arbeitsanstalt anzuweisen.

§ 37. Die Entlassung aus der Arbeitsanstalt ist von dem Fürsorgeverbande zu verfügen, sobald die gesetzlichen Voraussetzungen der Unterbringung weggefallen sind.

Beantragt der Untergebrachte die Aufhebung der Unterbringung mit der Behauptung, daß deren Voraussetzungen weggefallen sind, so entscheidet über diesen Antrag die Regierung, Abteilung des Innern; für das Verfahren gelten die Vorschriften des § 35.

§ 38. Der Fürsorgeverband kann den Untergebrachten für eine angemessene Zeit beurlauben. Bleibt der Beurlaubte oder ein Unterhaltsberechtigter während der Beurlaubung fürsorgebedürftig (§ 34), so kann auf Antrag des Fürsorge=

verbandes durch Verfügung der Regierung, Abteilung des Innern, die Wiedereinlieferung des Beurlaubten verfügt werden. In der Verfügung ist den Beteiligten zu eröffnen, daß sie befugt sind, innerhalb 2 Wochen auf Beschlußfassung durch das Landesverwaltungsgericht anzutragen. Dieses entscheidet endgültig. Der Antrag auf Beschlußfassung durch das Landesverwaltungsgericht hat keine aufschiebende Wirkung.

Wird während der Beurlaubung eine Wiedereinlieferung nicht verfügt, so gilt der Beurlaubte als endgültig entlassen.

Wird der Antrag auf Beurlaubung von dem Untergebrachten nach Ablauf von drei Monaten seit der Unterbringung oder der Wiedereinlieferung oder der Ablehnung eines solchen Antrags gestellt und will der Fürsorgeverband dem Antrage nicht entsprechen, so hat die Regierung, Abteilung des Innern, die Entscheidung im Verfügungswege zu treffen. Auf das Verfahren finden Satz 2 und 3 des Abs. 1 Anwendung.

Wenn die Unterbringung ein Jahr gedauert hat, muß der Untergebrachte auch ohne Antrag beurlaubt werden. Eine erneute Unterbringung darf alsdann erst nach Ablauf von drei Monaten angeordnet werden.

§ 39. Aus dem Arbeitsverdienste des Untergebrachten sind zunächst die Kosten der Unterbringung zu decken. Aus dem Überschusse sind die Kosten der Fürsorge, die den Angehörigen des Untergebrachten für die Zeit der Unterbringung gewährt wird, zu bestreiten. Der dann noch verbleibende Rest ist dem Untergebrachten bei der Entlassung auszuhändigen. Etwa ungedeckte Kosten trägt der endgültig verpflichtete Fürsorgeverband.

§ 40. Für die Arbeitsanstalten müssen Hausordnungen bestehen, welche Vorschriften über die Aufnahme und Behandlung, die Art der Beschäftigung und Entlohnung sowie über die Berechnungsweise der Kosten der Unterbringung (§ 39) enthalten und der Bestätigung der Aufsichtsbehörde unterlegen haben. Dies gilt sinngemäß, wenn dem Untergebrachten ohne Aufnahme in eine geschlossene Anstalt Arbeit angewiesen wird.

§ 41. Die Ortspolizeibehörden sind verpflichtet, die zur Vorbereitung des Unterbringungsverfahrens und zur Durchführung der Vollstreckung etwa erforderliche Hilfe zu gewähren.

Insbesondere haben sie auf Antrag des Fürsorge gewährenden Fürsorgeverbandes den gemäß § 34 Unterzubringenden, der einer Vorladung der Fürsorgebehörde nicht Folge leistet, an Stelle der Fürsorgebehörde zu vernehmen oder dieser vorzuführen.

Die entstehenden Transportkosten fallen in allen Fällen dem endgültig fürsorgepflichtigen Fürsorgeverbande zur Last.

§ 42. Auf Antrag des die Fürsorge gewährenden Fürsorgeverbandes kann durch Beschluß des Kreisverwaltungsgerichts nach Anhören der Beteiligten den nach den Vorschriften des Bürgerlichen Gesetzbuchs Unterhaltspflichtigen oder nach § 22 der Reichsverordnung über die Fürsorgepflicht Ersatzpflichtigen auferlegt werden, dem Hilfsbedürftigen nach Maßgabe ihrer gesetzlichen Verpflichtung den erforderlichen Unterhalt zu gewähren oder dem Fürsorgeverbande für die Kosten der Fürsorge Ersatz zu leisten. Auf den Vater eines unehelichen Kindes findet diese Vorschrift nur insoweit Anwendung, als er seine Vaterschaft nach § 1718 BGB. anerkannt hat oder seine Unterhaltspflicht in einem vollstreckbaren Titel festgestellt ist.

Zuständig ist das Kreisverwaltungsgericht, in dessen Bezirk der in Anspruch genommene Unterhaltspflichtige oder Ersatzpflichtige seinen Wohnsitz hat. Hat der Unterhaltspflichtige oder Ersatzpflichtige im Inlande keinen Wohnsitz, so treten an die Stelle der Behörden des Wohnsitzes die Behörden des Aufenthaltsortes. Der Beschluß ist mit Gründen zu versehen. Gegen den Beschluß ist nur der Rechtsweg zulässig.

Der Beschluß des Kreisverwaltungsgerichts ist vorläufig und nur solange vollstreckbar, bis mittels rechtskräftigen gerichtlichen Urteils eine abändernde Entscheidung erfolgt ist. Im letzteren Falle hat der antragstellende Fürsorgeverband dem in Anspruch genommenen Unterhaltspflichtigen oder Ersatzpflichtigen das bis dahin Geleistete oder das zuviel Geleistete zu erstatten. Im Weigerungsfalle ist er hierzu im Aufsichtswege anzuhalten.

Im übrigen kann ein Fürsorgeverband in allen Fällen, soweit nicht die Vorschriften, betreffend das Verfahren in Streitsachen zwischen Fürsorgeverbänden, zur Anwendung kommen, die Erstattung bereits verausgabter Fürsorgekosten nur im gerichtlichen Verfahren beanspruchen.

§ 43. Ein Unterhalts- und Ersatzpflichtiger kann bei dem vorläufig oder endgültig verpflichteten Fürsorgeverbande beantragen, daß dieser gemäß den Vorschriften des § 34 die Unterbringung des Hilfsbedürftigen oder der Person, die den Hilfsbedürftigen durch Verletzung der Unterhaltspflicht der öffentlichen Fürsorge hat anheimfallen lassen, betreibt. Gegen die Ablehnung des Antrags steht die Beschwerde beim Landesverwaltungsgerichte zu, das endgültig entscheidet.

IV. Übergangs- und Schlußbestimmungen.

§ 44. Das Gesetz, betreffend die sachliche Zuständigkeit der Verwaltungsgerichte, vom 27. März 1888 (Nr. 778 der Gesetzsammlung) wird, wie folgt, geändert:

1. Im Titel I wird die Überschrift „Armenstreitsachen" durch die Worte „Angelegenheiten der öffentlichen Fürsorge" ersetzt;
2. im § 2 sind die Worte „und § 10 Abs. 2" zu streichen;
3. § 3 fällt fort.

§ 45. Die §§ 1 und 3 Abs. 2 Z. 1, §§ 7, 8, 31 bis 34 des Gesetzes, betreffend die Ausführung des Bundesgesetzes über den Unterstützungswohnsitz, vom 29. Juni 1871 (Nr. 263 der Gesetzsamml.) in der Fassung des Gesetzes vom 31. Mai 1922 (Gesetzsamml. S. 77) finden im Rahmen der von der Reichsregierung vorläufig aufgestellten Grundsätze vom 27. März

1924 (RGBl. I S. 379) entsprechende Anwendung; im übrigen wird dieses Gesetz aufgehoben.

Nach Erlaß endgültiger Grundsätze seitens der Reichsregierung gemäß § 6 der Reichsverordnung über die Fürsorgepflicht wird nähere Bestimmung über Voraussetzung, Art und Maß der zu gewährenden Fürsorge getroffen.

§ 46. Soweit in sonstigen Gesetzen oder Verordnungen der Landarmenverband oder Ortsarmenverbände erwähnt sind, treten an deren Stelle der Landesfürsorgeverband oder Bezirksfürsorgeverbände, soweit sie nach dieser Verordnung verpflichtet sind.

§ 47. Bis zum 31. August 1924 haben die nach den bisherigen Bestimmungen verpflichteten Gemeinden die Fürsorgeleistungen vorschußweise für die nach dieser Verordnung verpflichteten Fürsorgeverbände zu gewähren. Gleiches gilt für den Landarmenverband hinsichtlich des nach dieser Verordnung verpflichteten Landesfürsorgeverbandes.

§ 48. Diese Verordnung tritt mit dem 1. April 1924 in Kraft.

13. Bremen.

CXXVI. Verordnung zur Ausführung der Reichsverordnung über die Fürsorgepflicht vom 20. Juli 1924 (GesBl. S. 357).

Auf Grund des § 31 der Reichsverordnung über die Fürsorgepflicht vom 13. Februar 1924 (RGBl. I S. 100) verordnet der Senat:

Träger der Fürsorge.

§ 1. Landesfürsorgeverband ist das Land Bremen.

§ 2. Bezirksfürsorgeverbände sind:

1. die Stadtgemeinde Bremen,
2. der Landkreis Bremen,
3. die Stadtgemeinde Bremerhaven,
4. die Stadtgemeinde Vegesack.

§ 3. Die Aufgaben des Landesfürsorgeverbandes sowie der Bezirksfürsorgeverbände Stadtgemeinde Bremen und Landkreis Bremen werden von der Behörde für das Wohlfahrtswesen, die Aufgaben der Bezirksfürsorgeverbände Stadtgemeinde Bremerhaven und Stadtgemeinde Vegesack von den Magistraten durchgeführt.

Die Behörde für das Wohlfahrtswesen überträgt die Durchführung der Fürsorge für Rentenempfänger der Invaliden- und Angestelltenversicherung und der Armenfürsorge im Landgebiet in der bisherigen Weise den Landgemeinden.

§ 4. Jeder Fürsorgeverband (§§ 1 und 2) trägt seine eigenen Lasten.

Der Landkreis Bremen kann durch Beschluß des Kreisausschusses die Landgemeinden in einem von dem Kreisausschuß festzusetzenden Verhältnis an seinen Lasten beteiligen.

§ 5. Verfahren und Aufsicht regelt sich, soweit sich nicht aus der Reichsverordnung über die Fürsorgepflicht oder aus dieser Verordnung etwas anderes ergibt, nach den bisherigen Vorschriften, insbesondere sind bei der Durchführung der Fürsorge in der bisherigen Weise Personen aus den Kreisen der Hilfsbedürftigen zu beteiligen.

Die Fürsorgeverbände haben ferner für ein geregeltes Beschwerdeverfahren zu sorgen.

Bei allen Entscheidungen, die die Behörde für das Wohlfahrtswesen oder einer ihrer Ausschüsse in ihrer Eigenschaft als ausführende Stelle des Bezirksfürsorgeverbandes Landkreis Bremen trifft, hat sie sich vorher mit dem Landherrn in Verbindung zu setzen.

§ 6. Die Übertragung einzelner Aufgaben der Fürsorgeverbände durch diese an Verbände oder Einrichtungen der freien Wohlfahrtspflege (§ 5 Abs. 2 der Verordnung über die Fürsorgepflicht) bedarf der Zustimmung des Senats.

Die Behörde für das Wohlfahrtswesen.

§ 7. Die Behörde für das Wohlfahrtswesen besteht aus

1) zwei Vertretern des Senats,
2) vier Frauen,
3) den leitenden Beamten des Fürsorgeamts, des Jugendamts und der Hauptfürsorgestelle für Kriegsbeschädigten- und Kriegshinterbliebenenfürsorge,
4) vier Vertretern der freien Wohlfahrtspflege,
5) zwei Vertretern der Ehrenbeamten,
6) einem Arzt,
7) einem Pädagogen.

Die unter 2) bezeichneten Mitglieder werden von der Stadtbürgerschaft gewählt.

Von den unter 5) bezeichneten Mitgliedern wird eines von den in der Jugendwohlfahrtspflege tätigen Ehrenbeamten, das andere von den übrigen Ehrenbeamten nach näherer Bestimmung der Behörde gewählt.

Die unter 4), 6) und 7) bezeichneten Mitglieder werden vom Senat gewählt, und zwar

die unter 4) bezeichneten auf Vorschlag der Bremer Nothilfe und der Spitzenverbände der freien Wohlfahrtspflege,

das unter 6) bezeichnete auf Vorschlag des Gesundheitsrats.

Die Behörde hat das Recht, in Fällen, in denen sie für den Landesfürsorgeverband oder als Landesjugendamt tätig ist, Vertreter der Magistrate der Hafenstädte als stimmberechtigte Mitglieder zuzuziehen.

Die Wahl der Mitglieder erfolgt auf drei Jahre. Die Ausscheidenden sind wieder wählbar. Scheidet ein Mitglied vor Beendigung seiner Amtsdauer aus, so bestimmt sich die Amtsdauer seines Nachfolgers nach der Amtsdauer des ausscheidenden Mitglieds. Die Amtsdauer der erstmalig in die Behörde gewählten Mitglieder läuft bis zum 31. Dezember 1926.

§ 8. **Die Behörde bildet je einen Fachausschuß**

1) für allgemeine Fürsorge,
2) für Jugendfürsorge,
3) für die Kriegsbeschädigten- und Kriegshinterbliebenenfürsorge.

Die Zusammensetzung der Fachausschüsse wird von der Behörde bestimmt.

Jedoch soll der Fachausschuß für Jugendfürsorge den in dem Reichsgesetz für Jugendwohlfahrt vom 9. Juli 1922 (RGBl. I S. 633) für die Zusammensetzung der Jugendämter, der Fachausschuß für die Kriegsbeschädigten- und Kriegshinterbliebenenfürsorge den in der Reichsverordnung über die soziale Kriegsbeschädigten- und Kriegshinterbliebenenfürsorge vom 8. Februar 1919 (RGBl. S. 187) für die Berufung und die Zusammensetzung der Beiräte gegebenen Vorschriften entsprechen.

§ 9. Außer den in § 8 Abs. 1 genannten kann die Behörde weitere Fachausschüsse bilden, deren Zusammensetzung von ihr bestimmt wird.

§ 10. Die Behörde kann auch ihr nicht angehörige Personen zu Mitgliedern der Fachausschüsse wählen.

§ 11. Die Behörde übernimmt die bisher dem Fürsorgerat und dem Ausschuß für das Armenarbeitswesen (Gesetz vom 21. Januar 1911. Brem. Gesetzbl. S. 31) gesetzlich obliegenden Aufgaben, sowie die Aufgaben des Landesjugendamts und des Jugendamts für die Stadt Bremen und das Landgebiet nach Maßgabe des Reichsgesetzes für Jugendwohlfahrt vom 9. Juli 1922 (RGBl. I S. 633) und des bremischen Ausführungsgesetzes zu diesem Gesetz.

§ 12. Das Fürsorgeamt, das Jugendamt (als Verwaltungsstelle) sowie die Hauptfürsorgestelle für Kriegsbeschädigten- und Kriegshinterbliebenenfürsorge bleiben als Verwaltungsstellen der Behörde unverändert bestehen.

§ 13. Die Einzelheiten der Organisation und des Geschäftsganges regelt die Behörde selbst durch eine Geschäftsordnung.

Umfang der Fürsorge.

§ 14. Voraussetzung, Art und Maß der zu gewährenden Fürsorge bestimmt sich nach den vom Reich aufgestellten Vorschriften und in deren Rahmen nach den bisherigen bremischen Bestimmungen.

Zuständigkeit.

§ 15. Endgültig verpflichtet nach § 12 Abs. 4 der Reichsverordnung über die Fürsorgepflicht ist der Landesfürsorgeverband (§ 1).

Übergangsbestimmung.

§ 16. Bis zur Wahl der Behörde für das Wohlfahrtswesen und die Bildung der in § 8 genannten Fachausschüsse bleiben der Fürsorgerat, die Behörde für das Jugendamt und die Beiräte der Kriegsbeschädigten- und Kriegshinterbliebenenfürsorge in der bisherigen Zusammensetzung bestehen.

14. Lippe-Detmold.

Ausführungsverordnung vom 28. März 1924 zu der Verordnung über die Fürsorgepflicht vom 13. Februar 1924 (RGBl. I S. 100) (Gesetzsamml. S. 525).

Auf Grund der Verordnung über die Fürsorgepflicht vom 13. Februar 1924 (RGBl. I S. 100) § 31 wird folgendes verordnet:

§ 1. Als Landesfürsorgeverband wird das Land bestimmt.

§ 2. 1. Als Durchführungsbehörde im Sinne des § 3 der Verordnung über die Fürsorgepflicht wird die Regierung (Fürsorgeabteilung) bestimmt.

2. Ihr wird die Durchführung sämtlicher Aufgaben des Landesfürsorgeverbandes übertragen.

3. Die Regierung (Fürsorgeabteilung) ist Aufsichts- und Beschwerdestelle in allen Angelegenheiten, welche auf Grund der Verordnung über die Fürsorgepflicht zu erledigen sind.

§ 3. 1. Als Bezirksfürsorgeverbände gelten bis auf weiteres die in einem Verwaltungsamtsbezirke zu einem Bezirksfürsorgeverband zusammengeschlossenen Amtsgemeinden und die Stadtgemeinden.

2. Benachbarten Stadtgemeinden ist gestattet, gemeinschaftlich einen Bezirksfürsorgeverband zu bilden oder sich einem benachbarten aus den Amtsgemeinden gebildeten Bezirksfürsorgeverbande mit dessen Zustimmung anzuschließen. Die Bildung der Bezirksfürsorgeverbände ist bis zum 15. April 1924 der Regierung (Fürsorgeabteilung) mitzuteilen.

3. Die Aufgaben der Fürsorgeverbände sind von diesen nach den einschlägigen gesetzlichen Bestimmungen, insbesondere der Verordnung über die Fürsorgepflicht vom 13. Februar 1924 (RGBl. I S. 100), des Reichsgesetzes für Jugendwohlfahrt vom 9. Juli 1922 (RGBl. I S. 633) und der dazu ergangenen Verordnung vom 14. Februar 1924 (RGBl. I S. 110), sowie des § 2 des Gesetzes über die Einrichtung eines Landesamtes für Volkswohlfahrt und Volksgesundheit vom 23. Juli 1919 (LB. Bd. 26 S. 987) zu erfüllen.

4. Durchführungsbehörde im Sinne des § 3 der Verordnung über die Fürsorgepflicht sind die Verwaltungsämter bzw. Magistrate als Bezirksfürsorgestelle.

§ 4. Diese Verordnung tritt am 1. April 1924 in Kraft.

15. Lübeck.

Verordnung vom 28. März 1924 zur Ausführung der Verordnung über die Fürsorgepflicht vom 13. Februar 1924 (Samml. L. Ges. u. Verordn. Nr. 45).

Auf Grund des § 31 des Verordnung über die Fürsorgepflicht vom 13. Februar 1924 (RGBl. I S. 100) verordnet der Senat bis zum Erlaß eines lübeckischen Wohlfahrtsgesetzes:

§ 1. Der lübeckische Staat ist Landesfürsorgeverband, Bezirksfürsorgeverbände sind die einzelnen lübeckischen Ge=

meinden, soweit nicht im folgenden abweichende Bestimmungen getroffen sind.

Den Bezirksfürsorgeverbänden liegt die Armenfürsorge und die Fürsorge für hilfsbedürftige Minderjährige ob, soweit sie bisher von den Ortsarmenverbänden ausgeübt ist. Soweit sie vom Landarmenverband ausgeübt ist, liegt sie dem Landesfürsorgeverband ob. Die im § 1 der Verordnung über die Fürsorgepflicht unter a) bis d) und f) aufgeführten Aufgaben liegen ebenfalls dem Landesfürsorgeverband ob.

§ 2. Der Aufwand der Fürsorgeverbände für die Armenfürsorge und die Fürsorge für hilfsbedürftige Minderjährige ist in der bisherigen Weise zu decken. Für die im § 1 der Verordnung über die Fürsorgepflicht unter a) bis d) genannten Fürsorgezweige sind die Gemeinden in dem bisherigen Umfange an den Lasten beteiligt. Der Landesfürsorgeverband kann leistungsschwachen Gemeinden ihren Anteil erlassen.

§ 3. Die Aufgaben des Landesfürsorgeverbandes und der Bezirksfürsorgeverbände werden von den bisher damit betrauten Behörden durchgeführt.

Verfahren, Beschwerde und Aufsicht regeln sich nach den bisherigen Vorschriften, insbesondere sind bei der Durchführung der Fürsorge in der bisherigen Weise Personen aus den Kreisen der Hilfsbedürftigen zu beteiligen.

§ 4. Die Durchführung der Wochenfürsorge wird widerruflich der Allgemeinen Ortskrankenkasse Lübeck unter Mitwirkung des Versicherungsamtes im bisherigen Umfange übertragen. Für die Durchführung bleiben die Bestimmungen des Gesetzes über Wochenfürsorge vom 9 Juni 1922 (RGBl. I S. 504) in der Fassung der Verordnung über Wochenfürsorge vom 18. August 1923 (RGBl. I S. 816) in Kraft mit der Maßgabe, daß die Leistungen der Allgemeinen Ortskrankenkasse durch das Wohlfahrtsamt ersetzt werden.

§ 5. Die Vorschriften der Armenordnung über die Voraussetzungen und die Dauer der Unterbringung unterstützter

Arbeitsfähiger in einer Arbeitseinrichtung sowie über die Zuständigkeit und das Verfahren dabei werden aufrecht erhalten.

§ 6. Die bisherigen Vorschriften über die Zuständigkeit und das Verfahren bei der Heranziehung Unterhalts- oder Ersatzpflichtiger zum Kostenersatz oder zur Erfüllung ihrer Unterhaltspflicht bleiben in Kraft. Die Vorschriften des § 2 der Verordnung vom 8. August 1923 zur Ausführung des Gesetzes über die Kleinrentnerfürsorge finden auch auf Rentenempfänger aus der Invaliden- und Angestelltenversicherung Anwendung.

§ 7. Die Vorschriften der Armenordnung über die Erstattung gewährter Unterstützungen bleiben in Kraft.

§ 8. Diese Verordnung tritt am 1. April 1924 in Kraft.

16. Waldeck.

Ausführungsverordnung zur Reichsverordnung über die Fürsorgepflicht vom 13. Februar 1924 (RGBl. I S. 100), vom 7. Juni 1924 (Reg.Bl. S. 163).

Auf Grund des § 31 der Reichsverordnung über die Fürsorgepflicht vom 13. Februar 1924 (RGBl. I S. 100) in Verbindung mit § 42 der dritten Steuernotverordnung vom 14. Februar 1924 (RGBl. I S. 74) wird folgendes verordnet:

I. Fürsorgeverbände.

§ 1. (1) Landesfürsorgeverband ist das Land.

(2) Bezirksfürsorgeverbände sind im Allgemeinen die Kreise; hinsichtlich der Armenpflege jedoch die Gemeinden (Ortsarmenfürsorgeverbände).

II. Aufgaben der Fürsorgeverbände.

§ 2. Aufgabe des Landesfürsorgeverbandes ist:

a) die Übernahme der Kosten in den Fällen, in denen nach § 7 Abs. 2 und § 8 der Reichsverordnung über die Fürsorgepflicht der Landesfürsorgeverband endgültig verpflichtet ist,

b) die Fürsorge gemäß § 12 Abs. 2 und § 13 der Verordnung über die Fürsorgepflicht,

c) die Fürsorge für bedürftige Geisteskranke, Geistesschwache, Epileptische, Taubstumme, Blinde und Krüppel, soweit sie der Anstaltspflege bedürfen,

d) die Fürsorge für Schwerkriegsbeschädigte und Schwererwerbsbeschränkte durch Arbeitsbeschaffung im Sinne des § 1 Abs. 1, d der Verordnung über die Fürsorgepflicht,

e) die Mitwirkung bei der Erziehungs-, Berufs- und Gesundheitsfürsorge für Kriegerwaisen und Kinder Schwerkriegsbeschädigter.

§ 3. Die den Fürsorgeverbänden gemäß §§ 4 und 5 überwiesenen Aufgaben sind Angelegenheit der Selbstverwaltung.

§ 4. Aufgabe der Bezirksfürsorgeverbände (Kreise) ist:

a) die soziale Fürsorge für Kriegsbeschädigte und Kriegshinterbliebene und die ihnen auf Grund der Versorgungsgesetze Gleichstehenden,

b) die Fürsorge für Rentenempfänger der Invaliden- und Angestelltenversicherung, soweit sie nicht den Versicherungsträgern obliegt,

c) die Fürsorge für die Kleinrentner und die ihnen Gleichstehenden,

d) die Fürsorge für hilfsbedürftige Minderjährige hinsichtlich der Erziehung und Erwerbsbefähigung im Sinne des § 49 des Reichsjugendwohlfahrtsgesetzes,

e) die Wochenfürsorge im Sinne des Gesetzes vom 9. Juni 1922 (RGBl. S. 502) in der Fassung der Verordnung vom 18. August 1923 (RGBl. S. 816).

§ 5. Aufgabe der Ortsarmenfürsorgeverbände (Gemeinden) ist die Armenfürsorge einschließlich der Fürsorge für hilfsbedürftige Minderjährige, soweit sie nicht gemäß § 4 d den Bezirksfürsorgeverbänden obliegt.

III. Fürsorgebehörden.

§ 6. (1) Es haben durchzuführen die Aufgaben

1. des Landesfürsorgeverbandes der Landesdirektor (Landeswohlfahrtsamt),
2. der Bezirksfürsorgeverbände die Landräte (Kreiswohlfahrtsämter), vorbehaltlich der Bestimmung des § 7,
3. der Ortsarmenfürsorgeverbände die Ortsarmendirektionen gemäß den Bestimmungen der Armenordnung vom 11. Mai 1863 (RegBl. S. 37).

(2) Zwecks Mitwirkung bei der Aufstellung von Grundsätzen und Richtlinien für die Durchführung der Fürsorge für Kriegsbeschädigte und Kriegshinterbliebene und die ihnen auf Grund der Versorgungsgesetze Gleichstehenden bleiben die bei der bisherigen Hauptfürsorgestelle und den bisherigen amtlichen Fürsorgestellen gemäß der Verordnung über die soziale Kriegsbeschädigten- und Kriegshinterbliebenenfürsorge vom 8. Februar 1919 (RGBl. S. 187) gebildeten Beiräte bzw. die aus deren Mitte bestellten Ausschüsse bestehen. Den Beirat müssen mindestens zwei Vertreter der Kriegsbeschädigten und -Hinterbliebenen angehören. Die Zahl der Letzteren muß gleich der der übrigen Mitglieder sein.

(3) Die Mitwirkung von Personen aus den Kreisen der Klein- und Sozialrentner bei der Entscheidung über Anträge auf Gewährung von Fürsorge (§ 9) ist durch Hinzuziehung von Vertretern aus dem Kreise der Fürsorgebedürftigen oder ihrer Interessenvertretungen zu sichern. Ferner ist den Verbänden der freien Wohlfahrtspflege in angemessenem Umfange die Gelegenheit zur Mitwirkung zu gewähren.

§ 7. (1) Durch Beschluß des Kreisvorstandes kann den Kreisstädten die Durchführung der Fürsorge für Klein- und Sozialrentner, insbesondere auch die Entscheidung über die gestellten Anträge übertragen werden.

(2) Die Bestimmung des § 6 Abs. 3 gilt in diesem Fall entsprechend.

(3) Im Falle des Abs. 1 kann der Landrat (Kreiswohl-

fahrtsamt) zur Sicherung der einheitlichen Durchführung der Fürsorgeaufgaben innerhalb des Bezirksfürsorgeverbandes der Kreisstadt hinsichtlich der Durchführung der ihm übertragenen Aufgaben allgemeine Richtlinien und besondere Anweisungen geben.

IV. Umfang der Fürsorge.

§ 8. Voraussetzung, Art und Maß der zu gewährenden Fürsorge bestimmen sich vorbehaltlich der weiteren landesrechtlichen Regelung, die auf Grund der endgültig von der Reichsregierung zu erlassenden Grundsätze zu treffen ist, nach den vorläufig von der Reichsregierung aufgestellten Grundsätzen vom 27. März 1924 (RGBl. I S. 379).

V. Verfahren.

§ 9. (1) Anträge auf Gewährung von Fürsorge sind bei dem Bürgermeister des Aufenthaltsortes des Fürsorgesuchenden oder bei dem zuständigen Landrat (Kreiswohlfahrtsamt) mündlich zu Protokoll oder schriftlich zu stellen.

(2) Der Antrag ist an die für die Entscheidung zuständige Stelle unverzüglich weiterzuleiten.

(3) Gegebenenfalls sollen die Fürsorgebehörden, auch ohne daß ein Antrag gestellt ist, eingreifen und Fürsorgebedürftigen, die aus Unkenntnis oder Scheu keinen Antrag gestellt haben, dazu veranlassen, einen Antrag zu stellen.

VI. Beschwerde.

§ 10. (1) Gegen die Entscheidungen der mit der Durchführung der Fürsorge betrauten Behörden ist die Beschwerde gegeben.

(2) Die Beschwerde ist bei der Fürsorgebehörde einzulegen, die die Entscheidung getroffen hat. Hilft diese der Beschwerde nicht ab, so ist die Beschwerde dem bei dem Landrat (Kreiswohlfahrtsamt) zu bildenden Beschwerdeausschuß vorzulegen.

(3) Der Beschwerdeausschuß besteht aus dem Landrat oder einem Vertreter als Vorsitzenden und zwei ehrenamtlich

tätigen Beisitzern. Als solche sind in sozialer Fürsorge erfahrene Persönlichkeiten im Einvernehmen mit den im Kreise tätigen Vereinigungen der freien Wohlfahrtspflege vom Landrat zu berufen.

(4) Handelt es sich um Beschwerden von Kriegsbeschädigten und -Hinterbliebenen und ihnen auf Grund der Versorgungsgesetze Gleichstehenden oder von Klein- und Sozialrentnern, so tritt an die Stelle des einen der in Abs. 3 genannten Beisitzer je nach Lage des Falles ein Vertreter der vorstehend bezeichneten Gruppen von Fürsorgebedürftigen. Diese Beisitzer — auch Frauen — sind, soweit Interessenvertretungen der Fürsorgebedürftigen im Kreise vorhanden sind, auf deren Vorschlag vom Landrat zu berufen.

(5) Für jeden Beisitzer ist ein Stellvertreter zu bestellen.

(6) Gegen die Entscheidung des Beschwerdeausschusses ist binnen 14 Tagen nach Zustellung des ablehnenden, mit Gründen zu versehenden Bescheides die weitere Beschwerde an den Landesdirektor zulässig, der endgültig entscheidet.

VII. Kosten.

§ 11. Der Landesfürsorgeverband trägt den Aufwand für die ihm obliegenden Aufgaben

1) hinsichtlich der in § 2 zu a) und b) genannten Aufgaben in voller Höhe,
2) hinsichtlich der in § 2 zu c) genannten Aufgaben zu 75 %, die restlichen 25 % trägt der Bezirksfürsorgeverband, in dessen Bezirk der Hilfsbedürftige vor seiner Aufnahme in die Anstalt seinen gewöhnlichen Aufenthalt hatte. Der Bezirksfürsorgeverband ist berechtigt, sich den von ihm zu tragenden Anteil ganz oder zum Teil von der Gemeinde erstatten zu lassen, in der der Hilfsbedürftige vor der Aufnahme in die Anstalt seinen gewöhnlichen Aufenthalt hatte. Die Leistungsfähigkeit der Gemeinde ist dabei angemessen zu berücksichtigen.

§ 12. (1) Der Bezirksfürsorgeverband trägt den Aufwand für die ihm obliegenden Aufgaben einschließlich der Kosten der in § 2 zu d) und e) genannten Aufgaben.

(2) Der Landesfürsorgeverband erstattet den Bezirksfürsorgeverbänden 75 % der ihnen gemäß Abs. 1 erwachsenden Kosten in den Grenzen der durch den Staatshaushaltsplan für diesen Zweck bereitgestellten Mittel.

(3) Wird der nach den bisherigen Erfahrungen erforderliche Gesamtaufwand des Bezirksfürsorgeverbandes für die ihm gemäß § 4 übertragenen Aufgaben (Normalgesamtaufwand) durch erhöhte eigene Leistung des Bezirksfürsorgeverbandes um mehr als 10 % überschritten, so erstattet der Landesfürsorgeverband, sofern die Überschreitung nicht mehr als 25 % des Normalgesamtaufwandes beträgt, dem Bezirksfürsorgeverband die Hälfte des übersteigenden Betrages.

(4) Im Falle des § 7 hat der Bezirksfürsorgeverband der Kreisstadt zum Zwecke der Durchführung der ihr übertragenen Aufgaben einen Betrag zur Verfügung zu stellen, der nach den bisherigen Erfahrungen zur Deckung von 90 % des entstehenden Aufwandes ausreicht.

(5) Der Landesfürsorgeverband gewährt den Bezirksfürsorgeverbänden monatliche Vorschüsse, auf den von ihm nach Abs. 2 zu erstattenden Anteil.

§ 13. (1) Die Ortsarmenfürsorgeverbände tragen den Aufwand für die ihnen obliegende Armenfürsorge.

(2) Ist ein Ortsarmenfürsorgeverband hierzu trotz Ausschöpfung der ihm zur Verfügung stehenden Einnahmequellen außerstande, so hat ihm der zuständige Bezirksfürsorgeverband Zuschüsse zu gewähren. Im Streitfall entscheidet der Landesdirektor endgültig, ob und in welcher Höhe ein Zuschuß zu leisten ist.

§ 14. Der Landesdirektor ist berechtigt, die für den Betrag der Erstattungsforderungen der Fürsorgeverbände maßgebenden Tarife nach Anhörung der Kreisvorstände aufzustellen.

VIII. Mitwirkung der freien Wohlfahrtspflege.

§ 15. Bei der Durchführung der Fürsorge sollen sich die Fürsorgebehörden auch außer den in § 6, Abs. 3 und § 10, Abs. 3 bezeichneten Fällen der Mitwirkung der Vereinigungen und Einrichtungen der freien Wohlfahrtspflege bedienen.

IX. Arbeits- und Unterhaltspflicht.

§ 16. (1) Wer, obwohl arbeitsfähig, infolge seines sittlichen Verschuldens der öffentlichen Fürsorge selbst anheim fällt oder einen Unterhaltsberechtigten anheim fallen läßt, kann auf Antrag des vorläufig oder endgültig verpflichteten Fürsorgeverbandes, wenn er Arbeit, die ihm unter Berücksichtigung seiner körperlichen Beschaffenheit von dem Fürsorgeverband zugewiesen ist, beharrlich ablehnt oder sich der Unterhaltspflicht beharrlich entzieht, auch gegen seinen Willen für die Dauer seiner oder des Unterhaltsberechtigten Fürsorgebedürftigkeit in einer vom Landesdirektor als geeignet anerkannten Anstalt zur Arbeit untergebracht werden. Der Untergebrachte ist verpflichtet, für Rechnung des Fürsorgeverbandes die ihm angewiesenen Arbeiten nach dem Maße seiner Kräfte zu verrichten. Die Unterbringung erfolgt nicht, wenn sie mit erheblichen, den Umständen nach nicht gerechtfertigten Härten oder Nachteilen für das Fortkommen des Unterzubringenden verbunden sein würde.

(2) Die Unterbringung kann bis zur Höchstdauer von 3 Monaten angeordnet werden.

§ 17. (1) Anordnungen gemäß § 16 sind von dem für den gewöhnlichen Aufenthaltsort des Unterzubringenden zuständigen Landrat und für den Fall, daß der Landesfürsorgeverband zur Fürsorge für den Unterzubringenden endgültig verpflichtet ist, von dem Landesdirektor zu erlassen. Die Anordnung ist mit Gründen zu versehen. Vor Erlaß ist der Unterzubringende zu hören.

(2) Gegen die Anordnung ist binnen 14 Tagen nach

Zustellung der Einspruch bei der Kommission für das Heimatwesen gegeben, die endgültig entscheidet. Der Einspruch hat keine aufschiebende Wirkung, jedoch kann die Kommission für das Heimatwesen die Vollstreckung der Anordnung auf Antrag oder von Amtswegen bis zur endgültigen Entscheidung aussetzen.

§ 18. Die Vollstreckung der Anordnung liegt dem antragstellenden Fürsorgeverband ob; ist er nur vorläufig fürsorgepflichtig, so kann er die Vollstreckung dem endgültig verpflichteten Fürsorgeverbande überweisen. Bei der Durchführung der Vollstreckung haben die Polizeibehörden die erforderliche Hilfe zu gewähren.

§ 19. Die Entlassung aus der Anstalt ist von dem Fürsorgeverband zu verfügen, sobald die gesetzlichen Voraussetzungen für die Unterbringung weggefallen sind. Entstehen über diese Frage Zweifel, so entscheidet die Kommission für das Heimatwesen.

§ 20. Aus dem Arbeitsverdienst des Untergebrachten sind zunächst die Kosten der Unterbringung zu decken. Aus dem Überschuß sind die Kosten der Fürsorge, die seinen Angehörigen für die Zeit seiner Unterbringung gewährt wird, zu bestreiten. Der dann noch verbleibende Rest ist dem Untergebrachten bei der Entlassung auszuhändigen.

§ 21. (1) Wer nach den Vorschriften des bürgerlichen Rechtes oder auf Grund vertraglicher Bestimmung unterhaltspflichtig oder nach § 22 der Verordnung über die Fürsorgepflicht ersatzpflichtig ist, kann auf Antrag des die Fürsorge gewährenden Fürsorgeverbandes durch Beschluß der Verwaltungsbehörde zur Erfüllung seiner Unterhaltspflicht bzw. zum Kostenersatz angehalten werden.

(2) Zuständig für den Erlaß des mit Gründen zu versehenden Beschlusses gemäß Abs. 1 ist auf den Antrag

a) eines Ortsarmenfürsorgeverbandes der Landrat des Kreises, in dem der in Anspruch genommene seinen Aufenthaltsort hat,

b) eines Bezirksfürsorgeverbandes der Landesdirektor,

c) des Landesfürsorgeverbandes die Kommission für das Heimatwesen.

(3) Gegen den Beschluß ist nur der Rechtsweg zulässig.

(4) Der Beschluß ist vorläufig und nur solange vollstreckbar, bis mittels rechtskräftigen gerichtlichen Urteils eine abändernde Entscheidung ergangen ist.

(5) Ist die abändernde Entscheidung zu Gunsten des in Anspruch genommenen Unterhalts- oder Ersatzpflichtigen ausgefallen, so hat der antragstellende Fürsorgeverband ihm das bis dahin Geleistete oder zuviel Geleistete zu erstatten; im Weigerungsfalle ist er hierzu im Aufsichtsweg anzuhalten.

(6) Im übrigen kann ein Fürsorgeverband in allen Fällen, soweit nicht die Vorschriften betr. das Verfahren in Streitsachen zwischen Fürsorgeverbänden zur Anwendung kommen, die Erstattung bereits verausgabter Fürsorgekosten nur im gerichtlichen Verfahren beanspruchen.

§ 22. (1) Ein Hilfsbedürftiger, der zu hinreichendem Vermögen oder Einkommen gelangt, ist dem endgültig verpflichteten Fürsorgeverband zum Ersatz der für ihn geleisteten Aufwendungen verpflichtet.

(2) Für die Durchführung des Ersatzanspruches des Fürsorgeverbandes finden die Bestimmungen des § 21 Anwendung.

X. Schlußbestimmungen.

§ 23. (1) Die dieser Verordnung entgegenstehenden Bestimmungen werden aufgehoben.

(2) Insbesondere werden aufgehoben bzw. abgeändert:

1. Die Verordnung wegen Aufbringung der zur Verpflegung und Heilung armer geisteskranker Personen erforderlichen Kosten vom 9. Mai 1830 (RegBl. S. 51),

2. a) die §§ 5, 8 Abs. 1c und Abs. 2, 21, 22, 23, 48 der allgemeinen Armenordnung vom 11. Mai 1863 (RegBl. S. 37),

b) § 14 Satz 1 der Armenordnung erhält folgende Fassung: „Das Rechnungsjahr der Armenkasse fällt mit dem Gemeinderechnungsjahr zusammen."

c) In § 24 Abschnitt A ist hinter Ziffer 3) folgender Absatz anzufügen:

„Eine anderweitige Regelung der Zusammensetzung der Ortsarmendirektion ist mit Genehmigung der Gemeindeaufsichtsbehörde zulässig."

d) § 29 Abs. 2 und 3 werden durch folgende Bestimmung ersetzt:

„Die Ortsarmendirektion wählt aus ihrer Mitte ihren Vorsitzenden und, wo das Bedürfnis dazu vorliegt, einen Schriftführer."

3. das Gesetz betr. Ausführung des Bundesgesetzes über den Unterstützungswohnsitz vom 29. Juni 1871 (RegBl. S. 39) mit Ausnahme der §§ 10 bis 23,

4. die Verordnung betr. den Vollzug des Reichsgesetzes über die Kosten der Kriegsbeschädigten- und -Hinterbliebenenfürsorge vom 8. Mai 1920 (RGBl. S. 1066), vom 13. Juli 1923 (RegBl. S. 65),

5. die Ausführungsbestimmung zum Gesetz über Notstandsmaßnahmen zur Unterstützung von Rentenempfängern der Invaliden- und Angestelltenversicherung vom 7. Dezember 1921 (RGBl. S. 1533), vom 14. Februar 1922 (RegBl. S. 47).

§ 25. Diese Verordnung tritt mit Wirkung vom 1. April 1924 in Kraft.

Nachtrag.

c) Reichsgrundsätze über Voraussetzung, Art und Maß der öffentlichen Fürsorge. Vom 4. Dezember 1924 (RGBl. I S. 765).

Auf Grund des § 6 Abs. 2 in Verbindung mit § 32 Abs. 2 der Verordnung über die Fürsorgepflicht vom 13. Februar 1924 (RGBl. I S. 100),

des § 1 Abs. 1 der Verordnung über die soziale Kriegsbeschädigten= und Kriegshinterbliebenenfürsorge vom 8. Februar 1919 (RGBl. S. 187) in der Fassung des § 34 der Verordnung über die Fürsorgepflicht und in Verbindung mit §§ 21 bis 23 des Reichsversorgungsgesetzes in der Fassung vom 30. Juni 1923 (RGBl. I S. 523)

sowie auf Grund des Artikel 2 Satz 2 der Verordnung über das Inkrafttreten des Reichsgesetzes für Jugendwohlfahrt vom 14. Februar 1924 (RGBl. I S. 110)

werden mit Zustimmung des Reichsrats über Voraussetzung, Art und Maß der öffentlichen Fürsorge folgende Grundsätze aufgestellt:

A. Fürsorge im allgemeinen.

§ 1. Die Fürsorge hat die Aufgabe, dem Hilfsbedürftigen den notwendigen Lebensbedarf zu gewähren. Sie muß dabei die Eigenart der Notlage berücksichtigen.

Sie soll den Hilfsbedürftigen tunlichst in den Stand setzen, sich und seinen unterhaltsberechtigten Angehörigen den Lebensbedarf selbst zu beschaffen.

§ 2. Die Fürsorge muß rechtzeitig einsetzen; sie ist nicht von einem Antrag abhängig.

Sie muß der Notlage nachhaltig entgegenwirken und zu verhüten suchen, daß vorübergehende Not zu dauernder wird.

§ 3. Um drohende Hilfsbedürftigkeit zu verhüten, kann die Fürsorge auch vorbeugend eingreifen, besonders um Gesundheit und Arbeitsfähigkeit zu erhalten. Bei Minderjährigen kann sie, soweit dazu nicht die Jugendhilfe berufen ist, auch eingreifen, um Störungen der körperlichen, geistigen oder sittlichen Entwicklung zu verhindern.

§ 4. Die Fürsorge soll auch Einrichtungen für Hilfsbedürftige, besonders solche zur Beschäftigung Erwerbsbeschränkter, fördern, wenn sie die Einzelfürsorge entlasten, sparsam wirtschaften und die öffentlichen Mittel zweckentsprechend verwenden.

§ 5. Hilfsbedürftig ist, wer den notwendigen Lebensbedarf für sich und seine unterhaltsberechtigten Angehörigen nicht oder nicht ausreichend aus eigenen Kräften und Mitteln beschaffen kann und ihn auch nicht von anderer Seite, insbesondere von Angehörigen, erhält.

§ 6. Zum notwendigen Lebensbedarfe gehören

a) der Lebensunterhalt, insbesondere Unterkunft, Nahrung, Kleidung und Pflege,

b) Krankenhilfe sowie Hilfe zur Wiederherstellung der Arbeitsfähigkeit,

c) Hilfe für Schwangere und Wöchnerinnen,

außerdem

d) bei Minderjährigen Erziehung und Erwerbsbefähigung,

e) bei Blinden, Taubstummen und Krüppeln Erwerbsbefähigung.

Nötigenfalls ist der Bestattungsaufwand zu bestreiten.

§ 7. Jeder Hilfsbedürftige, auch der nicht voll arbeitsfähige, muß seine Arbeitskraft zur Beschaffung des notwendigen Lebensbedarfs für sich und seine unterhaltsberechtigten Angehörigen einsetzen. Die Fürsorge soll ihm, soweit möglich, Gelegenheit dazu bieten. Schwerbeschädigte soll sie geeignetenfalls mit Hilfe des Reichsgesetzes über die Beschäftigung Schwerbeschädigter unterbringen.

Ob dem Hilfsbedürftigen eine Arbeit billigerweise zugemutet werden kann, soll nach Lebensalter, Gesundheitszustand, häuslichen Verhältnissen und, soweit angängig, auch nach der beruflichen Ausbildung beurteilt werden; das gilt besonders auch dann, wenn die Hilfe durch Anweisung von Arbeit gewährt oder von deren Leistung abhängig gemacht werden soll (§ 19 der Verordnung über die Fürsorgepflicht).

Frauen soll Erwerbsarbeit nicht zugemutet werden, wenn dadurch die geordnete Erziehung ihrer Kinder gefährdet würde; auch sonst sind bei Frauen die Pflichten besonders zu berücksichtigen, die ihnen die Führung eines Haushalts oder die Pflege von Angehörigen auferlegt.

§ 8. Zu den eigenen Mitteln, die der Hilfsbedürftige einsetzen muß, ehe ihm die Fürsorge Hilfe gewährt, ist sein gesamtes verwertbares Vermögen und Einkommen zu rechnen, besonders Bezüge in Geld oder Geldeswert aus gegenwärtigem oder früherem Arbeits- oder Dienstverhältnis und aus Unterhalts- oder Rentenansprüchen öffentlicher oder privater Art.

Als verwertbar gelten nicht Gegenstände, die zur persönlichen Fortsetzung der Erwerbstätigkeit unentbehrlich sind.

Die Fürsorge soll, besonders bei alten, bei noch nicht erwerbsfähigen und bei erwerbsbeschränkten Personen, die vorherige Verwertung kleiner Vermögen oder Vermögensteile nicht verlangen, wenn dadurch die Not des Hilfesuchenden oder seiner unterhaltsberechtigten Angehörigen erheblich verschärft oder zur dauernden würde.

Bei Prüfung der Hilfsbedürftigkeit, der Art und des Umfanges der Hilfe bleiben Zuwendungen außer Ansatz, die die freie Wohlfahrtspflege oder ein Dritter zur Ergänzung der öffentlichen Fürsorge gewährt, ohne dazu eine rechtliche oder eine besondere sittliche Pflicht zu haben. Dies gilt nicht, wenn die Zuwendung die wirtschaftliche Lage des

Unterstützten so günstig beeinflußt, daß öffentliche Fürsorge ungerechtfertigt wäre.

Ebenso soll bei Personen, die trotz vorgerückten Alters oder trotz starker Beschränkung ihrer Erwerbsfähigkeit unter Aufwendung besonderer Tatkraft einem Erwerbe nachgehen, ein angemessener Betrag des Arbeitsverdienstes außer Ansatz bleiben; das gilt besonders bei Blinden, Hirnverletzten und anderen Schwererwerbsbeschränkten.

§ 9. Muß die Fürsorge eintreten, weil das Vermögen oder Einkommen des Hilfesuchenden vorerst nicht verwertet werden kann oder soll, so kann sie ihre Hilfe ausdrücklich von der Verpflichtung abhängig machen, die aufgewendeten Kosten zurückzuzahlen. Dasselbe gilt, wenn der Hilfsbedürftige später Vermögen oder hinreichendes Einkommen zu erwarten hat. Sie kann zugleich verlangen, daß die Zurückzahlung sichergestellt wird, besonders durch Abschluß von Rentenverträgen, Bestellung von Hypotheken und Verpfändung von Vermögenswerten.

Die Zurückzahlung soll in der Regel nur ausbedungen werden, wenn sie voraussichtlich ohne besondere Härte möglich ist.

Wird Zurückzahlung aus dem Nachlaß ausbedungen, so ist auf unterhaltsberechtigte Angehörige Rücksicht zu nehmen, die beim Tode des Hilfsbedürftigen selbst der öffentlichen Fürsorge anheimfallen würden. Dasselbe gilt gegenüber Geschwistern oder anderen Personen, mit denen der Hilfsbedürftige in häuslicher Gemeinschaft gelebt hat oder die ihn ohne rechtliche Verpflichtung und ohne entsprechende Gegenleistung, wenn auch in der Erwartung einer Zuwendung von Todes wegen, unterstützt oder gepflegt haben.

§ 10. Was im Einzelfall im Rahmen des notwendigen Lebensbedarfs (§ 6) an Hilfe zu gewähren ist, hat sich nach der Besonderheit des Falles zu richten, namentlich nach Art und Dauer der Not, nach der Person des Hilfsbedürftigen und den örtlichen Verhältnissen.

Bei Störungen der körperlichen, geistigen oder sittlichen Entwicklung Minderjähriger ist die Hilfe so ausreichend zu bemessen, daß gründliche und dauernde Abhilfe zu erwarten ist.

§ 11. Die Hilfe kann in Geld, Sachleistung oder persönlicher Hilfe bestehen und in offener oder geschlossener (Anstalts-) Pflege gewährt werden. In einer Anstalt oder einer fremden Familie soll der Hilfsbedürftige nur untergebracht werden, wenn sein körperlicher, geistiger oder sittlicher Zustand besondere Maßnahmen zur Heilung, Pflege oder Bewahrung erfordert. Zwangsweise darf dies nur geschehen, wenn ein Gesetz es gestattet.

§ 12. Schwangeren und Wöchnerinnen (§ 6c) sind je nach Art und Grad der Hilfsbedürftigkeit ärztliche Behandlung, Entbindungskostenbeitrag und Wochengeld, Wöchnerinnen, die ihr Kind stillen, außerdem Stillgeld zu gewähren. Die Hilfe soll ihnen das sicherstellen, was die Reichsversicherungsordnung den Familienangehörigen eines Versicherten gewährt (Familienwochenhilfe). An die Stelle barer Beihilfen können auch Sachleistungen treten.

§ 13. Bei Arbeitsscheu oder offenbar unwirtschaftlichem Verhalten sind die Voraussetzungen der Hilfsbedürftigkeit aufs strengste zu prüfen sowie Art und Maß der Fürsorge auf das zur Fristung des Lebens Unerläßliche zu beschränken. Bei Hilfsbedürftigen, die den berechtigten Anordnungen der zuständigen Stellen beharrlich zuwiderhandeln, kann entsprechend verfahren werden.

Bei Arbeitsscheu oder offenbar unwirtschaftlichem Verhalten kann die Hilfe auf Anstaltspflege beschränkt, offene Pflege aber abgelehnt werden.

Wird die Fürsorge einem Hilfsbedürftigen gegenüber beschränkt, so ist, soweit möglich, zu verhüten, daß davon seine Angehörigen oder andere Hilfsbedürftige mitbetroffen werden, mit denen er in häuslicher Gemeinschaft lebt.

B. Besondere Bestimmungen.

a) Für Kleinrentner, Sozialrentner und die ihnen Gleichstehenden.

§ 14. Bei alten oder erwerbsunfähigen Personen, die infolge eigener oder fremder Vorsorge ohne die eingetretene Geldentwertung nicht auf die öffentliche Fürsorge angewiesen wären (Kleinrentner), ist bei Prüfung der Hilfsbedürftigkeit, der Art und des Umfanges der Hilfe auf ihre früheren Lebensverhältnisse Rücksicht zu nehmen, dabei aber auch die allgemeine Verschlechterung der Lebenshaltung des deutschen Volkes zu beachten. Das gilt besonders, wenn die Hilfe in einer Anstalt oder durch Anweisung von Arbeit gewährt oder von deren Leistung abhängig gemacht werden soll.

Als erwerbsunfähig ist ein Kleinrentner dann anzusehen, wenn er infolge körperlicher oder geistiger Gebrechen nicht nur vorübergehend außerstande ist, sich durch Arbeit einen wesentlichen Teil seines Lebensbedarfs zu beschaffen.

§ 15. Die Fürsorge soll bei Kleinrentnern insbesondere nicht abhängig gemacht werden vom Verbrauch oder der Verwertung

a) kleinerer Vermögen,

b) eines angemessenen Hausrats, wobei die bisherigen Lebensverhältnisse des Hilfsbedürftigen zu berücksichtigen sind,

c) von Familien- und Erbstücken, deren Entäußerung den Hilfsbedürftigen besonders hart treffen würde, oder deren Verkehrswert außer Verhältnis zu dem Werte steht, den sie für den Hilfsbedürftigen oder seine Familie haben,

d) von Gegenständen, die zur Befriedigung geistiger, besonders wissenschaftlicher oder künstlerischer Bedürfnisse dienen und deren Besitz nicht Luxus ist,

e) eines kleinen Hausgrundstücks, das der Hilfsbedürftige ganz oder zum größten Teil zusammen mit bedürftigen Angehörigen bewohnt und das nach seinem Tode diesen weiter als Wohnung dienen soll.

Auch sonst soll von der Verwertung des Vermögens und von der Sicherstellung des Ersatzes abgesehen werden, wenn dies eine besondere Härte für den Hilfsbedürftigen oder seine unterhaltsberechtigten Angehörigen bedeuten würde.

§ 16. In entsprechender Weise wie die Kleinrentner sind alte oder invalide oder berufsunfähig gewordene Rentner der Arbeiter- oder Angestelltenversicherung zu betreuen. Die Rentenerhöhung, die ein Hilfsloser zur Pflege und Wartung erhält (§§ 560, 930, 1065 der RVO.), bleibt bei jeder Hilfe außer Ansatz, die nicht demselben Zwecke dient.

§ 17. Den Kleinrentnern können alte oder durch geistige oder körperliche Gebrechen erwerbsunfähig gewordene Personen gleichgestellt werden, die trotz wirtschaftlicher Lebensführung auf die öffentliche Fürsorge angewiesen sind. Die oberste Landesbehörde kann sich die Gleichstellung vorbehalten oder sie allgemein vorschreiben.

b) Für Kriegsbeschädigte und Kriegshinterbliebene.

§ 18. Kriegsbeschädigten und Kriegshinterbliebenen gegenüber (§ 20) soll jede Art der Fürsorge wenigstens die Rücksichten nehmen, die für Kleinrentner vorgeschrieben sind (§§ 14 und 15).

Die Pflegezulage, die ein Beschädigter für Pflege und Wartung erhält, bleibt bei jeder Hilfe außer Ansatz, die nicht demselben Zwecke dient; das gilt auch für die den Blinden gewährte Führerhundzulage.

Vergünstigungen, die Personen erhalten, weil ihr Einkommen unter einer bestimmten Höhe bleibt, können Kriegsbeschädigten und Kriegshinterbliebenen, die ihren Lebensunterhalt ausschließlich oder überwiegend aus den Versorgungsgebührnissen bestreiten müssen, auch dann gewährt werden, wenn ihr Einkommen diese Höhe erreicht oder nur unwesentlich übersteigt.

§ 19. Die soziale Fürsorge, die nach den Versorgungsgesetzen Kriegsbeschädigten und Kriegshinterbliebenen über die allgemeine Fürsorge hinaus Hilfe zu gewähren hat, richtet sich nach den Bestimmungen der §§ 20 bis 32.

§ 20. Als Kriegsbeschädigte und Kriegshinterbliebene gelten

a) die nach dem Reichsversorgungsgesetze Versorgungsberechtigten,
b) die nach dem Offizierpensionsgesetze vom 31. Mai 1906 (RGBl. S. 565) Versorgten selbst und ihre nach dem Militärhinterbliebenengesetze vom 17. Mai 1907 (RGBl. S. 214) versorgten Angehörigen, wenn jene im Kriege eine Dienstbeschädigung erlitten haben oder an ihren Folgen verstorben sind.

Den Kriegsbeschädigten und Kriegshinterbliebenen stehen Personen gleich, denen andere Reichsgesetze soziale Fürsorge im Sinne des Reichsversorgungsgesetzes zubilligen.

Wenn es besondere Gründe der Billigkeit rechtfertigen, soll ein Versorgungssucher schon vor der Anerkennung seines Anspruchs hinsichtlich der Fürsorge wie ein Versorgungsberechtigter behandelt werden.

§ 21. Die soziale Fürsorge für einen Beschädigten umfaßt auch die Familienmitglieder, deren Ernährer er gewesen ist oder ohne die Dienstbeschädigung voraussichtlich geworden wäre.

§ 22. Die soziale Fürsorge gewährt ihre Hilfe in der Regel nur, wenn die Notlage mit der Dienstbeschädigung oder dem Verluste des Ernährers zusammenhängt; der Zusammenhang wird angenommen, soweit nicht das Gegenteil offenkundig oder nachgewiesen ist. Auch ohne diesen Zusammenhang kann sie eintreten, wenn es besondere Gründe der Billigkeit rechtfertigen.

§ 23. Die soziale Fürsorge gewährt ihre Hilfe auch dann, wenn zwar der Beschädigte oder die Hinterbliebenen selbst oder ein unterhaltspflichtiger Angehöriger die Leistungen aus ihrem Einkommen oder Vermögen bestreiten könnten, es aber unbillig wäre, dies zu verlangen.

Bei Prüfung der Hilfsbedürftigkeit und der Art und des

Umfanges der Hilfe ist entgegenkommend zu verfahren; dabei ist besonders auch der Aufwand für Erziehung und Erwerbsbefähigung von Kindern zu berücksichtigen, der nach ihren Anlagen und Fähigkeiten und nach der Lebensstellung der Eltern berechtigt ist.

Bei Prüfung, inwieweit ein Schwerbeschädigter den Lebensbedarf aus eigenen Mitteln bestreiten kann, soll die Schwerbeschädigtenzulage einschließlich des auf sie entfallenden Betrags an Ausgleichs- und Ortszulage in der Regel außer Betracht bleiben.

Mehrausgaben, die einem Schwerbeschädigten infolge seiner Beschädigung erwachsen, sollen angemessen berücksichtigt werden. Bei einer Witwe soll in der Regel die Rentenerhöhung außer Betracht bleiben, die sie erhält, weil sie erwerbsunfähig ist oder ein Kind zu versorgen oder das 45. oder ein höheres Lebensjahr vollendet hat.

§ 24. Die soziale Fürsorge hat zum Ziele, den Beschädigten tunlichst wieder erwerbsfähig zu machen und ihn dem Wirtschaftsleben zu erhalten, der Witwe die Fortführung ihres Hausstandes und die Erziehung und Ausbildung ihrer Kinder tunlichst aus eigenen Kräften zu ermöglichen und den Waisen die Erlangung einer ihren Fähigkeiten angemessenen Lebensstellung zu erleichtern.

§ 25 Die soziale Fürsorge hat den Beschädigten und Hinterbliebenen bei der Berufsausbildung und bei der Unterbringung und Erhaltung im Erwerbsleben beizustehen und behilflich zu sein, die Folgen einer erlittenen Dienstbeschädigung oder des Verlustes des Ernährers nach Möglichkeit zu überwinden oder zu mildern.

§ 26. Hat ein Beschädigter nach dem Reichsversorgungsgesetz einen Anspruch auf unentgeltliche berufliche Ausbildung, so muß ihm die soziale Fürsorge diese gewähren und während der Ausbildung auch den notwendigen Lebensbedarf für ihn und seine unterhaltsberechtigten Angehörigen, soweit er ihn nicht aus eigenen Mitteln beschaffen kann.

Inwieweit darüber hinaus Beschädigten und Hinterbliebenen Berufsausbildung gewährt werden soll, richtet sich nach den Besonderheiten des Einzelfalls.

§ 27. Die soziale Fürsorge soll Beschädigte und Hinterbliebene in Versorgungs-, Fürsorge- und Familienangelegenheiten beraten oder diese Beratung vermitteln.

Sie soll für Berufsberatung, Arbeitsvermittlung und Arbeitsbeschaffung im Zusammenwirken mit den Arbeitsnachweisen sorgen und Schwerbeschädigte bei Wahrung ihrer Rechte aus dem Reichsgesetz über die Beschäftigung Schwerbeschädigter unterstützen.

In geeigneten Fällen soll sie auch die Ansiedlung und Selbständigmachung Beschädigter und Hinterbliebener, besonders kinderreicher Familien, fördern.

§ 28. Die soziale Fürsorge soll den dauernd erwerbsunfähigen Schwerbeschädigten die durch die Dienstbeschädigung verursachten körperlichen Beschwerden erleichtern, soweit dies nicht durch die Versorgungsheilbehandlung zu geschehen hat.

Soweit Beschädigte dauernder Pflege bedürfen, aber nicht auf Kosten des Reichs unter entsprechender Anrechnung der Versorgungsgebührnisse Anstaltspflege erhalten, soll die soziale Fürsorge für angemessene Pflege und Unterkunft sorgen.

Während der Heilbehandlung eines Beschädigten soll die Fürsorge, wenn nötig, die Versorgungsleistungen durch Fürsorgemaßnahmen für ihn und seine Angehörigen ergänzen.

§ 29. Die soziale Fürsorge hat die Berufsausbildung von Waisen und von Kindern Schwerbeschädigter nachdrücklich zu fördern; sie soll dabei die Anlagen und Fähigkeiten des Kindes und die Lebensstellung der Eltern angemessen berücksichtigen.

Die soziale Fürsorge soll auch sonst auf die Erziehung von Waisen und von Kindern Schwerbeschädigter sowie auf die Pflege ihrer Gesundheit besonderes Gewicht legen und ihnen die Teilnahme an Einrichtungen der Gesundheits- und Erholungsfürsorge möglichst erleichtern.

§ 30. Für hilfsbedürftige nichtversicherte Hinterbliebene soll durch Vereinbarung mit den Krankenkassen oder auf andere Weise für die notwendige Krankenhilfe gesorgt werden.

§ 31. Um die wirtschaftliche Selbständigkeit Beschädigter und Hinterbliebener zu sichern, soll von der Möglichkeit, ihnen Darlehen gegen Verpfändung von Versorgungsgebührnissen zu gewähren, tunlichst Gebrauch gemacht werden.

Im übrigen soll die soziale Fürsorge ihre Hilfe nur dann von der Zurückzahlung der aufgewendeten Kosten abhängig machen, wenn es mit Rücksicht auf Art und Zweck der Fürsorgeleistungen und die gegenwärtigen oder zu erwartenden wirtschaftlichen Verhältnisse des Hilfesuchenden unbillig wäre, hiervon abzusehen; die berufliche Ausbildung, auf die ein Beschädigter nach dem Reichsversorgungsgesetz Anspruch hat (§ 26), darf sie nicht davon abhängig machen.

Wenn sich die soziale Fürsorge bei ihrer Hilfe nicht ausdrücklich die Zurückzahlung der aufgewendeten Kosten ausbedingt, kann sie Ersatz nicht verlangen.

§ 32. Die soziale Fürsorge soll allgemeine Einrichtungen, die auch Kriegsbeschädigten und Kriegshinterbliebenen zugute kommen, besonders fördern.

C. Schlußbestimmungen.

§ 33. Die besonderen Bestimmungen über die Fürsorge für Erwerbslose werden durch diese Grundsätze nicht berührt.

§ 34. Ausländern ist im Falle der Hilfsbedürftigkeit Lebensunterhalt, insbesondere Unterkunft, Nahrung, Kleidung und Pflege sowie Krankenhilfe zu gewähren. Nötigenfalls ist der Bestattungsaufwand zu bestreiten. Die übrigen Bestimmungen gelten für Ausländer nur, soweit es die Reichsregierung mit Zustimmung des Reichsrats oder ein Staatsvertrag bestimmt.

§ 35. Die vorstehenden Grundsätze hindern die Länder und, soweit nicht landesrechtliche Vorschriften entgegenstehen, auch die Fürsorgeverbände nicht, den Hilfsbedürftigen darüber hinaus Hilfe zu gewähren.

Der Ersatz der aufgewendeten Kosten kann von den Fürsorgeverbänden eines anderen Landes nur verlangt werden, soweit sich die Hilfe im Rahmen dieser reichsrechtlichen Grundsätze hält.

§ 36. Diese Grundsätze treten am 1. Januar 1925 in Kraft. Mit diesem Zeitpunkt treten außer Kraft:

a) die im Artikel 2 der Verordnung vom 14. Februar 1924 (RGBl. I S. 110) über das Inkrafttreten des Reichsgesetzes für Jugendwohlfahrt noch aufrechterhaltenen Vorschriften des § 49 Abs. 1 und 2 des Reichsgesetzes für Jugendwohlfahrt vom 9. Juli 1922 (RGBl. I S. 633),

b) die im § 32 der Verordnung über die Fürsorgepflicht vom 13. Februar 1924 (RGBl. I S. 100) noch aufrechterhaltenen Bestimmungen über die Fürsorge für Rentenempfänger der Invaliden- und Angestelltenversicherung, Kleinrentner, Kriegsbeschädigte und Kriegshinterbliebene sowie diejenigen über Wochenfürsorge.

III. Schlagwortverzeichnis.

Die Zahlen ohne Zusatz bezeichnen die Paragraphen der Verordnung über die Fürsorgepflicht, mit dem Zusatz G. die Paragraphen der Reichsgrundsätze über Voraussetzung, Art und Maß der öffentlichen Fürsorge vom 4. Dezember 1924.

A.

Abkunft, staatlose Personen deutscher 12^{3}.

Ablehnung, völlig unbegründete, des Kostenersatzes 17; beharrliche, von Arbeit 20.

Abschiebung 17.

Anerkennung der Übernahmepflicht 14^{4}; der endgültigen Fürsorgepflicht 36.

Anmeldung des Ersatzanspruchs 18; Unterlassung der 18.

Ansiedlung Kriegsbeschädigter und Kriegshinterbliebener G 27.

Anstalt, vom Lande als für Unterbringung zur Arbeit geeignet anerkannte 20; Antragsrecht der 24.

Anstaltsort 9.

Antrag, Fürsorge nicht abhängig von G. 2.

Antragsrecht der Anstalten 24.

Arbeit, angemessene 19^{4}, G. 7; gemeinnützige 19^{5}; beharrliche Ablehnung 20.

Arbeitsanstalt 9.

Arbeitsbeschaffung für Schwerbeschädigte und Schwererwerbsbeschränkte 1d, G. 7.

Arbeitsfähiger, Unterstützung 19, G. 7.

Arbeitgeber, Pflicht der, zur Auskunftserteilung 27.

Arbeitsort, Unterstützungspflicht des 11.

Arbeitsscheu G. 13.

Armenfürsorge, Aufgabe der Fürsorgeverbände 1.

Art der zu gewährenden Fürsorge 6; Prüfung der G. 8, 14, 23.

Aufenthalt, gewöhnlicher 7^{7}, ^{10}; Eintreten der Hilfsbedürftigkeit während des, in einer Anstalt 9.

Aufgabe der Fürsorge G. 1.

Aufsicht 3.

Aufsichtsbehörde, Anmeldung des Ersatzanspruchs bei 18.

Aufwand der Fürsorgeverbände, Deckung des 2.
Aufwendungen, tatsächliche 17.
Ausgleichszulage G. 23.
Auskunft über Einkommens- und Vermögensverhältnisse, Pflicht der Finanzbehörden und Arbeitgeber zur 27.
Ausland 12⁵.
Ausländer 13¹, G. 34.

B.

Beendigung der Hilfsbedürftigkeit 15, 36.
Behandlung, ärztliche G. 12.
Berufsausbildung G. 25, 26, 29.
Berufsberatung G. 27.
Beschwerde, Regelung der 3.
Bestattungsaufwand G. 6, 34.
Beteiligung von Personen aus dem Kreise der Hilfsbedürftigen 3.
Bezirksfürsorgeverband, Bestimmung durch das Land 2.

D.

Dauer der Unterbringung zur Arbeit 20.
Deckung des Aufwandes der Fürsorgeverbände 2; der Verpflegungskosten 24.
Deutsch, 7³; staatlose ehemalige 12.
Dienstort, Unterstützungspflicht des 11.

E.

Ehefrau 11, 12, 14, 22.
Ehegatten 7; unzulässige Trennung 14.
Einkommen, hinreichendes 25; Anrechnung des gesamten verwertbaren Einkommens G. 8.
Einlieferung in eine Anstalt 9.
Einrichtungen der freien Wohlfahrtspflege, Übertragung von Fürsorgeaufgaben an geeignete 5; Förderung von, für Hilfsbedürftige G. 4.
Eintritt in eine Anstalt 9.
Endgültige Fürsorgepflicht 7; bei unehelichen Kindern und Müttern 8; bei Anstaltsinsassen 9; bei Auslandsdeutschen usw. 12; Dauer der 15.
Entbindungsanstalt 9.
Entbindungskostenbeitrag G. 12.
Entlassung aus einer Anstalt 9.
Erholungsfürsorge G. 29.
Erkrankung als Voraussetzung für öffentliche Fürsorge 11.
Ersatz der Kosten 14, 17; kann nicht verlangt werden 16; in den Grenzen des notdürftigen Unterhalts 22; der aufgewendeten Kosten G. 35.
Ersatzanspruch, verwirkt 17; Anmeldung des 18; gegenüber den Erben 25; Verjährung 26; erlaubte Mindesthöhe 36.

Ersatzfähige Kosten 18.
Ersatzpflicht der Fürsorgeverbände untereinander 2.
Ersatzpflichtiger 23.
Erstattung der Kosten der Fürsorge 12.
Erstattungspflicht gilt als abgelehnt 18.
Erwerbsunfähig G. 14.
Erziehungsanstalt 9.

F.

Familie 7; Unterbringung in fremder G. 11
Familienangehörige, Gefährdung 14^{10}.
Familienmitglied 7; Übernahme des hilfsbedürftigen 14.
Finanzbehörden, Auskunftspflicht der 27.
Führerhundzulage G. 18.
Fürsorge, soziale, für Kriegsbeschädigte und Kriegshinterbliebene 1 a, G. 18 bis 32; für Sozialrentner 1 b, G. 14—17; für Kleinrentner 1 c, G. 14—17; für Schwerbeschädigte und Schwererwerbsbeschränkte 1 d; für hilfsbedürftige Minderjährige 1 e, G. 3; Übernahme in eigene 14.
Fürsorgeanstalt 9.
Fürsorgeaufgaben 1; Übertragung von 5.
Fürsorgekosten, Ersatz der 17.

G.

Gebührenfreiheit 28.
Gefährdung eines Familienangehörigen 14.
Gemeinschaft, in häuslicher G. 9, 13.
Gesundheitsfürsorge G. 29.
Grundsätze für die Zusammenarbeit zwischen öffentlicher und freier Wohlfahrtspflege 5; für die Unterstützung Hilfsbedürftiger gleicher Art 16; für die Auslegung der FV. 38.

H.

Härte, offensichtliche 14, 19; außergewöhnliche 20; besondere G. 9, 15.
Haushalt 7, 14.
Heilanstalt 9.
Heranziehung der Gemeinden durch die Fürsorgeverbände 3; der Bezirksfürsorgeverbände durch die Landesfürsorgeverbände 3.
Hilfsbedürftig 7^{2}, G. 5; Beteiligung von Personen aus dem Kreise der 3^{3}.
Hilfsbedürftigkeit, vorübergehende 14^{8}; Beendigung der 15; Prüfung der G. 8, 14.
Hirnverletzte G. 8.
Höhe der zu ersetzenden Kosten 16.

K.

Kleinrentner, Fürsorge für 1e, G. 14—17.
Körperschaft des öffentlichen Rechts 4.
Kosten, Erstattung durch das Reich 12; der Überführung 14; Höhe der zu ersetzenden 16; ersatzfähige 18.
Kostenersatz, Tarife für 16; Anmeldung 18.
Krankenanstalt 9.
Krankenhilfe G. 6, 30.
Kriegsbeschädigte, soziale Fürsorge für 1a, G. 18—32.
Kriegshinterbliebene; soziale Fürsorge für 1a, G. 18—32.

L.

Landesfürsorgeverband 1, 2, 3, 7, 8, 9.
Landesgesetz 13.
Landesrecht 31.
Landesregierung 16.
Lebensbedarf, notwendiger G. 6.
Lehrling 11.

M.

Mangel der Geschäftsfähigkeit oder Willenserklärung 10.
Maß der zu gewährenden Fürsorge 6.
Mehrarbeit, Vergütung für 17.
Minderjährige, Fürsorge für hilfsbedürftige 1e, G. 3.
Mitglieder der Familie 7⁹.

N.

Nachlaßverbindlichkeit 25.
Notdürftiger Unterhalt 22.
Notwendiger Lebensbedarf G. 6.

P.

Pflege, Unterbringung von Kindern in 9²; besondere Maßnahmen erforderlich zur G. 11.
Pflegeanstalt 9.
Pflegezulage G. 18.
Pflicht zur endgültigen Fürsorge 15; der Finanzbehörden, Arbeitgeber zur Auskunft 27.
Pflichtwidrige Handlung 17.

R.

Rechtsansprüche eines Hilfsbedürftigen Dritten gegenüber 21.
Rechtsfähigkeit, gesonderte 4.
Rechtshilfe 27.
Reichsangehörigkeit 12.
Reichsgebiet 12⁸.
Reichsrat, Zustimmung des, erforderlich 5, 6, 16, 38, 39.
Reichsrechtliche Vorschriften, im Rahmen der 3, 6, 25.
Reichsregierung 5, 6, 12, 16, 37, 38, 39.
Rentenerhöhung der Hilflosen G. 16; einer Kriegerwitwe 23.

S.

Schwangere G. 12.
Schwangerschaft gilt nicht als Krankheit 11[11].
Schwerbeschädigte, Fürsorge für 1 d, G. 18—32.
Schwerbeschädigtenzulage G. 23.
Schwererwerbsbeschränkte, Fürsorge für 1 d, G. 18—32.
Sicherstellung der Zurückzahlung aufgewendeter Kosten G 9, 15.
Staatlose ehemalige Deutsche 12[2]; Personen deutscher Abkunft 12[3].
Stempelfreiheit 28.
Stillgeld G 12.
Strafanstalt 9, 20.
Streitverfahren 17.

T.

Tarif für Kostenersatz 16, 17.
Tatkraft, Berücksichtigung besonderer G. 8.
Tatsächliche Aufwendungen 17.
Trennung, unzulässige, der Ehegatten usw. 14.

U.

Überführung, Kosten der 14.
Übergabe des Hilfsbedürftigen 14.
Übernahme der Fürsorge 12; des Hilfsbedürftigen in eigene Fürsorge 14, 17.
Übernahmepflicht der Fürsorgeverbände 2.
Übertragung von Fürsorgeaufgaben an Versicherungsträger 3; an Verbände und Einrichtungen der freien Wohlfahrtspflege 5.
Übertritt aus dem Auslande 12[4].
Umfang der Hilfe, Prüfung des G. 8, 14, 23; der sozialen Fürsorge für Kriegsbeschädigte und Kriegshinterbliebene G. 21.
Uneheliche Kinder 8[2].
Unerläßliche, das, zur Fristüng des Lebens G. 13.
Unterbringung von Kindern in Pflege 9[2]; zur Arbeit 20; eines Hilfsbedürftigen in einer Anstalt oder einer fremden Familie G. 11.
Unterhalt, in den Grenzen des notdürftigen 22; standesmäßiger 22.
Unterhaltsberechtigter 20[4]; Rücksichtnahme auf G. 9.
Unterhaltspflicht, beharrliche Entziehung 20; Zwang zur Erfüllung 23.
Unterhaltspflichtiger 23.
Unterlassung der Anmeldung des Ersatzanspruchs 18.
Unterstützungspflicht, Entstehung durch Abschiebung 17.

V.

Verantwortung der Ver-

sicherungsträger bei Übernahme von Fürsorgeaufgaben 3; des Landes und der Fürsorgeverbände bei Übertragung von Fürsorgeaufgaben an Verbände oder Einrichtungen der freien Wohlfahrtspflege 5.
Verbände der freien Wohlfahrtspflege, Übertragung von Fürsorgeaufgaben an 5.
Verfahren, Regelung 3; bei Unterbringung zur Arbeit 20.
Vergütung für Verwaltungsmehraufwand und Mehrarbeit 17.
Verhalten, offenbar unwirtschaftliches G. 13
Verjährung von Ersatzansprüchen 26.
Vermögen, hinreichendes 25, G. 9; verwertbares G. 8, G. 15.
Verpflegungskosten, Deckung der 24.
Verpflichtung des Bezirksfürsorgeverbandes des Dienst- oder Arbeitsorts 11; Dritter, einen Hilfsbedürftigen zu unterstützen 21; zur Zurückzahlung aufgewendeter Kosten G. 9.
Verschulden, infolge sittlichen 20.
Versicherungsträger 1b; Übertragung von Fürsorgeaufgaben an 3; Rechtshilfe der Organe der 27.
Verwaltungsbehörde 20, 23, 27.
Verwaltungskosten, allgemeine 16.
Verwaltungsmehraufwand, Vergütung für 17.
Vollmacht, Vorlage einer 24.
Voraussetzung der zu gewährenden Fürsorge 6; der Unterbringung zur Arbeit 20.
Vorläufige Unterstützungspflicht 7, 13;
Vorschriften, reichsrechtliche 3, 6, 25.
Vorschußweise Zahlung der aufzuwendenden Kosten 12.
Vorübergehende Hilfsbedürftigkeit 14[8].

W.

Widerrufliche Übertragung von Fürsorgeaufgaben an Versicherungsträger 3; an Verbände und Einrichtungen der freien Wohlfahrtspflege 5.
Wochenfürsorge 1 f., G. 12.
Wochengeld G. 12.
Wöchnerin G. 12.
Wohlfahrtspflege, freie 5.

Z.

Ziel der sozialen Fürsorge für Kriegsbeschädigte und Kriegshinterbliebene G. 24ff.
Zurücknahme der Über-

tragung von Fürsorgeaufgaben 5.
Zurückzahlung aufgewendeter Fürsorgekosten 25, G. 9; Sicherstellung der G. 9, 15, 31.
Zusammenarbeit von öffentlicher und freier Wohlfahrtspflege 5.
Zusammenhang der Hilfsbedürftigkeit mit der Geburt 8.
Zuständigkeit 6 ff.
Zustimmung des Landes bei der Übertragung von Fürsorgeaufgaben durch Fürsorgeverbände 5; des Reichsrats 5, 6, 16, 38, 39.
Zuwendungen der freien Wohlfahrtspflege oder Dritter zur Ergänzung der öffentlichen Fürsorge bleiben außer Ansatz G. 8.
Zwangsanstalt 9.

I. 25. — 15 000.

Nr. 13. **Konkurs-O. u. Anfechtungs-G.** Von R. Sydow. Fortgef. v. L. Busch u. O. Krieg. 13. Aufl. 1923. Mit Nachtr. 1924. Gm 4,—

Nr. 14. **Gerichtsverfassungsgesetz.** Von R. Sydow. Fortgeführt von L. Busch. 11. Auflage. In Bearbeitung.

Nr. 15. **Das deutsche Gerichtskostengesetz.** Von R. Sydow. Fortgeführt von L. Busch und F. Koehler. 10. Auflage. — 1920. (Nachtr., enth. die Änder. bis Ende 1924, im Druck.) Gm 3,—

Nr. 16. **Rechtsanwaltordnung.** Von R. Sydow. 5. Auflage von M. Jacobsohn. Mit Nachtrag von 1910. — 1907. Gm 1,20

Nr. 17. **Gebührenordn. f. Rechtsanw. u. d. Preuß. Gebührengesetz.** Von R. Sydow. Fortgef. v. L. Busch u. O. Krieg. 12. Aufl. 1922. (Nachtr., enth. die Änder. bis Ende 1924, im Druck.) Gm 4,—

Nr. 18. **Reichsstempelgesetz.** Von P. Loeck. Vergriffen. Wird durch Kapitalverkehrssteuergesetz ersetzt. Erläuterte Ausgabe in Bearbeitung.

Nr. 19. **Die Seegesetzgebung.** Von W. E. Knitschky. 5. Auflage von O. Rudorff. — 1913. Gm 8,—

Nr. 20. **Krankenversicherungsgesetz** siehe Nr. **107.**

Nr. 21. **Die Konsulargesetzgebung.** Von Ph. Zorn. 8. Auflage von K. Zorn. — 1911. Gm 4,50

Nr. 22. **Patentgesetz.** Von R. Lutter. 8. Auflage. — 1920. Mit Nachtrag. — 1924. Gm 4,—. Nachtrag apart Gm 0,40

Nr. 23. **Gewerbe-Unfallversicherungsgesetz** siehe Nr. **108.**

Nr. 24. **Aktiengesellschaft u. Kommanditgesellschaften auf Aktien.** Von H. Keyßner und H. Veit Simon. 7. Aufl In Bearbeitung.

Nr. 25. **Brausteuergesetz.** Von A. Düffe. 2. Aufl. — 1910. Gm 2,—

Nr. 26. **Münz- und Notenbankwesen.** Von R. Koch. 7. Aufl. von Reichsbankpräsident Schacht. Im Druck.

Nr. 27. **Gesundheitswesen im Deutschen Reich.** Von E. Goesch und J. Karsten. — 1888. Vergriffen.

Nr. 28. **Bau-Unfallversicherungsgesetz** siehe Nr. **108.**

Nr. 29. **Erwerbs- und Wirtschaftsgenossenschaften.** Von L. Parisius und H. Crüger. 17. Auflage. — 1924. Gm 3,50

Nr. 30. **Invalidenversicherungsgesetz** siehe Nr. **109.**

Nr. 31. **Gewerbegerichtsgesetz.** Von W. Cuno. Vergriffen, neunte Auflage in Vorbereitung. Siehe auch Nr. **112, 112a.**

Nr. 32. **Gesellschaften mit beschränkter Haftung.** Von L. Parisius und H. Crüger. 1923. Gm 2,—

Nr. 33. **Vereins- und Versammlungsrecht.** Von E. Ball. 2. Auflage von F. Friedenthal. — 1907. Gm 2,—

Reichs-Vereinsgesetz vom 19. April 1908 siehe Nr. **88.**

Nr. 34. **Die Abzahlungsgeschäfte.** 3. Auflage von E. Wilke. — 1910. Gm 1,20

Nr. 35. **Die Reichs-Eisenbahngesetzgebung.** Von W. Coermann. — 1895. (Siehe auch Nr. 66.) Gm 2,—

Nr. 36. **Privatrechtliche Verhältnisse der Binnenschiffahrt und Flößerei.** Von E. Löwe. 6. Auflage. — 1923. Gm 4,—

Nr. 37. **Unlauterer Wettbewerb.** Von A. Pinner. 7. Auflage von A. Elster. — 1921. Gm 1,40

Nr. 38/39. **Bürgerliches Gesetzbuch nebst Einführungsgesetz.** Von A. Achilles. In Verbindung mit F. André, O. Meyer, O. Strecker, K. v. Unzner herausgegeben von M. Greiff. 11. Aufl. — 1923. Mit Nachtrag 1924. Gm 13,—

Nr. 40. Gesetz, betr. die **Pflichten der Kaufleute bei Aufbewahrung fremder Wertpapiere [Depotgesetz].** Von F. Lusensky. 3. Auflage. — 1916. Mit Nachtrag 1924. Gm 1,—

Nr. 41. **Börsengesetz.** Von Th. Hemptenmacher. 3. Auflage von O. Meyer. — 1915. Gm 3,50

Nr. 42. **Grundbuchordnung.** Von O. Fischer. 8. Auflage. — 1924. Gm 3,—

Nr. 43. **Zwangsvollstreckung.** Von J. Krech und O. Fischer. 9. Auflage von O. Fischer. — 1922. Gm 3,50

Nr. 44. **Auswanderungswesen.** Von F. Stoerk. — 1899. Gm 2,—

Nr. 45. **Das Entmündigungsrecht.** Von P. Koll. — 1900. Gm 1,20

Nr. 46. **Freiwillige Gerichtsbarkeit.** Von H. Jastrow. 6. Auflage von Herm. Günther. — 1921. Gm 4,50

Nr. 47. **Deutsches Vormundschaftsrecht.** Von M. Schultzenstein und P. Köhne. 2. Auflage. — 1901. Gm 2,50

Nr. 48. Gesetze, betr. den **Drogen-, Gift- und Farbenhandel** außerhalb der Apotheken. Von J. Broh. — 1899. Gm 1,20

Nr. 49. **Deutsche Kolonialgesetzgebung.** Von Ph. Zorn. 2. Auflage von Sassen. — 1913. Gm 5,—

Nr. 50. **Der Viehkauf [Viehgewährschaft].** Von H. Stölzle und H. Weiskopf. 5. Auflage. — 1913. Gm 5,50

Nr. 51. **Hypothekenbankgesetz.** Von H. Göppert. 2. Auflage von Seidel. — 1911. Gm 2,20

Nr. 52. **Rechte der Besitzer von Schuldverschreibungen.** Von H. Göppert. 2. Auflage von E. Trendelenburg. — 1915. Gm 1,50

Nr. 53. **Reichspreßgesetz.** Von A. Born. 3. Auflage. — 1924. Gm 4,—

Nr. 54. Verkehr mit **Nahrungsmitteln, Genußmitteln und Gebrauchsgegenständen.** Von G. Lebbin. — 1900. Vergriffen.

Nr. 55. **Beschlagnahme von Lohn- und Gehaltsforderungen.** Von G. Meyer. 5. Auflage. — 1914. Durch Nachträge ergänzt. (Nachträge allein. Gm 0,70) Gm 2,30

Nr. 56. **Bekämpfung gemeingefährlicher Krankheiten.** Von B. Burkhardt. — 1900. Gm 1,20

Nr. 57. **See-Unfallversicherungsgesetz** siehe Nr. **108.**

Nr. 58. **Recht der unehelichen Kinder.** Von H. Jastrow. — 1901. Gm 1,60

Nr. 59. **Beurkundung des Personenstandes und die Eheschließung.** Von F. Fidler. 2. Auflage. — 1912. Gm 2,30

Nr. 60. **Das Urheberrecht an Werken der Literatur und der Tonkunst.** Von O. Lindemann. 4. Auflage. — 1921. Gm 1,80

Nr. 61. **Verlagsrecht.** Von B. Marwitz. 3. Auflage. — 1922. Gm 1,60

Nr. 62. **Private Versicherungsunternehmungen.** Von H. Könige. 3. Auflage. In Bearbeitung.

Nr. 63. **Gesetzestafel des deutschen Reichsrechts.** Von H. Bruhns. 2. Auflage. — 1913. Gm 3,—

Nr. 64. Gesetzsammlung, betr. den **Handel mit Drogen und Giften.** Von H. Sonnenfeld. 2. Auflage. — 1912. Gm 3,—

Nr. 65. **Weingesetz.** Von G. Lebbin. 2. Aufl. — 1909. Gm 2,—

Nr. 66. **Die Eisenbahn-Gesetzgebung.** Von W. Pietsch. 2. Auflage. — 1913. (Siehe auch Nr. 91.) Gm 3,—

Nr. 67. **Militär-Strafgesetzbuch.** Von A. Romen und E. Rissom. 3. Auflage. — 1918. Gm 5,—

Nr. 68. **Fleischbeschaugesetz.** Von G. Lebbin und G. Baum. — 1903. Gm 2,80

Nr. 69. Reichsgesetz über die **Naturalleistungen der bewaffneten Macht im Frieden.** Von W. v. Hippel. — 1903. Gm 1,—

Nr. 70. **Das Reichs-Haftpflichtgesetz.** Von G. Eger. — 1903. Vergr. — (Als Ersatz Komment. von Seligsohn. — 1920. Gm 6,50)

Nr. 71. **Kinderarbeit in gewerblichen Betrieben.** Von H. Spangenberg. 2. Auflage. — 1904. Gm 1,20

Nr. 72. **Unfallversicherungsgesetz** siehe Nr. **108.**

Nr. 73. **Entschädigung für unschuldig erlittene Verhaftung und Bestrafung.** Von A. Romen. — 1904. Gm 1,70

Nr. 74. **Die Kaufmannsgerichte.** Von M. Apt. 3. Auflage. — 1904. (Siehe auch Nr. **112.**) Gm 1,60

Nr. 75. **Konsulargerichtsbarkeit.** Von A. F. Borwerk. 2. Ausgabe, mit den Schutzgebietsgesetzen. — 1908. Gm 1,60

Nr. 76. **Die Rechtshilfe im Verkehr mit den ordentlichen Gerichten.** Von A. Friedländer. — 1906. Gm 1,50

Nr. 77. **Das Erbschafts-StG.** Von B. Hendel. 1920. Gm 5,—
— Neue Fassung v. H. Schachian. 2. Aufl. — 1924. Gm 2,—

Nr. **78. Zigarettensteuergesetz.** Von Cuno. In Vorbereitung.

Nr. **79. Die Militärpensionsgesetze.** Von A. Romen.
a) I. Teil: **Offizierpensionsgesetz. — 1907.** Gm 2,—
b) II. Teil: **Mannschaftsversorgungsgesetz.** Mit **Kapitalabfindungsgesetz.** — 1908. Gm 2,—

Militärversorgungsgesetze siehe auch Nr. **136.**

Nr. **80. Gerichtliche Registerführung.** Von O. Lindemann. — 1906. Gm 2,40

Nr. **81. Urheberrecht an Werken der bildenden Künste und der Photographie.** Von L. Fuld. 2. Auflage im Druck.

Nr. **82. Reichsbeamtengesetz.** Von A. Arndt. 3. Auflage. — 1923. Mit Nachtrag, enth. die Änderungen bis April 1924. Gm 3,50

Nr. **83. Versicherungsvertrag.** Von P. Hager und E. Bruck. 4. Auflage. — 1920. Gm 6,—

Nr. **84. Sammlung kleinerer privatrechtlicher Reichsgesetze.** Von G. Müller. — 1908. Gm 5,50

Nr. **85. Scheckgesetz.** Neue Auflage im Druck.

Nr. **86. Die Auslieferungsverträge des Deutschen Reiches.** Von A. Cohn. — 1908. Gm 4,—

Nr. **87a. Das deutsche Warenzeichenrecht.** Von Freund und Magnus. 6., neubearbeitete Auflage. Teil I: **Die internationalen Verträge.** — 1924. Gm 9,—

Nr. **88. Vereinsgesetz.** Von A. Romen. 4. Aufl. — 1916. Gm 2,—

Nr. **89. Vogelschutzgesetz.** Von L. v. Boxberger. — 1909. Gm 1,—

Nr. **90.** Die Haager Abkommen über das **Internationale Privatrecht.** Von G. Bogeng. — 1908. Gm 2,—

Nr. **91. Eisenbahn-Verkehrsordnung.** Von E. Blume. 2. Auflage von Weirauch. — 1922. Mit Nachtrag, enth. alle Neuerungen bis Ende 1924. Gm 5,—. (Nachtrag einzeln Gm 1,50)

Nr. **92. Verkehr mit Kraftfahrzeugen.** Von R. Kirchner. 3. Auflage. — 1915. Mit Nachtrag, enth. alle Neuerungen bis Ende 1924. Gm 5,—. (Nachtrag einzeln Gm 1,50)

Nr. **93. Sicherung der Bauforderungen.** Von E. Harnier. 3. Auflage. — 1912. Gm 1,50

Nr. **94. Die Beamtenhaftpflichtgesetze des Reiches und der Länder.** Von H. Delius. 3. Auflage. — 1921. Gm 3,20

Nr. **95.** Die Berner Übereinkunft über **Internationales Urheberrecht.** Von H. Dungs. — 1910. Gm 1,—

Nr. **96. Branntweinsteuergesetz.** 3. Auflage von K. Kniebe in Vorbereitung. **Branntweinmonopolgesetz** siehe Nr. **131 a.**

Nr. **97. Schutzgebietsgesetz.** Von J. Gerstmeyer. — 1910. Gm 2,50

Nr. **98. Sechs Haager Abkommen über Internationales Privatrecht.** Von H. Dungs. — 1910. Gm 1,50

Nr. 99. **Die Abkommen d. Haager Friedenskonferenz.** Vergr. Jetzt: Wehberg, **Völkerbundakte.** Gm 4,— (Außerh. d. Samml.)
Nr. 100. **Kaligesetz.** Von B. Voelkel. — 1910. Gm 2,40
Nr. 101. **Zuwachssteuergesetz.** Von W. Cuno. — 1911. Gm 3,50
Nr. 102. **Urheberrecht an Mustern und Modellen** und Schutz von **Gebrauchsmustern.** Von J. Neuberg. — 1911. Gm 2,40
Nr. 103. **Reichs-Viehseuchengesetz.** Von W. v. Hippel. 2. Auflage. — 1912. Gm 4,—
Nr. 104. **Versicherungsgesetz für Angestellte** siehe Nr. **144.**
Nr. 105. **Das Geldwesen in den deutschen Schutzgebieten.** Von W. Hintze. — 1912. Gm 1,80
Nr. 106—109 **Reichs-Versicherungsordnung.** Von F. Caspar und A. Spielhagen. 4 Bände. Kplt. Gm 18,—
Nr. 106. I., V. und VI. Buch. **Gemeinsame Vorschriften. — Beziehungen der Versicherungsträger zu einander und zu anderen Verpflichteten. — Verfahren.** Von K. Lippmann, L. Laß und H. Siefart. — 1913. Mit Nachtrag. Von K. Lippmann. — 1920. (Nachtrag einzeln. Gm 0,40) Gm 5,—
Nr. 107. II. Buch. **Krankenversicherung.** Von H. Siefart und F. Sitzler. — 1916. Mit Nachtrag. Von K. Lippmann. — 1920. (Nachtrag einzeln. Gm 1,20.) Gm 5,50
Nr. 108. III. Buch. **Unfallversicherung.** Von A. Radtke. — 1913. Mit Nachtrag. Von A. Radtke. — 1921. (Nachtrag einzeln. Gm 1,60.) Gm 6,50
Nr. 109. IV. Buch. **Invaliden- und Hinterbliebenenversicherung.** Von B. Jaup und H. Follmann. — Neudruck 1922. Mit Nachtrag, enthaltend die Ergänzungen 1914—1921. (Nachtrag einzeln. Gm 1,—.) Gm 3,50
Reichsversicherungsordnung in neuester Fassung von K. Lippmann s. Nr. **161.**
Nr. 110. **Wehrbeitragsgesetz.** Von A. Fernow. 2. Auflage. — 1913. Gm 1,60
Nr. 111. **Reichs- und Staatsangehörigkeitsgesetz.** Von A. Romen. — 1913. Vergriffen.
Nr. 112. **Kaufmannsgerichtsgesetz.** Von H. Depène. — 1914. Gm 2,60
Nr 112a. **Kaufmanns- u. Gewerbegerichtsgesetz nebst Schlichtungsordnung.** (Ergbd z. Nr. 112.) B. H. Depène. 1924. Gm 3,50
Die Nr. 112 u. 112a enthalten zusammen den vollständigen Text des Gewerbegerichtsgesetzes.
Nr. 113. **Postscheckgesetz.** Von J. Weiland. — 1914. Mit Nachtrag 1918. Gm 1,50
Nr. 113 a. **Postscheckordnung.** Von J. Weiland. — 1914. Mit Nachtrag 1918. Gm 1,50

Nr. 114. **Waffengebrauch und Festnahmerecht des Militärs.** Von A. Romen und C. Rissom. — 1914. Gm 1,80

Nr. 115. **Das vertragliche Wettbewerbsverbot [Konkurrenzklausel].** Von G. Baum. — 1914. Gm 3,—

Nr. 116. **Kriegs-Zivil- u. Finanzgesetze.** 3. Aufl. — 1915. Gm 1,50

Nr. 116a. Zweite Folge: Jahr 1915. — 1916. Gm 1,20

Nr. 117. **Darlehnskassengesetz.** — 1915. Gm 1,80

Nr. 118. **Militärhinterbliebenengesetz.** Von Reh. Mit **Kapitalabfindungsgesetz.** — 1915. (Siehe auch Nr. 136.) Gm 2,20

Nr. 119. **Kriegsleistungsgesetz.** Vergriffen.

Nr. 120. **Telegraphenwegegesetz.** Von Wolf. — 1916. Gm 1,—

Nr. 121. **Direkte Kriegssteuer.** Von A. Mrozek. 1916. Gm 3,50

Nr. 122. **Belagerungszustand.** Von H. Bürschel. 1916. Gm 3,50

Nr. 123. **Warenumsatzstempel.** Von Lindemann. — 1916. (**Umsatzsteuergesetze** siehe Nr. 132.) Gm 1,30

Nr. 124. **Todeserklärung Kriegsverschollener.** Von J. Partsch. — 1917. Gm 2,—

Nr. 125. **Vaterländischer Hilfsdienst.** 3. Auflage. — 1917. Gm 1,—

Nr. 126. **Besitzsteuergesetz.** Von A. Mrozek. Vergriffen.

Nr. 127. **Geschäftsaufsicht zur Abwendung des Konkurses.** Von G. Klien u. Ernst Jaeger. — 1917. Durch Nachträge nach dem Stand v. 1924 ergänzt. Gm 1,60. Nachtrag einzeln 0,60

Nr. 128. **Verhaftung und Aufenthaltsbeschränkung.** Von A. Romen. — 1917. Gm 1,20

Nr. 129. **Zivil-** und **Prozeßrechtkriegsgesetze.** Von Fischer. — 1918. Gm 1,50

Nr. 130. **Ersatzlebensmittelverordnung.** — 1918. Gm 1,50

Nr. 131a. **Reichsfinanzgesetzgebung 1918.** Bd. I. **Getränkesteuern.** Von G. Mayer. — 1918. Gm 2,50

Nr. 131b. **Reichsfinanzgesetzgebung 1918.** Bd. II. **Abgabe vom Einkommen, Stempel, Umsatz, Kriegsgewinn** usw., **Steuerflucht.** Von G. Mayer. — 1919. Gm 1,50

Nr. 132. **Umsatzsteuergesetz.** Von Otto Lindemann. 3. Auflage. — 1923. Gm 4,—

Nr. 133. **Reichswuchergesetzg.** Von Ad. Lobe. — 1918. Gm 2,80

Nr. 134. **Der Ostfrieden.** Von Karl Strupp. — 1918. Gm 3,—

Nr. 135. **Erbbaurecht.** Von H. Günther. — 1919. Gm 2,—

Nr. 136. **Militärversorgungsgesetze.** Von Hermann Günther. — 1919. Gm 2,30

Nr. 137. **Reichsverfassung.** Von Arndt. 2. Aufl. — 1921. Gm 2,50

Nr. 138a. **Arbeiterschutz und Arbeitsrecht.** Von A. Günther. 1920. (Nachtr., enth. alle Neuer. bis Ende 1924, im Druck.) Gm 5,—

Nr. 138b. **Betriebsrätegesetz.** Von A. Günther. — 1920. Gm 2,—

Nr. 139. **Grunderwerbsteuergesetz.** Von Otto Lindemann. — 1919. Gm 1,80

Nr. 140. **Die Siedelungsgesetzgebung im Reich und in Preußen.** Von W. Holzapfel. — 1920. Gm 3,—

Nr. 141. **Sozialisierungsgesetze.** Von Reier. — 1920. Gm 2,20

Nr. 142. **Wirtschaftliche Demobilmachung.** Von Gg. Fischbach. — 1920. Gm 1,—

Nr. 143. **Reichsabgabenordnung.** Von Nieberl. — 1923. Mit Nachtrag, enth. die Änderungen von 1924. Gm 4,—

Nr. 144. **Versicherungsgesetz für Angestellte.** Von Lippmann. — 1920. Gm 3,50

Nr. 145. **Steuer- und Kapitalflucht.** Von E. H. Meyer. 2. Auflage. — 1921. Gm 1,60

Nr. 146. **Tabaksteuergesetz.** Von Wündisch. — 1920. Mit Nachtrag, enthaltend alle Neuerungen. Gm 3,—

Nr. 147. **Filmzensur.** Von Szczesny. — 1920. Gm 1,50

Nr. 148. **Reichsausgleichsgesetz.** Von Decke. — 1920. Gm 1,50

Nr. 149. **Reichsnotopfergesetz.** Von Friedmann und Wrzeszinsky. — 1921. Gm 4,—

Nr. 150. **Reichsschädengesetze.** Von Adolf Hohenstein und Wenzel Goldbaum. — 1922. Gm 4,—

Nr. 151. **Reichseinkommensteuergesetz.** Von A. Hirschburger. 1923. Gm 6,50

Nr. 152 **Wohlfahrtsgesetze.** Von Behrend und Stranz-Hurwitz. 1923. Mit Nachtrag, enth. alle Neuerungen bis Ende 1924. Gm 5,—

Nr. 153. **Zwangsanleihegesetz.** Von Simon und Beutner. 1923. Gm 8,—

Nr. 154. **Jugendwohlfahrtsgesetz und Jugendgerichtsgesetz.** Von Drewes und Sandré. — 1923. Mit Nachtrag, enth. die Ergänzungen bis April 1924. Gm 6,—

Nr. 155. **Reichsknappschaftsgesetz.** Von Max Reuß und Fritz Hense. — 1923. Gm 7,—

Nr. 156. **Mietrecht und Wohnungsmangelgesetz.** Von Krieg. 2. Auflage. — 1924. Gm 4,80.

Nr. 157. **Dritte Steuernotverordnung v. 14. 2. 1924** mit den Vorschriften über **Aufwertung.** Von Michaelis. Gm 7,—

Nr. 158. **Strafprozeßordnung.** Alte und neue Fassung synoptisch gegenübergestellt. Von Reichsanwalt Feisenberger. — 1924. Gm 4,50

Nr. 159. **Industriebelastungsgesetz.** Von Höpker. Im Druck.

Nr. 160. **Fürsorgegesetz.** Von Sandré. Im Druck.

Nr. 161. **Reichsversicherungsordnung.** Von K. Lippmann. Im Druck.

B. Preußische Gesetze.

Nr. 1. **Die Verfassung des Freistaats Preußen.** Von A. Arndt. — 1921. Gm 2,—
„ Ausführlicher Kommentar von Stier-Somlo. — 1921. Gm 5,—

Nr. 2. **Preußische Beamten-Gesetzgebung.** Von K. Pfafferoth. 5. Auflage. — 1916. Gm 2,40

Nr. 3. **Notteſtamente.** Von E. Kurtz. — 1904. Gm 1,50

Nr. 4. **Gebührenordnung für Notare.** Von Rausnitz. 5. Auflage. — 1917. (Neue Aufl. in Bearbeitung.) Gm 2,20

Nr. 5. Gesetz vom **24. April 1854 [betr. die außereheliche Schwängerung].** Von Schulze. — 1873. Vergriffen.
Reichsrecht siehe Reichsgesetze Nr. **58.**

Nr. **6—9** vergriffen.

Nr. 10. **Einkommensteuergesetz** siehe Reichsgesetze Nr. **151.**

Nr. 11. **Gewerbesteuergesetz.** Von A. Fernow. Vergriffen.

Nr. 12. **Allgemeines Berggesetz.** Von Schlüter und Hense. 4. Auflage. — In Vorbereitung.

Nr. 13. **Ergänzungssteuergesetz.** Von A. Fernow. 5. Aufl. Gm 3,—

Nr. 14. **Kommunalabgabengesetz.** Von F. Adickes. 6. Auflage von Falk. — 1922. Gm 2,50

Nr. 15. **Die Kreisordnungen.** Von O. Kolisch. — 1894. Gm 4,—

Nr. 16. **Konzessionierung gewerblicher Anlagen.** Von W. v. Rüdiger. 2. Auflage. — 1901. Vergriffen.

Nr. 17. **Preußisches Gerichtskostengesetz.** Von P. Siméon. 7. Auflage. — 1913. Mit Nachtrag von 1919 und 1920. Gm 4,—

Nr. 18. **Preußisches Stempelsteuergesetz.** Von P. Loeck und W. Seyffarth. 9. Auflage mit Nachtrag von Eiffler. — 1922. (Neue Auflage in Bearbeitung.) Gm 7,50

Nr. 19. **Jagdscheingesetz.** Von F. Kunze. 2. Aufl. — 1899. Gm 2,—

Nr. 20. **Die preußischen Erbschaftssteuergesetze.** Von U. Hoffmann. — 1905. Gm 3,—
(**Reichs**-Erbschaftssteuergesetz siehe Reichsgesetze **Nr. 77.**)

Nr. 21. **Handelskammern.** Von F. Lusensky. 2. Auflage. — 1909. Gm 3,—

Nr. 22. **Anstellung und Versorgung der Kommunalbeamten.** Von W. Ledermann. 2. Auflage von L. Brühl. — 1914. Gm 2,—

Nr. 23. **Ausführungsgesetze zum Bürgerlichen Gesetzbuche.** Von P. Siméon. 3. Auflage. — 1914. Gm 2,20

Nr. 24. **Die Hinterlegungsordnung (1879).** Von G. Bartels. 2. Auflage. — 1908. Gm 2,—
Abänderungsgesetz vom 21. April 1913 siehe Nr. 53.

Nr. 25. **Preußische Kommunalbeamtengesetzgebung.** Von F. Kremski. — 1901. Gm 3,—

Nr. 26. **Diensteinkommen der Lehrer und Lehrerinnen.** Von E. Cremer. — 1900. Gm 2,20

Nr. 27. **Warenhaussteuer.** Von G. Strutz. — 1900. Gm 1,20

Nr. 28. **Die Fürsorgeerziehung Minderjähriger.** Von P. F. Aschrott. 3. Auflage. — 1917. Gm 2,80

Nr. 29. **Ärztliche Ehrengerichte, das Umlagerecht und die Kassen der Ärztekammern.** Von F. Fibler. — 1901. Gm 1,50

Nr. 30. **Preußisches Staatsschuldbuch** und **Reichsschuldbuch.** Von J. Mücke. — 1902. Gm 2,—

Nr. 31. **Die preußischen Gesindeordnungen.** Zwei Bände. Von St. Gerhard.
31 a. Altpreußische Provinzen und Rheinland. 2. Auflage. — 1914. Gm 3, —
31 b. Hannover, Schleswig-Holstein, Hessen-Nassau und Hohenzollern. — 1902. Gm 2,50

Nr. 32. **Städteordnung.** Von W. Ledermann und L. Brühl. 2. Auflage. — 1913. Gm 6,—

Nr. 33. **Rentenguts- und Anerbenrechts-Gesetzgebung.** Von M. Peltasohn und B. Peltasohn. — 1903. Vergriffen.

Nr. 34. Sammlung der wichtigsten **preußischen Strafgesetze.** Von Lindemann. 2. Auflage. — 1912. Gm 3,50

Nr. 35. **Geschäftsordnung für Gerichtsvollzieher.** Von E. Exner. — 1904. Gm 3,—

Nr. 36. **Polizeiverordnungen in Preußen.** Von O. Lindemann. — 2. Auflage. 1912. Gm 2,50

Nr. 37. **Enteignung von Grundeigentum.** Von O. Meyer. 2. Auflage. — 1911. Vergriffen.

Nr. 38. **Kreis- und Provinzial-Abgabengesetz.** Von F. Schmidt. — 1906. Gm 1,20

Nr. 39. **Unterhaltung der öffentlichen Volksschulen.** Von A. Marcks. — 1906. Gm 1,80

Nr. 40. **Verwaltungsstrafverfahren.** Von R. Katzenstein. — 1907. Gm 3,50

Nr. 41. **Die preußischen Jagdpolizeigesetze.** Von F. Kunze und R. Kühnemann. 2. Auflage. — 1907. Vergriffen.

Nr. 42. **Allgemeine Landesverwaltung** und **Zuständigkeit der Verwaltungs- und Verwaltungsgerichtsbehörden.** Von K. Friedrichs. 2. Auflage. — 1921. Gm 3,—

Nr. 43. **Verschuldungsgrenze** für land- und forstwirtschaftlich benutzte Grundstücke. Von R. Leweck. — 1908. Gm 2,40

Nr. 44. **Quellenschutzgesetz.** Von E. Voelkel. — 1909. Gm 1,—

Nr. 45. **Rechtsverhältnisse der Juden in Preußen.** Von M. Kollenscher. — 1910. Gm 2,40

Nr. 46. **Austritt aus der Landeskirche.** Von H. Caro. — 1911. Gm 2,40

Nr. 47. **Feuerbestattung.** Von W. Lohmann. — 1912. Gm 1,50

Nr. 48. **Zweckverbandsgesetz für Groß-Berlin.** Von L. Brühl, K. Gordan und W. Ledermann. — 1912. Gm 4,—

Nr. 49. **Gesetze gegen die Verunstaltung landschaftlich hervorragender Gegenden.** Von O. Goldschmidt. — 1912. Gm 2,40

Nr. 50. **Gesetz, betr. die Anlegung und Veränderung von Straßen und Plätzen in Städten und ländlichen Ortschaften.** Von O. Meyer. — 1913. Gm 3,—

Nr. 51. **Das preußische Disziplinargesetz für die nichtrichterlichen Beamten.** Von E. v. Dultzig. — 1914. Gm 4,20

Nr. 52. **Preußisches Wassergesetz.** Von G. Wulff und F. Herold. — 1913. Gm 4,50

Nr. 53. **Hinterlegungsordnung** von 1913. Von Hagemann. — 1914. Gm 2,20

Nr. 54. **Anlegung von Sparkassenbeständen in Inhaberpapieren.** Von H. Döhring. — 1914. Gm 2,80

Nr. 55. **Preußisches Wohnungsgesetz.** Von B. Schmittmann. — 1918. Gm 2,60

Nr. 56. **Das preußische Tumultschadengesetz.** Von Bruno Friedländer. — 1919. Gm 0,80

Nr. 57. Gesetz über **Landeskulturbehörden.** Von W. Holzapfel. — 1920. Gm 2,—

Nr. 58. **Arbeitsnachweis.** Von P. Wölbling. — 1920. Gm 1,—

Nr. 59. **Bildung der neuen Stadtgemeinde Berlin.** Von P. Wölbling. 2. Auflage. — 1920. Gm 1,40

Nr. 60. **Umlegungsordnung.** Von W. Holzapfel. — 1921. Gm 1,80

Nr. 61. **Preußische Verwaltungsgebührenordnung.** Von K. Eiffler. Im Druck.

C. Textausgaben

ohne Anmerkungen **mit** Sachregister.

Betriebsrätegesetz.	Vergriffen.
Bürgerliches Gesetzbuch. 14. Auflage.	Gm 4,—
Erbschaftssteuergesetz m. Ausführungsanweis. 2. Auflage.	Gm 0,70
Neue Fassung von H. Schachian. 2. Auflage.	Gm 2,—
Freiwillige Gerichtsbarkeit. — 1920.	Gm 1,—
Handelsgesetzbuch mit **Seerecht.** 11. Auflage. — 1924.	Gm 2,60
Konkursordnung. 2. Auflage. — 1915.	Gm 0,70
Kriegsgewinnsteuer. — 1916.	Gm 0,40
Die Kriegssteuergesetze. 2. Auflage. — 1917.	Gm 0,80
Militärstrafgerichtsordnung m. **Einführungsges.** — 1901.	Gm 1,30
Militär-Strafgesetzbuch. 2. Auflage. — 1916.	Gm 0,50
Reichseinkommensteuer — Körperschaftssteuer — Kapitalertragssteuer — Landessteuer.	Gm 1,—
Einkommensteuergesetz in der Fassung v. 24. März 1921 mit **Ausführungsbestimmungen,** durch Nachträge ergänzt.	Gm 1,40
Reichsfinanz- und Steuergesetze. 1922.	Gm 2,—
Reichsfinanzgesetze von 1909. — 1909.	Gm 2,60
Reichsmietengesetz. — 1922.	Gm 0,50
Reichsnotopfergesetz.	Vergriffen.
Reichsversicherungsordnung.	Vergriffen.
Strafgesetzbuch. — 1921.	Gm 1,20
Strafprozeßordnung. 5. Auflage. — 1924.	Gm 2,50
Umsatzsteuergesetz. — 1920.	Gm 0,60
Verkehrs- u. Kohlensteuer u. Kriegssteuerzuschlag. 1917.	Gm 0,60
Verfassung des Deutschen Reiches v. 11.8.1919. 2. Aufl.	Gm 0,60
Verfassung des Freistaates Preußen.	Gm 0,60
Versicherungsgesetz für Angestellte. — 1924. S.R.144.	Gm 2,—
Wechselordnung. — 1908.	Gm 0,50
Wehrbeitrag und **Besitzsteuer.** — 1913.	Gm 0,50
Zivilprozeßordnung mit **Gerichtsverfassungsgesetz** und **Einführungsgesetzen.** — 1924.	Gm 3,50
Zuwachssteuergesetz. — 1911.	Gm 0,50
— **Ausführungsbestimmungen.** — 1911.	Gm 0,40
Preuß. Ausf.-Anweis. zur **Gewerbeordnung.** — 1904.	Gm 1,—

Schlagwort-Register

R. = Nummer der Sammlung Deutscher Reichsgesetze.
P. = Nummer der Sammlung Preußischer Gesetze.
S. = Seite.

Abgabenordnung R. 143.
Abzahlungsgeschäfte R. 54.
Aerztekammern P. 29.
Aktienrecht R. 24, 26.
Altersversicherungsgesetz R. 108.
Anerbenrechtsgesetz P. 33.
Anfechtungsgesetz R. 13.
Angestelltenversicherungsgesetz R. 104, 144, S. 12.
Anlegung von Straßen P. 50.
Arbeiterschutzgesetz R. 6, 116a, 138a.
Arbeiterversicherungsgesetze R. 20, 23, 28, 57, 106—109, S. 12.
Arbeitsnachweis P. 58.
Arbeitsverfassung R. 138a.
Arzneimittel R. 6, 64.
Aufenthaltsbeschränkung R. 128.
Aufwertung R. 157.
Ausführungsgesetze zum BGB. P. 23, S. 12.
Ausführungsgesetz zum Einkommensteuergesetz S. 12.
Ausgleichsgesetz R. 148.
Ausgleichsverordnung R. 127.
Auslieferungsverträge R. 86.
Austritt aus der Landeskirche .46.
Auswanderungsgesetz R. 9, 44.
Automobilgesetz R. 92, 116a.

Bankgesetz R. 26, 116.
Baufluchtengesetz P. 50.
Bauforderungsschutz R. 93.
Beamtengesetze R. 10, 82, 94, P. 2.
Bekämpfung gemeingefährlicher Krankheiten R 56.
Belagerungszustand R. 114, 122, P. 34.
Berggesetz P. 12.
Beschlagnahme von Lohn R. 55.
Besitzsteuergesetz R. 126, S. 12.
Betriebsrätegesetz R. 138 b, S. 12.
Beurkundung d. Personenstandes R. 59.
Bier, Abgabe vom R. 131a.
Binnenschiffahrtsgesetz R. 36.
Börsengesetz R. 41.
Börsensteuergesetz R. 18.
Branntweinmonopolgesetz R. 131a.
Branntweinsteuer R. 96, 131a.
Brausteuererhebung R. 25.
Bürgerl. Gesetzbuch R. 38/39, S. 12.

Civilprozeßordnung R. 11, S. 12.

Dampfkesselbetrieb R. 6, P. 34.
Darlehnskassengesetz R. 117.
Demobilmachung, wirtschaftliche R. 142.
Depotgesetz R. 40.
Diensteinkommen der Lehrer P. 26.
Disziplinargesetze P. 51.
Drogenhandel R. 48, 64.

Eheschließungsgesetz R. 59.
Einkommensteuergesetz P. 10.
Reichseinkommensteuer S. 12, R. 151.
Eisenbahngesetzgebung R. 66, 85.
Eisenbahnverkehrsordnung R. 91.
Enteignung vom Grundeigentum P. 37.
Entmündigungsgesetz R. 45.
Entschädigung unschuldig Verhafteter und Verurteilter R. 12, 73.
Erbbaurecht R. 135, 38/39.
Erbschaftssteuergesetz R. 77, S. 12, P. 20.
Ergänzungssteuergesetz P. 18.
Ersatzlebensmittel R. 130.
Erwerbs- und Wirtschaftsgenossenschaften R. 29.

Farbenhandel R. 48.
Feld- und Forstpolizeigesetz P. 34.
Festnahmerecht des Militärs R. 114.
Feuerbestattungsgesetz P. 47.
Filmzensur R. 147.
Fischereigesetz P. 34.
Fleischbeschaugesetz R. 9, 54, 68.
Flößereigesetz R. 36.
Fluchtliniengesetz P. 50.
Forstdiebstahl P. 34.
Freiwillige Gerichtsbarkeit R. 46.
Friedensverträge R. 134.
Fürsorgeerziehung R. 47, P. 28.
Fürsorgegesetz R. 160.

Gast- und Schankwirtschaftgehilfen R. 6.
Gebrauchsmusterschutzgesetz R. 9, 84, 102, 116, 116a.

Schlagwort-Register. (R. = Reichsgesetz, P. = preuß. Gesetz.)

Gebührenordnung für Gerichtsvollzieher R. 15, für Notare P. 4, für Rechtsanwälte R. 17, für Zeugen und Sachverständige R. 15.
Geldstrafengesetz R. 2.
Geldwesen der Kolonien R. 105.
Genossenschaftsgesetz R. 29.
Genußmittel, Verkehr mit R. 9, 54.
Gerichtsbarkeit, freiwillige R. 46, S. 12.
Gerichtskostengesetz, deutsches R. 15.
Gerichtskostengesetz, preußisches P. 17.
Gerichtsverfassungsgesetz R. 14, 11, 12, S. 12.
Gerichtsvollzieher-Gebührenordn. R. 15.
Geschäftsaufsicht R. 116, 127.
Geschäftsordnung für Gerichtsvollzieher P. 35.
Gesellschaften mit beschr. Haftung R. 32.
Gesetzbuch, Bürgerliches R. 38/39, S. 12.
Gesetzestafel des Reichsrechts R. 63.
Gesindeordnungen P. 31 a, 31 b.
Gesundheitswesen R. 27.
Getränkesteuer R. 131 a.
Gewerbebetrieb im Umherziehen R. 6, P. 34.
Gewerbegerichte R. 31, 112, 112 a.
Gewerbeordnung R. 6.
Gewerbesteuergesetz, preußisches P. 11.
Gifthandel R. 48, 64.
Groß Berlin, Gesetz über P. 59
Grundbuchordnung R. 49
Grundeigentum, Enteignung von P. 37.
Grunderwerbsteuer R. 139.

Haager Friedenskonferenz R. 99.
Haftpflichtgesetz R. 70, 94.
Handelsgesetzbuch R. 4, S. 12.
Handelskammergesetz P. 21
Handwerkergesetz R. 6.
Hilfsdienst, Vaterländischer R. 125
Hinterlegungsordnung P. 24, 53.
Hinterbliebenenversicherung R. 109, RVO. S. 12.
Hypothekenbankgesetz R. 51.

Jagdpolizeigesetz P. 34, 41.
Jagdscheingesetz P. 19, 34.
Jugendwohlfahrts- u. Jugendgerichtsgesetz R. 2, 154.
Industriebelastungsgesetz R. 159.
Internationale Verträge über Warenzeichen R. 87 a.
Internationales Privatrecht R. 90, 98.
Invalidenversicherung R. 30, 109. S. 12.

Kaligesetz R. 100.
Kapitalabfindungsgesetz R. 79 b, 118.
Kapitalertragssteuer S. 12.
Kapitalflucht R. 145.
Kaufmannsgerichte R. 112, 112 a.
Kinder, Recht der unehelichen R. 58.
—, Unterbringung R 4[illegible], P. 28.
Kinderarbeit, gewerbliche R. 2, 71.
Kinderschutzgesetz R. 71.
Kohlensteuer S. 12.
Kolonialgesetzgebung R. 49, 105.
Kommunalabgabengesetz P. 14.
Kommunalbeamtengesetz P. 22, 25.
Konkurrenzklausel R. 115.
Konkursordnung R. 13, 127, S. 12.
Konsulargerichtsbarkeit R. 75.
Konsulargesetzgebung R. 21, 75.
Konzess. gewerbl. Anlagen P. 16.
Körperschaftssteuer S. 12.
Kraftfahrzeuge R. 18, 92, 116 a.
Krankenversicherungsgesetz R. 20, 107, S. 12.
Kreisabgabengesetz P. 38.
Kreisordnungen P. 15.
Kriegsgewinn R. 121, 131 b, S. 12.
Kriegssteuergesetze S. 12.
Kriegsteilnehmer R. 116, 116 a.
Kriegsgesetze R. 116, 116 a, 129.
Kunstschutzgesetz R. 81.

Ladenschluß R. 6.
Landeskirche P. 46.
Landeskulturbehörden P. 57
Landestrauer P. 34.
Landesverwaltungsgesetz P. 42.
Lehrergehaltsgesetz P. 26.
Lichtspielgesetz R. 147
Limonaden R. 131 a.
Literaturschutz R. 60, 95
Lohnforderungen, Beschlagnahme von R. 55.
Lotteriespiel P. 34.

Mannschaftsversorgungsgesetz R. 79 b
Medizinalgesetzgebung R. 27.
Mietengesetz S. 12.
Mietrecht und Wohnungsmangelgesetz R. 156.
Militärhinterbliebenengesetz R. 11[illegible]
Militärpensionsgesetze R. 79.
Militärstrafgerichtsordnung R. 3, S. 12.

Schlagwort-Register. (R. = Reichsgesetz, P. = preuß. Gesetz.)

Militärstrafgesetzbuch R. 67, S. 12.
Militärversorgungsgesetze R. 136.
Minderjährige, Fürsorgeerziehung für R. 47, P. 28.
Mineralwässer R. 131 a.
Modellschutzgesetzgebung R. 9, 102.
Münzwesen R. 26, 116, 116 a.
Musterschutzgesetz R. 9, 102.

Nahrungsmittel R. 9, 54, 65, 130.
Naturalleistung für Militär R. 69.
Notare, Gebührenordnung P. 4.
Notenbankwesen R. 26.
Notopfer R. 149, S. 12.
Nottestament P. 3.

Offizierpensionsgesetz R. 79 a

Patentgesetz R. 9, 22, 116, 116 a.
Personenstandsgesetz R. 2, 9, 59.
Pensionsgesetze R. 10, 79, P. 2, 26.
Photographieschutz R. 9, 81.
Polizeiverordnungen in Preußen P. 36.
Postgesetze R. 7.
Postscheckgesetz R. 113, 113 a.
Preistreiberei R. 130.
Preßgesetz R. 9, 53.
Preußische Verfassung P. 1, S. 12.
Privatbeamtenversicherungsgesetz R. 104, S. 12.
Privatrechtliche Reichsgesetze R. 84, 90.
Provinzialabgabengesetz P. 38.

Quellenschutzgesetz P. 44.

Rayongesetz R. 84.
Reblausgesetz R. 84, P. 54.
Rechtsanwalts-Gebührenordnung R. 17.
Rechtsanwaltsordnung R. 16.
Rechtshilfe R. 76.
Rechtsverhältnisse der Juden P. 45.
Registerführung, gerichtliche R. 80.
Reichsabgabenordnung R. 143.
Reichsausgleichsgesetz R. 148.
Reichsbeamtengesetz R. 10, 82.
Reichseinkommensteuer S. 12.
Reichseisenbahngesetzgebung R. 85, 63.
Reichserbschaftssteuer R. 77.
Reichsfinanzgesetze R. 131, S. 12.
Reichsfinanz- und Steuergesetze S. 12.
Reichsgewerbeordnung R. 6.
Reichsgrundbuchordnung R. 42.
Reichsjustizgesetze R. 11, 12, 13.
Reichsknappschaftsgesetz R. 155.
Reichsmietengesetz S. 12.
Reichsnotopfer R. 149, S 12.
Reichsschädengesetze R. 150.
Reichsschuldbuch P. 30.
Reichsseuchengesetz R. 9, 56.
Reichssiedelungsgesetz R. 140.
Reichsstempelgesetz R. 18, 131 b.
Reichsverfassung R. 1, 137, S. 12.
Reichsversicherungsordnung R. 105 bis 109, 161 S. 12.
Reichswuchergesetzgebung R. 133.
Rentengutsgesetze P. 33.
Rinderpest R. 9.

Saccharingesetz R. 9, 54.
Schaumwein R. 131 a.
Scheckgesetz R. 85, 113.
Schlachthäuser P 34.
Schlachtviehgesetz R. 9, 54' 68.
Schleichhandel R. 130.
Schlichtungsordnung R. 112 a.
Schonzeit des Wildes P. 54.
Schuldverschreibungsgesetz R. 52.
Schulunterhaltungsgesetz P. 39.
Schutzgebietsgesetz R. 75, 97, 105.
Schutzhaftgesetz R. 128.
Schwängerung, außerehel. R. 58, P. 5.
Seegesetzgebung R. 19.
Seerecht siehe HGB. S. 12.
See-Unfallversicherungsgesetz R. 57. 108.
Seuchengesetz R. 56.
Siedelungsgesetzgebung R. 140.
Sozialisierungsgesetze R. 141.
Sozialpolitische Gesetze R. 20, 23, 28, 30, 57, 72, 104, 106 bis 109, 116, 116 a.
Sparkassengesetz P. 54.
Spionagegesetz R. 67.
Sprengstoffgesetz R. 2, 9.
Staatsangehörigkeit R. 111.
Staatsschuldbuch P. 30.
Städteordnung P. 32.
Stempelsteuergesetz für Preußen P. 18.
Stempelsteuergesetz für das Reich R. 18, 131 b.

Schlagwort-Register. (R. = Reichsgesetz, P. = preuß. Gesetz.)

Steuerflucht R. 131 b, 145.
Steuergesetze R. 5, 18. 25. 131 a/b, 182, 189, 145, 146, 151, 157 P. 10, 11, 13. 14, 18, 20, 27.
Steuernotverordnung, dritte. R. 157.
Strafgesetzbuch R. 2, S. 12.
Strafgesetze, preußische P. 34.
Strafprozeßordnung R. 12, 158, S. 12.
Strafrechtliche Reichsgesetze R. 9.
Straßen- und Baufluchtengesetz P. 50.
Subhastationsgesetz R. 43.
Süßstoffe, künstliche R. 9, 54, 64.

Tabaksteuergesetz R. 146.
Telegraphengesetze R. 7.
Telegraphenwegegesetz R. 120.
Testamentsrecht P. 3.
Todeserklärung Kriegsverschollener R. 124.
Tumultschadengesetz P. 56.

Umlegungsordnung P. 60.
Umsatzsteuer R. 131 b, 132, S. 12.
Uneheliche Kinder R. 58.
Unfallversicherungsgesetze R. 23, 28, 57, 72, 108, S. 12.
Unlauterer Wettbewerb R. 37.
Unterhaltung der Volksschulen P. 39.
Unterstützungswohnsitz R. 8.
Urheberrechtsgesetze R. 9, 60, 22, 81, 95, 102.

Vereinsgesetz R. 88.
Vereins- und Versammlungsrecht R. 88, 88, P. 84.
Verfassung, Reich R. 1, 137, S. 12.
Verfassung, preußische P. 1.
Verhaftung und Aufenthaltsbeschränkung R. 128.
Verkehrs- und Kohlensteuer S. 12.
Verlagsrecht R. 61.
Vermögenssteuergesetz P. 13.
Verrat militärischer Geheimnisse R. 2, 9, 67.
Verschuldungsgrenze P. 43.
Versicherung für Angestellte R. 144.
Versicherungsvertrag R. 83.
Versicherungsunternehmungen, private R. 62.
Verunstaltung landschaftlich hervorragender Gegenden P. 49.
Verwaltungsstrafverfahren P. 40.
Verwendung gesundheitsschädlicher Farben R. 54, 65, 130.
Viehkauf, Viehhandel R. 50.
Viehseuchengesetz R. 84, 108.
Vogelschutzgesetz R. 89.
Vormundschaftsrecht, Deutsches R. 47.

Waffengebrauch R. 114
Warenzeichenrecht R. 9, 87a.
Warenhaussteuergesetz P. 27.
Warenumsatzstempel R. 18, 123.
Wassergesetz P. 52.
Wechselordnung R. 5, S. 12.
Wechselstempelsteuergesetz R. 5.
Wehrbeitragsgesetz R. 110, S. 12.
Weingesetze R. 9, 54, 64, 65, 131 a.
Wertpapiere, Depotgesetz R. 40.
Wettbewerb, unlauterer R. 37.
Wettbewerbsverbot R. 115.
Wohlfahrtsgesetze R. 152.
Wohnungsgesetz P 55.
Wuchergesetz R. 2, 133.

Zeugengebühr R. 15.
Zigarettensteuergesetz R. 78.
Zivilprozeßordnung R. 11, S. 12.
Zuständigkeitsgesetz P. 42.
Zuwachssteuergesetz R. 101, S. 12.
Zwangsanleihe R. 153.
Zwangserziehung R. 47.
Zwangsversteigerung an Immobilien R. 43.
Zwangsvollstreckungsgesetz R 43.
Zweckverbandsgesetz P. 48.

FSC
www.fsc.org
MIX
Papier | Fördert gute Waldnutzung
FSC® C083411

Kolibri 360 GmbH
Ferdinand-Jühlke-Straße 7
99095 Erfurt, Deutschland
produktsicherheit@kolibri360.de